SOUVENIRS ET JOURNAL

D'UN

BOURGEOIS D'ÉVREUX.

SOUVENIRS ET JOURNAL

D'UN

BOURGEOIS D'ÉVREUX.

—

1740. — 1830.

ÉVREUX,

IMPRIMERIE DE A. HÉRISSEY.

—

1850.

L'attachement au sol qui l'a vu naître est dans le caractère du Normand un sentiment si développé, qu'il le distingue plus que tout autre des différentes races dont la population de la France actuelle est formée. Si loin qu'un Normand soit entraîné par les passions ou les affaires, rien ne saurait lui faire oublier le toit paternel. C'est pour embellir et augmenter le coin de terre où s'est passée son enfance qu'il réserve ses premières épargnes ; agrandir et laisser à ses fils l'héritage de ses pères, c'est le vœu constant d'une vie de labeurs et de fatigues continues. Aussi, lorsque ce domaine de la famille, si petit qu'il soit, vient à être menacé, avec quelle ténacité et quelle ardeur sait-il les défendre ! Si quelquefois cet amour de la propriété paraît dégénérer en ruse ou en avarice, est-il possible d'y voir autre chose que l'exagération de nobles sentiments, ceux du droit et du souvenir? De combien de mépris est écrasé celui qui, même sous la pression de circonstances fatales, n'a point su conserver à ses enfants le patrimoine de la famille! Avec quel soin la vieille Coutume, si justement nommée la sage Coutume, veille-t-elle à la conservation de l'héritage paternel dans les différentes éventualités où il peut se trouver menacé de dispersion ! N'est-ce pas encore dans les contrées normandes que le régime dotal, reste des vieux usages du pays, trouve encore tant de partisans exclusifs? Les lois peuvent être changées, mais les sentiments ou les préjugés nationaux subsistent longtemps, malgré les efforts de la centralisation.

C'est parce qu'il exprimait un sentiment national, que ce refrain du chansonnier est devenu si populaire dans nos contrées, et qu'il trouva tant d'échos ailleurs :

J'irai revoir ma Normandie,
C'est le pays où j'ai reçu le jour.

En effet, si riches que soient les contrées qu'il habite, si beaux et si doux que soient les cieux d'azur dans les contrées méridionales; si séduisants que soient les prestiges de la puissance et de la richesse, même quand il succombe sous ces influences, le Normand ne peut oublier les frais ombrages de ses coteaux, ses vertes prairies et leurs eaux limpides. S'il est riche et puissant, il veille de loin sur la somptueuse demeure de ses ancêtres; s'il est pauvre, sur la modeste chaumière dans laquelle il reçut le jour. S'il devient conquérant de la Sicile, le manoir des Hauteville restera sa plus chère affection; et tandis qu'il élèvera sur le sol conquis de splendides monuments de sa reconnaissance envers la Divinité, il prodiguera ses trésors pour lui élever, auprès du donjon paternel, un des plus admirables chef-d'œuvres de l'art.

Conquérant de l'Angleterre, n'est-ce pas encore à l'illustration du sol natal que vertiront ses richesses et sa puissance? Les préoccupations de la conquête ne lui feront point oublier la mère-patrie, et le roi d'Angleterre restera toujours, et avant tout, duc de

Normandie. C'est sur ses rives qu'il veut reposer après sa mort ; qu'il se nomme Guillaume, Richard ou Henri, c'est à la Normandie qu'il lègue ses restes, son cœur et sa mémoire, comme au peuple qui avait ses plus chères affections.

Cet attachement inné au sol de la patrie peut-il être autre chose que le culte traditionnel rendu avec tant de persistance et de ferveur, par les races du Nord dont le Normand est issu, aux souvenirs de la famille ?

Au milieu des glaces du pôle, l'Islandais, débris le plus pur de cette remarquable race, enseveli dans ses huttes enfumées pendant la longue nuit polaire, n'est-il pas encore de nos jours, comme il l'était il y a dix siècles, le peuple qui se plaît à recueillir en chroniques populaires, en poétiques sages, les souvenirs de ses ancêtres ? N'est-ce pas au milieu de ses chants, souvenirs de luttes et de gloire qui le font encore tressaillir après mille ans, qu'ont été recueillies les traditions les plus reculées des migrations normandes ?

Plus près de nous, les îles de la Manche, seul débris intact du domaine conquis par eux, ne sont-elles pas restées libres et indépendantes avec les vieilles lois normandes, heureuses et prospères au milieu des luttes incessantes de deux puissants voisins, comme pour réhabiliter un jour ces lois aux yeux de la science et du progrès, et prouver qu'elles n'étaient dès lors que le produit de l'expérience des siècles ? Les Normands de ces îles, en excluant l'étranger de tout droit à la propriété perpétuelle du sol, n'ont-ils pas, comme l'Islandais, voué un culte particulier aux souvenirs de l'histoire ? Chroniques, poëmes, coutumes surtout, puisque ces vieux usages du moyen âge sont toujours le code particulier du sol, tout n'y est-il pas recherché et recueilli, publié et propagé avec une activité digne de servir d'exemple à des peuples plus riches?

L'Angleterre elle-même, cette nation si intimement liée à nos origines, n'est-elle pas celle qui connaît le mieux son histoire particulière? On peut lui reconnaître le droit d'aller au loin étudier les traditions et les monuments des peuples, car il ne reste que bien peu de chose pour elle à étudier sur le sol de la patrie? Chacun y connaît en effet ses origines et ses antiquités, l'histoire de ses rois, de ses comtes, de ses prélats et de ses monuments, et, veillant avec un soin religieux à ses joyaux de famille, qu'ils soient manoirs, châteaux ou abbayes, se préoccupe davantage de conserver et d'honorer la tombe de ses pères que de s'enrichir en livrant à la culture ou à la spéculation un sol et des débris devenus sacrés pour lui.

Les grands noms de la féodalité britannique, issus de la conquête, ne portent-ils pas toujours avec orgueil celui de nos villes? et les lords qui dirigent les affaires, les flottes ou les armées d'une nation si puissante, ne sont-ils pas heureux de venir souvent encore parcourir les coteaux où s'élèvent quelques restes du donjon de leurs ancêtres, et de rechercher les vieux titres de leurs familles épargnés par le temps?

Enfin, de toutes les parties de la France, où dans ces dernières années les études historiques ont pris un si remarquable développement, la Normandie n'est-elle pas la province d'où semble être venue la première impulsion? Ses sociétés savantes, les plus anciennes pour l'origine, ne comptent-elles pas au nombre des plus actives? et les nombreuses publications de l'une d'elles, livrée plus exclusivement aux recherches archéologiques de la province, ont-elles été dépassées ailleurs en nombre ou en importance?

Grâce aussi au zèle et à l'aptitude individuelle des savants de ce pays, est-il une autre bibliographie provinciale qui puisse compter par milliers les documents de toute nature livrés à la sagacité de l'érudition? Ses archives départementales, en tenant compte de tant de dévastations à plusieurs époques, ne sont-elles pas, surtout pour la partie la plus ancienne, des plus riches de la France? Malgré l'ignorance et l'incurie des années qui suivirent les désordres révolutionnaires et laissaient périr à Evreux seulement, pour ne citer que cet exemple, plus de six mille registres précieux du fonds du chapitre de la cathédrale, n'est-il pas resté dans ces archives, morcelées partout dans la même proportion, assez de titres précieux pour permettre à l'un des savants dont le pays s'honore, d'y puiser encore les immenses détails et les innombrables chartes indispensables pour écrire l'histoire et rechercher les origines de près de huit cents communes qui composaient le département de l'Eure lors de sa création, et de livrer à ses compatriotes un des livres les plus curieux auxquels l'érudition historique et topographique ait donné lieu dans nos contrées privilégiées?

Après cela, saurait-on s'étonner que presque toutes les villes de la province aient déjà vu écrire plusieurs fois leur histoire, et que celle des villages ait tenté l'érudition de quelques savants? Combien de manuscrits, découverts chaque jour dans les coins poudreux de bibliothèques particulières, pourraient en outre enrichir notre histoire provinciale, si une espèce de culte filial ne faisait trop souvent d'une œuvre de famille un inutile bijou enseveli dans le fond d'un écrin, et n'en sortant qu'à de rares et grandes circonstances! On ne trouve pas toujours d'auteur assez savant, assez riche et assez désintéressé, pour écrire d'une manière attachante l'histoire du village où se groupent ses souvenirs d'enfance, et qui puisse illustrer de tous les prestiges de l'art typographique un petit chef-d'œuvre rédigé sous l'influence des souvenirs les plus honorables et les plus patriotiques.

Aussi Evreux, ville dont la population peu nombreuse, sans cesse modifiée par les éléments étrangers que l'administration lui envoie ou retire périodiquement, songe en général beaucoup plus aux influences qui doivent amener son avancement qu'à rechercher ou étudier l'histoire ou les souvenirs d'un pays où elle n'a point de racines ; Evreux, où, en tenant compte de quelques exceptions fort honorables, le clergé, la magistrature et les membres de l'Université, se tiennent à l'écart du mouvement historique, se bornant en général à en étudier le progrès dans des revues, des journaux quotidiens et dans les œuvres les plus populaires de quelques écrivains en vogue, spectateurs de tous les efforts, à peu près comme ces riches oisifs qui à la suite des armées vont chercher des émotions nouvelles et des sujets de conversation ; Evreux, dis-je, malgré ces influences regrettables, a, autant qu'autre ville de son importance, pris part au mouvement dans ces dernières années, grâce aux encouragements d'une société littéraire et quelquefois de l'administration centrale.

Presque tous ses monuments ont été décrits, son histoire s'est enrichie de nombreux mémoires sur des sujets ou des détails négligés par les premiers historiens, et ses archives municipales ont été plusieurs fois explorées. Aussi, en tenant compte des difficultés de toute nature, qui ne sont bien comprises que par celui qui met la main à l'œuvre, un appréciateur impartial devra juger que s'il reste beaucoup à faire, beaucoup aussi a déjà été fait ; que le terrain déblayé est maintenant facile à étudier, et que la partie du travail la plus ingrate achevée, ne laisse plus à désirer que la mise en œuvre de l'écrivain.

Mais à côté des classes de la société qui se livrent, avec plus ou moins d'ardeur et de succès, à l'exploration de l'histoire et des antiquités, il en est une autre, dans laquelle le goût inné pour les souvenirs historiques reste toujours vivace. Elle se compose, à Évreux comme ailleurs, de petits rentiers, anciens employés ou commerçants de détail, vieillards pour la plupart, nés dans la ville et en étant rarement sortis, pour lesquels les souvenirs locaux sont une espèce de culte, qui écrivent peu, mais content et répètent, à qui veut les entendre, les vieux souvenirs de leurs jeunes années, rappellent les détails de tel monument détruit, l'anecdote scandaleuse de tel ou tel personnage, toujours prêts à fronder les erreurs du passé ; qui, lorsque la science a besoin de fouiller la terre pour en arracher un secret ou un argument historique, se trouvent toujours au bord de la tranchée et guident souvent l'antiquaire avec plus de rectitude que les titres eux-mêmes.

Plus que toute autre, la publication dont la bibliographie ébroïcienne s'enrichit avec ce livre, prouvera cette prédisposition du Normand à conter ou à écrire l'histoire de son pays. Rogue est le type de cette classe de vieillards dont on vient de parler, et lui faire plus longuement l'application des principes qu'on vient de développer serait inutile. Mais, en exposant ici les détails de sa vie, de son éducation, en recherchant les idées qui guidaient peut-être sa plume, une preuve nouvelle en doit encore ressortir.

Nicolas-Pierre-Christophe ROGUE, fils aîné de Nicolas Rogue et de Anne-Victoire Delaitre, naquit à Évreux, sur la paroisse Saint-Pierre, le 7 septembre 1765 [1]. Ses ancêtres, originaires de Brette-

---

[1] La maison qu'habitait alors la famille Rogue est détruite ; elle occupait l'axe de la rue Du Meilet, sur le bord de la rue aux Febvres, entre l'imprimerie de M. Hérissey et le magasin de M. Duclos.

ville-l'Orgueilleuse ou la Pavée, bourgade des environs de Caen, allèrent momentanément s'établir à Paris, dans la paroisse Saint-Médard, mais vinrent bientôt à Evreux, d'abord sur la paroisse Saint-Thomas, puis sur celle de Saint-Pierre, où ils exercèrent le métier de vannier et de tourneur en bois. Notre historien, l'aîné d'une famille nombreuse, n'eut, comme tous les autres enfants de son époque, de son âge et de sa condition, d'autre éducation que celle dont les petites écoles des paroisses enrichissaient alors les jeunes intelligences. On ne saurait même affirmer s'il en suivit bien assidûment les cours. Toutefois il y apprit à lire, et nous voyons qu'il fit un usage intelligent de ses connaissances. Il y apprit également à écrire; mais son écriture démontre qu'il ne fut pas un lauréat de l'école. Enfin, il dut prendre goût au calcul, car cela est prouvé par une masse considérable de papiers couverts de chiffres, appliqués à toutes sortes de causes futiles ou commerciales; mais ce qu'il n'y apprit certainement pas de ses maîtres, ce fut l'orthographe et les principes de la langue française. Cela soit dit sans qu'on doive en accuser son intelligence et son aptitude.

En effet, combien de gens, ses contemporains, aujourd'hui placés dans les hauts rangs de la société, où leur naissance ne semblait pas les appeler, pourraient regretter avec lui ce défaut d'instruction élémentaire. Peu de familles, avant notre première révolution, aspiraient à voir leurs représentants sortir de la classe où elles vivaient. Succéder à son père était le vœu de chacun; une famille occupait presque traditionnellement des fonctions de la magistrature, comme un notaire ou un procureur léguait toujours sa clientèle et sa considération à l'aîné de ses enfants. Le fils de l'agriculteur restait agriculteur lui-même. Pouvait-il en être autrement dans le commerce? Rogue, fils d'un tourneur, dut être tourneur, et, satisfait de sa position, ne devait pas aspirer à en sortir. A cela peut-être il dut ce calme qui, même dans les crises politiques les plus violentes, ne l'abandonne point. Prier, lire, écrire et calculer, cette éducation traditionnelle du moyen âge, fut tout ce qu'il apprit avec le métier de son père, et ses talents furent bien moins développés par l'instruction que par son intelligence naturelle. Comme ouvrier, sa réputation fut toujours bonne; sa loyauté et sa délicatesse sont encore hautement honorées.

A quoi cela tient-il? Peut-être à cette éducation religieuse des vieux temps. Sa famille en faisant germer en lui des sentiments de morale religieuse ne sema point dans un terrain ingrat, et toute sa vie il resta pieux et probe comme aux jours de son enfance.

Tandis que son frère, tourmenté par les exigences de la conscription, marchait sous les drapeaux, Rogue aîné, qui avait perdu sa mère dès 1809, resta avec ses autres frères et sœurs occupé du petit commerce de vannier et de pannetier qu'ils exercèrent en commun avec leur père jusqu'à l'époque de son décès arrivé en 1825. Antérieurement, comme après, lorsqu'il devint le chef de sa famille et de sa maison, son temps se passait donc entièrement à l'accomplissement des devoirs, des occupations et des exigeances de son état; fabriquer, vendre, enregistrer et recevoir à cela se borne l'historique de sa vie depuis sa plus tendre enfance jusqu'à sa mort. Ses plaisirs n'étaient pas beaucoup plus variés : aller exactement à la messe et aux vêpres des dimanches et fêtes, dès que la terreur le permit, faire de rares promenades dans les environs et, plus souvent, assis et accoudé sur son comptoir ou sur sa porte, accueillir l'historiette du jour, la nouvelle de la fête, compter invariablement les salves du canon municipal, puis, le soir, inscrire sur les fragments de papier qui lui tombaient sous la main les souvenirs de la journée, voilà toute sa vie. Si l'on voulait, au-delà, chercher en lui l'écrivain, il ne se révèlerait que par une étude constante de notre vieil historien Le Brasseur, qu'il lisait et relisait sans cesse, pour extraire de ses pages un peu diffuses et sans plus de critique, les détails d'une histoire spéciale des évêques d'Evreux, qu'il continuait ensuite, comme faisaient les chroniqueurs du moyen âge, avec les faits dont la notoriété publique lui donnait révélation.

Mais dans ce livre, comme dans le journal qu'on publie, rien n'est à remarquer tout le rapport du style ou de l'agencement des faits et il doit suffir d'indiquer l'existence de ce petit et informe manuscrit que M. Chassant, bibliothécaire de la ville, possède et se propose d'offrir au dépôt dont la conservation lui est confiée.

On s'occupera donc seulement ici de Rogue comme chroniqueur original ; sous ce rapport, malgré les lacunes qui déparent son livre, bien des choses restent à dire et à expliquer.

Né, comme on l'a dit, d'une famille pieuse, ayant pour tradition politique le culte de la vieille monarchie et de la religion chrétienne, la philosophie du dernier siècle, peut-être à cause des limites de son intelligence, n'avait pas influencé ses opinions politiques ou religieuses ; son vieux respect de la féodalité ne saurait, même après qu'elle fut abolie, lui faire enlever au duc de Bouillon son appellation de monseigneur ; de toutes les influences fâcheuses de la terreur celles qui le blessent et le choquent davantage sont la fermeture des églises et les obstacles mis à la célébration de la messe, l'exil, l'incarcération et le supplice des prêtres. A l'exception des temps de disette où les tarifs aidés des assignats rendaient la vie si pénible aux fortunes restreintes comme la sienne, c'est à peine s'il s'aperçoit des désastres qu'occasionnaient les emprunts forcés; sa faible part dans chacun d'eux lui semble moins regrettable qu'une messe perdue.

Des crimes de cette époque, des dilapidations inséparables des révolutions, du mouvement général des élections, de l'administration, même dans ses rapports locaux, il ne faut rien lui demander; il ne sait rien. Mais ce qu'il affirme est vrai comme tout ce que dit un honnête homme qui ne songe pas que ses souvenirs pourront voir le jour et qui les recueille pour ainsi dire en s'amusant. Dans la longue période dont il trace l'historique, il peut se trouver des familles pour lesquelles son silence eut été désirable: il n'en est pas une seule qui puisse attaquer sa bonne foi ou sa véracité.

Après avoir raconté la chute de la féodalité, après avoir dépeint sous l'impression du jour les saturnales de la terreur et des temps qui suivirent, les promenades révolutionnaires à la plantation des arbres de liberté et surtout les fêtes de toute nature dont il n'omet aucune, quand il arrive aux glorieux temps de l'Empire, malgré l'éclat si séduisant pour lui comme tout le peuple en général des pompes militaires ou religieuses, il s'aperçoit que la gloire coûte beaucoup de sang, et l'enrôlement forcé de son frère, revenant ensuite au foyer paternel gravement blessé, lui fait voir que le sang de toutes les familles a cimenté cette gloire. Chaque levée de conscrits, souvent héros involontaires, est exactement rappelée, et s'il oublie de dire en quoi ce régime l'a personnellement atteint, il prend un grand soin de relever ces mensonges officiels qui faisaient partir en chantant des enfants qui pleuraient.

Les coups de canon qui furent alors tirés en l'honneur des victoires, il les comptera sans omission, comme auparavant, mais il sera plus discret pour les abus des administrations du temps ; ce n'est pour ainsi dire, qu'à travers les branches, qu'il les entrevoit et les raconte.

De l'impératrice Joséphine à Evreux, il ne dit autre chose que son arrivée et peu de détails ensuite. Cette vie de salon, que menait alors la petite cour de Navarre, ne faisait point assez de bruit pour attirer son attention et la chute de l'Empire paraît dans son livre aussi naturelle que le retour des Bourbons.

Sous ce nouveau régime, qui, pour lui, devait raviver des souvenirs d'enfance, il semble sinon avoir oublié le passé, au moins laisser croire que la féodalité est devenue incompatible avec l'esprit populaire. Il traite avec une sorte de dédain la mesquinerie des fêtes de cette époque, et ne semble pas moins reprocher au gouvernement le prix élevé du pain que les fâcheuses influences politiques du clergé et de la noblesse dans les lois et dans les élections.

Aussi est-ce avec une espèce de joie, appréciable dans ses récits, qu'il accueille l'avènement de la monarchie de 1830. S'il voit avec bonheur l'administration municipale placée entre les mains probes et capables de M. Du Meilet, pour lequel il semble professer une vénération méritée, il est à croire qu'il eût flétri plus tard les transactions électorales avec la même sévérité que celles de la Restauration.

Mais à la suite d'une assez courte maladie, il succomba le 14 novembre 1830, terminant ses récits peu de temps auparavant, aux jours de popularité d'un régime qui assurait à la France de longs jours de prospérité.

Au milieu de tous ces détails, reconnaître l'opinion politique qui put exercer quelque influence sur notre historien, n'est pas chose facile; cependant, s'il lisait les journaux du temps, ce dut être le vieux *Constitutionnel*, dont les idées semblent se faire reconnaître dans ses derniers récits. Rogue était, à la fin de la Restauration, ce qu'on appelait alors un homme de progrès. Aujourd'hui, bien des gens pourront dire qu'avec ses anciens patrons, il est bien en arrière de son siècle. Quoiqu'il en soit, il avait marché, mais à pas lents, en enfant doué de peu de facilités, et auquel manquait cette instruction primaire qui a fait depuis tant d'illustrations.

Ces considérations suffisent, on le pense, pour faire apprécier les idées politiques dont la conviction a pu peser sur les jugements du chroniqueur. Au point de vue de l'histoire, du choix et de l'agencement des récits, il reste à examiner maintenant ce qu'il a fait, quels détails appelaient surtout son attention ou soulevaient sa bile, si tant est qu'il en eût.

On l'a vu, la position sociale de Rogue, en le tenant à l'écart de l'agitation et des intrigues des salons, ne laissait parvenir jusqu'à lui que des faits souvent incomplets ou dénaturés, comme tout bruit populaire; mais tout ce qui dans son livre est frappé au coin de l'impression du moment, l'est quelquefois avec une sanglante vérité : Rogue ignorait que toute vérité n'est pas bonne à dire. Quant à l'ensemble des faits ou des anecdotes recueillies, il est de nature assez vulgaire, à peu d'exceptions près; mais aussi, il est composé de détails qui, précisément parce qu'ils sont connus de tous, sont bientôt oubliés de tous, et qui n'auraient pas même le plus souvent été recueillis par les journaux du temps. A cet égard, le livre de Rogue comble d'une manière assez satisfaisante une lacune pour un temps de luttes et d'agitation, sur lequel on est plus avide que jamais d'avoir des révélations. Semblable à ces chroniqueurs qui, dans presque tous les monastères du moyen âge, recueillaient, sur les feuillets de garde des manuscrits qu'ils lisaient ou copiaient, les quelques faits d'histoire générale dont le bruit venait jusque dans le silence du cloître, et qui forment aujourd'hui presque tout le bagage historique de ces siècles si peu connus, il conserve encore pour nous le mérite d'être le seul historien d'Evreux pendant l'époque révolutionnaire. Si d'autres ont raconté les malheurs, les gloires et les espérances du pays, la persistance et la suite qu'il mit à son œuvre lui assurent le premier rang.

Plus lettré, avec un esprit plus actif, la lecture de son livre serait devenue plus attrayante, mais peut-être moins utile. Tenir ouvert, ainsi que le fait un habitant d'Evreux, le bilan biographique de quelques-uns de nos compatriotes, et y inscrire leurs belles et leurs mauvaises actions, est certainement un soin utile et digne d'encouragement, mais peu de personnes en seront flattées, et l'auteur de cette chronique scandaleuse et ses contemporains auront cessé de vivre quand la toile pourra se lever pour cette piquante scène.

Malgré sa bonhomie habituelle, qu'on l'attribue à l'ignorance ou à la bonne foi, Rogue n'a pas toujours su arrêter sa plume dans des limites légales ; quelquefois même il tranche du Juvénal et révèle des scandales et des détails de la vie privée dont les lois défendent la publicité, et son éditeur, quelquefois à regret, s'est vu forcé de courber la tête devant des conséquences qui ne l'auraient pas conduit seul aux bancs de la diffamation. D'autres détails frappaient les familles, et dans quelle famille n'y a-t-il pas quelque malheur à oublier, quelque duel à passer sous silence, quelque détail de la vie à faire oublier? L'histoire n'avait pas assez à gagner à leur révélation pour qu'il dût à plaisir raviver de pénibles souvenirs, quand des héritiers, justement honorés, pouvaient en ressentir quelque chagrin personnel, et lorsque de vieilles amitiés auraient rendu cette indiscrétion doublement coupable. Mais toutes les fois qu'il s'est agi de faits politiques et de personnages qui, dans l'exercice de leurs fonctions plus ou moins élevées, avaient abusé de leur pouvoir, le jugement de ces actes était du ressort de l'histoire ; aucune considération n'en pouvait autoriser le retranchement. Au milieu de l'effervescence révolutionnaire, tant de gens de capacité, dont la vie privée était parfaitement honorable, ont, par tant de motifs, suivi fatalement l'impulsion du moment, qu'on doit s'expliquer et respecter les pieux sentiments d'un fils réclamant pour l'honneur et la mémoire d'un père en disant ou en rappelant ses regrets. Il n'est personne qui ne sente battre son cœur au nom paternel. Mais l'inexorable histoire a aussi ses droits : ce sont ceux de l'expérience, dans laquelle, aujourd'hui plus que jamais, on a des enseignements à demander. Si les conservateurs du jour se sont quelquefois trouvés révolutionnaires le lendemain, les révolutionnaires de la veille sont aussi trop souvent devenus conservateurs, pour qu'il ne soit pas du devoir de celui qui écrit l'histoire de le répéter sans cesse au peuple qu'il doit éclairer en flétrissant le crime, l'erreur et les abus.

A côté des reproches, bien plus littéraires que moraux, encourus peut-être par Rogue dans la rédaction de son journal, celui de s'être passionné injustement contre qui que ce soit ne saurait atteindre sa conscience, et son éditeur s'est imposé la loi de n'ajouter jamais aucun commentaire ayant pour but d'atteindre la moralité des personnes ou des familles.

Dans le travail qui lui était imposé, il s'est borné à une étude grammaticale d'épuration et de rédaction.

Au point de vue du choix des faits, comme on vient de le dire, une dixaine d'articles seulement ont dû être complètement supprimés; dans un nombre à peu près égal, quelques membres de phrases ont été retranchés; quelques noms propres dans d'autres ont été ou supprimés ou indiqués seulement par leur initiale. Mais, on le répète, tout cela s'est fait sans perte ni inconvénient pour l'histoire. Les personnes qui voudraient prendre la peine d'en faire la vérification sur l'original en seraient bientôt convaincues.

Mais sous le rapport littéraire, l'éditeur a pris plus de liberté. L'éducation de notre chroniqueur, comme on le sait, n'avait pas mis à sa disposition des formes de rédaction bien variées, ni la grammaire la pléiade si utile des synonymes, et, jusqu'à la fin de sa vie, il resta sourd aux lois de l'orthographe. Au milieu de phrases interminables et de conjonctions qui ne s'arrêtent pas, il fallait porter le fer; supprimer des répétitions, abréger des phrases, mettre de l'ordre dans les idées et le récit, conserver en même temps le style et la couleur locale, quand cela se pouvait, avec les termes de localité ou de patois normand, faire en un mot que l'écrivain restât original et lui-même à côté de l'opération qu'il devait fatalement subir. Le lecteur jugera si l'on a complètement réussi dans cette œuvre ingrate.

En livrant à ses concitoyens le journal dont le hasard l'a rendu dépositaire, l'éditeur doit à la veuve du jeune frère de l'historien l'expression de ses remercîments pour la libéralité avec laquelle elle s'est prêtée à tous les détails de la publication, en offrant à la bibliothèque publique d'Evreux le manuscrit d'un homme qui lui fut cher. Si quelque illustration peut en rejaillir sur sa mémoire, il sera heureux de lui en voir recueillir l'expression comme celle de sa gratitude.

Au nom de ses concitoyens, qui ont accueilli cette publication avec une faveur inaccoutumée, il doit également remercier M. Charles Marche, dont le zèle pour les recherches historiques est bien connu, pour l'intelligence et l'activité qu'il a montrées dans cette affaire. C'est à lui qu'est dûe la découverte du manuscrit imprimé aujourd'hui ; ami de la famille, sa persévérance lui a fait compléter autant qu'il était possible les feuillets du journal. En effet, déposé dans un meuble de famille où il était religieusement conservé par un frère, ce n'est qu'après sa mort seulement, lorsque des affaires de succession firent fouiller les papiers de la famille, qu'il en fut tiré. La nature du manuscrit rend bien excusable la perte de quelques feuillets ; et les hommes d'affaires qui n'y avaient point trouvé d'éléments pour établir des déclarations d'actif ou de passif en avaient pour ainsi dire tacitement prononcé la condamnation. C'est donc au milieu d'une masse considérable de paperasses jugées inutiles qu'ont été retrouvés un à un ses débris, lorsqu'en les faisant servir à allumer le feu du ménage, la domestique de Mme Rogue commençait à nous priver pour toujours des notes curieuses dans lesquelles elle a occasionné quelques lacunes.

L'éditeur doit également remercier une personne dont la collaboration lui a été bien précieuse, et qui, en lui imposant la discrétion de taire son nom, ne l'a point forcé de renoncer à lui exprimer, sous le voile de l'anonyme, sa vive reconnaissance. Les notes qui sont dues à son obligeante amitié, écrites dans un style qui se ressent encore des impressions de l'enfance, complètent quelques-uns des récits de Rogue d'une manière si piquante quelquefois, qu'on doit regretter de ne pas voir leur auteur prendre la plume pour écrire plus complètement les souvenirs des faits dont elle fut témoin.

Le rédacteur du *Courrier de l'Eure*, dont la sympatique amitié ne lui a jamais fait défaut, aurait bien aussi des droits à ses remercîments pour la gracieuse hospitalité de son journal et pour son zèle à défendre Rogue et ses souvenirs, mais le public, par ses encouragements l'a déjà fait avant et bien plus gracieusement que lui.

Evreux, 1er août 1850.

T. B.

SOUVENIRS

ET JOURNAL

D'UN BOURGEOIS D'ÉVREUX.

1740.

Lorsque l'on ouvrit la grande route de Paris, on la rejeta sur la gauche au haut de la côte (1), ce qui lui fit traverser des terres labourables et des clos; elle vint de là couper un bout du cimetière de la paroisse de N.-D.-de-la-Ronde (2) en arrivant vers les auberges de la Fleur-de-Lis (3).

(1) Le chemin de Paris venait alors à Evreux par la rue St-Louis, en descendant la côte de Nétreville et longeait au nord le cimetière actuel; il arrivait à Pacy en traversant le village de Miserey, en suivant depuis Evreux jusqu'à cette commune le tracé de l'ancienne voie romaine.

(2) On découvrit en effet un grand nombre de tombes et d'ossements, lorsque récemment on fit abaisser les terrains occupés par cette partie de la route. Une grande partie des tombes appartenait certainement au cimetière de la paroisse et n'avait pas une origine bien reculée; mais les fragments d'urnes cinéraires mêlés à des monnaies romaines, ne laissent aucun doute sur l'existence d'un cimetière romain dans le sol inférieur, et la tradition nous apprend que l'église Notre-Dame-de-la-Ronde avait dû remplacer jadis un temple dédié à Diane.

(3) Auberge à l'angle de l'ancienne route de Paris.

On répandit alors le bruit que cette route ne devoit pas suivre cette ligne, mais que l'ingénieur, logé à l'hôtel du Grand-Cerf, sollicité par M. Loliot, qui le tenoit alors, de faire passer la route devant son hôtel pour ne pas lui occasionner de tort, avoit accueilli ses observations.

Elle auroit, sans cela, passé de côté dans l'auberge de la Vieille-Madelaine (1), les jardins qui se trouvent derrière et ceux des Cordeliers (2), pour aboutir à la rue St-Taurin (3), vers le bureau du Bois-Jollet (4).

1746.

La grande route de Caen fut faite en 1745. A cet effet, l'ingénieur tira une ligne droite à partir de l'extrémité de la rue St-Taurin, à travers les prairies jusqu'à la rue du pont du Blin (5) qu'elle traverse; de là elle passa à travers des jardins et vignes de M. Martel d'Evreux, et des terres labourables jusqu'au bois de Parville dans lequel on appuya sur la droite, vers ce village.

On supprima un bout de la rivière qui descendoit à travers cette prairie pour se rendre à la Rochette, et l'on forma

(1) L'auberge actuellement occupée par la poste aux chevaux avait pour enseigne *la Modelaine*. Elle était tenue avant la révolution, et l'a été depuis, par un nommé Hareng.

(2) Jardins entre le nouveau boulevard St-Jean et la rivière, occupés par les rues Dubais et Désormeaux et qui alors formaient l'enclos des Cordeliers, dont le couvent était construit sur l'autre rive du canal. La division actuelle ne date que d'une quinzaine d'années.

(3) Aujourd'hui rue Joséphine.

(4) En face de l'auberge de la Biche, à l'angle de la place actuelle de St-Taurin.
Le projet de faire passer la route de Paris par le faubourg de Panette n'était pas nouveau, comme on le voit, lorsqu'il fut présenté il y a peu d'années à l'occasion de la rectification de l'entrée de cette route dans la ville. Le système soutenu par l'administration, que les routes doivent attendre les villes et ces dernières aller chercher les routes, a échoué deux fois. A un siècle d'intervalle les intérêts des habitants l'ont également emporté sur les idées économiques du gouvernement.

(5) Pont que traverse la route à Cambolle.

un canal de chaque côté de la route. On fit aussi un pont pour rendre l'eau aux Tombettes (1). Enfin on creusa un autre canal pour remplacer la rivière supprimée, venant vers le pont du Blin au point de cette route qu'elle traverse, et donner l'eau dans le canal de gauche. On y fit construire un pont en briques. Toute la terre qui fut employée à cette chaussée fut en partie tirée à l'entrée de la rue de la Rochette (2). Les arbres qui sont dessus furent plantés bien plus tard par Mgr le duc de Bouillon.

Avant l'ouverture de cette route, le chemin de Caen passoit par la rue de la Rochette, Cambolle et le Valesme pour se rendre à Parville qu'il traversoit, pour rejoindre le chemin de Beaumont (3).

C'est par la grande route de la Rochette que Henry IV fit son entrée à Évreux (4).

Cette route donna un accès facile à l'avenue du château de Navarre, comme aussi au chemin de Conches.

Avant ce temps là, pour aller à Conches, on prenoit sur la droite, à partir du pont du Bois-Jollet, pour gagner vers St-Germain-de-Navarre devant la Ménagerie (5), et l'on reprenoit le chemin de Conches à un pont près le Moulin-Vieux (6). On passoit ensuite dans la prairie jusqu'au pont du Blin et Harrouard (7) et l'on se rendoit de là sur le côté de la Ménagerie, vers la lune du château (8).

Il y avoit anciennement un chemin qui conduisoit de la rue de Panette à la rue de St-Aquilin (9), par derrière le cou-

(1) Auprès du Trou-d'Enfer.
(2) On voit encore ces excavations au pied de la côte.
(3) C'était l'ancienne voie romaine passant auprès de Beaumont et rejoignant Brionne. Son empierrement, encore bien conservé, a été détruit récemment dans les bois de Parville, appartenant à M. Fortier.
(4) Le 25 septembre 1603.
(5) Propriété actuelle de M. Charvet.
(6) Le Moulin-Vieux portait déjà ce nom au XIIIe siècle, bien avant la prétendue construction du canal par la reine Jeanne.
(7) Village au nord de la Ménagerie.
(8) Auprès de la fabrique de M. Puel.
(9) De la ruelle de Panette à la petite rue St-Aquilin. Les lettres patentes de Louis XIV, ordonnant la clôture de cette ruelle, sont datées du 12 juin 1687.

vent des Capucins ; mais ces religieux obtinrent l'autorisation de le supprimer pour agrandir leur jardin et faire leur terrasse, moyennant un sermon qu'un religieux de ce couvent feroit à la messe de la communion, dans l'église de St-Aquilin, le jour de Pâques.

Le chemin du Buisson, venant le long de l'église de St-Aquilin, portoit le nom de route de Dreux (1), d'où vient que les maisons qui bornent cette rue sont bornées, dans les actes, route de Dreux.

1774.

Avant que l'on ouvrit la grande route de Rouen, lorsque l'on sortoit d'Evreux pour aller à cette ville, après avoir dépassé le pont Perrin (2) de quelques centaines de pas, on prenoit à droite pour aller gagner l'île de St-Nicolas-de-la-Maladrerie (3), puis de là vers Gravigni (4), pour passer le pont et suivre le chemin de Caër, sur le bord de la prairie. Mais ce chemin étoit si mauvais que les voitures y restoient toujours embourbées, surtout le coche de Rouen, espèce de charriot couvert ayant un grand panier sur le derrière pour y placer les paquets (5), et attelé de six chevaux des plus gros. Il partoit d'Evreux le dimanche à onze heures du soir

(1) Ancienne voie romaine d'Evreux à Dreux, dont l'encaissement commence à se retrouver derrière les murs du parc de Melleville.

(2) Aujourd'hui pont St-Léger.

(3) La léproserie de St-Nicolas-de-la-Maladrerie appartient aujourd'hui à M. Chefdeville, notaire. C'est sur un terrain en dépendant que se tint au moyen-âge et jusqu'à la révolution la foire de ce nom, le 6 décembre.
L'île de St-Nicolas porte encore ce nom et appartient à Mme veuve Chapelain, née Duvaucel.

(4) En longeant la prairie et les murs qui l'enclosent encore.

(5) Le dernier coche d'Evreux a été le fourgon de Verneuil, dont le service n'a cessé qu'il y a peu d'années, et qui était en tout semblable à celui de Rouen, en 1749. Le coche, dit carrosse de Rouen, partait le lundi et le jeudi à minuit et arrivait les mêmes jours à Rouen, à côté de l'Opéra. Ce coche a cessé d'être exploité quelques années après la terreur. Vers cette époque il partait tous les samedis de l'hôtel actuel de Rouen. Il avait pour directeurs deux frères nommés Girard.

et néanmoins il n'arrivoit à Rouen que le lendemain lundi à cinq ou six heures du soir, dans le bon temps, car assez souvent dans l'hiver il restoit embourbé dans les haies de Caër (1) ou à l'île, où il falloit beaucoup de chevaux pour le retirer.

La nouvelle route fut reportée beaucoup plus haut vers le Rabais (2) pour venir au pont Perrin.

On attribua à cela l'entrée des sœurs de la Providence dans la ville d'Evreux, parce que la nouvelle route prenant une partie de leur établissement, on donna l'autorisation qu'on leur avoit précédemment refusée de s'établir dans la ville.

1775.

La grande rue St-Léger fut ouverte en 1775 (3).

1778.

Le presbytère de St-Pierre menaçant ruine, on fit plusieurs assemblées des paroissiens pour délibérer s'il seroit réparé ou fait à neuf. Les assemblées ayant adopté ce dernier avis, les trésoriers de la paroisse imposèrent comme une taille sur chaque maison, et il fut rebâti quelques années après, tandis que M. Thibault étoit curé de St-Pierre, par un nommé Hersent, charpentier; la maçonnerie fut faite par Lermet, maçon. On commença à y travailler en 1778 (4).

(1) Dans le chemin qui longe la prairie au pied de la côte, à gauche de la route actuelle.

(2) Hameau contigu aux faubourgs d'Evreux, sur le bord de la route de Rouen.

(3) Cette rue devait servir d'ouverture à la nouvelle route de Rouen. Une grande partie de son emplacement était auparavant occupé par un bras de rivière qui fut supprimé, ainsi que le moulin à foulon construit presque à l'extrémité nord de la place Dupont (de l'Eure), autrefois Royale. On voit encore à l'extrémité de cette rue un reste du petit canal par lequel elle allait se jeter à droite dans une autre partie de la rivière.

(4) Le presbytère de Saint-Pierre est situé en face de la maison occupée par M. de l'Espinasse, il forme l'autre angle de la rue, à droite en

Le clocher de St-Pierre (1) menaçant ruine, en 1778, on fit plusieurs assemblées pour délibérer si on le feroit refaire à neuf ou si on le répareroit, mais les voix furent plus nombreuses pour qu'il fut fait à neuf (2). A cet effet, on fit venir des architectes qui donnèrent aussi l'avis de le refaire à neuf. Aussitôt, les trésoriers firent marché avec le sieur Josset, au prix de 3000 livres pour faire et fournir, le vieux bois restant à son profit. On commença la démolition en 1779, et il fut élevé dans la même année tel qu'il existe à présent.

Les trésoriers profitèrent de cela pour faire fondre les cloches, afin de les mettre d'accord, et firent venir un fondeur qui prit 1200 livres, tant pour les fondre que pour les augmenter de 400 livres. Le sieur Josset se chargea de les descendre et de les remonter pour rien ; il commença à les descendre dans le mois d'octobre. Le fondeur, nommé Pierre Simonneau, commença à faire des moules dès le mois de septembre et fondit les cloches près d'une petite rivière qui passe auprès de M. Girard ; elles furent coulées dans le mois de janvier 1780, avec la grosse cloche de St-Aquilin (3).

1780.

Le château d'Evreux, propriété de Mgr le duc de Bouillon (4), étoit habité par plusieurs personnes notables. Une d'elles, ayant entendu, en 1780, un craquement dans la charpente, alla en avertir le prince qui, tout aussitôt, donna l'ordre à

tournant pour aller gagner le carrefour; il y a peu d'années, il était encore, quant à l'extérieur, comme au temps de l'abbé Thibault.

(1) L'église paroissiale de St-Pierre était située dans la deuxième enceinte de la ville et près des murs, entre la porte du même nom et les rues de la Vieille-Gabelle et de St-Pierre. Nous ne connaissons aucuns plans ou vues de l'ancien clocher. Quant à la tour dont il est ici question, c'était une grosse tour carrée en briques qui formait le transept méridional de l'Eglise entre la porte latérale d'entrée et la sacristie.

(2) Les habitants d'Evreux ne se sont jamais fait remarquer par leur soin à veiller à la conservation de leurs monuments anciens.

(3) En même temps : il est évident que ce n'est pas avec le métal de la grosse cloche de St-Aquilin, dont le poids excédait indubitablement 400 livres. Un des sacristains, nommé Auguste, carillonnait admirablement, dit un contemporain, l'air du *roi Dagobert* sur ces cloches ; cela peut servir à nous faire connaître leur nombre et leurs tons.

(4) C'était le chef-lieu de la mouvance féodale du comté d'Evreux.

ces personnes de chercher un logement ailleurs dans la crainte de malheurs.

Lors de ce déménagement, Mgr le duc de Bouillon fit transporter le papier terrier du comté d'Evreux, qui étoit déposé dans le château ; deux gardes escortoient les personnes chargées d'en surveiller le déplacement. Mgr le duc de Bouillon ayant ensuite fait un traité avec le sieur Josset, pour la démolition du château, on fit, à travers la cour dudit château, un fossé de six pieds de profondeur, sur six de largeur, afin d'intercepter le passage ; on commença à creuser ce fossé le 12 mars 1781, et les ouvriers, en le faisant, découvrirent, entre les deux rangées de tilleuls, une forte muraille à environ trois pieds de profondeur. On commença à la démolir, mais il ne fut pas nécessaire de continuer cette démolition, parce qu'on éleva un nouveau mur au-dessus (1).

On commença ensuite à démolir le château qui étoit bâti tout en pierres de taille et d'une grandeur considérable, et bien plus vaste que celui d'aujourd'hui (2).

Il est présumable que Mgr le duc de Bouillon ne vouloit faire à la place de ce château qu'une maison pour loger le feudiste et le chartrier, car il vendit aux sœurs de Caër beaucoup de pierre tendre pour faire la corniche de leur bâtiment (3), et n'en réserva qu'une très-petite quantité.

On prétendit dans le temps, que la ville reçut avis de plusieurs personnes que si Mgr le duc de Bouillon venoit à mourir, les autres comtes d'Evreux, ses successeurs, pourroient demander à la ville un logement qu'on seroit obligé de leur fournir, ce qui occasionneroit une grande dépense aux habitants. Cela fit que l'on décida d'écrire directement au conseil à ce sujet, et Mgr le duc de Bouillon reçut ordre de rebâtir le château tel qu'on le voit aujourd'hui. Il fut obligé d'acheter de la brique et de la pierre tendre pour

---

(1) La muraille de l'enceinte romaine où l'on a récemment fait exécuter des fouilles et trouvé de précieux débris de monuments, déposés au musée départemental de la bibliothèque. On a en effet trouvé le pied d'un autre mur d'une faible épaisseur, construit au-dessus.

(2) On trouve à la bibliothèque nationale, dans les cartons Gaignières, une vue et, si notre mémoire ne nous trompe, un plan de ce château.

(3) Les Ursulines, place Dupont (de l'Eure).

l'achever, n'en ayant conservé que très-peu de cet immense château.

Il y eut deux hommes tués pendant le travail, dans une vieille tour du rempart (1) où l'on vouloit faire des voûtes pour mettre les archives. Ces voûtes, ayant été mal faites, s'écroulèrent et les écrasèrent, ce qui fit faire le pavillon au bout du château pour y mettre les archives. On fit remplir les fossés et raser les deux tours pour ouvrir une promenade le long du château (2).

Il commença à passer par Evreux de l'artillerie que l'on menoit en Bretagne, et cela continua jusqu'en 1781. Les bourgeois la gardoient comme s'ils eussent été soldats : depuis et jusqu'à Pâques, en 1782, on fut dispensé de ce service.

1781.

On commence à mettre à exécution un arrêt du mois de décembre 1781, prescrivant d'enterrer les morts à six pieds de profondeur et par rang, sans distinction comme ci-devant, lorsque chaque famille avoit sa place dans les cimetières (3).

Par lettres patentes du roy, en date du mois de décembre, on créa, à Evreux, trois foires franches et un marché de bestiaux aussi exempt de tous droits ; ces foires sont celles qui se tiennent dans les mois d'avril, de juillet et de septem-

(1) On ne sait s'il s'agit de la grosse tour de construction romaine dont on a retrouvé une partie de la circonférence sous le bord du pavillon des archives, ou de l'autre tour de l'époque du moyen-âge placée en saillie sur les fossés pour défendre l'approche du château, et dont on découvrit en même temps la base énorme. L'un des deux ouvriers qui furent tués avait une très-jeune fille d'une beauté remarquable, qui fut élevée et adoptée par M. et Mme de Chaumont, et ensuite mariée par eux à un horloger de Paris.

(2) L'allée des Soupirs, derrière l'Hôtel-de-Ville.

(3) Les cimetières, on le sait, entouraient les églises paroissiales, et l'inhumation dans l'intérieur n'était plus qu'un privilège dont on usait rarement. Dans beaucoup de campagnes des environs d'Évreux, une place particulière est encore réservée aux membres des principales familles dans le cimetière de la paroisse.

bre. On renouvela celle de St-Taurin (1) qui avoit été autrefois foire franche.

Les sœurs de Caër obtinrent du conseil des lettres patentes pour acheter un terrain situé sur la ruelle qui mène au Moulin à l'Abbesse, pour y bâtir (2).

Cette maison fut commencée en 1781.

Les trésoriers de St-Léger voulurent les contraindre de faire l'école aux jeunes filles de cette paroisse, mais ils ne purent obtenir cela (3).

La maison de la principalité qui appartenoit à la ville d'Evreux menaçant ruine, le corps municipal donna une certaine somme d'argent à M. le principal pour la reconstruction de cette maison, à condition qu'elle reviendroit à la ville après sa mort (4).

1782.

Mgr l'évêque confirma le dimanche 22 décembre, sans mettre de bandeaux : c'étoit Mgr François de Narbonne.

Le petit pont près le moulin de St-Thomas (5) fut construit en 1782, des deniers provenant d'une quête faite pour les pauvres : il coûta près de 800 livres.

(1) Ces foires étaient celles de St-Victor, le 20 avril, de Sainte-Marguerite, le 20 juillet, et de St-Chrysostôme, le 18 septembre ; celle de St-Taurin devait durer huit jours.
(2) Aujourd'hui le couvent des Ursulines.
(3) Les Ursulines tiennent aujourd'hui, au même endroit, une école gratuite pour les filles. Il existait avant la terreur une école de jeunes filles dans la rue Vilaine.
(4) Cette maison, rue aux Maignants, est habitée aujourd'hui par Mme veuve Bouquelon.
(5) Le dernier pont du côté de St-Sauveur.

1783.

Le 6 du mois d'aoust, sur les quatre à cinq heures du soir, la foudre tomba sur le clocher de St-Sauveur (1), et le découvrit depuis le pied de la croix jusqu'aux deux petites cloches placées dans le milieu de la flèche, puis elle se dirigea du côté de l'épître en cassant le cintre de la croisée, et parcourut toute l'église en brisant beaucoup de choses, mais sans faire de mal à personne.

Le 19 décembre, on publia dans les carrefours la paix conclue entre la France et l'Angleterre. A cette occasion, la ville déploya un grand appareil et une magnificence qui ne s'étoient jamais vus. Le corps de ville, les magistrats et le lieutenant du grand prevost assistoient à cheval à cette cérémonie, avec les brigades d'Evreux et de St-André. Le major de la bourgeoisie reçut l'ordre de faire escorter ce brillant cortége par ses capitaines et sergents.

Le dimanche suivant 21, il y eut des réjouissances (2).

Dans le courant de décembre 1783, nous eûmes de petites gelées jusqu'aux 28, qu'il tomba une très-grande quantité de neige. La gelée ayant augmenté ensuite et les moulins ne pouvant plus marcher, le corps de ville envoya, le 31 décembre, à Vernon chercher des farines qui arrivèrent le jeudi 1er janvier 1784. On contraignit les boulangers à les acheter sous peine d'amende, et il leur fut défendu d'en cuire d'autres.

La gelée ayant continué, la neige ne fondit pas, et les eaux, quoique très-fortes, ne causoient aucun dommage ; cela dura jusqu'au 21 février, que le dégel vint. L'eau commença alors à grossir le jour du Mardi-Gras au soir, et le lendemain 25,

(1) Ce clocher s'écroula peu de temps après, et il ne reste actuellement que les murs extérieurs de l'église de l'abbaye, et les bâtiments conventuels, servant de caserne.

(2) Le procès-verbal officiel de cette cérémonie a été publié récemment, mais au 8 novembre, date différente de celle indiquée ici. (Extraits des Actes de l'Hôtel-de-Ville d'Evreux, 75.)

jour des Cendres, l'eau s'étant accrue pendant la nuit, empêcha de faire l'office à St-Thomas (1), parce qu'elle étoit entrée dans l'église ; il en fût de même à St-Denis (2), parce qu'elle étoit montée dans la rue jusqu'à la hauteur des murets du cimetière. L'eau passoit par-dessus le pont de la Planche (3). A St-Thomas, elle descendoit avec tant de rapidité par la rue St-Gilles (4), que les chevaux avoient grande peine à passer de ce côté. Devant la *bonne vierge* (5), à St-Thomas, il y avoit des trous jusqu'au puits (6) qui en est proche, l'eau montoit jusque sur le pont de Gabelle et retomboit dans la rivière qui est auprès. Dans la rue St-Pierre, elle remontoit jusqu'au coin de la rue de l'Horloge (7), parce que le lavoir de l'hôpital lui faisoit obstacle.

Cette inondation dura jusqu'au vendredi. Ce jour-là, l'eau se retira, après avoir occasionné beaucoup de pertes dans la ville (8).

On commença cette année à établir le marché au cidre sur les Fossés-St-Pierre et St-Thomas ; mais les neiges qui tombèrent abondamment jusqu'au 27 décembre, retardèrent beaucoup le travail.

On éprouva quelque bien-être dans cette fâcheuse année par l'abondance du cidre et du poiré, car le cidre sans eau ne valait que 10 fr. le muid, et le poiré 6 fr., rendus à do-

---

(1) L'église de cette paroisse occupait l'emplacement de la maison et du jardin de M. Coget.

(2) L'église de St-Denis se trouvait au bord de l'ancienne ruelle de ce nom, à l'extrémité méridionale de la rue du Meilet, dans les jardins faisant face à celui de la Préfecture. Le presbytère de cette paroisse était la maison occupée aujourd'hui par M. Metayer.

(3) Le moulin de la Planche, rue Ferrée.

(4) La rue St-Gilles, voisine de l'église de cette paroisse, auprès de l'abbaye de St-Taurin.

(5) Carrefour de la Vierge, à la jonction des rues aux Maignants, Joséphine et aux Febvres.

(6) Au coin de la rue aux Maignants, près de la maison Diône. Une voiture tomba dans un de ces trous et le cheval y périt.

(7) Rue des Lombards, jusqu'au carrefour.

(8) Le procès-verbal de l'Hôtel-de-Ville constate qu'elles s'élevèrent à 5,569 liv. 10 s. pour les ponts seulement.

micile. Il y eut une telle abondance de fruits, que des gens bien anciens disoient n'avoir jamais vu cela ; mais il y eut très-peu de vin, car la gelée avoit détruit la vigne jusqu'au rez de la neige. Cependant, la partie qui se trouvoit dans la neige ne mourut pas. Les treilles qui étoient contre les maisons furent gelées ; cependant, l'année suivante, il y eut beaucoup de vin, les vignes ayant bien poussé.

En 1783, l'église des Cordeliers (1) ayant commencé à fouler du côté de la rue, on la fit aussitôt étayer avec de grandes pièces de bois ; mais, quelque temps après, les religieux, voyant qu'ils ne pouvoient la rétablir, se décidèrent à la faire abattre, et transportèrent les ornements dans leur chapitre dont ils firent leur église.

On commença alors à découvrir la vieille église, et les matériaux qui en provenoient furent vendus à ceux qui voulurent les acheter. Un sieur Lefèvre acheta la charpente et le clocher, pour le prix de 600 livres, et fit venir des charpentiers de la campagne pour démonter le comble de l'église ; mais quant au clocher, qui étoit une flèche bien haute (2), ces hommes n'osèrent entreprendre de le démonter, en ce qu'il n'y avoit point de voûte à l'église et qu'il n'étoit soutenu que par des sommiers qui se trouvoient au haut du comble. Pour ne point exposer leur vie, ils coupèrent les piliers avec une scie et firent tomber la flèche à l'aide d'une corde. Tout le reste de l'église fut vendu à l'entrepreneur du séminaire.

1784.

Le dimanche 16 may, on fit partir sur les cinq à six heures du soir, dans la cour des Jacobins (3), en présence de Mgr le duc de Bouillon, un globe, dont l'expérience étoit toute nouvelle, de même que celle du ballon.

(1) Le couvent des Cordeliers est aujourd'hui la propriété de MM. Deranlo et Alphonse Godard, rues Dubais et Désormeaux.
(2) On ne connaît aucune vue ou plan de ce clocher.
(3) Dans les jardins de l'hospice actuel.

— 13 —

En 1784, Mgr l'évêque (1) fit présent à la Cathédrale d'un très-bel ornement broché en or.

En l'année 1784, les chanoines de la Cathédrale ayant décidé de faire paver leur église en pavé de Caen, firent scier de très-belles tombes qui pavoient leur église, et dans le nombre, des dalles noires qui étoient de place à autre. Ils firent commencer cela dans le courant d'aoust de la même année, et l'on acheva l'ouvrage dans le mois de juillet 1785. Ce fut Mgr l'évêque qui fit paver le chœur en marbre et qui donna 12,000 livres (2) au paveur.

Ce travail fut commencé aux environs de la Toussaint et fut terminé à Noël de la même année. Pendant le pavage de l'église, le sermon de l'Avent fut fait au séminaire (3) et celui du Carême aux Jacobins.

Mgr l'évêque d'Evreux ayant proposé à messieurs du chapitre de construire un séminaire pour y loger tous les écoliers, afin qu'il n'y en eût plus qui logeassent dans la ville, sa proposition fut agréée. En conséquence, on imposa, en 1779, sur les curés de la ville et de la campagne une espèce de taille pour venir en aide à l'exécution de ce projet.

On fit abattre, en 1779, une partie des murailles de la cité (4), et l'on commença les fondations en 1780 ; on en resta là jusqu'en 1784.

(1) M. de Narbonne.

(2) On a trouvé en effet dans le blocage de maçonnerie qui supporte le pavage actuel du chœur de la Cathédrale, de nombreux fragments amincis des tombes anciennes qui l'ornaient. Ces débris étaient en grande partie décorés de sculptures gravées dans la pierre, de fragments de légendes ou d'inscriptions, mais sans suite ni importance.
Le devis porte que les plates-bandes seraient formées avec les marbres étant en magasin au chapitre (les tombes déjà précédemment enlevées), que le chœur serait carrelé en carreaux de marbre blanc veiné et bleu turquin d'un pied carré sur un pouce d'épaisseur, faites avec les blocs qui appartenaient au chapitre. Le sciage fut estimé approximativement à 200 livres, et la surface du pavage évaluée à 1249 pieds environ. M. Corbel, entrepreneur, paraît avoir été chargé des travaux.

(3) La cour d'assises, ou l'église du séminaire, venait d'être fondée et bâtie par M. Ledoux de Melleville, doyen de la Cathédrale.

(4) Probablement pour en employer les matériaux dans les fondations. On ne saurait préciser à quel endroit cette démolition eut lieu ; mais il est probable que c'est dans la partie qui longeait le fossé et le jardin de l'Evêché, depuis l'angle de la tour de l'Epringale jusqu'à l'Evêché.

A cette époque, on fit une adjudication, mais l'entrepreneur, quelques semaines après, se dédit de son marché, prétendant qu'il se ruineroit. On fit donc une nouvelle adjudication quelque temps après, et l'entrepreneur eut 130,000 livres pour la carcasse et 1,000 écus pour démolir deux pieds des anciennes fondations et les refaire, dans la crainte qu'étant faites depuis plusieurs années, elles ne vinssent à fouler.

On commença la nouvelle construction en novembre 1784; au mois de mars 1785, on montoit les murs, et la couverture fut mise au mois d'octobre suivant, et l'on vendit les vieux matériaux au même entrepreneur qui, par une autre adjudication, fut chargé de la menuiserie.

1785.

Le 10 mars, on reçut maire de ville M. Engren (1); c'est le premier maire de ville pour lequel les bourgeois prirent les armes lors de sa réception.

Le 27 mars, qui étoit le jour de Pâques, la reine accoucha heureusement d'un prince, qui fut nommé duc de Normandie (2), ce qui donna lieu à de grandes réjouissances dans la province, et particulièrement à Evreux, le dimanche 10 avril.

Le douzième jour de may, à neuf heures du matin, on fit à Evreux une procession générale à cause d'une grande sécheresse qui empêchoit les biens de la terre de profiter (3).

(1) Les registres de l'Hôtel-de-Ville mentionnent aussi cette date à la réception de M. Engren-Delamotte comme maire d'Evreux. M. Engren était subdélégué de l'intendant de la généralité de Rouen à Evreux, et habitait, dans la maison aujourd'hui occupée par les frères de la doctrine chrétienne, le bâtiment au fond de la cour qui a été détruit, il y a peu d'années.

(2) Louis XVII, pour lequel un *Te Deum* fut chanté à Evreux le 7 avril suivant. (Notes et Extraits, p. 77.)

(3) Le 12 mai le corps de ville délibéra sur cette procession et y assista. (Notes et Extraits, 77.)

Cette sécheresse fut cause que le samedi 30 avril on avoit commencé des prières pour avoir de la pluie, et qu'on les continua jusqu'au 8 de may. Lorsqu'elles furent finies, on délibéra de faire cette procession, à laquelle Mgr l'évêque assista avec tous les chanoines de son église. Les communautés des Jacobins, des Cordeliers et des Capucins y assistèrent aussi, de même que la Charité et toutes les confréries. On y portoit cinq châsses et deux croix, qui sont dans le trésor de la Cathédrale. La veille on recommença à faire des prières, que l'on continua jusqu'au 19. Il ne commença à tomber de la pluie que le 27 du même mois.

Le dimanche 17 juillet, on convoqua dans toutes les églises de la ville une assemblée générale des biens tenants pour le 31 du même mois, à la sortie des vêpres, pour délibérer sur l'arrangement du nouveau cimetière hors la ville.

Le 24 du même mois, on fit la même annonce pour nommer des députés, et le 31, qui étoit aussi un dimanche, on annonça au prône que c'étoit par édit du roi, en date du 19 novembre 1776, enregistré au parlement le 24 mars 1778. L'assemblée se tint après vêpres.

Le bureau du St-Esprit (1) fut supprimé en 1785, pour transférer l'hôpital à sa place. Les sœurs qui dirigeoient cet établissement, partirent à Paris le 30 juillet 1785. L'hôpital n'en prit possession qu'en 1786.

On fit, en 1785, construire le pont du Bois-Jollet (2), et l'on abattit le vieux parce qu'il menaçoit ruine.

On fit aussi faire un pont en brique qui va de la boucherie à la poissonnerie. Il fut élevé à la fin de juin et juillet et au commencement de 1785.

Le presbytère de St-Thomas fut également bâti en cette année.

(1) Le bureau des pauvres occupait, rue de la Préfecture, une partie de l'emplacement du beau jardin de cet hôtel.

(2) Le pont à la jonction du boulevard la Buffardière et la route de Caen. Ce fut un nommé Dubois, ancien militaire, soldat de la guerre de sept ans, qui en fut le constructeur.

1786.

Le mercredi, quinzième jour de mars, on afficha le nom des rues d'Evreux et l'on numérota les maisons (1). Cela se fit sous l'administration de M. Engren, maire de ville, et pendant l'année de charge de M. Postel, échevin.

Le 28 may, il passa par Evreux douze mortiers et un grand nombre de bombes qu'on conduisoit à Cherbourg ; ils furent gardés par les bourgeois.

Le 30 du même mois, Mgr le comte d'Artois, frère du roi Louis XVI, à son retour de Cherbourg, vint à Navarre. Comme il arriva sur les deux heures après midi, il se promena dans tous les plaisirs (2) de Mgr le duc de Bouillon. Il repartit le 31 pour se rendre à Versailles (3).

Le 20 septembre, Mgr de Villedœuil, intendant de la généralité de Rouen, vint à Evreux avec son épouse, pour plusieurs affaires qui concernoient la ville d'Evreux. Messieurs de la ville allèrent le saluer ainsi que son épouse, et lui firent un présent. Les bourgeois montèrent la garde à la porte de M. Engren, son subdélégué, maire de ville cette année (4).

Le 20 septembre, mourut, à Evreux, Me Nicolas-Charles Legrand, avocat, bailly du temporel de l'évêché, et major de la milice bourgeoise. Il fut enterré en la paroisse St-Pierre; plusieurs bourgeois en armes furent commandés pour assister à son inhumation, et des décharges de mousqueterie furent faites sur sa fosse.

(1) Le 3 mars une délibération du corps de ville autorisa ce travail et en régla les détails. Le sieur Langlois, vitrier à Evreux, en fut chargé. La tour de l'Horloge portait le no 1, qui a récemment disparu sous le grattoir des restaurateurs.

(2) Plesses, plaissis, jardins de plaisance.

(3) On trouve quelques détails sur le passage du comte d'Artois à Evreux, dans les Notes extraites des Actes de l'Hôtel-de-Ville, 78.

(4) Probablement parce que l'intendant était descendu chez lui.

Ce fut en cette année que l'on fit construire le presbytère de St-Thomas (1) et celui de St-Denis. La première pierre de fondation du presbytère de St-Denis fut posée le premier avril. La pierre fut tirée de St-Germain-des-Angles.

En 1786, les trésoriers de St-Thomas décidèrent de faire paver leur église en pierre et en pavé de la Caldrie. On fit scier des tombes (2) qui étoient dans l'église et dans le cimetière, à la fin de la même année, et l'on commença à paver vers le mois de février suivant.

En 1786, Mgr le duc de Bouillon fieffa à M. Prevost, receveur de Mgr l'évêque, un petit bout de la cour du château, du côté des jardins des chanoines, pour agrandir son jardin. Quand il fut en possession de ce terrain, il le fit défoncer pour le rendre plus fertile. Les ouvriers trouvèrent alors, en fouillant, une grande quantité de pierres de taille travaillées, comme morceaux de colonnes rondes, embases de colonnes carrées, et quantité d'autres gros morceaux de différentes figures (3).

En 1786, les frères de charité firent faire leur bannière, qui coûta douze cents livres (4).

1787.

Au mois de février on commença à travailler à la promenade auprès de la barrière du Bois-Jollet (5).

---

(1) Le presbytère de Saint-Thomas est aujourd'hui habité par M. Goulliart.

(2) L'exemple du chapitre était contagieux : le clergé s'attaquait partout sans pitié aux tombes de ses bienfaiteurs.

(3) Le terrain dont il s'agit ici, contenant soixante-dix-huit pieds de long sur dix-huit de large, est désigné dans un acte de vente du 5 frimaire an III, confirmatif de la cession verbale et gratuite, à titre féodal, faite en 1787 d'après l'acte officiel au sieur Prévôt. Il était borné d'un bout par le rempart de la ville, d'autre bout par la rue de la République, d'un côté par la cour du château, et d'autre côté par le citoyen Barrey (M. de Barrey des Authieux, ancien maire d'Evreux).

(4) La charité d'Evreux fondée en 1423 par Paul de Capranica. Le registre original de ses statuts et règlements vient d'être retrouvé et appartient à M. Chassant.

(5) Le projet d'ouvrir un boulevard à partir du pont du Bois-Jollet jusqu'à la forêt, n'ayant point été agréé par le duc de Bouillon, on employa

On trouva, le 2 aoust 1787, en creusant une fosse dans le cimetière de St-Gilles; à cinq pieds de profondeur, un tombeau en pierre (1). Jusqu'à présent on ignore ce que ce peut être.

Dans le courant de cette année il parut une ordonnance royale pour la suppression de beaucoup de couvents, vu le petit nombre des religieux qui y étoient, pour les mettre dans d'autres communautés, et on vendit leurs biens.

Les dominicains d'Evreux ne furent point supprimés parce que leur église étoit la première de France, dédiée en l'honneur de St-Louis (2).

1788.

Le premier juillet, on fit à Evreux une procession générale à cause des grandes pluies, qui faisoient périr les grains; elle eut lieu à dix heures du matin. Toutes les confréries de la charité, de Notre-Dame-de-Liesse, des Cordeliers, portant l'image de la Ste Vierge, les chanoines, précédés de deux croix, dans lesquelles il y avoit des reliques, et des deux châsses de Notre-Dame, y assistèrent, ainsi que Mgr l'évêque.

Cette procession alla de Notre-Dame à St-Taurin, où l'on dit la messe.

les fonds votés pour son exécution à exhausser le chemin d'Evreux à St-Germain-de-Navarre, sur la rive droite du canal, en passant auprès du Moulin-Vieux. (Notes et Ext., 79.)

(1) Ce monument, trouvé près de l'abbaye St-Taurin, non loin de la voie romaine de Beaumont, n'existe plus aujourd'hui.

(2) Le couvent des dominicains de St-Louis d'Evreux avait été fondé en 1275 par Philippe-le-Hardi, sur un terrain qui leur avait été donné par St-Louis dans la cour du château.
On conserve encore aux archives de l'Eure le premier titre de sa fondation dont Lebrasseur déplorait la perte.
Ce couvent avait été primitivement placé sous l'invocation de St-Pierre et St-Paul; ce ne fut qu'en 1299, après la canonisation de St-Louis, qu'il fut mis sous la protection du saint roi par Mathieu des Essarts, évêque d'Evreux. On connaît l'intéressante relation des miracles arrivés en ce couvent, écrite par un de ses religieux. (Hist. de France, t. xx.)

Ce fut le 22 novembre que l'hiver commença sa rigueur et qu'il tomba des neiges. Le 10 décembre suivant, le froid se faisant sentir de plus en plus, les rivières furent entièrement gelées le 8 décembre, à tel point, que les moulins ne pouvoient moudre qu'avec beaucoup de peine. Comme la gelée augmentoit toujours, les officiers municipaux firent apporter une certaine quantité de farine, que l'on déposa dans le corps de garde, et qui y fut mise en réserve jusqu'au mois de mars suivant, de crainte que les moulins ne pussent plus marcher du tout, comme cela arriva ; mais les boulangers firent moudre leurs bleds à des moulins à vent ou aux moulins qui vont par des sources, comme celui de Fontaine-sous-Jouy, ce qui permit de se passer de ces farines pendant tout l'hiver.

La veille de Noël, le temps parut vouloir devenir un peu plus doux ; mais le lendemain, la gelée reprit avec sa même force, et il tomba souvent de la neige. Ce fâcheux temps alla toujours de pire en pire jusqu'au 13 janvier 1789, que le dégel vint.

Comme on craignoit beaucoup les grosses eaux, à cause des neiges, messieurs les officiers municipaux firent lever promptement toutes les vannes et écluses qui se trouvoient le long des rivières, ce qui fit que l'eau ne grossit pas beaucoup, parce qu'elles furent ouvertes pendant quatre ou cinq jours.

Pendant ce long et pénible hiver, dont le froid descendit jusqu'à dix-huit degrés, on occupa tous les jours un grand nombre de personnes, au nombre de plusieurs centaines, de tout âge et de tout sexe, à retirer les vidanges d'une carrière que le sieur Chouard, dessinateur des ponts et chaussées, avoit achetée, et toutes les terres furent portées sur le chemin qui conduit à St-Germain-de-Navarre. Tout ce travail fut fait à la hotte et à la brouette jusqu'aux environs de l'église de St-Thomas, où des bascules (1) les prenoient pour les transporter sur le chemin. Il dura jusqu'au 15 mars.

Pour venir en aide aux pauvres qui ne pouvoient pas tra-

---

(1) Ce qu'on appelle ici bascules, sont des camions prismatiques inventés par Péronnet, ingénieur des ponts-et-chaussées. L'essieu passant par le centre de gravité, le plus léger effort suffit pour les faire tourner et les vider.

vailler à ces terrassements, messieurs les officiers municipaux firent porter à l'hôpital une très-grande quantité de riz, qu'on y faisoit cuire avec de la viande et qu'on distribuoit tous les jours aux pauvres avec du pain. Quant aux farines qui furent apportées pendant l'hiver, on les envoya petit à petit à l'hôpital, et un homme les cuisoit en faisant le mélange d'un sac de farine d'orge et d'un sac de farine de seigle avec un sac de farine de bled. On vendoit ce pain six sous par pain de huit livres moins cher que chez les boulangers.

Les travaux furent continués, en 1788, au chemin qui conduit de la barrière du Bois-Jollet à St-Germain-de-Navarre, et l'on y occupa quelques hommes pendant le beau temps. On alloit chercher la terre le long de la rue de l'Epringalle (1), d'où elle étoit transportée dans des bascules, dites culebutes, traînées par quatre hommes, pour remplir le chemin, qui étoit très-bas.

Le chapitre fit également abaisser le cimetière de la Cathédrale, jusqu'au niveau de la rue, par les mêmes ouvriers, et transporter les terres sur le chemin de Saint-Germain.

Cette même année mourut Mme Louise-Henriette-Gabrielle de Lorraine, épouse de Mgr Godefroy-Charles-Henry de la Tour-d'Auvergne, comte d'Evreux, pair et grand chambellan de France. Cette princesse mourut à Paris, le jeudi 4 septembre, et son corps fut apporté de son hôtel à Evreux, le mardi 9 septembre (2). Les bourgeois reçurent, à cette occasion, l'ordre de prendre les armes, et allèrent recevoir le corps à la barrière de la Ronde, où les frères de charité prirent le cercueil pour le porter à l'église Notre-Dame; delà ils le transportèrent dans celle de St-Taurin, pour l'inhumer dans le caveau funéraire de la maison de Bouillon, creusé

---

(1) Aujourd'hui boulevard Chambaudoin.

(2) Le convoi arriva fort tard, et l'entrée dans l'église de Saint-Taurin eut lieu aux flambeaux. Un bas-relief en marbre blanc, représentant une femme assise sur une urne funéraire, était attaché à sept ou huit pieds de hauteur contre le pilier à droite, près du lieu où est le caveau. Ce bas-relief disparut lorsque l'église fut transformée en atelier pour la fabrication du salpêtre.

dans cette église (1). Le lendemain, un détachement des bourgeois assista au service qui fut célébré pour elle. Quelque temps après, les huit curés de la ville célébrèrent un nouveau service à l'église Saint-Nicolas, aussi bien que la Cathédrale, le séminaire et tous les couvents de la ville.

Ce fut également en cette année que Mgr l'évêque d'Evreux donna la somme de 25,000 liv. au sieur Passot (2), grand fabricant de coutil, pour en servir 1,200 liv. de rentes, destinées à payer plusieurs maîtres pour montrer à lire et écrire gratuitement aux jeunes garçons de la ville. Cette école fut ouverte dans une grande salle des Jacobins, le lundi 22 décembre 1788 (3).

Ce fut cette même année que mourut Mme Anne de La Rochefoucault, abbesse de St-Sauveur, l'avant-dernier jour de l'an. Elle fut remplacée peu de temps après son décès, par Mme de Narbonne, sœur de Mgr de Narbonne, évêque d'Evreux.

1789.

Ce fut le 22 février qu'on lut aux prônes des messes paroissiales, les édits du roy, concernant les Etats-Généraux de son royaume (4), dont la réunion étoit fixée au lundi 27 d'avril suivant, et qui contenoient la manière d'élire les députés des trois ordres dans les assemblées tenues à cet effet. Les intentions du roy étoient que le nombre des députés du tiers-état fût égal au nombre des députés des deux autres

(1) Le caveau funéraire de la famille de Bouillon a été déblayé et réparé récemment. Il est placé sous la lanterne de l'église de St-Taurin ; son ouverture a été de nouveau murée.

(2) M. Passot, oncle de MM. Thirouin, est celui qui a importé, à Evreux, la fabrication du coutil qui a fait la fortune de tant de personnes. Il mourut à Prey dans le presbytère qu'il avait acheté.

(3) Deux maîtres furent attachés à cette école ; l'un d'eux, qui gravait assez bien, fut condamné pour fabrication de faux assignats de cinq sols.

(4) Les lettres patentes du roi et le règlement concernant la tenue des États-Généraux, portent la date du 24 janvier 1789.

ordres réunis. A cet effet, les officiers municipaux firent avertir les corps de métiers de s'assembler séparément, où bon leur sembleroit, pour nommer des députés, un dans chaque corps de métier, et deux dans les corps d'arts libéraux, comme médecins (1), avocats et autres, et pour rédiger les cahiers de plaintes et doléances que leurs corps auroient à faire suivant l'édit du roy.

Tous ces députés s'assemblèrent le mercredi 4 de mars, à l'Hôtel-de-Ville (2), pour y déposer leurs cahiers et nommer des commissaires pour, de tous ces cahiers, en faire un seul. Le 7, ils s'assemblèrent de nouveau pour entendre la lecture de ce nouveau cahier, et nommer des députés qui devoient se trouver à l'audience de la vicomté, le 12, avec les députés des campagnes, pour réduire encore tous ces cahiers en un seul. Ces doléances furent rédigées les deux jours suivants, et tous revinrent les signer avec les six députés de la ville, et nommer des députés qui devoient se trouver, le 16, à la grande assemblée dans la Cathédrale.

L'ouverture de la grande assemblée fut annoncée le lundi, 16 mars, au son d'une grosse cloche de Notre-Dame, à huit heures du matin. Après une messe du Saint-Esprit, on commença à faire l'appel de l'ordre du clergé, puis de la noblesse, enfin des députés du tiers-état; mais il ne fut pas possible d'appeler un aussi grand nombre de personnes dans cette première assemblée; elle fut renvoyée au lendemain à la même heure, et ne fut terminée qu'à midi environ. On lut ensuite les ordonnances du roy, et chaque ordre se sépara et se retira dans ses bureaux.

Cette grande assemblée fut présidée, dans la Cathédrale, par M. de Courcy de Montmorin, grand bailly d'épée d'Evreux. Le clergé tint son bureau au grand séminaire (3), et fut présidé par Mgr l'évêque d'Evreux; la noblesse dans l'église de St-Nicolas, et fut présidée par M. le grand bailly; le tiers-état, à l'audience de la vicomté, fut présidé par M. Girardin, lieutenant-général. Les trois ordres firent chacun leurs cahiers de doléances, et élurent, par voie de scru-

(1) Le corps des médecins se composait alors, dit-on, d'un médecin prenant le titre de médecin du roi et d'un chirurgien.
(2) L'Hôtel-de-Ville, récemment détruit, au pied de l'Horloge.
(3) Aujourd'hui la prison.

tin, leurs députés, qui prêtèrent serment de fidélité dans la Cathédrale, le vendredi 27 mars, en présence de M. le grand bailly, et se retirèrent chacun chez soi.

Mgr le duc de Bouillon, qui avoit perdu son épouse dans le mois de septembre 1788, se remaria à Mlle de Banastre, le samedi 23 may 1789, en l'église de St-Germain-lès-Evreux, sa paroisse (1).

Ce fut aussi dans ce même mois de may, que Mgr l'évêque d'Evreux ordonna de faire des prières pour implorer la miséricorde de Dieu, afin de maintenir l'union et la paix aux Etats-Généraux. Ces prières furent annoncées au prône; c'étoit des oraisons qu'on devoit réciter tous les jours à la messe, et des saluts célébrés les jours de fête et dimanche.

Ce fut aussi cette même année, le 19 juillet, que plusieurs bourgeois allèrent présenter une cocarde (2) à Mgr le duc de Bouillon, à l'occasion de la réunion des deux premiers ordres des Etats-Généraux à celui du tiers-état, qui avoit eu beaucoup à soutenir pour se maintenir. Mgr le duc de Bouillon reçut cette cocarde avec des marques d'amitié, voulant bien se réunir au tiers-état, et la mit aussitôt à son chapeau.

Le lendemain, lundi 20, plusieurs des femmes des mêmes bourgeois, qui avoient présenté une cocarde à Mgr le duc de Bouillon, allèrent, escortées par des jeunes gens sous les armes, en présenter une à la princesse son épouse; elles furent également reçues avec des témoignages d'amitié.

(1) La municipalité, à cette occasion, fit don à Mlle de Banastre, alors âgée d'environ 14 ans, d'une corbeille de fleurs remplie de présents de la ville, dernière trace, à Evreux, de cette coutume de la féodalité, qui consistait à présenter dans certaines circonstances les présents et le vin de la ville aux seigneurs dont elle dépendait ou aux administrateurs qui daignaient la visiter.

(2) La cocarde offerte au prince, et qu'il portait à un petit tricorne forme Louis XV, ne ressemblait pas à celles qu'on a faites depuis. Elle était composée de rubans de soie, l'un rouge, l'autre bleu et le dernier blanc, arrangés entr'eux comme les cocardes que portent les femmes. Elle avait au moins quatre pouces de large et couvrait toute la hauteur du brod retroussé du chapeau.

Le prince, on le sait, petit de taille, et d'une figure maigre et effilée, paraissait avoir une soixantaine d'années. Il portait, avec l'épée plate, la culotte courte et la botte molle à revers.

Les grains étant extrêmement chers cette année, le prince fit donner des sommes considérables pour le pain des pauvres, que l'on cuisoit au St-Esprit (1), et qui leur étoit distribué dans les paroisses ; mais comme l'année étoit bien fâcheuse pour tout le monde, on en distribuoit à ceux qui en avoient besoin à meilleur marché, attendu qu'il n'y avoit aucuns travaux de nul métier.

C'est ce qui fit que le mardi 21, il fut décidé au comité tenu à l'Hôtel-de-Ville, que les bourgeois monteroient la garde pour protéger la ville, de crainte de quelque sédition, comme en avoient éprouvé plusieurs villes du royaume.

Ce fut à cette époque que Mgr le duc de Bouillon, avec messieurs les officiers municipaux, dans une assemblée générale, tenue le 22, depuis sept heures du soir jusqu'à trois heures du matin, nommèrent des officiers pour commander la bourgeoisie.

Cette assemblée n'ayant pas été suffisante, fut continuée au lendemain, à neuf heures du matin. On y appela, comme à celle de la veille, les députés des corps de métiers nommés pour les élections des députés aux Etats-Généraux.

Le vendredi 24, sur les neuf heures du matin, on fit assembler, dans l'église des Jacobins, tous les chefs de famille, pour leur donner lecture de la délibération de ces deux assemblées, et leur faire connoître les noms des officiers qui avoient été élus : Mgr le duc de Bouillon, commandant en chef ; M. Hugo, commandant en second, et M. le chevalier de Varennes, major (2).

Tous les capitaines furent pris dans la noblesse, et les lieutenants parmi d'autres personnes.

Le vendredi 31 juillet, on envoya à Rouen plusieurs per-

(1) Asile des orphelins fondé par Mlle de Bouillon.
(2) M. Hugo, ancien officier de hussards, propriétaire du clos Bioche, reprit du service et devint inspecteur aux revues à l'armée d'Angleterre, réunie à Boulogne ; il fut ensuite inspecteur à l'école de Fontainebleau lors de sa création.
M. de Varennes était un officier d'infanterie, décoré de la croix de Saint-Louis.

sonnes avec dix-sept voitures pour apporter du bled et du seigle qui fut déposé dans le grenier du chapitre (1), afin de subvenir aux besoins du peuple.

Comme on avoit envoyé dans les campagnes plusieurs détachements de bourgeois pour faire apporter des bleds à l'Hôtel-de-Ville pour être distribués aux boulangers au prix de la halle, Mgr l'évêque donnoit à ceux à qui ces bleds appartenoient 3 fr. par sac au-dessus du prix qu'ils recevoient. On ne fit faire que du pain bis, et il n'y avoit que trois boulangers qui en fissent du blanc pour les malades.

Le dimanche 2 aoust, après vêpres, on fit une procession générale pour demander à Dieu du beau temps pour la maturité des grains, que des pluies continuelles empêchoient de mûrir. On avoit commencé le dimanche précédent à faire des prières qui furent continuées jusqu'au jour de la procession.

Le dimanche 30 aoust, à l'issue de la grande messe de la Cathédrale, on fit la cérémonie de la bénédiction des drapeaux d'Evreux, donnés par Mgr le duc de Bouillon, et qui étoient brodés à ses armes et à celles de la ville. Le prince assista à la cérémonie avec son épouse qu'il fit passer sous les drapeaux dans la Cathédrale, et les conduisit lui-même à l'Hôtel-de-Ville avec la troupe.

Après vêpres, on fit une assemblée dans toutes les paroisses pour nommer des députés pour aider ceux qui étoient au comité. Ils furent élus au nombre qui suit : St-Pierre en nomma 8, St-Thomas 7, St-Léger 6, St-Nicolas 4, St-Gilles 4, St-Denis 4, St-Aquilin 4, et Notre-Dame-de-la-Ronde 4.

Le dimanche 13 septembre, on fit une nouvelle assemblée pour en nommer quelques autres qu'il falloit encore.

Le 25 septembre, M. Girardin, lieutenant-général, conduisit avec lui à St-André quarante hommes de la bourgeoisie d'Evreux pour l'escorter et le garantir de plusieurs menaces qui lui avoient été faites au marché précédent par des meu-

(1) Ces greniers étaient placés sur le grand bâtiment de l'officialité faisant face au portail occidental de la Cathédrale.

niers et laboureurs, lorsqu'il alloit à la halle de St-André pour maintenir le bon ordre et prévenir l'enlèvement des grains.

Le 27 du même mois et les deux jours suivants, on fit, dans la Cathédrale, des prières dites *des Quarante-Heures*, avec une procession du Saint-Sacrement au salut, pour demander à Dieu de ramener la paix et la tranquillité dans le royaume. Ces *Quarante-Heures* furent ordonnées par un mandement de Mgr l'évêque d'Evreux, suivant une lettre que le roy avoit adressée à tous les évêques de son royaume.

On fit ces prières à la Cathédrale les 27, 28 et 29 septembre, et dans les autres églises les 4, 11 et 18 octobre. Mgr l'évêque les commença à la Cathédrale et fit le salut des *Quarante-Heures* à St-Léger, parce que ce jour-là, on célébroit l'office du patron de cette paroisse. Le 11, il fut fait à St-Denis, dont on célébroit aussi la fête, et le 18 à St-Pierre. Mgr l'évêque ordonna que la lettre du roy ainsi que son mandement fussent lus trois dimanches de suite aux prônes, et que pendant un mois on récitât une oraison à toutes les messes qui seroient dites.

Le 2 octobre, on fit encore partir pour St-André cent cinquante hommes de la garde d'Evreux avec M. Girardin, pour le protéger contre plusieurs personnes qui venoient, à ce que l'on disoit, d'Anet, et qui prétendoient avoir du bled autant qu'elles voudroient pour leurs boulangers ; mais, ce jour-là, les perturbateurs ne vinrent pas. Les bourgeois d'Evreux se réunirent à quatre-vingts habitants de St-André, pour veiller au maintien de l'ordre dans la halle et dans les cabarets.

Le 11 octobre, on commanda un piquet de quarante hommes pour aller à Navarre chercher une couleuvrine dont Mgr le duc de Bouillon fit présent à la garde éburovicienne.

Le mardi 3 novembre, on fit à Evreux la proclamation de la loi martiale (1) avec le drapeau rouge, elle fût publiée à qua-

---

(1) Cette proclamation qui substituait le pouvoir militaire à l'autorité civile, équivalait à l'état de siége de nos jours. Le drapeau rouge devait,

torze endroits différents. Mgr le duc de Bouillon vint à l'Hôtel de-Ville, devant lequel la première publication se fit en sa présence ; le mauvais temps qu'il faisoit ce jour-là l'empêcha d'aller aux autres endroits.

Le 29 novembre, premier dimanche de l'avent, on fit assembler tous les bourgeois dans l'église des Jacobins, pour leur lire le règlement relatif au maintien de l'ordre dans la garde et rédigé par les commissaires qui avoient été nommés ; il fut reçu et approuvé. Comme tous les officiers anciens, nommés à l'Hôtel-de-Ville, ne l'avoient été que jusqu'à ce que ce règlement fut fait, on fit assembler de nouveau toutes les huit compagnies, chacune à part, pour nommer ses officiers, à la réserve de l'état-major.

Elles se réunirent pour cette élection le 8 décembre.

Le dimanche 20 du même mois, on fit assembler toute la garde dans la cour du château pour prêter serment. Ce fut là que plusieurs officiers et d'autres personnes mirent à la bourse pour avoir huit caisses de cuivre que l'on fit venir de Paris.

On fit apprendre à huit jeunes gens à battre du tambour (1).

pendant la durée de cet ordre de choses, flotter sur l'Hôtel-de-Ville. — Un des hommes les plus remarquables de la ville, sous le rapport des qualités physiques, M. Hérissey aîné, alors huissier, fut choisi entre tous pour faire connaître au peuple le texte entier de cette loi. Accompagné des officiers municipaux et escorté de gardes nationaux, il se transporta solennellement à tous les carrefours de la ville, où, après un ban, il fit, de la voix la plus sonore et la plus pure, la lecture dont il était chargé. Au moment où il prononçait la triple sommation : *On va faire feu! que les bons citoyens se retirent!* Une vive impression et comme un mouvement électrique parurent ébranler la masse du peuple ; il semblait, nous dit-on, que la décharge allait se faire entendre, tant avait produit d'effet l'intonation de sa voix puissante.

(1) On choisit pour tambour major le *Pierrot* d'une troupe de saltimbanques qui étaient alors à Evreux, et qui battait assez bien de la caisse. Ce professeur qui, pour le public, n'eut jamais d'autre nom que *Pierrot*, donnait ses leçons en parcourant les rues, ce qui était assez incommode pour les habitans.

Une anecdote assez intéressante sur ce malheureux Pierrot a paru ne pas être trop déplacée ici. Comme tant d'autres l'amour le perdit. S'étant avisé de se couvrir de peaux de bêtes pour se rendre à ses rendez-vous nocturnes ; il effraya un si grand nombre de personnes qu'on proposa, à son de caisse, une récompense à celui qui livrerait le *loup-garou* ; c'était

1790.

Le samedi 30 janvier, on publia, dans les carrefours de la ville, le décret des municipalités (1), et le lendemain dimanche il le fut également aux prônes des messes paroissiales, conformément au décret qui enjoint que cela soit publié huit jours d'avance.

On forma dans la ville trois sections ou districts (2), ainsi qu'il suit : le premier district fut celui de St-Pierre, qui comprenoit St-Pierre et St-Léger ; ses assemblées se tinrent dans l'église de St-Pierre. Le second étoit celui de St-Denis, qui comprenoit St-Denis, St-Aquilin et N.-D.-de-la-Ronde ; ses assemblées se tinrent dans l'église de St-Denis. Le troisième district fut celui de St-Thomas, qui comprenoit St-Thomas, St-Nicolas, St-Gilles et St-Germain-de-Navarre ; ses assemblées se tinrent dans l'église de St-Thomas.

Les assemblées des trois districts commencèrent le lundi 8 février, à huit heures du matin, et furent continuées tous les jours jusqu'au vendredi, que les opérations furent terminées. Le premier maire fut M. Letellier, apothicaire (3).

Le samedi on fit sonner les cloches de la Cathédrale, et le dimanche Mgr le duc de Bouillon alla prendre le maire chez lui, dans sa voiture, pour le conduire à la Cathédrale où tous les bourgeois étoient assemblés sous les armes, pour qu'il prêtât serment ainsi que les huit échevins et les dix-huit

---

ainsi qu'on désignait cet être mystérieux. Un boucher, à moitié pris de vin, revenant un soir de la Rochette, accompagné de son chien et armé d'un bon bâton, se trouva tout-à-coup dans la traverse du cimetière de Saint-Thomas, en face du *loup-garou*, qui, pour l'effrayer, se mit aussitôt à répéter mille scènes de parade ; mais le boucher dont l'ivresse animait le courage, et qu'aidait son chien dont l'odorat n'était point en défaut, se jetèrent sur lui ; une lutte s'ensuivit et, dit un chroniqueur, l'on trouva, sous la peau de bête, *Pierrot*, qui d'ordinaire ne l'était pas.

(1) Le décret des 14-22 décembre 1789, qui prescrivait la nouvelle division de la France en départements, districts et municipalités.

(2) Pour l'élection du maire et des officiers municipaux.

(3) M. Letellier tenait la pharmacie exploitée depuis par M. Goulliart, et aujourd'hui par M. Olivier.

notables. Après la cérémonie, Mgr l'évêque entonna le *Te Deum*, pendant qu'on sonnoit toutes les cloches de la ville. Ils furent ensuite reconduits à pied jusqu'à l'Hôtel-de-Ville ; Mgr le duc de Bouillon étoit à la tête des bourgeois comme leur commandant.

Le soir, les anciens officiers municipaux et ceux du comité donnèrent, dans les Capucins (1), un grand diner aux nouveaux. Mgr le duc de Bouillon y assista et il y eut une illumination générale dans la ville.

Les nouveaux officiers donnèrent le même jour, à midi, dans les Jacobins (2), une somme d'argent qui fut distribuée aux pauvres.

Le dimanche 7 février, on lut aux prônes des messes paroissiales un discours du roy, prononcé le 4 du même mois à l'assemblée nationale, dans lequel il l'engageoit à continuer ses travaux, déclarant adopter tout ce qu'elle avoit fait jusqu'à ce jour.

Le dimanche 21 février, premier dimanche de carême, on prêta le serment civique que l'assemblée nationale avoit fait, quand le roy y alla le 4 même mois (3).

On fit élever à cet effet, sur la place St-Léger, un autel civique avec des gradins derrière et à côté, pour y placer les officiers municipaux.

La garde éburovicienne prit les armes et fut placée derrière l'autel, près des officiers municipaux.

Le maire, le premier, fit le serment d'être fidèle à la nation, à la loy et au roy, et de maintenir de tout son pouvoir la Constitution du royaume. Ce même serment fut prêté, après lui, par tous les autres officiers municipaux, par Mgr le duc de Bouillon, commandant en chef de la garde et tous les officiers de l'état-major. Le maire descendit ensuite de sa

(1) Aujourd'hui le Collége.
(2) Aujourd'hui l'Hospice.
(3) Voici la formule de ce serment : « Je jure d'être fidèle à la nation, à la loy et au roy, et de maintenir de tout mon pouvoir la Constitution du royaume, décrétée par l'assemblée nationale, sanctionnée par le roy. » Décret constitutif des 14 et 22 décembre 1789.

place et parcourut tous les rangs de la garde à laquelle il fit faire le serment. Après qu'il fut retourné à sa place, Mgr l'évêque, avec une grande partie de son clergé, vint prêter aussi le même serment en présence du maire assis derrière l'autel civique pour recevoir ce serment de tous ceux qui se présentèrent.

Tous les curés de la ville, les vicaires, les supérieurs du grand et du petit séminaire avec leurs écoliers, les régents du collége, également avec leurs écoliers, et enfin une foule innombrable de personnes, tant de la ville que de la campagne, venues pour voir cette cérémonie, prêtèrent tous le serment en présence du maire.

Un cordelier, aumônier de la garde, y prononça un discours qui fut très-applaudi (1). On chanta ensuite un *Te Deum* et les officiers municipaux, rendus à la maison de ville après la cérémonie, y distribuèrent du pain aux pauvres.

Cette cérémonie commença à huit heures du matin et finit à deux heures après midi.

Le mardi 25 may, on tint dans toutes les villes, bourgs et

---

(1) Le cordelier dont il s'agit se nommait Greuillet. C'était le gardien du couvent des Cordeliers d'Évreux. On l'appelait communément *le petit père Custode*.

Il devint chanoine, puis membre du bureau de conciliation.

Le père Greuillet était très-petit, chauve, doué de beaucoup d'esprit, mais très-peureux, et avait, à ce qu'il paraît, l'épiderme très-sensible. Lorsque, au fort de la terreur, chacun fut forcé de s'enrôler dans la société populaire sous peine d'être accusé d'incivisme, le petit père Greuillet se fit inscrire sur les registres de la société qui tenait ses séances dans la Cathédrale. Il parlait rarement, mais lorsqu'il croyait devoir combattre quelques propositions violentes, il montait à la tribune (dans la chaire à prêcher), où, étant arrivé, il tirait de sa poche le bonnet rouge, sans lequel on ne l'aurait pas laissé parler, et s'en coiffait avec des précautions particulières devant tout le monde.

Comme le contact immédiat de la laine lui châtouillait désagréablement le front, il avait fait doubler son bonnet avec de la percale, et comme partout où un seul brin de laine le touchait, il éprouvait une démangeaison, il retroussait le bonnet de ce point et finissait par être coiffé d'un bandeau blanc que couronnait le bonnet rouge.

Sa figure était si vénérable, il parlait avec tant d'onction, tout le monde d'ailleurs le savait si bon, qu'il n'est jamais arrivé que l'on ait réclamé contre le temps qu'il employait ainsi à faire sa toilette. On riait presque toujours des peines qu'il y prenait, et lui seul ne savait pas, ou du moins ne paraissait pas savoir, de quoi on riait.

Jamais il n'est descendu sans avoir préalablement remis le bonnet dans sa poche.

paroisses du département d'Evreux (1), les assemblées primaires pour la formation du département. Les paroisses de campagne du canton d'Evreux tinrent leurs séances dans l'église de St-Nicolas et nommèrent quatre électeurs. Les paroisses de la ville furent partagées en deux sections ; la première, composée des paroisses de St-Pierre, St-Léger et St-Thomas, tint ses séances dans l'église St-Pierre et nomma sept électeurs ; la seconde section, composée des paroisses de St-Denis, St-Nicolas, St-Gilles, St-Aquilin, N.-D.-de-la-Ronde et de St-Germain-de-Navarre, tint ses séances dans l'église St-Denis et nomma aussi sept électeurs.

Les paroisses de la campagne terminèrent leurs opérations le 27 et celle de la ville le lundi 31. Le soir du même jour on carillonna à la Cathédrale, à toutes les paroisses et aux autres églises et l'on tira quatorze coups de canon en signe de joie.

Les commissaires nommés par le roy pour la formation du département étoient Mgr le duc de Bouillon, M. Le Tellier, maire d'Evreux, et M. Lindet, avocat de Bernay (2).

Le dimanche 6 juin, partirent d'Evreux seize fusiliers et plusieurs officiers de la garde éburovicienne pour aller à Chartres prêter le serment de fédération martiale, dans la cérémonie à laquelle la ville d'Evreux avoit été invitée par une lettre de Chartres. Ce détachement partit d'Evreux avec d'autres détachements des villes de Louviers, de Pont-Audemer, de Bernay et de Beaumont, réunis sous le commandement de M. Hugo, commandant en second de la garde éburovicienne.

Ils y restèrent jusqu'au 12 juin et revinrent avec les mêmes détachements. A leur retour, toute la garde éburovicienne alla à leur rencontre. On avoit placé hors de la ville trois pièces de canon dont on fit plusieurs décharges quand ils

(1) Le procès-verbal de la commission chargée de la délimitation et de la division du département d'Evreux, porte la date du 12 février 1790, il est signé par MM. Lindet, curé, Buzot, Bonneville, Le Maréchal, Beaupéré, Decrétot, et le marquis de Mortemart ; mais le décret des 15 janvier, 16 et 26 février 1790, sanctionné le 4 mars, changea le nom provisoire de ce département, en celui de département de l'Eure.

(2) Robert Lindet était de moyenne taille, vif et d'une physionomie très-expressive.

approchèrent. Mgr le duc de Bouillon avoit fait porter une pièce de vin et une pièce de bière, avec des vivres, au village de Coudres, pour leur dîner quand ils revinrent.

Comme ces détachements séjournèrent à Evreux, Mgr le duc de Bouillon donna à manger à tous les officiers pendant les deux jours ; les soldats y allèrent également tour à tour, en sorte que ces détachements furent satisfaits du bon accueil de Mgr le duc de Bouillon.

Le lundi 14 juin, tous les électeurs qui avoient été nommés dans les cantons du département d'Evreux, s'assemblèrent dans l'église du séminaire, pour faire l'élection des membres du département ; mais, comme cette église étoit trop petite, ils tinrent leur assemblée dans la Cathédrale. On se partagea en six bureaux, autant comme il y a de districts, et tous les membres furent tous mêlés, en sorte qu'il y avoit dans tous les bureaux des électeurs de toutes les parties du département.

Les opérations ne furent terminées que le jour de St-Jean-Baptiste. Après les vêpres, on sonna toutes les cloches de la ville, et le soir on tira trente-six coups de canon, autant qu'il y avoit de membres du département (1).

Le lendemain matin, on chanta dans l'église de la Cathédrale un *Te Deum*, entonné par Mgr l'évêque, qui ensuite prononça un discours. Le soir, il y eut une illumination générale dans toute la ville.

Après la nomination des membres du département, les électeurs se retirèrent chacun dans le chef-lieu de son district pour l'élection et la formation des membres des districts. Celui d'Evreux termina ses élections le dimanche 27, et le

---

(1) Le directoire du département fut composé ainsi qu'il suit :

District d'Evreux: MM. Bocquin, Chatel, Ledier, Dupuis, Regnault, Lebrun d'Orgeval. — District de Bernay : MM. Duval, De la Pille, Lefrançois, Gauthier, Juin, Hue. — District de Pont-Audemer : MM. de Morceng, Osmond, Savary, Duvert, Rever, Hébert. — District de Louviers : MM. Fossard, Paturel, Pitard, Leblond, Mulot, Langlois. — District des Andelys : MM. de la Barre, Legendre, Legrand, Damourette, Leblond, Mandard. — District de Verneuil : MM. Deschamps, Mesnil, Chevrier, Demoyaux, Vacher, Renard.

lendemain matin on tira douze décharges de canon, autant que de membres du district (1).

Le samedi 20 juin, il partit d'Evreux pour assister à la fédération de Rouen, autant de personnes qu'il en étoit allé à Chartres ; cette fois, les détachements furent placés sous le commandement de M. de Melmont, capitaine de la compagnie de St-Léger.

La cérémonie se fit à Rouen le 29 juin, jour de St-Pierre.

Le détachement revint à Evreux le vendredi 2 juillet, et fut reçu avec les mêmes cérémonies que celui qui avoit été envoyé à Chartres, excepté que toute la garde éburovicienne n'alla point au devant de lui.

Le samedi 10 juillet, il partit huit hommes et trois officiers pour la fédération générale de Paris. Au nombre des trois officiers étaient M. Hugo, commandant en second de la garde d'Evreux et M. de Varennes, major.

Le mercredi 14 juillet, on fit à Evreux la fête du serment civique, comme il est porté par les décrets de l'assemblée nationale (2). A cet effet, on avoit élevé sur la place St-Léger une pyramide à trois faces, un autel et des gradins pour placer les officiers municipaux.

Cette fête fût annoncée dès la veille par plusieurs coups de canon, et le lendemain matin à sept heures par le son de toutes les cloches de la ville et par une nouvelle décharge de canon. Toute la garde s'assembla sur la place St-Léger, et à

---

(1) Furent élus : MM. Guilbert, Laval, Roycourt, Lecouturier de Courcy, Moulin, Lavertu, Gardembas, Lebas, Rigault de Rochefort, Tasche, Hugo, Fouquet. M. Livet de St-Mard, fut procureur-syndic, et MM. Lavertu, Rigault de Rochefort, Moulin et Gardembas, directeurs.

M. Guilbert fut depuis membre du conseil des Cinq-Cents et l'un des éliminés du 18 brumaire, puis sous-préfet des Andelys.

M. Rigault de Rochefort était un des douze qui, après la bataille de Brécourt, furent arrêtés et envoyés au tribunal révolutionnaire. Il ne sortit de la conciergerie que le 9 thermidor. Devenu juge à Paris, il fut un de ceux qui refusèrent de condamner le général Moreau, malgré l'assurance que l'on donnait que l'empereur désirait qu'on le mit à même de lui faire grâce. Il est mort, il y a peu d'années, à Vernon, où il avait, jusqu'à la mort de la duchesse douairière d'Orléans, dirigé les affaires de cette princesse.

(2) Décret du 4 février 1790.

onze heures, son aumônier célébra la messe sur l'autel qui avoit été préparé.

A midi précis, le serment fut prêté ; on chanta ensuite le *Te Deum* pendant lequel il fut tiré quatre-vingt-trois coups de canon (1), mêlés au son de toutes les cloches de la ville. Mgr le duc de Bouillon, qui assistoit à cette cérémonie comme commandant en chef, fit aussi tirer une très-grande quantité de coups de canon à son château de Navarre.

Ce fut pendant cette cérémonie qu'il fit présent à la ville de la halle au bled, qui faisoit partie de son domaine du comté d'Evreux, à la condition qu'on placeroit sur le haut des portes une épitaphe en marbre, indiquant qu'il avoit donné la halle à la ville d'Evreux en 1790.

La cérémonie terminée, on fit sur la même place, à la sollicitation d'un des régents du collége, qui en avoit fait la demande à l'Hôtel-de-Ville, la distribution des prix aux écoliers. Il fut arrêté que cette distribution auroit lieu tous les ans ce jour-là après la cérémonie du serment. On fit défendre à tous les maîtres d'ateliers et à toutes personnes d'ouvrir leurs ateliers et leurs boutiques. Le soir, on alluma sur la place St-Léger un feu de joie et il y eut illumination dans toute la ville.

Le samedi 24 juillet, les personnes qui étoient allées à Paris pour la fédération générale arrivèrent le matin avec la bannière dont les districts de Paris avoient fait présent à tous les départements du royaume. Cette bannière étoit accompagnée par tous les députés du département qui avoient été à la fédération de Paris.

La garde nationale d'Evreux alla au-devant d'eux avec deux pièces de canon, dont on fit plusieurs décharges. En arrivant dans la ville, la bannière et la garde éburovicienne furent reçus au son des cloches et des décharges du canon. On déposa la bannière à l'Hôtel-de-Ville, parce que le département n'étoit pas encore en exercice. Le soir, on illumina l'Hôtel-de-Ville.

Le lendemain, Mgr le duc de Bouillon donna à manger à

(1) En l'honneur des 83 départements dont se composait la France.

toutes les personnes qui étoient venues de Paris avec la bannière (1).

Le vendredi 15 octobre, on commença à faire l'élection des juges de district; les opérations ne finirent que le dimanche suivant.

Le lundi 25 octobre, on commença aussi à faire l'élection des juges de paix et prud'hommes. M. Girardin fut élu juge de paix pour la ville et M. Hugo pour la campagne. Les réunions se tinrent dans les sections comme aux assemblées primaires. Les sections de la ville tinrent les leurs plusieurs jours, et elles furent prorogées jusqu'au dimanche suivant, veille de la Toussaint, parce que M. Girardin, étant à Paris

---

(1) Un caporal de grenadiers de la garde nationale parisienne, fit à cette occasion les couplets suivants :

AIR : *Ciel, l'univers va-t-il donc se dissoudre ?*

Silence, amis; Bacchus me rend poëte,
A mes accens prêtez attention :
  Taisez-vous, je le répète;
  Et sans contradiction
    Que l'on décrète
    Ma motion.

Dispos, brave et joyeux,
  Que chaque frère
  Armé d'un verre
  Fasse la guerre
A ces bons vins vieux.

AIR : *M. le prévôt des marchands.*

A Godefroy, buvons d'abord,
Puis nous y reboirons encor ;
Et n'oubliez pas, camarades,
La souveraine de ces lieux :
On doit tout au moins deux rasades
Pour hommage à de si beaux yeux.

AIR : *De Joconde.*

Un autre Godefroy jadis
  Fut guerrier intrépide,
Mais songeant trop au paradis,
  Il n'osa voir Armide :
Pour le Godefroy de nos jours,
  Moins dévot personnage,
Il joint les myrthes des amours,
  Aux palmes du courage.

pour affaires de famille, on lui écrivit pour lui faire connoître sa nomination et savoir s'il acceptoit la place de juge de paix. Dans une lettre qu'il écrivit aux présidents des deux sections de la ville, St-Pierre et St-Denis, il fit connoître le regret qu'il avoit de ne pouvoir accepter la place, à cause des affaires qui devoient le retenir encore au moins six mois à Paris. Cela fit que l'on rouvrit l'assemblée le dimanche suivant après les vêpres; l'élection fut achevée le lendemain, jour de la Toussaint. M. Buzot, ancien juge de la juridiction de Crèvecœur fut élu juge de paix. (Ce n'est pas le même que celui qui avoit été élu député aux Etats.)

Le jeudi 4 novembre, on plaça au-dessus des portes de la halle l'épitaphe en marbre comme il est marqué dans l'acte de donation de la halle, faite par Godefroy Charles de

AIR : *Accompagné de plusieurs autres.*

Les titres les plus glorieux
Ont illustré tous ses aïeux ;
Il en est peu qu'on ne renomme :
Mais leur gloire a causé des maux,
Comme eux, il n'est pas un héros,
Il est bien plus, il est un homme.

AIR : *Ce qui nous console.*

Privé du titre de seigneur
Et regrettant ce mince honneur,
Maint sot se désespère ;
Bouillon rit d'être sans vassal :
Tout citoyen est son égal,
Et tout pauvre est son frère.

A LA PRINCESSE.

AIR : *Avec les jeux dans le village.*

Vous, l'objet de sa vive flâme,
Et de qui l'amour lui suffit,
Maintenez toujours dans son âme
Le charme vrai qui la remplit ;
Ah ! comme lui, voyez sans peine
Quelques titres s'évanouir :
Pourquoi chérir une ombre vaine,
Alors qu'on a tout pour jouir ?

AIR : *Ne v'là-t-il pas que j'aime.*

Eh ! Qu'importe la qualité
Ou le nom de Turenne,
Jeune et brillante beauté ;
Partout n'est-on pas reine ?

la Tour d'Auvergne, duc de Bouillon, comte d'Evreux, etc. (1).

Le mardi 23 novembre, on fit à Evreux l'installation des juges du district. Les juges se rendirent sur les neuf heures du matin à l'Hôtel-de-Ville ; ce fut là que toute la garde nationale d'Evreux les prit pour les conduire aux audiences. On chanta une grande messe dans la chapelle de la prison et ensuite un *Te Deum*. Pendant la cérémonie, les cloches de toute la ville sonnèrent. Les officiers municipaux, placés dans le barreau, firent prêter le serment aux nouveaux juges.

Le lundi 5 décembre, les administrateurs du département se transportèrent à la Cathédrale pour destituer les chanoines. Ils mirent le sceau de l'Etat sur le trésor et dans les sacristies.

1791.

Le samedi 8 janvier, les officiers municipaux firent placer les marchands de cidre sur la place de St-Léger, attendu que sur le Carrefour ils empêchoient la circulation des voitures les jours de marché.

Le dimanche 16 janvier, les officiers municipaux se divisèrent en cinq sections, assistées d'un secrétaire, pour se transporter dans les églises dont les prêtres avoient fait leur soumission pour la prestation du serment, suivant le décret de l'assemblée nationale du 27 novembre 1790. Il n'y eut que sept curés sur les neuf de la ville qui prêtèrent serment, et

(2) Cette inscription en lettres d'or sur une longue et large table en marbre noir fut placée en effet, au-dessus des portes et y demeura jusqu'au règne de la terreur.
Elle contenait l'expression sommaire de la donation, les noms du maire et de tous les officiers municipaux de l'époque, ce qui devait en flatter plus d'un.
Le texte de cette donation, consigné dans les registres de la municipalité a été publié dans les notes et extraits des actes de l'Hôtel-de-Ville, 91.

trois vicaires sur six, et tous les professeurs du collége, à l'exception d'un seul, fut refusé par tous les autres (1).

Le 7 février, on nomma deux nouveaux prud'hommes, assesseurs du juge de paix, ainsi que l'assemblée nationale l'avoit décidé, parce que quatre ne suffisoient pas.

Le jeudi 10, le commissaire du roy du district d'Evreux fut reçu et installé par les juges dudit tribunal.

Le dimanche 13, les électeurs du département s'assemblèrent pour nommer un évêque à la place de M. de Narbonne, qui avoit refusé le serment; il ne fut nommé qu'au troisième tour de scrutin, le mardi 15 au soir, et ce fut M. Lindet, curé de Ste-Croix, de Bernay, qui fut élu (2). On fit sonner toutes les cloches de la ville, et il fut tiré douze coups de canon.

(1) Le serment des prêtres, dit un témoin oculaire, fut reçu dans les églises à l'issue de la messe, par des officiers municipaux délégués. Les prêtres descendaient à la grille du chœur comme quand ils vont recevoir l'offrande des fidèles de la nef, et là, en présence des officiers municipaux qui les y attendaient, ils prêtaient le serment devant tout le monde.

MM. de Narbonne, évêque et Duclos, curé de St-Denis et principal du collége, refusèrent le serment.

La prestation de serment dont il s'agit ici stimula la verve d'un poëte ébroïcien et l'on vit dès le lendemain paraître une sorte de cantate qui commençait ainsi :

> Vive Evreux !
> Vivent les preux
> Des bords fleuris de l'Iton et de l'Eure :
> Favoris
> Des fleurs de lis
> Ils ont juré le serment de Louis
> Jour fortuné, etc.

Le reste à l'avenant, voir même la musique qui était aussi du crû.

(2) Au temps de la nomination de Lindet à l'épiscopat, on fit une chanson dont voici deux couplets. Un paysan qui est sensé user de la liberté de la presse, s'exprime ainsi :

> Ce qui m'afflige vraiment
> C'est la perte de Narbonne ;
> Je l'aimerais tout autant
> Que c'ti là que l'on nous donne :
> Mais comm'je suis bon François
> Je dois me soumettre aux lois.
>
> Not'curé qui n'est pas sot,
> On dit qu'il prêche li même,

Aussitôt après l'élection, on envoya deux députés à Paris pour lui annoncer cette nouvelle. M. Lindet partit immédiatement, et se rendit à Evreux dès le lendemain soir, et fut reçu le jeudi matin. On chanta une messe haute, à laquelle il assista ; la garde nationale prit les armes et assista aussi à la messe. Le matin on sonna encore toutes les cloches et l'on tira plusieurs coups de canon. Le nouvel évêque fit une donnée aux pauvres.

Le 21, le département, le district et la municipalité de la ville d'Evreux nommèrent conjointement un principal du collége à la place de celui qui y étoit, à cause du serment.

Le mercredi 23, il fut installé par les administrateurs qui l'avoient nommé (1).

Le dimanche 27 mars on installa M. Lindet, nouvel évêque d'Evreux ; le département, le district, la municipalité et la garde nationale sous les armes assistèrent à la cérémonie.

L'après-midi, à la suite des vêpres, on chanta un *Te Deum* pour la convalescence du roy, et il y eut illumination dans la ville.

Le samedi 23 avril, veille de Pâques, on afficha la réunion des paroisses d'Evreux ; ces paroisses sont : St-Pierre, St-Thomas, St-Gilles, St-Denis, St-Nicolas, St-Aquilin et Notre-Dame-de-la-Ronde. Le décret a conservé St-Léger et St-Germain-lès-Evreux comme succursales, et les églises de St-Taurin et des Capucins comme simples chapelles.

> M'a dit qu'cetait la l'écho
> D'nos seigneurs qui pens'de même,
> Que quand on est bon François
> Il faut se soumettre aux lois.

L'air de cette chanson avait un caractère local tout particulier qui fait regretter de ne pouvoir le faire connaître au lecteur.

Tout le monde sait quel nombre immense de chansons fut inspiré par la première révolution ; la chanson servait alors à dorer les pilules démocratiques.

(1) L'installation se fit dans la chapelle dont le voiturier Baptiste a fait depuis son écurie. Cette chapelle occupait l'aile droite en entrant dans la cour. Les collégiens, dit l'un deux, couvrirent la proclamation de cris : *Vive Duclos ! A bas Ruhault !* Aussi n'eurent-ils point de congé.

— 40 —

En conséquence de ce décret, le même jour, à cinq heures du soir, on transporta le saint-sacrement des églises supprimées à la Cathédrale, escorté par quatre hommes et un caporal de la garde nationale, et les officiers municipaux firent transporter les argenteries des églises susdites à la Cathédrale.

Le dimanche 8 may, les électeurs du district d'Evreux s'assemblèrent dans la Cathédrale pour nommer des curés à la place de ceux qui avoient refusé le serment. La nomination ne finit que le mercredi suivant; mais, comme dans le nombre de ceux qu'ils avoient nommés, il s'en trouvoit qui avoient été élus dans d'autres districts, le jeudi matin ils en nommèrent d'autres à leur place.

Après la cérémonie, on sonna toutes les cloches de la Cathédrale, et l'aumônier de la garde nationale dit une messe après laquelle on chanta un *Te Deum*.

Le mardi 21 juin, on commença à Evreux les assemblées primaires pour nommer de nouveaux électeurs devant élire les nouveaux députés à l'assemblée nationale. Les assemblées d'Evreux se tinrent encore dans les églises qui avoient servi aux dernières réunions. Ces assemblées manquèrent d'être interrompues par la nouvelle de l'évasion du roy; mais il arriva au département un courrier de l'assemblée nationale qui apporta l'ordre de faire achever, sans les laisser interrompues, les élections, dans les endroits où elles seroient commencées.

Comme les nouveaux électeurs devoient s'assembler dans le courant de juillet pour nommer de nouveaux députés, il survint un décret qui leur défendoit de s'assembler avant qu'ils eussent reçu de nouveaux ordres.

Ce fut aussi dans les premiers jours de juillet que l'on changea le nom de la rue du Chapitre, laquelle commençoit au pont Notre-Dame et alloit finir au Doyenné, en passant par devant la Cathédrale. On lui donna le nom de rue de la Constitution (1).

(1) On traversait autrefois le jardin du Doyenné, aujourd'hui maison de M. de Cernay, pour arriver de la rue du Chapitre à l'allée des Sou-

— 41 —

Au commencement de juillet, il fut question, dans la garde nationale, de faire la fédération comme en 1790. A cet effet on nomma des commissaires qui se transportèrent au département pour le prévenir du dessein que l'on avoit formé. Le département ayant répondu qu'il prenoit part à cette fête, on chargea d'autres commissaires de choisir une place assez grande pour cette cérémonie, parce que chaque district devoit y envoyer un détachement de garde nationale fédérée. Les commissaires ayant choisi les communes ou friches des Fayaux, on envoya les ouvriers de l'atelier de charité pour y travailler à remplir les trous et abaisser les endroits raboteux. Pendant que les ouvriers travailloient à arranger cette place, il y eut un concours considérable de monde de la ville, de tout sexe, âge et condition, qui s'empressoit à l'envi l'un de l'autre de travailler à remuer la terre pour unir cette place (1) et pour faire une hauteur pour placer l'autel et la pyramide (2).

La pyramide fut faite de quatre peupliers qui furent abattus dans le cimetière de St-Pierre. On en avoit abattu six qui y étoient, mais on ne se servit que des quatre plus hauts et plus droits. On plaça aussi quatre colonnes qui avoient été retirées de dedans l'église des Cordeliers, lorsqu'elle fut vendue et l'on traça des lignes par terre, en carré, pour marquer la place des gardes nationales fédérées. La fête fut annoncée la veille par le son des cloches de la Cathédrale et des églises conservées et par plusieurs coups de canon.

Le lendemain matin toutes les gardes nationales fédérées et celle de la ville se trouvèrent toutes prêtes à huit heures du matin. Les fédérés s'assemblèrent sur la place St-Léger, et la garde nationale de la ville, sur la place du Château, d'où elle partit à neuf heures pour rejoindre les fédérés sur

---

pirs. Mais ce passage n'existait que pour les piétons. La nuit on fermait les deux portes, et la rue du Chapitre n'était plus qu'un impasse.

(1) Les élèves du collége, conduits par leurs professeurs, allèrent fournir leur contingent de travail. Des prêtres, revêtus de leur soutane, s'attelaient aux camions pour donner l'exemple. C'était en petit ce que l'on avait fait à Paris, lors de l'exécution des banquettes du Champ-de-Mars, détruites en 1848, par les ateliers nationaux.

(2) Ce qu'on appelait improprement la pyramide était le simulacre d'un obélisque terminé par un pyramidion au pied duquel on plaçait l'autel de la patrie.
Ce symbole était adopté pour toutes les fêtes publiques.

la place St-Léger. Aussitôt un détachement partit avec la musique pour aller chercher la bannière, déposée au département. A dix heures, quand il fut revenu, toute la troupe se mit en marche, précédée d'un détachement de gendarmerie nationale et de la garde qui devoit relever à midi celle de la ville. Venoient ensuite deux pièces de canon, les gardes fédérées et la garde nationale de la ville, avec les habitants de la paroisse de Chambray; la marche étoit fermée par un autre détachement de gendarmerie.

On prit la route par la Grande-Rue, la rue aux Fèvres, la rue St-Taurin, et l'on tourna, proche le Calvaire, dans la rue des Cordeliers, pour prendre les corps administratifs qui étoient assemblés au département (1). Ayant suivi la route par la côte de la Madeleine, on arriva au Champ-de-Mars, où l'on fit mettre la troupe en bataillon carré sur deux rangs, ce qui formoit un très-grand vide, au milieu duquel étoient la pyramide et l'autel.

Quand toute la troupe fut rangée, on dit la messe, et ensuite le *Te Deum*, puis on distribua les prix aux écoliers du collége, en présence des corps administatifs, qui étoient assis sur des siéges au milieu du bataillon.

Quand la distribution fut achevée, on fit la cérémonie de la prestation du serment, ensuite duquel les gardes nationales fédérées et celle de la ville couchèrent leurs armes à à terre et se mirent à danser; ce que voyant, tous les assistants entrèrent aussi dans le bataillon et se mirent à danser tous pêle-mêle avec les gardes nationaux. Après quelque temps de danse, on fit battre le rappel des soldats, dont une très-grande partie étoit à se rafraîchir sous des tentes que des cabaretiers avoient dressées pour vendre des rafraîchissements.

Quand tous les gardes nationaux furent rassemblés, on revint à la ville dans le même ordre qu'on étoit parti. Dans la route, on fit entrer dans les rangs, les femmes et les filles qui vouloient bien y entrer, dont les unes portoient les fusils et les autres les sabres de ceux qu'elles connoissoient.

Le soir on alluma un feu de joie sur la place St-Léger, l'on y tira un feu d'artifice, et il y eut grande illumination

---

(1) L'ancien petit séminaire, aujourd'hui la préfecture.

dans la ville. On alluma également un feu de joie sur le Champ-de-Mars, et l'on y dansa toute la nuit.

Le lendemain soir on alluma encore un feu de joie dans le pré du Bel-Ebat, proche la porte du Bois-Jollet, et il y eut aussi danse toute la nuit.

Cette fête s'est passée dans l'ordre le plus tranquille, à l'exception d'un canonnier qui fut blessé par un canon qui avoit été donné quelques années auparavant par Mgr le duc de Bouillon, et qui creva en le tirant pour sonner la messe sur le Champ-de-Mars (1). Si la pièce n'avoit pas crevé par le côté et un peu en dessous, et que l'affût n'eût pas rabattu les morceaux, il y auroit eu beaucoup plus de monde de blessé et même tué. Le canonnier fut renversé par terre du coup et blessé en plusieurs endroits; cependant il eut encore la force de se relever et de tirer une autre pièce et de la recharger, mais le sang venant à couler de plus en plus, on le fit monter dans une des voitures de Mgr le duc de Bouillon, qui étoit présent à la cérémonie, et on le rapporta chez lui, où les médecins et chirurgiens alloient le panser et visiter plusieurs fois par jour, comme l'avoit ordonné Mgr le duc de Bouillon, qui lui avoit dit qu'il ne l'abandonneroit point (2).

Le lundi 15 août, jour de l'Assomption, les dames citoyennes de la ville d'Evreux, firent une espèce de fédéra-

(1) C'était la couleuvrine donnée peu de temps auparavant par le duc de Bouillon.

(2) Outre le long procès-verbal que l'administration fit rédiger après cette fête, qui ne contient pas moins de douze pages in-4º, la garde nationale fit imprimer un autre récit qu'on a cru devoir publier ici, afin d'en permettre la comparaison avec celui de Pierre Rogue.

Grande fédération du département de l'Eure, faite à Evreux, le 14 juillet 1791, au Champ-de-Mars.
Grand divertissement et grande joie.
Elle était composée des détachements de fédérés, nos frères d'armes, des districts formant le département de l'Eure, qui sont : Evreux, Bernay, Pont-Audemer, Verneuil, Louviers, Andelys, et tous leurs cantons réunis, ainsi que la paroisse de Chambray qui a demandé à être admise à la fédération.

A huit heures du matin, toutes les compagnies qui composent la garde nationale de la ville d'Evreux, se sont assemblées devant la porte de leurs capitaines et se sont ensuite rendus sur la place du Château et de là sur la place de St-Léger où tous les frères d'armes des détachements circon-

tion. Elles avoient tenu quelque temps avant plusieurs assemblées pour cela, et fait un drapeau aux trois couleurs nationales. A cet effet, le jour de la fête, on fit assembler la garde nationale d'Evreux dans la cour du château, où les voisins étoient assemblés. A onze heures la marche a été ouverte par une nombreuse et brillante musique formée par le détachement de Bernay et la garde nationale de la ville d'Evreux, lieu de la fédération. Ensuite elle s'est rendue au département pour y prendre la banière et messieurs les députés. La marche a été continuée avec une affluence de monde, jusqu'à la place de la fédération, nommée le Champ-de-Mars. A son arrivée, elle a été reçue par plusieurs coups de canon, ensuite la troupe s'est rangée autour de l'autel de la patrie, à trois faces, dressé et décoré à cet effet, surmonté d'une pyramide aux trois couleurs de la nation, et portant les inscriptions suivantes :

Sur la première face.

Le despotisme altier, levant un front d'airain,
Vouloit nous écraser sous ses pieds tyranniques ;
Mais de la liberté les efforts héroïques,
Nous vengent de l'affront de son joug inhumain.

Sur la deuxième face, à droite.

Foulant d'un pied vainqueur les vices, les abus,
L'auguste liberté ramène des vertus
    Le règne respectable ;
    Et sa main équitable
Ecrase les Nérons et soutient les Titus.

Sur la troisième face.

La France est, en ce jour auguste et solennel,
    Une famille réunie,
Qui, sur l'autel de la patrie,
Se donne un baiser fraternel.

La messe a été célébrée au son des instruments et de la musique. Après la messe tout le monde, sans distinction de sexe, s'est réuni et a composé une danse, au son des mêmes instruments. Ensuite la distribution des prix des écoliers du collége de la ville, et le *Te Deum* chanté en action de grâce.

Au départ du Champ-de-Mars, la marche a été continuée jusqu'à la ville, avec la même affluence de monde, et acclamations de vive la nation et vive la loi, et nos frères d'armes en portant le chapeau au haut de la bayonnette et répété par le même nombre d'assistants des environs ; le soir, à neuf heures, grand feu d'artifice sur la place de St-Léger, et la danse ; grande illumination dans toute la ville. Le lendemain matin, à neuf heures, la bénédiction des drapeaux des détachements de Verneuil, Bourth et Rugles, à la Cathédrale, par le père Greuillet, aumônier de la garde nationale de la ville d'Evreux, ensuite un très-beau discours, et la messe célébrée par le même. Le même jour, à neuf heures du soir, répétition d'un très-beau feu d'artifice exécuté dans la prairie, la danse continua toute la nuit.

Par le commandant de la garde nationale d'Evreux.

VARENES.

dames et les demoiselles se trouvoient aussi. Elles furent placées dans le centre de la garde nationale, toutes vêtues la plupart en blanc, et ayant une ceinture aux couleurs nationales autour d'elles. Elles se transportèrent de cette sorte à la Cathédrale, sur les onze heures. Après la grande messe on fit la cérémonie de la bénédiction de leur drapeau et de celui d'une compagnie de jeunes enfants (1). Ensuite une messe basse comme à l'ordinaire fut dite par l'aumônier de la garde nationale, puis on leur fit prêter le serment civique et on chanta le *Te Teum*. La cérémonie finie, elles ressortirent de la Cathédrale dans le même ordre qu'elles étoient entrées, et déposèrent au département leur drapeau, porté par celle qui avoit eu le plus d'enfants, et le placèrent auprès de la bannière, en disant qu'elles le donnoient aux volontaires qui s'enrôloient.

Le lundi 29 août, tous les électeurs du département de l'Eure s'assemblèrent dans la Cathédrale pour nommer onze députés à l'assemblée nationale. La nomination ne fut achevée que le 7 septembre, tant pour les députés que pour les administrateurs du département et ceux district (2).

Le samedi 10 septembre, tous les volontaires du département s'assemblèrent à Evreux pour être enrégimentés par un commissaire des guerres ; on leur bénit un drapeau le 14. Il partit un bataillon le 15, et l'autre le 16. Ils emportèrent avec eux le drapeau des dames d'Evreux. On leur fournit l'étape tant qu'ils restèrent à Evreux.

Le jeudi 15 septembre, on publia dans les carrefours d'Evreux l'acceptation de la constitution par le roy, et il y eut le soir illumination générale.

Le dimanche 25 du même mois, on en fit la proclamation.

(1) Le commandant de cette compagnie d'enfants était un nommé Cheval, dont le père a été longtemps greffier de la justice de paix, et qui est mort il y a quelques années à la Madelaine, dans un âge fort avancé.
(2) Les députés du département de l'Eure à l'assemblée législative, au nombre de onze, furent : MM. Robert Lindet, Delivet, Deschamps, Fossard, Rever, Legendre, Hugo, Duval, Hébert, Langlois, Pantin. Quatre suppléants furent également élus et ce furent MM. Queru, Lebrun, Duroy, de Boisdennemets.

La garde nationale étant sous les armes, elle fut lue à trois places différentes : 1º devant l'Hôtel-de-Ville ; 2º sur la place St-Léger, et 3º au carrefour du pont Notre-Dame. Les officiers municipaux y assistoient, ainsi que les notables. Il y eut le soir illumination dans la ville.

Le lundi 21 novembre, on apporta de l'abbaye du Parc, proche de la paroisse d'Harcourt, une très-grosse cloche pour la Cathédrale, devenue paroisse principale d'Evreux (1), et le samedi suivant, 26 du même mois, on en apporta encore une du même endroit, mais un peu plus foible. Le jeudi, premier décembre, on transporta encore les deux grosses cloches de la paroisse St-Pierre ; et le samedi 17 du même mois, on en apporta encore une grosse de l'abbaye de Conches, pour remplacer celles de la Cathédrale, qui étoient la plupart cassées, telle que celle dite Gabrielle, et plusieurs autres plus petites ; il ne fut conservé que celle dite Gros-Pierre et celle du clocher de plomb et les manivelles. Pour les autres cloches des paroisses supprimées, une partie fut portée à Romilly, sur la rivière d'Andelle, proche Andely, pour y être fondue et en faire de la monnoie. Quant aux deux plus petites de St-Pierre, elles furent portées et échangées contre celle de Bacquepuits ; la grosse de St-Thomas fut portée à la paroisse de Coudres, et une autre plus moyenne fut portée à la paroisse de Sacquenville, et d'autres en différents endroits.

Ce fut aussi cette année que le département fit un arrêté pour faire fermer les églises des religieuses de St-Sauveur, et celle des Ursulines, afin d'ôter la liberté aux prêtres non sermentaires, qui avoient été déplacés de leurs bénéfices pour refus de serment, et qui alloient dire leurs messes dans ces églises-là, et en même temps pour ôter aussi à toutes autres personnes, la même liberté d'assister à aucun office, sous prétexte que c'étoit un rassemblement d'aristocrates et de mauvais citoyens, qui ne vouloient pas reconnoître le nouvel évêque Lindet et ses vicaires (2).

(1) Cette cloche a remplacé la *Gabrielle* qui était fêlée, au point qu'on évitait autant que possible de la sonner.

(2) Lorsque les églises furent fermées, on allait à ces messes, comme à toute chose défendue.

— 47 —

Cela étoit vrai que l'on ne vouloit pas reconnoître de pareils pasteurs, puisqu'ils étoient intrus et qu'ils n'étoient autorisés par aucune loi de l'église à usurper les places des anciens évêques et curés, qui étoient placés canoniquement ; mais cela étoit aussi occasionné par le club d'Evreux, qui se nomme comme beaucoup d'autres : *Les amis de la nouvelle constitution* (1).

Mais cet arrêté ne les fit pas plus aimer ni respecter qu'auparavant, la plus grande partie des citoyens étant réduite à ne pouvoir entendre que des basses messes, ne pouvant plus assister aux offices de ces schismatiques, sans participer à leur schisme. Ce qui y contribua encore plus, ce fut le bref que notre Saint-Père le pape envoya en France, et la lettre pastorale de Mgr l'évêque d'Evreux, François de Narbonne, qui s'étoit retiré à Tournay dans le Brabant, et depuis à Rome, auprès des dames de France, qui y étoient également réfugiées. Dans cette lettre, M. de Narbonne interdisoit toutes fonctions à tous les prêtres jureurs, et les déclaroit schismatiques; elle est datée de Tournay, le 12 juillet 1791. Ce qui fait que la plus grande partie des citoyens recherche les messes des prêtres non jureurs, et fait qu'il se trouve toujours une très-grande quantité de monde à leurs messes, qu'ils sont obligés de dire dans la Cathédrale, encore à des heures indiquées.

1792.

Le dimanche, 15 janvier, on organisa la garde nationale d'Evreux, suivant et conformément au décret de l'assemblée nationale. La garde étant assemblée sous les armes sur la

---

(1) Le premier club qui ait été établi à Evreux, tenait ses séances au premier, dans la maison construite mi-partie de briques et de pierres, en face de la rue St Nicolas, que remplace aujourd'hui celle de M. Fleau, ancien préfet de l'Eure.

La tribune était à gauche en entrant, près de la croisée. Elle se composait d'un petit pupitre semblable à ceux que l'on voit dans les écoles d'enseignement mutuel. L'orateur se plaçait derrière et gesticulait par-dessus, souvent, dit-on, avec les grâces de polichinelle.

Les séances avaient lieu le soir, et se terminaient à neuf heures, pour aller souper.

place Saint-Léger, ce fut là que tous les nouveaux officiers furent reçus.

Le mardi, 7 février, on installa le grand-juge criminel, place qui fut donnée à François-Nicolas-Léonard Buzot, qui avoit été député aux Etats-Généraux de 1789. La garde nationale sous les armes, s'étant rendue à la Cathédrale, on y célébra une messe, puis on se rendit de là au grand séminaire, où il fut installé, parce que de l'église on en fit l'audience (1).

Vers la fin de février, il se répandit un bruit dans Evreux que les habitants des paroisses des environs de Breteuil, département de l'Eure, s'étoient permis de taxer les grains et les autres marchandises à leur gré; ce qui se confirma davantage lorsque, le dimanche 26 février, il arriva un courrier apportant la nouvelle de se tenir sur ses gardes.

Les factieux avoient commencé la semaine d'avant à courir les marchés; ce fut la paroisse des Baux-de-Breteuil qui commença la première. S'étant rassemblés au nombre de deux cents, ils allèrent à la Jeune-Lyre, où ils taxèrent le bled, forçant les municipalités des endroits où ils se rendoient, de se trouver avec eux dans les halles pendant qu'ils taxeroient les grains; les marchés étoient ainsi formés. Ceux des Baux obligèrent donc les habitants de Lyre de se trouver au marché le plus prochain, avec menaces de les piller s'ils ne s'y trouvoient pas avec eux. Ils forcèrent ainsi tous les habitants de les suivre, et même les faisoient marcher de force en les outrageant, de sorte qu'ils n'étoient pas sensés attroupés; mais ils enjoignoient au premier de se trouver à

(1) C'est encore dans cette église que se tiennent les sessions des assises; mais la disposition de la salle n'est plus la même.
A l'époque où le tribunal criminel était présidé par Buzot, on voyait, au fond de la salle, un autel flanqué de deux anges en adoration, devant lequel était placé le bureau où siégeaient le président et ses deux assesseurs; le greffier siégeait un peu plus bas au-dessous du président. Sur les côtés, deux banquettes étaient réservées aux jurés, tandis que les accusés étaient placés en face du président, ayant à gauche les défenseurs officieux. Une balustrade, derrière les accusés, les séparait du public.
Buzot était un homme brun, à l'œil injecté de bile, de cinq pieds cinq pouces environ, plutôt mince que gros; son aspect était grave et sévère; il portait, comme juge, le chapeau à la Henri IV, orné de trois plumes d'autruche noires.

tel ou tel marché, et comme il se trouvoit assez de mauvais sujets ou gens simples qui croient que c'étoit un bien, les uns et les autres approuvoient cela et ils alloient volontiers ; mais les gens sensés, prévoyant bien que ce brigandage là feroit une mauvaise fin, ne les suivoient que par les menaces qu'ils leur faisoient. Comme ils envoyoient de paroisse en paroisse, afin de forcer les honnêtes gens à les suivre au marché le plus voisin, ceux des Baux, étant à Lyre, firent signer aux habitants l'engagement de se trouver tel jour à tel marché, pour y taxer les grains, en leur enjoignant de faire signer ceux de ce marché-là, pour aller tel ou tel jour à tel ou tel marché pour en faire autant et ainsi de suite. Ils parcoururent ainsi tous les marchés des environs, comme Lyre, la Barre, Breteuil, Verneuil, etc.

Ils vinrent à Conches le jeudi, premier de mars, et avoient tous comploté d'y revenir le samedi, 3 mars, pour taxer le bois et le fer qui, à la vérité, étoient à un prix excessif, mais tout cela n'étoit pas permis de faire de pareilles lois. Ils se trouvèrent donc le samedi à Conches au nombre de bien cinq mille et se donnèrent l'ordre de venir à Evreux le même jour, et l'ordre d'aller au Neubourg le mercredi suivant, et à Damville la même semaine. Ils y allèrent en effet et firent signer encore les habitants de ces endroits-là pour se trouver à Evreux le samedi 10 de mars.

Le samedi qu'ils devoient se rendre à Conches, il fut donné ordre à la garde nationale d'Evreux de se mettre sous les armes afin que, s'ils venoient, on pût les repousser. Toutefois, ayant apparemment eu des nouvelles que l'on se mettoit sur ses gardes, ils ne vinrent pas; mais cela ne fit que les irriter, et, s'étant ensuite trouvés au marché du Neubourg, ils se promirent bien de venir en bien plus grand nombre à Evreux. Mais le département ayant donné des ordres pour faire venir des détachements de garde nationale de tous les districts du département et un détachement de cavalerie d'un régiment qui étoit à Rouen, cela fit que le jeudi, 8 de mars, les commandants ayant fait battre la générale, tous les citoyens prirent les armes, et s'étant rassemblés, furent prévenus qu'ils alloient partir pour Conches avec les détachements des districts qui étoient nouvellement arrivés. Ils partirent donc au nombre de bien deux mille hommes d'infanterie, cavalerie et gendarmerie nationale ; car on avoit fait venir presque toute la gendarmerie du département (1), ayant à leur tête quatre pièces de canon, dont deux avoient été amenées avec le détachement de Bernay, et déposées dans la cour du département, et deux pièces de celles de M. le duc de Bouillon, car il avoit fait amener aussi dans la cour du département toutes les pièces qui étoient chez lui, dans la crainte que ces brigands ne les enlevassent et ne s'en servissent contre les bons citoyens.

La garde nationale étant arrivée à Conches, les brigands n'y vinrent pas pour maintenir leur police. Sur l'après-midi il arriva encore à Conches un fort détachement venant d'autres départements, et qui avoit ramassé un certain nombre de ces gens là, de sorte qu'il se trouva à Conches aux approches de cinq mille hommes qui, y ayant couché, revinrent le lendemain à Evreux, emmenant leurs prisonniers.

Le district ayant envoyé un député à l'assemblée nationale pour demander des secours, il arriva le jeudi, 8 mars, au soir, un détachement de chasseurs à cheval, qui étoit en garnison à Saint-Germain-en-Laye, et l'assemblée accorda encore deux cents hommes de la garde parisienne soldée, et deux pièces de canon, avec quelques canonniers. Ils arrivèrent le samedi, 10 mars. L'assemblée envoya également un commissaire, un général et un aide-de-camp pour venir commander.

Quand ils furent arrivés, ils firent partir, le jeudi 15 mars, un fort détachement de la garde nationale d'Evreux et des détachements des districts avec la garde parisienne, la cavalerie, une partie des chasseurs à cheval et de la gendarmerie. Ils se rendirent encore à Conches et ensuite à Breteuil, où ils ramassèrent un grand nombre des ameuteurs. Ils revinrent à Evreux, le mardi 20 mars, amenant leurs prisonniers, qui furent mis dans les chambres du grand séminaire; de sorte que ceux de ce jour là avec ceux du voyage précédent, faisoient un nombre de quatre vingt-douze personnes, sur lesquels il y avait deux femmes.

Comme les prisonniers amenés dans le grand séminaire exigeoient une garde à cause de leur grand nombre, et en

---

(1) M. des Ervolus, capitaine de la gendarmerie d'Evreux, fut alors, à tort ou à raison, accusé de n'avoir pas montré beaucoup de bravoure dans cette expédition.

ce que cette maison, n'étant pas disposée pour en faire une prison, n'était pas fortifiée, cela faisoit que la garde nationale étoit obligée d'y monter la garde, ce qui occasionnoit un double service, et surchargeoit les citoyens de fatigue ; aussi des ordres furent-ils expédiés dans tous les districts d'envoyer un certain nombre de gardes nationaux, suivant la force de chaque garde nationale d'arrondissement.

Les premiers détachements arrivèrent le dimanche des Rameaux, premier avril, pour rester quinze jours, et cela continua de quinze jours en quinze jours jusqu'à la fin du mois de may. Ils étoient casernés dans le couvent des Capucins ; on fit à cet effet fournir par des bourgeois tous les ustensiles qu'il leur falloit.

Les cavaliers du régiment de Bourgogne que l'on avoit fait venir, et qui étoient logés chez différents particuliers, furent transférés dans l'abbaye de Saint-Taurin, dont le cloitre fut converti en écuries.

On occupa cet hiver l'atelier de charité à dresser et creuser le fossé qui règne le long de la rue aux Bouchers pour l'écoulement des grosses eaux, et les particuliers des deux côtés de ladite rue firent abattre, dès 1790, des bois de peupliers et de saules que chacun plantoit devant sa porte, sur le bord dudit fossé, afin d'en avoir les branches pour servir dans les jardins, comme ce quartier n'est que des jardinages.

Le dimanche 27 may, jour de la Pentecôte, les officiers municipaux plantèrent, au pied de l'Hôtel-de-Ville, un arbre qu'ils disoient être l'arbre de la liberté, sans doute à l'instar du club, car partout où il y avoit des clubs, ils en avoient fait planter un.

Il passa à Evreux un bataillon des volontaires du département du Pas-de-Calais, qui en avoient planté un quelques jours auparavant surmonté d'un bonnet rouge. Ceux d'Evreux l'avoient aussi planté au pied de l'Hôtel-de-Ville, à la porte du corps garde, (1) de sorte qu'en une nuit, ledit arbre se trouva

---

(1) Le corps de garde était au rez-de-chaussée de l'Hôtel-de-Ville, contigu à la tour de l'Horloge, et récemment démoli ; la rue étant très-étroite en cet endroit, l'arbre était planté à un pied au plus du mur et à pareille distance de la porte d'entrée du corps-de-garde.

scié par le pied à rez de terre, et disparut sans qu'il ait été possible de savoir qui l'avoit coupé, la garde disant qu'elle n'avoit vu personne le couper. Quoique la municipalité voulut en faire des recherches, cette affaire en resta là. Cela fit que les deux compagnies de grenadiers se proposèrent pour en planter un autre et y mettre un bonnet aux trois couleurs. Ayant donc obtenu la permission, ils se disposèrent à le planter le dimanche 20 may; mais, le matin, il survint un contre-ordre dont ils ne furent pas satisfaits et qui les fit beaucoup murmurer.

De sorte que le club et la municipalité, ayant apparemment décidé d'en planter un, firent avertir la garde nationale, que si elle vouloit assister à la cérémonie, que ce fût sans armes. En effet, elle y assista sans armes, mais ce ne fut point du tout comme méprisant une pareille fête.

Pendant qu'ils promenèrent tout autour de la ville, dans une charette, l'arbre de liberté, parce qu'il étoit trop gros, et encore parce qu'il faisoit mauvais temps, une personne portant un bonnet rouge au bout d'une pique, et une autre une couronne de branches de chêne, symbole des clubs jacobites, on remarqua que ce n'étoit que tout le club qui suivoit la charette avec des femmes et des petits enfants, et quelques musiciens qui jouoient l'air : *Ça ira !* Il fut planté par le maire et par l'évêque du département, et ensuite ils dansèrent quelques danses ; mais ce n'a fait jamais qu'une triste fête (1).

Le dimanche 2 juin, ils firent abattre les armoiries de France, de Normandie et d'Evreux qui étoient sur la porte de l'Hôtel-de-Ville (2).

---

(1) Ce fut l'évêque Lindet qui jeta la première pelletée de terre par petites portions, à peu près comme les prêtres le font sur un cercueil. Le maire reçut la pelle des mains de l'évêque, et ainsi de suite jusqu'aux terrassiers qui achevèrent l'œuvre.
Thomas Lindet, mince, assez grand, mais un peu voûté, avait la figure plutôt ronde qu'ovale ; sa bouche était grande et riante.

(2) Le club des Jacobins d'Evreux dirigea cet acte de vandalisme. Ce n'est que plus tard qu'on masqua les débris mutilés du tympan principal de la tour de l'Horloge sous une couche de plâtre enlevée récemment. Les plans adoptés par la commission historique du ministère de l'intérieur, pour la restauration complète de ce monument, comprenaient nécessairement celle du tympan principal ; il était indispensable d'y rétablir la date et la preuve de la nationalité de notre plus beau monument com-

Le dimanche 10 juin, toutes les paroisses de campagne du canton d'Evreux eurent ordre de s'assembler à Evreux pour se former en garde nationale ; elles tinrent leur assemblée dans l'église Saint-Pierre qu'on leur ouvrit.

Le samedi 14 juillet, jour de la fédération, la cérémonie se fit dans le pré du Bel-Ébat, proche le pont du Bois-Jollet. Ce fut dans cet endroit que M. Lindet, évêque du département, bénit les étendards que l'on délivra aux cantons, et dit la messe. On y distribua les prix aux écoliers du collége qui étoient en petit nombre (1).

Le mercredi 8 août, la municipalité empêcha et défendit au sacristain de la Cathédrale de donner ni pain, ni vin, ni cierges et autres ornements aux prêtres non jureurs pour dire leurs messes, comme il avoit fait jusqu'à ce jour ; ils ne leur accordèrent qu'une chapelle, qui etoit l'autel privilégié, encore faut-il qu'ils se fournissent d'ornements.

Le lundi 13 août, plusieurs particuliers firent une demande au département pour avoir les canons du duc de Bouillon qui étoient restés dans la cour du département depuis les attroupements de Conches. Sur l'observation du département que ces canons lui étoient confiés, et qu'il ne pouvoit les donner à la municipalité que sur l'ordre du duc de Bouillon, on envoya une députation au duc de Bouillon qui les confia à la municipalité.

Ce qui donna occasion à cette démarche, c'est que depuis quelque temps il étoit mention que le département vouloit faire venir trois cents Suisses en garnison à Evreux pour soulager les citoyens des fatigues de la garde que la prison

---

mun, par le mode usité au temps de sa construction. On a pensé que le peuple, plus éclairé, ne verrait dans l'écusson aujourd'hui proscrit de la France autre chose qu'un souvenir des bienfaits dont Evreux fut comblé par un prince honoré du titre de Père du peuple, et l'on vient d'exposer aux regards du public l'œuvre remarquable d'un de nos plus habiles sculpteurs, M. Pyanet, confiant, pour sa conservation, dans la vigilance de l'administration et dans les lumières et le patriotisme des habitants.

(1) Les prix furent distribués par M. Vallée, ancien avocat, qui, devenu représentant, fut décrété d'accusation comme ayant trempé dans les projets de la Gironde. Il vint se cacher à Evreux et se réfugia chez un cordonnier qui lui fut fidèle aux risques de sa propre vie.

occasionnoit dans ces commencements-là au séminaire ; mais cela ne plut pas à quelques citoyens de la garde, qui disoient que le département avoit quelque coup à jouer avec ces trois cents Suisses et les canons du duc de Bouillon ; ce qui fit que plusieurs citoyens firent une adresse au ministre pour que ces Suisses ne vinssent pas à Evreux, et qu'ils feroient bien le service sans eux ; aussi les Suisses ne vinrent point à Evreux.

Le dimanche 26 août, on commença les assemblées primaires pour nommer les électeurs qui devoient se rendre à Bernay dans les premiers jours de septembre pour nommer les membres de la convention nationale (1).

Tandis que ces électeurs étoient à Bernay, ils renouvelèrent le département et le district, ce qui occasionna un peu de bruit, parce que ce fut M. Lindet, évêque, qui alla à Paris pour faire ce changement.

Le samedi 1er septembre, il arriva à Evreux deux commissaires de l'assemblée nationale pour accélérer la levée d'un grand nombre de volontaires ; cela fit que le lendemain, sur la place Saint-Léger, on construisit une espèce de théâtre pour les placer, et l'on assembla la garde nationale qui, étant réunie sur la place en armes, fut haranguée par les deux commissaires.

Il y eut des gardes nationaux qui signèrent en leur présence, mais les grenadiers préférèrent tirer au sort, et, ceux qui y tombèrent, se firent en partie remplacer, les uns en mettant d'autres personnes à leur place, les autres en donnant une somme d'argent.

Parmi les gardes nationaux, quelques-uns firent hommage

---

(1) Les représentants du peuple à la Convention nationale pour le département de l'Eure, au nombre de onze et de quatre suppléants, furent les citoyens : Léonard Buzot, président du tribunal criminel du département ; Thomas Lindet, évêque du département ; Robert Lindet, député à l'Assemblée législative ; Duroy, juge au tribunal de Bernai ; Richou, administrateur du directoire du district des Andelis ; Lemaréchal, député à l'assemblée constituante ; Topsent, capitaine de navire à Quillebeuf ; Bouillerot, receveur du district de Bernai ; Vallée, président du district d'Evreux ; Savary, administrateur du département ; Dubusc, administrateur du département. — Suppléants : les citoyens Francastel, administrateur du district d'Evreux ; Durand, président du tribunal de Pont-Audemer ; Bidault, négociant ; Mordaut, juge de paix à Vernon.

de leurs habits, armes et argent pour ceux qui se décidèrent à marcher aux frontières, parce qu'on demandoit des gens de bonne volonté.

Les deux commissaires étaient MM. Lecointre, de Versailles, et Albite.

C'est aussi dans ce mois que l'on fit sortir de leurs couvents les Dames religieuses de St-Sauveur et des Ursulines, qui se placèrent les unes chez leurs parents, les autres chez des amis et d'autres en différents endroits.

Madame l'abbesse de St.-Sauveur ne survécut pas longtemps à cette sortie, car elle mourut le 11 octobre suivant et fut inhumée le lendemain 12 dans le cimetière de St-Thomas.

Le samedi 13 octobre, on annonça le soir la proclamation de l'abolition de la Royauté et le commencement de la République, par plusieurs coups de canon; mais, soit le mauvais temps, soit toute autre raison, la fête fut différée au dimanche suivant. La cérémonie se fit en présence de la garde nationale sous les armes et les trois corps administratifs proclamèrent dans les carrefours lesdits décrets. Il y eut le soir feu de joie dans la cour du château et illumination dans la ville (1).

Le mercredi 7 novembre, on transporta au district l'argenterie des monastères d'Evreux et celle de la Cathédrale, consistant en ornements en argent et celle provenant des reliquaires (2).

Le dimanche 19 novembre, on publia pour la première fois, plusieurs bans de mariage à la porte de la maison commune et dans les deux sections.

Le lundi 3 décembre, mourut en son château de Navarre

(1) Ferrey, exécuteur des hautes justices à Rouen, avait, comme amateur, apporté un violon, et c'était un de ceux qui faisaient danser.

(2) La châsse de Saint-Taurin, si célèbre comme monument des arts au xiiie siècle, était comprise dans ce dépôt. On sait que sa conservation est due à la présence d'esprit d'un des membres de l'administration municipale qui, en la jetant au milieu d'un tas de meubles amassés dans le grenier de l'Hôtel-de-Ville, parvint à la soustraire aux recherches des destructeurs.

. . . . Duc de Bouillon. Il fut inhumé le 5 dans le cimetière de Saint-Denis, comme il l'avoit ordonné par son testament (1).

Le mardi 25 décembre, jour de Noël, la confrérie de la Charité cessa ses fonctions (2).

Le lendemain il arriva à Evreux six cents prisonniers de guerre de la garnison de Namur, dont il repartit trois cents, le 15 avril suivant, pour aller à Angers ; les trois cents autres restèrent à Evreux dans le couvent des Ursulines.

Ce fut aussi cette même année que se maria, à la paroisse Ste-Marguerite à Paris, Robert-Thomas Lindet, Évêque du département de l'Eure (3).

Ce fut cette année que mourut à Rome M. de Narbonne, Évêque d'Evreux. Il s'étoit retiré dans cette ville après qu'il fut dépossédé de son évêché.

Les noms des rues d'Evreux qui portoient quelque nom de Saint ou de quelques dignités, furent changés en ceux-ci :
La rue de St-Taurin s'appela rue de l'Union.
Rue St-Sauveur, rue de la Convention.
Rue du Pont-Saint. . . . .

(1) La garde nationale alla chercher son corps à Navarre, eu compagnie des frères de Charité ; il fut apporté à bras jusqu'à Evreux, ce qui força les frères de se reposer un grand nombre de fois ; à cet effet, deux d'entre eux portaient des tréteaux sur lesquels on posait le cercueil lorsque le cortège s'arrêtait.
La descente du corps dans la fosse fut annoncée par un coup de canon. Un instant après, un homme, tombé sans connaissance, était porté à travers la foule ; c'était le valet de chambre du prince, qui n'avait pu supporter cette émotion.
Les restes mortels du duc de Bouillon, recueillis depuis, sont déposés aujourd'hui dans la chapelle de l'hospice. Ce prince mourut d'hydropisie.

(2) Le service funèbre se fit ensuite de la manière la plus indécente. Le corps était porté en long sur une simple civière et deux hommes de peine allaient sans plus de cérémonie l'enterrer comme un chien.
On les a vus déposer la civière devant la porte d'un cabaret et y entrer pour boire, comme le font souvent les conducteurs de voyageurs qui ne vont pas encore dans l'autre monde.

(3) Il épousa sa servante et expia bien cette faute depuis. Retiré

Rue du cimetière St-Thomas.......
Rue des Fossés-St-Thomas.........
Rue des Fossés-St-Pierre.......
Rue du Dauphin, rue de l'Egalité.
Rue du cimetière St-Léger.......
Rue de St.-Pierre, rue de la Loi.
Rue le Comte, rue de la République.
Rue du Trou-Bailly, rue Traversière.
Rue de St-Nicolas, rue de la Conciliation.
Rue de la Porte Notre-Dame........
Rue du Chapitre, rue de la Constitution.
Rue des Prêtres, rue des Maris.
Rue des Cordeliers, rue du Département.
Rue Saint-Denis, rue de la Liberté.
Sente Royale..........
Rue de Crosne, celle qui s'étendoit depuis le grand carrefour jusqu'à la rue du Dauphin, fut nommée rue de la Fédération.

à Bernai après sa sortie de la Convention, il y a vécu fort longtemps, sans sortir de sa maison,
    Son frère, Robert Lindet, mourut à Paris, dans une rue de la Cité. Il a, dit-on, laissé des mémoires sur lesquels on prétend que le gouvernement d'alors a mis le séquestre.
    Voici une lettre que le conseil municipal de la commune d'Evreux crut devoir adresser à Thomas Lindet, à l'occasion de son mariage :

« Evreux, 20 février 1793, 2e de la République
française.

   » Les Officiers Municipaux de la Commune d'Evreux,

» ET LE CONSEIL GÉNÉRAL DE LA COMMUNE, ASSEMBLÉ,

» Au citoyen ROBERT-THOMAS LINDET,
» Député à la Convention Nationale, Evêque du département de l'Eure.

» CITOYEN ÉVÊQUE,

   » Déjà la Renommée avait publié ton mariage lorsque nous avons reçu ta lettre, qui nous le confirme.
   » Cette nouvelle n'a pas surpris les gens raisonnables qui te connaissent, mais elle a étonné les sots ; elle a rempli de joie les bons citoyens, désespéré les mauvais, édifié ceux qui respectent les mœurs, scandalisé les hypocrites.
   » En te faisant part, citoyen évêque, avec cette franchise républicaine, du résultat de l'opinion publique sur ta conduite, c'est assez te dire que tu as mis aux prises la raison et la vertu contre la superstition et le vice ; mais, réjouis-toi ! le règne de l'Erreur va passer ; la philosophie ne tardera pas à lui arracher son bandeau, et la nature et elle de concert se féliciteront de t'avoir choisi pour l'instrument de leur vic-

1793.

Il paraît y avoir ici une lacune produite par la perte d'un ou de plusieurs feuillets du manuscrit.

Le lundi 15 avril, les prisonniers de guerre qui étoient aux Ursulines, furent transférés à Andely et Louviers.

Le vendredi 17 may, il se fit entendre un furieux coup de tonnerre semblable à deux forts coups de canon, comme venant de Rouen et le temps n'étant presque point chargé de nuages ; ce fameux coup fut entendu très-loin.

toire. Eh ! qui pourrait méconnaître leurs droits sacrés ? Les inventions bizarres de la créature peuvent-elles détruire les lois sages et éternelles du Créateur ? L'effet a-t-il jamais commandé à la cause ?

» Quand la Divinité donna le mouvement à l'univers et qu'elle créa les germes indestructibles de la reproduction qui le conservent, condamna-t-elle quelques êtres malheureux à une exception humiliante ? Non. Tout vit et se reproduit dans la nature, et celui qui se refuse de remplir la tâche qu'elle lui a imposée, est un ingrat qui n'aurait pas dû naître.

» Plus l'homme touche à l'institution politique ou religieuse qui le gouverne, plus il la défigure et la rend mauvaise.

» Le chrétien ne s'est pas contenté d'une morale sublime qui devait faire son bonheur, il lui a fallu des usages, des cérémonies qui satisfissent plus ses yeux que son cœur.

» Les ministres de sa religion ont voulu renchérir sur ses erreurs et lui en imposer par des sacrifices. Ils ont conservé le célibat comme un devoir, et bientôt ils ont infecté la société de tous les vices qui l'accompagnent ; ce sont ces vices, citoyen évêque, que tu n'as pas craint de combattre par tes écrits et ton exemple, avec un courage qui fait honneur à tes vertus ; tu as démontré que les conséquences ne pouvaient cesser qu'avec le principe, et tu as fait aimer le prêtre dans le citoyen. C'était à toi qu'il était réservé d'attaquer de front le fanatisme et de rétablir la nature dans tous ses droits. Tu as gagné plus que des batailles ; car, loin de sacrifier des hommes, tu en as préparé à la postérité.

» Grâces te soient donc rendues, ô homme juste ! Que la patrie, reconnaissante, inscrive ta belle action dans les fastes de sa révolution ! Pour nous, bien loin de la blâmer, nous en conserverons dans nos cœurs l'éternel souvenir ; c'est le seul registre digne d'elle, et nous la transmettrons comme un dépôt sacré aux générations futures.

» *Les officiers municipaux de la commune d'Evreux, tes concitoyens.* »

(Les signatures manquent sur la minute de cette lettre.)

Ce fut aussi vers la fin de ce mois que la municipalité d'Evreux fut transportée dans l'évêché parce que l'ancienne maison commune se trouvoit trop petite (1).

Le lundi 3 juin, on commença a arracher de dessus le chœur de la Cathédrale les fleurs de lys en plomb qui y étoient, ainsi que sur l'église de Saint-Léger.

On fit aussi dans la Cathédrale couper les armoiries et fleurs de lys qui étoient sculptées sur les chapelles.

Dans le courant du mois de juin, il arriva à Evreux le nommé François-Nicolas-Léonard Buzot, député à la Convention Nationale qui se sauvoit de Paris (2). Comme ce député avoit été mis en arrestation avec d'autres de ses collègues, il se sauva donc de Paris, et arriva le soir en la paroisse du Vieil-Evreux chez le sieur Vallée qui en est curé, conservé par le serment de la Constitution (3).

Alors Buzot, ne sachant pas s'il seroit reçu dans Evreux avec grande vénération, se fit annoncer au département, qui lui assura qu'il le recevrait (4) et dont Buzot leur dit qu'il s'échappoit des assassins et des poignards; il fit si bien qu'il engagea le département à dire comme lui : que la Convention n'étoit pas libre et que ses décrets ne valoient rien (5). Cela fit que le département regarda les décrets depuis le 31 mai 1793

(1) Elle occupait le premier étage de l'Hôtel-de-Ville, auprès de la tour de l'horloge.

(2) Buzot, arrêté avec les Girondins le 31 mai, trompa la vigilance de ses gardiens et se sauva.

(3) Le curé Vallée, frère du représentant, devint depuis aumônier des prisons, puis chanoine et grand-vicaire de la Cathédrale.

(4) Le président de l'administration départementale était alors l'abbé Lecerf, ancien professeur de rhétorique au collège d'Evreux, et dernier titulaire du prieuré de l'Hôtel-Dieu.

(5) Buzot appela tous les habitants dans la Cathédrale, et montant dans la chaire à prêcher, qui était la tribune ordinaire de la société populaire, il les excita à la révolte. Telle fut l'origine du fédéralisme.
Péthion, Barbaroux, Louvet (l'auteur de Faublas) et quelques autres orateurs prêchèrent comme lui. Ils allèrent également dans les départements du Calvados, de la Manche et d'Ile-et-Vilaine, qui adoptèrent les mêmes idées que le département de l'Eure et s'unirent à celui-ci.
La Seine-Inférieure, qui aurait tant pesé dans la balance, refusa l'alliance.

comme non avenus, et il se tint des assemblées publiques au département et à la Cathédrale, dans lesquelles on déclama fort contre la Convention, et on mit la personne de Buzot en quelque sorte sous la sauvegarde du département, ce qui fut improuvé par presque tous les districts du département de l'Eure et principalement par la commune de Vernon, qui dénonça à la Convention la conduite des administrateurs du département.

Ce fut alors que Robert-Thomas Lindet, évêque du département de l'Eure, fit décréter que le département de l'Eure seroit transporté à Bernay et le district d'Evreux à Vernon ; mais comme on regardoit comme rien tous les décrets, ceux-ci furent comme les autres mis à l'écart ; alors la Convention appela à sa barre le procureur-syndic du département de l'Eure qui, s'étant transporté à Paris, se rétracta de ses signatures et ne revint pas dans Evreux. Comme Buzot étoit en quelque sorte tranquille à Evreux, plusieurs de ses collègues qui avoient été aussi mis en arrestation, le vinrent rejoindre dans cette ville et ensuite partirent pour Caen, chef-lieu du département du Calvados ; ils furent suivis par d'autres députés qui arrivoient journellement de Paris.

Ils ne furent pas plus tôt arrivés en cette ville, qu'ils envoyèrent à Evreux un détachement de garde nationale avec deux pièces de canon ; et quelques jours après il arriva le sixième bataillon du Calvados, qui était en Vendée, avec d'autres détachements qui arrivoient journellement.

Les dragons de la Manche, qui étoient en formation à Evreux et des chasseurs à pied dont une partie étoit à Evreux et l'autre à Vernon, augmentèrent encore ce nombre. Mais les dragons de la Manche, qui avoient été redemandés par le ministre pour aller à Versailles, méconnurent les ordres et restèrent à Evreux ; quant aux chasseurs, une partie se mit dans les dragons de la Manche et les autres dans une compagnie de canonniers que l'on formoit à Evreux ; le restant s'en alla la nuit après avoir volé un malheureux ancien domestique des Capucins, dans la maison desquels ils étoient logés, et après avoir pillé les jardins qui étoient loués à divers particuliers et ceux des voisins ; ils partirent donc à Vernon pour reprendre la route de Versailles (1).

(1) Les chasseurs à pied, dont il est ici question, étaient les chasseurs

Alors on envoya à Pacy un détachement de dragons de la Manche pour former une espèce de poste avancé, parce qu'il étoit dit que l'on vouloit marcher sur Paris, pour rendre la liberté à la Convention, et même il s'étoit enrôlé un assez grand nombre d'hommes pour cette espèce d'armée.

Quelques jours après on envoya encore à Pacy un détachement de dragons de la Manche avec un détachement de garde nationale du Calvados et de l'Eure, avec deux pièces de canon. Cela alla toujours ainsi jusqu'au vendredi 12 juillet, que l'on battit la générale la nuit, et qu'on fit encore partir un détachement de la garde nationale d'Evreux avec le res-

dits d'Evreux, qui avaient été formés par un chef de bureau de l'administration du département, nommé Hesson.

Lorsque ces chasseurs se mirent en devoir d'obéir aux ordres qu'ils avaient reçus du ministre de la guerre, la garde nationale, informée de l'heure du départ, alla se placer au bas de la côte de Paris, avec deux pièces de canon chargées à mitraille, les canonniers tenant la mèche allumée.

Lorsque les chasseurs, qui étaient casernés aux Capucins (le Collége), se disposèrent à sortir de la ville en ordre et tambour en tête, le capitaine Cherchin, ancien militaire, alors marchand, et qui commandait la garde nationale, les arrêta.

Le commandant des chasseurs s'avança vers Cherchin et lui demanda en vertu de quels ordres il s'opposait à son départ? *Rentrez dans nos. murs*, répondit Cherchin, *et on vous les montrera*. Cherchin fut traduit pour ce fait au tribunal révolutionnaire. Il mourut à la Conciergerie.

Le commandant, ne pouvant obtenir d'autre réponse et voulant éviter l'effusion du sang, fit rentrer ses chasseurs qui, la nuit, décampèrent sans tambour ni trompette.

L'uniforme des chasseurs d'Evreux était jaune-serin, passe-poil vert, casque avec chenille, habit-veste comme l'artillerie d'aujourd'hui, pantalon collant, demi-bottes couvrant à peine la moitié du mollet. Ils étaient armés de carabines et portaient un long pistolet d'arçon au côté gauche de la ceinture.

Les gardes nationaux des départements du Calvados, de la Manche, d'Ile-et-Vilaine, s'étant réunis en peu de temps à Evreux, la ville était littéralement encombrée de soldats. Chacun des détachements avait amené du canon, à ce point que la place du Château en était couverte.

Le général Wimpfen commandait cette armée. Il avait sous ses ordres le comte de Puisaye, qui résista si longtemps dans les guerres de la Vendée.

On croyait marcher à la victoire, à en juger par les chants des soldats qui, sur l'air de la *Marseillaise*, disaient :

> Paris, ville longtemps superbe !
> Fière de tes palais orgueilleux !
> Bientôt on cherchera sous l'herbe
> Les restes de tes murs fameux.   (Bis.)
>
> Etc.....

tant de celle du Calvados, des dragons de la Manche et du bataillon, avec huit pièces de canon.

Ce fut alors que le lendemain ils s'avancèrent pour aller sur Vernon, où l'on avoit appris qu'il venoit de la force armée; mais ils se rencontrèrent et il y eut une affaire après laquelle les deux partis se retirèrent en désordre. Ceux d'Evreux y arrivèrent les uns par un chemin, les autres par l'autre. Ils avoient aussi avec eux un détachement de chasseurs à cheval qui revint également à Evreux (1).

Il arriva encore à Evreux le dimanche matin, lendemain de cette affaire, un détachement de chasseurs à cheval venant de Falaise, et un fort détachement de garde nationale du département du Morbihan, avec deux pièces de canon et un autre détachement d'un autre département, aussi avec des munitions.

Les choses demeurèrent en cet état jusqu'à l'après-midi

---

(1) C'étaient les chasseurs de la Bretèche, ainsi appelés du nom de leur colonel.
L'armée de la Convention était à Vernon. La rencontre, connue sous le nom de bataille de Brécourt, eut lieu à Brécourt et dans le haut du parc de Bizy. On lâcha pied des deux côtés. Les conventionnels se sauvèrent jusqu'à Versailles. Les fédéralistes traversèrent Evreux sans s'y arrêter et se retirèrent à Caen.
En traversant Evreux, un des sacs de poudre, semblable à un sac de blé, creva devant la Cour d'Assises, et l'on ne s'en aperçut qu'à la porte du Bois-Jollet, où l'on arrêta la voiture pour réparer le sac. La traînée de poudre était si abondante, que plusieurs en ramassèrent plein leurs chapeaux. Pendant ce temps-là, des cavaliers de toute sorte parcouraient la rue en fuyant. Une étincelle déterminée par le pied d'un cheval et ce quartier sautait, car il y avait bien douze sacs ou vingt-quatre hectolitres de poudre sur la charrette.
Les grenadiers de la garde nationale d'Evreux étaient commandés par un nommé Chouard, ancien maître de mathématiques au régiment du roi et qui exerçait alors à Evreux la profession d'arpenteur : c'est lui qui dressa le plan de la ville qu'on voit dans un des bureaux de la Mairie.
Prêt à être chargé par les hussards de la liberté, dont l'uniforme était écarlate, il se tourne vers sa compagnie et dit : *Garde à vous, grenadiers ! le premier d'entre vous qui recule d'une semelle de soulier, je lui brûle la cervelle.* Les officiers portaient alors une paire de pistolets demi-arçon à la ceinture. Chouard fut envoyé pour ce fait au tribunal révolutionnaire. Il a été rendu à la liberté après le 9 thermidor.
L'armée des fédérés étant arrivée à Caen, les généraux assemblèrent les officiers, et, après leur avoir fait voir, sous la couleur la plus noire, la position des affaires, leur présentèrent *la réunion aux chouans* comme le moyen de se sauver. Tout alors se débanda, les officiers pensant qu'on n'avait fui à Brécourt que pour amener plus tard cette nécessité. Ce qui autorisait à penser ainsi, c'est qu'à Brécourt il y avait sur

que la générale battit, et tous ces détachements, avec les dragons et chasseurs à cheval, partirent tous avec les administrateurs du département, en enlevant avec eux les papiers et titres et les quatre pièces de canon que le département de l'Eure avoit achetées à Paris il y avoit quelque temps.

Enfin ils ne laissèrent que ce qu'ils ne purent point emporter faute de voitures, tel que les farines et un grand nombre de boulets que le ministre de la guerre avoit fait faire à la Bonneville et au Vieux-Conches et que le département avoit envoyé chercher.

Les choses restèrent en cet état jusqu'au mardi suivant, 16 du courant, que les chasseurs de Paris, les hussards de la liberté et autres volontaires, arrivèrent à Evreux au son des cloches, comme ceux du Calvados; mais ils ne se comportèrent pas de même, car les chasseurs de Paris et les hussards de la liberté pilloient et voloient partout dans la ville et dans la campagne encore davantage, et principalement, de l'argent ou papier, de sorte que ceux chez qui ils tomboient étoient obligés de leur donner ce qu'ils demandoient. Quelques-uns des malheureux habitants donnèrent, les uns 1,200 fr.,

---

le terrain cinq fois autant de fédérés qu'il n'y avait de soldats du côté opposé.
Ce ne fut que trois jours après la déroute que les vainqueurs, qui s'étaient sauvés de leur côté, entrèrent dans Evreux.
La ville courut à cette occasion un bien grand danger, qui ne fut pas connu de tout le monde.
C'était Carrier, si connu depuis par ses atrocités, qui avait été nommé commissaire de la Convention près de l'armée destinée à marcher sur Evreux. Le décret qui mettait la ville d'Evreux hors la loi, accordait, en cas de victoire, plusieurs heures de pillage aux soldats de l'armée révolutionnaire.
Duroy et Robert Lindet, adjoints aux commissaires Pauchol et Carrier, délégués de la Convention, vinrent seuls à Evreux, tandis que Carrier était envoyé à Nantes; ce fut sous leur direction qu'eut lieu l'occupation d'Evreux par l'armée conventionnelle. Grâce à leur influence, le pillage n'eut pas lieu et les vainqueurs se contentèrent de la démolition de la maison de Buzot.
Des hussards s'étant introduits chez une dame Marc, voulurent prendre un avant-goût du pillage. Duroy en fut informé, y courut, et se plaçant le sabre à la main à la porte de la boutique, comptait à coups de plat de sabre tous les hussards rouges qu'il avait ordonné d'en faire sortir.
Duroy, ancien militaire, ancien avocat à Bernai, puis accusateur public près le tribunal criminel de l'Eure et enfin député de la Convention, périt, avec son collègue Romme, sur l'echafaud, à la suite de la journée de prairial.

d'autres 600 fr., d'autres 400 fr.; enfin différentes sommes que le caprice ou le hasard leur faisoit demander, et autres petits tours de cette espèce.

Ce fut aussi cette même semaine que la commune d'Evreux fit une adresse à la Convention pour lui demander que le département et le district ne sortissent point d'Evreux. Les députés-commissaires de la Convention, Lindet et Duroy, dans une assemblée qu'ils tinrent dans la Cathédrale, se plaignirent que cette adresse n'étoit revêtue que d'environ cent signatures, ce qui étoit étonnant, vu la population d'Evreux, suivant qu'on dit en avoir fait le dénombrement entre huit et neuf mille habitants (1); cependant elle a été envoyée telle à la Convention.

Les commissaires de la Convention convoquèrent les sections d'Evreux en assemblée primaire pour l'acceptation de la Constitution républicaine. L'assemblée fut donc réunie le dimanche 21 du présent mois de juillet, et l'acceptation fut achevée le lendemain ; il fut défendu de travailler et d'ouvrir les boutiques ce jour-là ; il y eut le soir illumination dans toute la ville

Les commissaires firent planter, le samedi 27, l'arbre de la fraternité sur la place de St-Léger, autrement de la fédération, cérémonie à laquelle assistèrent, avec les commissaires de la Convention, le général Soëfer et toute l'armée, composée d'un bataillon du régiment ci-devant Armagnac et autres corps de volontaires. Après la cérémonie, on brûla, sur la même place, le portrait de Buzot (2). On avoit commencé la

---

(1) La population d'Evreux, d'après le recensement officiel, excédait alors de 8,000 habitants.

(2) Buzot avait habité la maison que remplace aujourd'hui celle du serrurier Friche
On a vu les vers chantés quelques jours auparavant dans les rues par les soldats du fédéralisme, en voici d'autres que chantaient à leur tour, trois jours après, les soldats de la Convention :

Air : *Vive Henri quatre.*

Dieu de la guerre
Viens embrâser mon cœur !
De ton tonnerre
Que les carreaux vengeurs
Purgent la terre
De tous ses oppresseurs.

veille de ce jour-là à raser la maison dudit Buzot, en exécution d'un décret que la Convention avoit rendu à ce sujet. On fit placer au haut du grand clocher de la Cathédrale un pavillon tricolore, et il y eut le soir illumination dans la ville.

Le vendredi 2 août, on fit aussi ôter la couronne de plomb qui étoit au haut du clocher de la grosse horloge, et les fleurs de lys qui étoient sur des pivots autour dudit clocher ; on y mit aussi un pavillon tricolore, de même qu'à celui de St-Léger, dont on venoit, la veille et jour d'avant, de retirer les fleurs de lys.

Les jours suivants, on ôta de dessus les églises supprimées les croix de plomb qui étoient sur la pointe du chœur, à cause qu'elles avoient des fleurs de lys et des couronnes. On retira aussi une croix de plomb qui étoit sur le presbytère de St-Pierre.

Le vendredi 9 août, on planta sur la place de la maison de François-Léonard Buzot une pyramide en pierre où étoient gravés ces mots.... (1).

AIR : *Charmante Gabrielle.*

Favoris de la gloire,
Intrépides guerriers,
Volez à la victoire
Moissonner des lauriers,
Accourez pour reprendre
  Vos plus beaux droits,
Accourez pour défendre
  Nos saintes lois.

Dieu de la guerre, etc.

Il y avait une dixaine de couplets de ce chant dont on ne connaît point l'auteur.

C'était pendant qu'Evreux était encore insurgé qu'on apprit l'assassinat de Marat par Charlotte Corday. Les officiers municipaux, tambour en tête, proclamèrent cette nouvelle dans toute la ville, où elle causa une grande joie.

(1) L'obélisque, supporté par un stylobate carré, élevé sur l'emplacement de la maison de Buzot, était quadrangulaire et avait 4 mètres environ de hauteur ; la face antérieure, sur laquelle on avait gravé l'inscription, était à 3 mètres environ de l'alignement de la rue.

Voici, d'après un témoin oculaire, le texte exact de cette inscription, qui diffère de celle qu'on a imprimée depuis : *Ici fut l'asile du scélérat Buzot qui, Représentant du Peuple, conspira contre l'unité et l'indivisibilité de la République Française.*

— 66 —

Le samedi 10 août, on fit la fête civique de la réunion fraternelle, et on planta, à la porte de l'auberge du Grand-Cerf, un arbre de la liberté, parce qu'il y avoit des commissaires du pouvoir exécutif et des aides-de-camp du général Soëfer. Il y eut, le soir, grande illumination dans la ville.

On planta aussi, le dimanche 18 du même mois, un arbre de la liberté à la porte de la nouvelle maison commune, à l'évêché.

Le samedi 21 septembre, on convoqua au son du tambour tous les citoyens de la ville d'Evreux pour s'assembler le lendemain dimanche, 22 du courant, dans leurs sections respectives pour nommer un comité de salut public ou de surveillance. Il survint une difficulté dans la section du midi, qui demandoit que l'on réunît les deux sections en une pour ne former qu'un seul comité de surveillance; mais la section du nord fit réponse aux commissaires envoyés par celle du midi que le décret de la Convention portoit qu'il seroit nommé un comité de surveillance par section, et qu'ils se conformeroient au décret. Il fut donc formé deux comités de surveillance, composés chacun de douze membres. Cette élection ne finit que le jeudi suivant; mais tout ce travail fut cassé par des commissaires nationaux qui étoient au Hâvre, et qui envoyèrent, de cette ville, une liste de douze personnes à leur choix pour ne composer qu'un seul comité de surveillance, qui fut proclamé le 29 par les carrefours d'Evreux (1).

Ce comité commença ses fonctions le lendemain et fit arrêter, dès le mercredi suivant, 2 octobre, une partie des nobles, agents de nobles et gens suspects. Pareilles arrestations furent faites encore le vendredi, 4 octobre.

Ce fut dans ces jours-là qu'il se forma une compagnie de sans-culottes, qui s'assemblèrent le dimanche, 6 octobre, dans l'église ci-devant St-Pierre qui avoit été supprimée lors de la

---

(1) Ce comité, dès l'origine, n'était connu que sous le nom de comité de surveillance. Sa mission était de désigner les suspects qui devaient être arrêtés ou incarcérés. Hulot en fut le président. Lorsque le pouvoir des commissaires fut tombé, on mit au jour toutes les saletés qu'ils avaient commises dans le cours de leurs fonctions. Raynal, médecin à Evreux, fut le premier qui osa monter en chaire dans la Cathédrale pour attaquer le président lui-même. On avait si longtemps tremblé devant ces sortes de gens là, que tout le monde était étonné de l'acte de courage de Raynal.

réunion en paroisses. Ce fut là qu'ils résolurent de renouveler la société populaire et firent proclamer que ceux qui désireroient en être, vinssent sur-le-champ signer au rang des membres de ladite société, qui étoit composée des membres du comité de surveillance et adjoints dudit comité, et présidée par le citoyen Hulot, président dudit comité de surveillance.

Tout cela fini, les citoyens et citoyennes sortirent en dansant et chantant des chansons et airs patriotiques. Les citoyennes républicaines révolutionnaires proposèrent de faire une fête; leur proposition fut accueillie par le comité de surveillance qui en nomma plusieurs d'entr'elles pour l'arrangement de cette fête républicaine révolutionnaire qui devoit avoir lieu les jours suivants.

Le lundi 7 octobre, on fit partir d'Evreux un certain nombre de gardes nationales dudit lieu avec deux pièces de canon et tous les gendarmes à pied et à cheval qui étoient restés à Evreux depuis l'affaire de Brécourt, avec des chasseurs et des invalides, pour aller à Conches, à l'occasion d'une querelle qui s'étoit formée entre deux sociétés populaires qui existoient dans cette ville, et dont l'une accusoit l'autre d'être aristocrate.

Les commissaires envoyés par le comité de surveillance d'Evreux firent arrêter une partie des membres de la municipalité de Conches et envoyèrent les hussards chercher une famille de nobles dont le fils étoit émigré, et revinrent à Evreux, le 9 dudit mois d'octobre, amenant avec eux leurs prisonniers, et laissant à Conches des chasseurs et des invalides.

Ce fut ces jours là que les citoyennes républicaines révolutionnaires travaillèrent avec zèle à tout ce qu'elles avoient projeté pour la fête qui fut annoncée pour le vendredi 11 d'octobre, avec invitation à tous les citoyens et citoyennes de s'y trouver sans armes. La fête fut encore annoncée la veille au soir par le canon et le jour le matin par plusieurs coups de canon.

La fête eut lieu à midi; les citoyennes furent conduites au département avec la musique et les citoyens s'y trouvèrent aussi sans armes. Dans le cours de la cérémonie, elles plantèrent un arbre dans la cour du département et dans différents endroits de la ville, et tous les citoyens mirent à leurs maisons des pavillons tricolores avec des emblêmes de la république. Le comité de surveillance fit porter, dans une voiture, par le bourreau, des couronnes, des crosses, des fleurs de lys et autres emblêmes de la royauté sur la place Saint-Léger, et les y firent brûler par sa main avec l'image de Saint-Louis et autres saints, pendant que les citoyens et citoyennes dansoient. La fête fut terminée par une illumination dans la ville et par des danses sur la place Saint-Léger.

Le samedi 19 octobre, on commença à ôter les croix de fer de dessus les clochers des églises supprimées, et chapelles succursales et oratoires, qui avoient été érigées lors de la suppression des paroisses d'Evreux.

Le lendemain dimanche, au matin, un commissaire, qui étoit venu de Paris et qui ordonnoit tous ces ouvrages là, fit mettre bas tous les saints de pierre qui étoient tout autour de la Cathédrale en dehors et tous ceux du beau portail du côté du septentrion, qui étoit un chef-d'œuvre d'architecture et de sculpture (1). Tous ces saints étoient arrachés de leur

---

(1) Cet énergumène se nommait Thibault. Les mutilations auxquelles il se livrait n'étant pas du goût de tout le monde, il conçut des craintes ou fut averti qu'il se tramait quelque chose contre lui. Plein de cette idée, il monte un soir dans la chaire de la Cathédrale et là, en pleine société populaire, il dit qu'il sait qu'il est menacé, et tirant aussitôt une paire de pistolets demi-arçon de sa poche, gesticule en les agitant sur l'assemblée, en disant qu'il ne craint rien et qu'il vient seulement, et par charité, prévenir ceux qui lui en veulent, qu'il ne marche jamais sans *une paire de mouchoirs*, tout prêt à *moucher* ceux qui viendraient l'attaquer ; puis il descend de la tribune et se promène longtemps dans l'église, tenant un pistolet à sa main.

On raconte une particularité qui faillit lui attirer le châtiment mérité de ses dévastations. Thibault trouvait que les maçons ne grimpaient pas assez vite pour attacher la corde au cou des victimes, mais, s'il n'osait se risquer sur les échelles de corde aux endroits hasardeux, en revanche, du geste et de la voix, il encourageait les grimpeurs et se mettait bravement à l'œuvre quand on s'apprêtait à précipiter à terre ces affreux monuments du despotisme et de la superstition. Une statue, on dit que c'était celle du tyran Henri Ier, mieux fixée que les autres aux pierres de sa base, résistait aux efforts des manœuvres ; furieux d'un tel mépris pour les ordres souverains de la Convention, Thibault lui-même monte à grande peine sur une corniche plus élevée, et là, après s'être enroulé la corde fatale autour du corps, ébranle de tous ses efforts la pierre qui commen-

place avec une corde qu'un maçon leur mettoit au col et que d'autres tiroient d'en bas, et, lorsqu'ils étoient tombés, le commissaire de Paris les mettoit en pièce à coups de marteau; il en fit de même à la statue de Henri 1er, roy d'Angleterre et duc de Normandie, qui tenoit à sa main une espèce de rouleau à demi-développé, et qui étoit contre la grosse tour (1) et trois chanoines qui étoient à un pilier aussi en dehors et contre la tour du chœur, du côté du couchant (2). Ensuite, ils vinrent abattre la compagnie des frères de charité, qui étoit sur le portail de l'église de l'Hôtel-Dieu, et une vierge qui étoit sous cette tour, sur la porte d'entrée de l'église, et qu'ils mirent pareillement en pièces. De là ils parcourrurent toutes les églises et édifices qui avoient quelque image ou fleurs de lys, et abattirent pareillement les croix dans les cimetières, qu'ils brisèrent de même (3).

çait à céder. Henri 1er, en normand rusé, allait se venger en entraînant dans sa chute le stupide ennemi qui s'était si fatalement lié à son sort. De la hauteur de 20 mètres environ, où il était placé, le roi s'apprêtait à entraîner avec lui le jacobin, son adversaire; et à lui donner sur les dalles des voûtes, ou au milieu des tombes brisées du cimetière, le baiser mortel de la fraternité, lorsqu'un passant plus clairvoyant prévint à temps notre jacobin du danger qu'il courait. C'est d'en bas, et avec l'aide de ses manœuvres, qu'il se vengea de la conspiration flagrante du vieux tyran, en le précipitant et, après sa chute, en abattant bravement avec sa masse sa tête déjà mutilée.

(1) Le Chapitre y avait placé la statue de Henri premier, avec le signe caractéristique des fondateurs, en se basant sur la tradition, puisque dès le XIIIe siècle il ne subsistait aucun acte de donation de ce prince, dans les cartulaires du Chapitre; on s'en rapporta aux chroniques qui rapportent que c'est sous le règne de Henri, de 1119 à 1139, que les travées inférieures de la nef de la Cathédrale furent construites, à la suite de celles qui paraissent appartenir à l'époque de Guillaume-le-Conquérant.

(2) On trouve dans l'histoire d'Evreux de Lebrasseur, l'anecdote relative à l'érection de ces trois statues de chanoines.

(3) Lorsque Thibault détruisit la procession de la Charité qui était sculptée au-dessus de la porte de la tour de l'Hôtel-Dieu, il se retourna et aperçut, au-dessus de la porte d'une allée qui était en face, l'enseigne des Quatre Fils Aymon, montés sur le même cheval et tous les quatre empanachés. Il allait détruire ce morceau de sculpture que chacun peut encore voir aujourd'hui, parce que ces panaches lui semblaient être des fleurs de lys. Les voisins et surtout M. Champagne, qui a été longtemps architecte à Evreux, eurent peine à lui faire comprendre que ce qu'il prenait pour des fleurs de lys était des plumes, et à lui faire enlever l'échelle déjà appliquée contre le mur.

Il y avait lutte sérieuse d'intelligence entre ces missionnaires du vandalisme et les horticulteurs locaux plantant des arbres au mois d'août.

La municipalité fit aussi ôter l'épitaphe en marbre qui avoit été attachée à la halle lors de la donation de cet édifice à la ville d'Évreux par le duc de Bouillon.

Ce fut aussi dans cette semaine que l'on fit ôter les images de la Vierge qui étoient sur les maisons de différents particuliers, dans différentes rues et places ; mais les propriétaires les enlevèrent eux-mêmes. On fit aussi ôter de dessus la pointe de la couverture de la mère de Dieu, à la Cathédrale, une Vierge en plomb, de même qu'un saint Michel en plomb qui étoit sur la pointe du chœur de la Cathédrale.

Le dimanche 27, le même commissaire, aidé des sans-culottes, abattit le grand calvaire qui étoit entre la rue Saint-Taurin et celle des Cordeliers (1), et celui qui étoit à Saint-Germain-de-Navarre, et vendit les pierres des marches à ceux qui en voulurent. Pour la croix du grand clocher de la Cathédrale, la municipalité ne voulut pas qu'elle fut arrachée ; mais elle fit seulement enlever les fleurs de lys qui étoient aux extrémités.

Ce fut aussi vers les premiers jours de novembre que Robert-Thomas Lindet, évêque du département de l'Eure et membre de la Convention, fit abjuration de la religion catholique dans une des séances de la Convention.

Le samedi suivant, qui étoit le 9 novembre, on commença à sonner l'office à une seule cloche, qui étoit la seconde des deux grosses de Saint-Pierre, qui y avoient été transportées lors de la réunion des paroisses d'Évreux ; mais cela ne dura pas longtemps, puisque le mercredi suivant, le soir, à l'assemblée populaire séant dans la Cathédrale, le nommé des Cans ou du Camp, ci-devant religieux moine, et pour lors vicaire épiscopal de Robert-Thomas Lindet, fit, en son nom et au nom de ses confrères, abjuration de la religion catholique, en disant que cet édifice qui avoit été consacré à l'erreur et au mensonge, seroit désormais dédié à la Raison.

Ce fut pendant ces séances là que plusieurs prêtres appor-

---

(1) Ce calvaire, représentant un Christ de grandeur naturelle, était appliqué contre le pan coupé de la maison qui lie la rue de la Préfecture et la rue Joséphine, près de la Cour d'Assises. Cette place portait alors le nom de place du Calvaire.

tèrent leurs lettres de prêtrise, qui furent brûlées en leur présence. Ils renonçoient, disoient-ils, au métier de prêtre; aussi, dès le lendemain, on commença à ne plus dire de messes ni à faire aucun office.

Le 10 novembre, on avertit au son du tambour les jeunes gens de la première réquisition de s'assembler le jeudi suivant à la maison commune pour y être visités et se former en compagnies. Les jours suivants, ceux des paroisses de campagne du district vinrent aussi pour former leurs compagnies (1).

Le lundi 18, arrivèrent à Evreux les commissaires de la Convention, Legendre, Lacroix (2) et Musset, venant de Rouen, qui réinstallèrent, le lundi suivant, le département qui n'étoit que provisoire et remplacèrent les juges des tribunaux qui étoient en arrestation. Ils renouvelèrent aussi les administrateurs du district, la municipalité et les commandants de la garde nationale.

Ce fut le samedi suivant, que le district fut transporté à Vernon, conformément au décret de la Convention, lors de l'affaire du Calvados.

Ce fut aussi cette semaine que se marièrent plusieurs prêtres. Ce furent les premiers qui aient été mariés à la municipalité d'Evreux.

Le lundi 30 décembre, jour de la décade, la société populaire fit une fête, en mémoire de la reddition de Toulon qui avoit été pris par les Anglais. La société avoit arrêté dans une séance, quelques jours avant, que cette fête seroit faite à la décade suivante. La cérémonie fut annoncée, la veille au soir et le lendemain matin de même, par plusieurs coups de canon. Alors tous les membres de la société se rendirent à la Cathédrale qu'ils avoient prise pour le lieu de leurs séances

(1) La première réquisition frappait les jeunes gens de 18 à 25 ans ; elle a fourni 300,000 hommes.
(2) Lacroix était un homme de six pieds, toujours proprement mis. Legendre au contraire, de taille assez petite, se présentait toujours à la Société populaire vêtu d'un simple gilet à bras.

et sur le portail de laquelle ils avoient fait peindre ces mots : « C'EST ICI LE TEMPLE DE LA RAISON ET DE LA PHILOSOPHIE. » La fête commença par la plantation d'un arbre de la liberté, planté contre la grosse tour et ensuite ils rentrèrent dans l'église où ils chantèrent des chansons et des hymnes analogues à cette fête. Les bustes de Brutus, Peltier et Marat furent posés sur le grand autel, au lieu où étoit le crucifix, et au bas de l'autel il y avoit de l'encens qui brûloit dans des cassolettes. Tout cela fini, le cortége se transporta sur la place de Saint-Léger, autrement de la fédération, où étant arrivé, on apporta dans une voiture l'image de Saint-François-de-Salles et d'autres saints et des vierges qui avoient été arrachés des chapelles de la Cathédrale, ensemble les livres d'église, de même que les éfigies en carton de Buzot, Lecerf et Puisaye (1), lesquels furent brûlés par la main du bourreau, au son de la musique. Ensuite le cortége retourna d'où il étoit parti avec la même cérémonie ; il fut formé des danses dans le lieu de leurs séances pour la seconde fois, car à la décade d'avant on y avoit déjà dansé.

Le soir la municipalité fit faire une illumination générale dans toute la ville, en mémoire de la reddition de Toulon.

1794.

Le vendredi 3 janvier, on transporta à Paris les personnes détenues pour l'affaire du Calvados. Elles furent conduites de brigade en brigade par la gendarmerie, à l'exception de Jérôme Letellier, premier maire constitutionnel, qui se tua la nuit, veille du départ, d'un coup de pistolet, dans la maison des religieuses ursulines où il étoit en arrestation avec beaucoup d'autres personnes (2).

(1) Les effigies dont il s'agit étaient simplement trois paniers d'osier semblables à ceux que l'on emploie dans les bains pour faire chauffer le linge ; l'un était couvert d'une soutane, l'autre d'un vieil uniforme, et tous surmontés d'un casque. Pendant que le cortège passait dans la Grande-Rue, l'abbé Lecerf était dans une cachette dans son ancienne maison du prieuré ; l'entrée de la cachette était au plafond d'un couloir qui conduisait à l'une des chambres du second. On dansa en rond autour du feu en chantant la Carmagnole.

(2) Les couvents et autres établissements publics avaient été transformés en prisons. Letellier se brûla la cervelle dans la nuit qui précéda

Le vendredi 17 janvier, on fit proclamer que tous les cordonniers et tailleurs étoient avertis de se rendre à Vernon, pour y travailler en atelier commun, et que ceux qui ne s'y transporteroient pas seroient regardés comme suspects et mis en arrestation.

Le même jour, on transporta aussi à Paris le duc régnant de Bouillon. Il fut mis en arrestation chez lui la veille, et son intendant fit apposer les scellés sur tous ses papiers et titres. Il fut conduit à Paris par des gendarmes et quelques sans culottes. Depuis ce jour, son château de Navarre fut gardé par des sans-culottes payés et nourris à ses dépens. Il en fut de même chez toutes les personnes qui étoient en arrestation dans différentes maisons de la ville (1).

Ce fut aussi dans cette semaine là que l'on fit abattre dans l'église Cathédrale, devenue temple de la Raison, tous les saints qui étoient aux chapelles, de même que l'image de la mère de Dieu qui étoit placée derrière le chœur, dans une grande chapelle nommée de son nom, la Mère-de-Dieu. Toutes ces saintes images furent brisées et cassées par morceaux et jetées tout d'un tas à la place où étoit la chapelle de Saint-François; tout le restant des chapelles fut dévasté, comme les tableaux qui y étoient, et les autels renversés. Tout fut détruit entièrement, de même que les fonts de baptême qui etoient de marbre. Les bénitiers eurent le même sort ; ils furent aussi brisés par morceaux.

Le 28 janvier, l'église de l'Hôtel-Dieu fut aussi démeublée

le départ ; il'était à la veille d'épouser une demoiselle qui, depuis, devint la femme d'un M. Ruault, longtemps conseiller de préfecture à Evreux. Sa mort fit une vive impression ; il fut très-regretté.
Au nombre des douze personnes que l'on envoya au tribunal révolutionnaire étaient Rigaud de Rochefort, Chouard, Cherchin et un huissier nommé Talebon qui, fumant sa pipe et assis sur le devant de la voiture, ne tarissait pas en plaisanteries qu'il adressait au public, en attendant que l'on donnât le signal du départ.

(1) Lacroix et Legendre, en arrivant à Evreux, avaient interrogé le seul des anciens administrateurs qui ne s'était pas sauvé à Caen, M. R....., mais ne crurent pas devoir dès-lors le faire arrêter ; cependant un soir, à onze heures, une voiture s'arrêtait à sa porte ; elle contenait, avec le duc de Bouillon, les commissaires venus pour l'arrêter ; mais, grâces à un avis de Robert Lindet, intime ami du prévenu dont il avait signé l'ordre d'arrestation, le duc de Bouillon fit le voyage sans compagnon.

pour y tenir le conseil de guerre pour les punitions de la garde nationale; on en retira tous les ornements qui y étoient, aussi bien que les cuivreries, comme chandeliers, croix, lampes et autres meubles d'église.

On fit aussi, le même jour, retirer de dessous le porche de cette église, les débris des saints et des frères de la charité qu'on avoit brisés et qui étoient sur le portail, afin de rendre le passage plus libre.

Le mardi 18 février, jour de la décade, la société des sans-culottes d'Evreux célébra l'anniversaire de la mort de Louis XVI, et en même temps la fête de l'Abondance.

Cette fête fut annoncée, la veille au soir, par plusieurs coups de canon.

Le matin du jour de la fête, la société se rassembla dans la Cathédrale, d'où elle sortit pour se rendre sur la place St-Léger, portant sur ses épaules en triomphe les bustes de Brutus, Marat et Peltier.

L'Abondance étoit représentée par des laboureurs conduisant une charrue à laquelle pendoient des rubans tricolores. Venoient ensuite tous les attirails du labourage, comme semeur, batteur, vanneur et autres, portant tous un instrument de leur état.

Ensuite suivoit le bourreau portant un tableau représentant Louis XVI.

Tout le cortège étoit, comme à l'ordinaire, accompagné de la déesse de la Liberté, portant une bannière et d'une musique chantant des airs analogues à la fête.

Quand tout le cortège fut arrivé sur la place, on déposa sur une espèce de reposoir qui avoit été préparé exprès, les bustes de Brutus, Marat et Peltier, et on mit de l'encens brûler devant eux. Ensuite le bourreau coupa avec un couteau, dans le tableau qu'il portoit, la tête qui représentoit Louis XVI, et montra cette tête aux spectateurs; il la mit ensuite dans un corbillon (1).

(1) On croyait qu'un mannequin, décoré des ornements royaux, serait décapité au moyen de la guillotine dont on entendait parler, mais que le peuple d'Evreux ne connaissait pas encore. Quand on vit le bourreau monté sur une échelle double, faire un trou avec un couteau dans un tableau peint en détrempe, tout le monde murmura de la mystification.

— 75 —

Tout cela fini, le cortége se remit en marche et retourna d'où il étoit parti, avec la musique qui jouoit les airs qu'exigeoit la circonstance.

Ce fut dans ces jours-là que l'on fit descendre le restant des cloches qui se trouvoient encore dans Evreux.

Le vendredi 28 février, jour de la décade, la société populaire fit la fête de la délivrance des nègres (1). Ils équipèrent pour cet effet un charriot avec une espèce de dais soutenu par quatre piliers de verdure. Dans ce charriot étoit monté un nègre de la maison de Navarre avec sa femme et ses enfants; ils partirent en cet équipage de la Cathédrale, lieu de leurs séances, au son du tambour et de la musique. Il y avoit un détachement de la garde nationale qui précédoit tout ce cortége, des canonniers traînant un canon, et des laboureurs conduisant une charrue; le char étoit traîné par six chevaux. A la suite il y avoit des hommes qui traînoient sur le pavé deux saints arrachés dans les églises, et qui étoient attachés avec des cordes.

Etant arrivés sur la place de la Fédération, on mit les deux saints en pièces, et, après quelques danses, tout le cortége retourna dans le lieu des séances, où l'on fit une quête pour donner au nègre.

On fit aussi une espèce de repas, et ensuite la danse comme à l'ordinaire.

Ce fut dans cette semaine là que l'on acheva de renverser le dedans des églises qui avoient été supprimées quelques années auparavant, à l'exception de celle de la Ronde, qui avoit été vendue aussi quelques années auparavant et que l'on démolissoit.

C'est aussi dans cette semaine là qu'il passa par Evreux un grand nombre de prêtres insermentés, que l'on conduisoit de Rouen à Rochefort.

(1) C'était la fête de la Liberté. La déesse était assise dans un grand char décoré de verdure, avec tous les attributs de la divinité qu'elle représentait. Un nègre de la maison du duc de Bouillon, couvert de chaînes, représentait l'esclavage et se débattait aux pieds de la déesse. Ce nègre, nommé Almanzor, fut, à la fin de la cérémonie, débarrassé de ses chaînes par la déesse.

C'est dans ces temps-là que l'on érigea beaucoup de salpêtrières ; il s'en forma trois dans Evreux.

C'est aussi dans cette semaine là que l'on enferma les religieuses qui ne voulurent pas faire le serment, et que l'on mit les sœurs de Caër hors de leur maison.

Le 15 mars, on amena de Rouen 400 prisonniers de guerre qu'on logea dans la maison des ci-devant Capucins.

Le jeudi 20 mars, jour de la décade, la société populaire planta un arbre à la place de celui qui avoit été mis sur la place Saint-Léger par Robert Lindet, Duroy et Soeffer, lors de l'affaire du Calvados ; comme cet arbre étoit mort, la société planta celui-ci à la place.

Le vendredi 21, on retira de dedans le caveau de la maison de Bouillon, qui est dans l'église de Saint-Taurin, les corps des personnes de cette maison, et les corps et restant de corps furent mis dans une grande fosse, dans le cimetière de Saint-Gilles ; les plombs furent portés à la rivière pour les laver et ôter le mauvais goût qu'ils exhaloient. On retira de ce caveau dix cercueils, tant grands que petits. Ensuite, la municipalité fit faire dans cette église une salpêtrière ; l'on y creusa un puits pour faciliter l'ouvrage, et l'on mit en réquisition toutes les cendres des boulangers, briquetiers et chaufourniers, pour en retirer le salpêtre (1).

(1) Lors de la violation de cette sépulture, les cercueils, au nombre de dix, grands et petits, étaient rangés sur les côtés. Avant de pénétrer dans le caveau, on prit soin d'y faire brûler des branches de genièvre pour purifier l'air ; puis les cercueils, montés successivement à bras, étaient traînés jusqu'au bord d'un trou carré de sept à huit pieds de largeur creusé dans le cimetière Saint-Gilles, vis-à-vis de la porte de l'Eglise ; là, on coupait à coups de haches les couvercles des cercueils, dont, aussitôt, on rejetait le contenu dans la fosse, et l'on traînait le plomb sous le bief du moulin et on l'y plongeait pour échapper à l'infection. Cela n'eut pas lieu toutefois sans des propos obscènes qui excitaient l'hilarité des assistants. L'un d'eux, concierge du tribunal criminel, voulant s'assurer de ce que contenait un des linceuils, après avoir reconnu qu'il contenait une femme, le rejeta dans la fosse où elle tomba sur un des corps (celui du père du dernier duc de Bouillon) dans une position qui donna lieu aux rires et aux propos les plus dégoûtants.

Il y a peu de temps, ces ossements ont été retirés de la fosse qui les renfermait, et pêle-mêle, avec tous ceux qu'on releva des anciennes fosses du cimetière Saint-Gilles, emportés dans le cimetière de la ville, dans les fosses communes où le renouvellement périodique des sépultures ne leur assure pas encore l'éternel repos.

— 77 —

Le jeudi 3 avril, on borna la nourriture des habitants d'Evreux à une livre et demie de pain par jour pour les hommes travaillant fort, et une livre pour les autres et pour les femmes et enfants au-dessus de quatre ans, et une demi-livre pour les enfants au-dessous (1).

Le samedi 5, on fit placer dans l'église de Saint-Pierre les marchands de beurre, d'œufs, de volailles, parce que dans le Grand-Carrefour, il y en avoit qui, dans la foule, emportoient la marchandise des marchands sans la payer, à cause de l'extrême disette de ces denrées, crainte qu'il y en eut qui en emportassent trop et que les autres n'eussent rien, puisqu'on a vu séparer une livre de beurre en quatre, une douzaine d'œufs en quatre, et des volailles étouffées à qui les auroit.

C'est dans cette semaine là que l'on déplomba les églises et les clochers, et que l'on brisa les croisées de ces mêmes églises pour en avoir quelques barres de fer qui les traversoient et les plombs des vitres.

C'est aussi le 4 de ce mois, que le représentant du peuple Siblot arriva à Evreux, qu'il épura les corps administratifs et la société populaire, et qu'il mit provisoirement en liberté, la municipalité qui était en arrestation. Il prit aussi un arrêté par lequel tous les prêtres étoient obligés de remettre à leur municipalité leurs lettres de prêtrise et ensuite de se rendre dans la maison d'arrêt à ce destinée.

Ce fut aussi vers ce temps qu'une commission des sansculottes se transporta chez tous les citoyens pour y visiter les caves, écuries et autres lieux, afin de voir s'il n'y avoit point de salpêtre et mirent en réquisition les futailles, chaudières et autres ustensiles propres à faire du salpêtre.

Le mercredi 29 avril, jour de décade, on reçut un général,

---

(1) Il n'y a que la disette de 1817 qui puisse être comparée à celle de 1794. La première était la conséquence des pluies continuelles qui avaient régné en 1816; celle de 1794 était factice. — Quand on priait quelqu'un à dîner, on ajoutait, par post-scriptum, l'invitation d'apporter son pain.

— 78 —

un commandant de la place (1) et des lieutenants et adjudants-généraux.

Le jeudi 1er may, on fit assembler toutes les communes du canton d'Evreux qui amenèrent leurs chevaux et charrettes, sur lesquels on prit le nombre de quarante chevaux et onze charrettes, les bâches de dessus les voitures et des charretiers pour partir quelques jours après à l'armée.

Le mardi 6 may, l'on fit proclamer dans les carrefours et places publiques d'Evreux, de porter une livre de chiffons par individu au-dessus de quatorze ans, et de les déposer à la municipalité qui enregistreroit tous ceux qui les portoient, afin de connaître ceux qui ne se conformeroient pas (2).

Le lundi 12, on exécuta et mit à mort le nommé Vallée, curé de Pithienville, proche Evreux, qui avoit refusé de prêter serment, ou l'avoit prêté et s'étoit rétracté. En conséquence, ayant été dépossédé et ensuite obligé de sortir de France, mais ne l'ayant pas fait, après avoir erré de côté et d'autre, il fut découvert et amené dans le grand séminaire qui est une des prisons d'Evreux, le vendredi d'avant, et condamner le 12 may à la peine de mort portée par un décret de la Convention nationale, contre les prêtres qui auroient refusé le serment et qui seroient retrouvés en France. Il fut condamné sur le coup de midi et mis à mort le même jour, à 6 heures de relevée, sur la place de Saint-Léger, autrement de la Fédération, et son corps enterré dans le cimetière de cette paroisse abolie (3).

(1) Ce commandant était un vieux capitaine d'invalides, nommé Léger, qui était très-sourd, aussi rien n'était plus risible que le conseil de discipline lorsqu'il le présidait.

(2) Ces chiffons étaient destinés à faire de la charpie pour l'armée. Aux séances de l'assemblée populaire, tandis que les hommes péroraient, les dames, assises et condamnées au silence, se dédommageaient en éfilant de la charpie, et les enfants jouaient dans les bas-côtés. Tout cela était dominé par la voix des censeurs qui répétaient à intervalles et d'une voix monotone : *Silence, citoyens ! Silence !*

(3) Vallée, curé de Pithienville, n'ayant pas cru devoir prêter serment, avait encouru la peine de l'exil. Il n'obéit point et, comptant sur des temps meilleurs, se cacha chez un de ses amis. Survint un nouveau décret portant que tous ceux qui recéleraient des prêtres réfractaires en-

Le mercredi 21, on fit assembler de nouveau tous les chevaux et charrettes du canton d'Evreux, afin de choisir

coureraient eux-mêmes la peine de mort. Vallée, en honnête homme, ne voulut pas exposer la vie de son ami et quitta son asile sans rien dire à personne, et vint lui-même se livrer. L'identité fut constatée et la condamnation immédiatement prononcée, ainsi que le portait la loi.

L'accusateur public, qui eut le malheur d'être chargé de requérir cette inique condamnation, était un M. Lefebvre, qui existait encore à Evreux il y a une douzaine d'années.

Vallée était un bel homme, fortement constitué et dans la force de l'âge. Il marcha au supplice à pied, saluant et souriant à toutes les personnes de sa connaissance qui se rencontrèrent nombreuses sur son passage.

L'échafaud était dressé vis-à-vis de la porte du couvent des Ursulines. Vallée y monta d'un air calme et serein, ayant la face tournée du côté de la ville. On l'attacha à la fatale planche et lorsqu'elle eut fait la bascule, il arriva que Jouen, le bourreau, qui se servait de l'instrument pour la première fois, avait, dans la crainte qu'on y touchât, fixé le déclin avec un cadenas dont il cherchait inutilement la clef dans ses poches. Enfin il la trouva au bout de deux ou trois minutes dans un gousset, lâcha l'instrument fatal, et le sacrifice fut accompli.

Au lieu de détacher le corps à la manière ordinaire, le bourreau releva la planche contre laquelle le corps resta attaché par les courroies. La vue de ce corps sans tête que, quelques minutes auparavant, on avait vu marcher, jeta l'épouvante parmi les spectateurs. Tout le monde se sauva... On fuyait à pleine rue.

Le corps, placé sur une civière, fut porté dans le cimetière de Saint-Léger et jeté, sans cérémonie et avec les habits qu'il portait, dans la fosse qui avait été préparée d'avance.

Vallée était en chemise, vêtu d'une culotte courte, de bas gris drapés et chaussé d'une paire de souliers.

Les troubles politiques ne vouèrent que deux têtes à l'échafaud, et ces exécutions sont les seules qu'aient à enregistrer les fastes révolutionnaires de la ville d'Evreux. Sept années s'étaient écoulées sans que la justice humaine eut réclamé une vindicte capitale, et la première victime de la guillotine lui fut livrée par les passions. La corde avait mieux fini son rôle : le dernier pendu à Evreux avait du moins des crimes à expier. Quoiqu'il n'y ait point de rapports à établir entre un honnête homme, fidèle à son serment et victime des passions, et un voleur de profession, mais qu'il y a toute une révolution entre le gibet et la guillotine, on croit devoir suppléer au silence du chroniqueur Rogue et placer ici le récit de la mort du dernier pendu. Puisque le progrès s'attache à tout, le lecteur verra quelle marche a suivi à cette epoque l'art de faire mourir les hommes.

C'était en 1787, un ancien soldat nommé Rouillon, n'ayant point d'argent et voulant s'en procurer, s'introduisit dans une ferme et prit dans l'écurie les deux meilleurs chevaux. Il les fit passer par une brèche du mur placée à quatre pieds au-dessus du sol, ce qui peut servir à donner une idée de la force de cet homme, qui avait près de six pieds. Rouillon fut condamné, pour ce fait, à être pendu *jusqu'à ce que mort s'ensuive*.

Le jour de l'exécution, Rouillon sortit de la prison, alors dans la rue Chartraine, assis dans une petite charrette attelée d'un seul cheval, et s'arrêta en passant dans l'église de l'Hôtel-Dieu, pour y boire le vin du condamné, qui lui fut offert par la charité, chargée en cela d'exécuter le

huit voitures et trente-deux chevaux pour aller à l'armée porter des munitions et bagages.

C'est aussi dans cette semaine là que l'on vendit les boiseries des églises d'Evreux, comme lambris, bancs, armoires, buffets d'orgues, chaires à prêcher et autres objets en bois.

testament de Georgette Legras, et assister à une cérémonie religieuse qui fut faite par le prieur de l'hôpital. Il pouvait être alors huit heures environ et il faisait nuit depuis plus de deux heures ; la marche funèbre était éclairée par des hommes portant de grosses torches de résine.

La potence avait été placée à l'intersection de la Grande-Rue et de celle de la Grosse-Horloge, à dix pieds environ au-delà du ruisseau qui traverse le Carrefour. Le bras de la potence était tourné du côté de la rue de l'Horloge et l'échelle en avant, du côté de la Grande-Rue.

Rouillon était assis sur de la paille dans la voiture, la face tournée du côté du cheval ; les exécuteurs le soutenaient.

Lorsqu'il fut arrivé au lieu de l'exécution, on fit faire un demi-tour à la voiture, et on l'accula contre l'échelle. Le bourreau passa de la voiture sur l'échelle et, s'y retournant, saisit Rouillon par le derrière du collet de la veste et l'attira à lui, le fit ainsi monter en reculant, tandis que les aides le poussaient par en bas ; cela dura au moins deux minutes, et le public crut facilement que le patient ne s'aidait pas.

Rouillon avait les mains attachées par devant et la corde qui servait à les lier était passée en sautoir par dessus le cou, ainsi qu'on vit le lendemain ; il portait en outre, autour du cou, la corde de suspension toute préparée.

Lorsque le patient fut arrivé à une hauteur convenable, le bourreau accrocha l'extrémité de la corde à un fort piton solidement fixé au bras de la potence, puis, s'adressant à Rouillon, il lui dit : « Dis comme moi : *Jesus Maria.... Jesus Maria....* Le pauvre diable avait à peine proféré d'une voix sourde le troisième *Jesus Maria*, que le bourreau, le poussant du genou, le jeta hors de l'échelle. Faisant aussitôt volte-face, le bourreau plaça son pied droit sur les mains de Rouillon, comme il aurait fait dans un étrier, et pesant de tout son poids sur cet appui, il s'agita violemment. Au bout d'une ou deux minutes au plus, il se reposa sur l'échelle, fit pirouetter le supplicié et, comme s'il avait cru un supplément nécessaire, il lui donna une dixaine de nouvelles secousses et descendit de l'échelle après l'avoir fait pirouetter encore.

Le lendemain, qui était un dimanche, le corps demeura suspendu aux regards des passants. Il était horrible à voir : la figure était gonflée et de couleur violacée ; la langue, plus violette encore que la face, sortait de la bouche de toute sa longueur, et les sécrétions qui la couvraient, provoquaient un insurmontable dégoût.

Le soir, il fut porté au gibet de la Côte-de-la-Justice, composé de piliers de pierres de taille, liés entre eux par des pièces de bois, et y fut suspendu, le cou renfermé dans un des coliers à charnières qui étaient attachés avec des chaînes de fer à chacune des traverses.

Quelque horribles que soient ces détails, le lecteur y trouverait encore des indices de progrès, s'il était permis de lui faire le récit d'une exécution criminelle au siècle précédent, lorsque le supplicié, les membres mutilés, coupés ou brûlés, était ensuite haché par lambeaux et traîné par les rues qu'il ensanglantait, et, suivi de chiens affamés, allait pourrir enfin aux portes de la ville, pour la plus grande édification des habitants.

Ce fut aussi vers ce temps-là, que l'on fit effacer de dessus les portails de la Cathédrale les inscriptions de Temple de la Raison et de la Philosophie, pour y substituer celles de : Le peuple françois reconnoit un Être suprême et l'immortalité de l'ame, et la société populaire arrêta que l'on n'y danseroit plus et que l'on ne pourroit point y entrer le chapeau sur la tête.

Le vendredi 30 may, on proclama que le lendemain 31 seroit fête en mémoire du 31 may 1793, qui fut l'époque à laquelle Buzot et autres députés de la Convention furent mis en arrestation à Paris, comme conspirateurs et traîtres à la patrie.

Le dimanche 8 de juin, jour de la Pentecôte et jour de décade, on fit la fête de l'Etre suprême et de l'immortalité de l'âme.

La société populaire et la municipalité firent avertir tous les bons citoyens, au son du tambour, avec invitation de travailler à une montagne sur la place de Saint-Léger, autrement de la Révolution. A cet effet, on porta beaucoup de terre et vidanges de démolition dont on forma une montagne autour de l'arbre de la liberté, et on fit planter dessus des arbres et fleurs que l'on arracha dans les bosquets et jardins de Navarre, et on employa une partie des ouvriers de Navarre à plaquer des tapis de gazon et à faire un grillage autour, pour que personne ne *hageat* rien (1).

Le jour donc étant arrivé, on sonna les deux grosses cloches pour avertir les citoyens de se préparer à la fête. Chacun para sa porte de branches de chêne et guirlandes de même bois mêlées de fleurs. L'on sonna encore, vers les neuf heures du matin, les cloches pour assembler les citoyens et

---

(1) L'appel fait à la population pour la construction de la montagne fut fait au son du tambour et avec une sorte de solennité. On s'arrêtait à chaque carrefour. Il commençait par ces mots : *Au travail, Ebroïciens! au travail!* La proclamation était lue par un nommé Cheval, qui devint greffier de la justice de paix.

C'est Racine, ancien jardinier du duc de Bouillon, qui dirigea les travaux de la montagne, petit tertre de quatre à cinq mètres de hauteur que l'on érigea sur la place Royale, vis-à-vis le pont de Caër, là, où peu de temps auparavant, on avait exécuté le malheureux abbé Vallée.

La femme du général, qui était alors à Evreux, y roula de sa main quelques brouettées de terre.

citoyennes, parées d'habillements blancs, de même que des jeunes filles portant des bannettes remplies de fleurs. Le lieu du rassemblement fut donné pour se réunir sur la grande route de Caen, proche la porte du Bois-Jollet. Alors tout le monde se plaça dans les rangs destinés aux hommes et aux femmes, les pères à droite avec leurs fils et les femmes à gauche avec leurs filles, et portant tous des bouquets de roses à la main. La marche étoit accompagnée de deux cents hommes de la garde nationale en armes, d'une pièce de canon et d'un bataillon qui passoit par Evreux. Comme il devoit arriver ce jour-là, il força sa marche et arriva la nuit afin de pouvoir se préparer à la fête. En avant et en arrière du cortège étoient les gendarmes à cheval, et, au centre, les autorités constituées que la commune renferme.

Alors, le cortège arriva à la montagne en chantant des airs patriotiques accompagnés par une musique guerrière ; ce fut là que le maire monté sur la montagne, prononça un discours et les jeunes citoyennes jetèrent des fleurs. Ensuite le cortège se remit en marche et arriva au temple de l'Eternel en chantant des hymnes patriotiques en l'honneur de l'Etre suprême. Le reste de la journée se passa en danses autour de la montagne.

Le mardi 10 juin, on amena à Evreux 350 prisonniers de guerre Anglois qu'on logea à St-Taurin ; mais il en repartit le lendemain 150 pour Louviers et Pont-de-l'Arche.

Le 14 juin, on fit apporter de Rouen 13,000 pesant de riz pour suppléer aux denrées qui manquoient, et les voitures remportèrent avec elles des cloches.

Le dimanche 15 juin, on proclama que tous les jeunes gens depuis 16 ans jusqu'à 17 ans et demi, se trouvassent le lendemain matin à la municipalité, pour en prendre un de bonne volonté et ensuite l'envoyer à Paris à l'école de Mars (1).

Le mercredi 18 juin, jour de la décade, on fit la fête du Genre Humain ; on sonna la cloche le matin pour assembler

---

(1) Ce fut le fils d'un menuisier, qui demeurait dans la rue de la Petite-Cité, auprès de la maison de Buzot, qui fut choisi.

les citoyens au temple de l'Éternel, pour invoquer son assistance et entendre l'épitre et l'évangile républicains.

On proclama que tous les citoyens eussent à porter dans le plus bref délai, 3 livres de cendre par individu à la maison de St-Taurin pour accélérer la formation du salpêtre.

Le lendemain il arriva encore 200 prisonniers de guerre Anglois que l'on envoya dans les districts.

Le vendredi 20 juin, on proclama que tous ceux qui avoient chez eux quelque provision de bled, orge, seigle, farine et même de pain, eussent à le déclarer sous 24 heures, sous peine d'être regardés comme ennemis de la patrie et déclarés suspects, mis en arrestation, traduits devant les tribunaux, et jusqu'à être dénoncés à l'accusateur public du tribunal révolutionnaire.

Le dimanche 22, on proclama que les bonnes citoyennes étoient invitées à prendre le soin de l'hôpital, à cause que les sœurs ne vouloient point prêter serment.

Le même jour, on vendit toutes les boiseries des chapelles de la Cathédrale qui avoient été dévastées par un commissaire de la Croix.

Le lundi 23, on fit amener les cochons qui avoient été mis en réquisition dans le canton pour en choisir un certain nombre.

Le même jour, le comité de surveillance fit approcher à son comité plusieurs citoyens qui, la veille qui étoit dimanche, s'étoient parés et habillés et s'étoient promenés sans travailler; ils furent réprimandés de ce qu'ils fêtoient le dimanche.

Le jour de St-Jean, qui est une *louée* pour les gens de la campagne qui travaillent à la moisson, ils firent arrêter et mettre au corps-de-garde ceux qui n'avoient point de cocarde et qui étoient parés plus que les jours de travail, disant qu'ils fêtoient les fêtes fanatiques (1).

---

(1) Les femmes même furent obligées de porter des cocardes à leurs bonnets. Celles qui négligeaient d'en attacher étaient insultées par les hommes et surtout par les femmes du peuple.

Le mercredi 25 de juin, les prisonniers de guerre Anglois qui avoient été amenés à St-Taurin, furent conduits à Louviers pour y demeurer, faute en partie de subsistances à Evreux, et en ce que Louviers n'avoit point de prisonniers de guerre et que tous les autres districts du département en avoient.

Le dimanche 13 juillet, on condamna à mort au tribunal criminel, le nommé Duhalé, prêtre, chanoine d'Ecouis, conseiller au ci-devant parlement de Rouen, pour n'avoir point prêté serment et être resté sur le territoire de France, et ne s'être pas présenté dans les deux décades qui avoient été accordées aux prêtres insermentés pour se rendre dans les prisons d'arrêt, pour être déportés. Il avoit été amené la veille de Pont-Audemer, et fut exécuté sur la place de Saint-Léger, dite de la Révolution, vers les six heures du soir (1).

Le lundi 14, on fit la fête de la prise de la Bastille. La société populaire avoit fait dresser, dans le pré du Bois-Jollet, une espèce de Bastille, pour en faire la prise et la renverser. On fit proclamer à l'avance que l'on sonneroit le tocsin, pour que les citoyens ne s'effrayassent point; on choisit aussi cinquante citoyens de la garde nationale pour être vainqueurs de la Bastille.

Le matin du jour de la fête, on battit la générale, et le tocsin sonna depuis cinq heures du matin jusqu'à sept heures. Il fut dit que les citoyens s'assembleroient sans grande parade, mais seulement comme gens à leur travail, et que l'on s'armeroit de toutes sortes d'instruments, comme ceux qui coururent à la Bastille. Il y eut un citoyen qui représentoit le gouverneur. Alors les cinquante hommes firent l'attaque de la Bastille par plusieurs décharges, et on tira plusieurs coups de canon. On prit le gouverneur, qui fut amené à la municipalité, et la fête fut achevée par des danses (2).

(1) Ce malheureux était un petit bossu; il embrassa affectueusement Jouen, l'exécuteur, avant de se livrer à lui. Il lui avait donné, comme souvenir, une bague qu'il portait au doigt. Comme l'abbé Vallée, il fut enterré immédiatement dans le cimetière de Saint-Léger.

(2) Celui qui remplit le rôle de gouverneur de la bastille était aussi la grosse caisse de la garde nationale. C'était un gros homme, bon vivant,

— 85 —

Le jeudi 17, on fit encore assembler les paroisses du canton à Evreux, pour y amener en venant leurs cochons, qui avoient été mis en réquisition, pour en prendre vingt-sept, que l'on mit à Saint-Sauveur.

C'est aussi dans ces temps-là que l'on réduisit les habitants d'Evreux à une demi-livre de pain par jour, encore ne l'avoit-on qu'avec beaucoup de peine, ce qui obligea beaucoup de citoyens à aller dans les campagnes en demander aux laboureurs pour de l'argent, quoiqu'ils n'en eussent guère, puisqu'on les avoit obligés d'apporter tout ce qu'il avoient à Evreux, au magasin de Saint-Sauveur, pour les armées, ou au séminaire, pour Paris.

Le lundi 28, jour de décade, on fit la fête de l'Adolescence. On fit prévenir tous les jeunes enfants de s'assembler pour aller à cette fête, et un d'entre eux portoit une bannière où étoient ces mots : *Barra est mort pour sa patrie, et nous imiterons son exemple.* Un autre portoit aussi une bannière, où il y avoit quelque chose de semblable. Ils furent conduits à la Montagne, sur la place de la Révolution, et de là reconduits au temple de l'Eternel (1).

Le dimanche 10, on fit la cérémonie dite fête du 10 août. On annonça la veille cette fête par le son de la cloche, qui étoit restée dans la tour de la Cathédrale, et le lendemain matin on la sonna encore pour assembler les citoyens. On avoit fait dresser dans le pré, dit le Champ-de-Mars, la pyramide avec trois autels à la Patrie autour de cette pyramide, et on avoit formé, avec des arbres et des cerceaux, des espèces d'arcs de triomphe. On planta aussi autour de tout cela quatre-vingt-sept arbres avec des inscriptions, sur les-

vêtu de l'habit écarlate de cérémonie chez le duc de Bouillon. Il se débattait violemment sur la plate-forme de la bastille peinte sur une toile. On le chargea de chaînes et on l'emmena triomphalement lorsque l'on n'eut plus de poudre à brûler.

Comme on tirait le canon et que l'explosion faisait flotter la toile, cela produisait un singulier effet.

(1) On chantait un hymne de circonstance commençant par ces mots :

De Bara, de Viala, enfants suivez l'exemple.

Bara était un jeune tambour, et Viala un jeune mousse, qui s'étaient dévoués.

quelles il y avoit écrit : *Mort aux tyrans ; la Vendée n'est plus*, etc. Les citoyens n'étoient pas tous sous les armes, mais seulement un détachement.

Ils s'assemblèrent et partirent tous de la place dite de la Révolution, étant accompagnés de jeunes citoyennes vêtues en blanc, portant des espèces de torches avec des inscriptions sur lesquelles étoient écrit : *La fraternité ou la mort, la liberté, l'égalité*, etc. Ensuite venoit un char rempli de tous les instruments de l'agriculture, des arts et métiers. Ils se rendirent au Champ-de-Mars, et après que la cérémonie fut achevée ils s'en retournèrent au temple de l'Eternel y chanter des hymnes patriotiques. On acheva la journée dans le Champ-de-Mars, par des danses, qui y furent continuées tous les jours, le soir, jusqu'à la décade suivante.

C'est vers ce temps que la rue dite de Notre-Dame changea de nom et qu'on la nomma rue Peltier.

Quelques jours avant cette cérémonie on fit proclamer que les marchands, qui avoient coutume de s'étaler le long de la rue de St-Taurin, pourroient y aller comme par le passé, et il s'y en étala qui restèrent pendant le temps que duroit l'octave, quoique l'on n'allât pas à l'église puisqu'elle est changée en salpêtrière.

Ce fut aussi vers ce temps que Jean-Baptiste Mazière, tourneur en bois, natif d'Evreux, inventa la manière de tourner la fonte et présenta de son ouvrage à la Convention. (1).

Le dimanche 24 août, on fit sortir, en vertu d'un décret de la Convention, les détenus de la maison d'arrêt, mais seulement les ouvriers, manouvriers, et gens qui travailloient de leurs mains pour vivre ; il y avoit déjà quelques jours que plusieurs de ces personnes en étoient sorties en ce que leurs parents et leurs femmes allèrent à Paris au comité de salut public et

(1) Les ateliers de Mazières, qui tournait avec une rare perfection les moules pour le coulage des boulets, occupaient le rez-de-chaussée de l'aile du grand séminaire, aujourd'hui la prison, qui est opposée à la cour d'assises.

obtinrent leur sortie. La société populaire s'intéressa envers beaucoup d'autres dont elle obtint l'élargissement.

Le dimanche 21 septembre, on célébra la dernière sans-culotide. La société avoit chargé un de ses membres de faire un discours ce jour là ; elle fit dresser une pyramide dans le pré et ils allèrent en cérémonie chanter, danser, et revinrent dans le lieu de leurs séances. La journée fut achevée par des danses dans le pré du Bel-Ebat.

C'est aussi vers ces jours là que le comité de surveillance, dit le comité révolutionnaire d'Evreux, dénonça à la Convention la société populaire d'Evreux et toute la commune, comme étant dominée par les aristocrates qui avoient été élargis et tirés de la maison d'arrêt et traitant la société *de moule à certificats de civisme* et mille autres invectives fausses, ce qui fit que la société, dans sa séance du mercredi 24 (parce qu'elle tient séance tous les trois jours), arrêta qu'elle enverroit une adresse à la Convention pour se laver des inculpations faites contre elle et contre toute la commune d'Evreux. En conséquence, elle nomma une commission pour rédiger une adresse pour le lendemain, qu'elle devoit tenir séance extraordinaire, et la société interpella les membres du comité de surveillance, comme sociétaires, de dire si c'étoit eux ou un des administrateurs du département qui avoit rédigé la dénonciation; mais quelques membres du comité dirent qu'ils ne leur devoient point de compte comme étant autorité supérieure, et alors la société arrêta que, si dans dix jours ils ne se rétractoient pas de leur dénonciation, elle les bifferoit du rang de sociétaires.

Alors, l'adresse fut, dans ces jours-là, définitivement adoptée et la société arrêta qu'elle seroit présentée à l'administration du département, de district et à la municipalité, pour que les commissaires nommés pour la porter à Paris pussent partir le samedi suivant. Elle fut présentée à la signature de tous les citoyens d'Evreux, sociétaires ou non, excepté aux citoyens qui avoient été mis en arrestation, pour ôter aux malveillants l'occasion de calomnier la commune.

Mais quand on la présenta au département et à la municipalité, ils dirent qu'ils trouvoient quelques expressions trop fortes et ils refusèrent de la signer. Elle fut, le soir même que les commissaires devoient partir, l'objet d'une nouvelle discussion et on la fit examiner de nouveau. Enfin, on la trouva bonne comme elle étoit et on la présenta de nouveau au département et à la municipalité qui refusèrent encore de la signer, s'appuyant sur une loi qui leur défendoit de signer aucune adresse faite par toute société quelconque. Alors la société décida que ses deux commissaires partiroient le lundi 29 avec les signatures des citoyens de la commune.

Le dimanche 28 septembre, on proclama que l'on invitoit tous les bons citoyens à donner une somme quelconque pour l'équipement d'un vaisseau.

Le soir de ce jour la société donna à ses commissaires des pouvoirs pour aller à Paris, et ils partirent le lendemain. Ils passèrent par Vernon, pour présenter leur adresse à l'administration de district qui refusa aussi de la signer ; ce qui n'empêcha pas les commissaires de continuer leur route pour Paris, où ils arrivèrent quelques jours après et présentèrent à la Convention leur adresse, qui fut accueillie avec de vifs applaudissements ; on en ordonna l'insertion tout au long au bulletin de la Convention et on accorda l'honneur de la séance aux commissaires.

Le vendredi 3 octobre, les citoyens d'Evreux et autres qui avoient été conduits à Paris pour l'affaire du Calvados, arrivèrent le matin à Evreux, ayant obtenu leur élargissement, à l'exception de deux qui moururent à Paris (1).

Le dimanche 5 octobre, on proclama encore pour que les citoyens portassent *de quoi* équiper un vaisseau.

Le mardi 21, jour de la décade, la société populaire fit la fête des grandes victoires, que les armées françaises remportoient de toutes parts. Elle partit de la Cathédrale, autrement dit Temple de l'Etre suprême et se transporta à la Montagne, sur place dite de la Révolution, en chantant des

---

(1) Les deux prisonniers qui moururent à la conciergerie furent Cherchin et Talibon.

airs patriotiques et revint dans le lieu d'où elle étoit partie. Le restant de la journée se passa en danses dans le temple de l'Eternel, mais on avoit mis un rideau devant la grille du chœur, la décence demandant cela.

Ce fut dans ces jours-là que l'on fit partir la plus grande partie des prisonniers de guerre qui étoient à Évreux ; on les envoya dans différents endroits du département pour ramasser des fênes, fruit du hêtre, pour faire de l'huile ; car l'huile étoit devenue très-rare et fort chère ; encore ce n'étoit point de l'huile d'olive, car elle est tout-à-fait disparue. On envoya avec les prisonniers, les domestiques des officiers Hessois, formant un état-major, qui avoient été faits prisonniers de guerre et que l'on caserna dans la maison dite des sœurs de Caër.

Le mercredi 5 novembre, on mit en prison deux membres du comité révolutionnaire d'Evreux, accusés de vol, en faisant des arrestations à différents endroits.

Le vendredi 7 novembre, on proclama, dans les carrefours d'Evreux, le décret qui replaçoit le district dans les murs de cette ville. Ce décret fut rendu sur un très-grand nombre de pétitions faites par toutes les communes et cantons du district, qui se plaignoient que la trop grande distance les dérangeoit beaucoup de leurs travaux, en ce qu'il y avoit des communes qui étoient écartées de Vernon, de onze à douze lieues.

Alors l'agent national près le district vint à Evreux pour, de concert avec l'agent national près la commune, chercher une maison convenable ; ils choisirent la maison dite des sœurs de Caër, sur la place de la Révolution, et on y mit des ouvriers pour disposer cette maison en état de faire des bureaux et autres objets convenables aux travaux de l'administration.

Il fut donné des ordres dans chaque commune pour que les laboureurs fussent en état de se transporter avec leurs voitures à Vernon, pour prendre et apporter les meubles, papiers et magasins de toute espèce qui s'y trouvoient.

Ce fut le samedi 22 novembre, que les administrateurs arrivèrent à Evreux, précédés de la musique, et au son de la cloche. Le soir du même jour, arrivèrent trente-sept voitures chargées des meubles et effets du district.

Le lendemain, les membres de la municipalité, les commandants de la garde nationale et autres personnes publiques, donnèrent aux administrateurs du district et à la municipalité de Vernon, qui étoit venue les accompagner jusqu'à Evreux, un magnifique repas dans une des salles de la municipalité.

Le lendemain, la société populaire nomma des commissaires pour reconduire les membres de la municipalité de Vernon jusque dans leur commune, et le soir de ce jour il y eut bal, etc.

Le vendredi 28, il arriva encore de Vernon trente-sept voitures de toutes sortes d'effets du district que l'on déchargea en partie dans les Ursulines.

Le mercredi 17 décembre, on élargit plusieurs religieuses de dedans la prison du séminaire où elles avoient été transférées des Ursulines, à cause des magasins que l'on fit dans leur couvent. Elles furent élargies pour cause de maladie.

Le mardi 30, jour de la décade, on commença à ne plus sonner la cloche le matin pour avertir les citoyens, à cause que cela coûtoit trop, mais on la tinta, et il fut dit aussi que l'on ne danseroit plus le soir dans le temple de l'Eternel, aussi à cause de la cherté de la chandelle qui valoit 4 liv. la livre.

Le même jour, on supprima les billets de halle à cause de la nouvelle loi sur la liberté du commerce, mais on ne tarda pas à les remettre pour pouvoir maintenir la police de la halle.

1795.

Le vendredi 9 janvier, jour de la décade, on recommença à sonner la cloche, à cause que quelques sociétaires se plaignirent qu'il y avoit des personnes qui se moquoient de ce qu'on n'avoit pas le moyen de sonner.

Le mardi 20 janvier, on fit proclamer que le lendemain on célébreroit la mort du tyran Louis XVI. La fête fut annoncée le soir par le son des cloches et le lendemain matin aussi. Le maire prononça un discours dans le tribunal criminel, à cause du très-grand froid qui régnoit alors, et le soir il y eut des danses dans le temple de l'Être suprême.

Le même jour, on mit en liberté les prêtres non sermentaires qui étoient détenus dans la maison de réclusion. Ce fut le citoyen Vallée, député à la Convention, qui obtint leur élargissement; on ne mit en liberté que les sexagénaires et les infirmes, et il resta ceux qui étoient détenus dans la prison du séminaire, parce qu'ils étoient au-dessous de 60 ans.

La veille de leur sortie, le district fit encore un arrêté pour les réincarcérer comme auparavant, parce qu'il leur avoit été accordé qu'il en sortiroit un tous les jours et chacun à leur tour pour prendre l'air, à la charge qu'ils rentreroient le soir pour coucher, ce qu'ils firent jusqu'au moment où le district prit l'arrêté ci-dessus la veille de leur sortie. Et comme il y en avoit sept qui avoient fait le serment et qui n'avoient point voulu brûler leurs lettres de prêtrise et que l'on avoit fait incarcérer dans la même maison, le district les fit sortir quelques jours après.

Les religieuses qui étoient aussi renfermées furent élargies le même jour que les prêtres.

L'hiver fut un des plus rudes que l'on eût vus. Le froid commença vers le 21 décembre de l'année précédente. Le dégel ne vint que le 26 janvier, et il fut d'une très-grande force, puisque la terre fut dégelée dans l'espace de vingt-quatre heures. La gelée voulut reprendre le 28 au soir.

Le mercredi 28 janvier, on fit assembler tous les jeunes gens de quinze à dix-neuf ans, pour en prendre dix par district pour l'école de marine et, comme il en falloit deux pour Evreux et son canton, il s'en trouva de bonne volonté beaucoup plus que le nombre demandé (1).

(1) Les deux élèves de marine admis furent les jeunes Hébert et Leroi.

Le dimanche 8 février, jour de la décade, on mit aussi en liberté tous les prêtres insermentés qui étoient détenus dans la prison du Grand-Séminaire.

Le même jour, le matin, après la cérémonie de la décade, dans le temple de l'Etre-Suprême, on mit en pièces le buste de Marat, lequel avoit été encore, pendant toute la cérémonie, sur l'autel avec Brutus et Peltier, devant lesquels on brûloit de l'encens (1).

Quelques jours après on retira les deux autres, parce que la Convention nationale avoit fait de même dans le lieu de ses séances.

Le lundi 23, on commença à démolir la montagne élevée sur la place de la Révolution, en ce que la Convention ordonna que tous les signes de fédéralisme fussent effacés.

Le mardi 24, on proclama que la Vendée n'étoit plus, et que les généraux et chefs s'étoient rendus; la proclamation se fit avec la musique.

Ce jour là on fit abattre le poteau élevé à la place de la maison de Buzot, lequel portoit pour inscription : *Ici fut l'azile du scélérat Buzot qui, représentant du peuple, conspira contre l'unité et l'indivisibilité de la République, et mis hors la loi par décret de la Convention nationale du 16 juillet 1793, l'an 3e de la République française, une et indivisible.*

Le soir du même jour, la société populaire arrêta que toutes les inscriptions qui étoient aux portes des citoyens ne porteroient plus ces mots : *Fraternité ou la mort*, comme étant un signe de discorde. Elle députa aussi à la municipalité deux commissaires pour demander la prompte démolition de la montagne que la municipalité vouloit conserver pour en faire un autel à la patrie ; mais la société dit qu'elle ne vouloit pas qu'une montagne de sang servit d'autel à la

(1) Les bustes dont il s'agit avaient été transportés du bureau du président de la Société populaire sur le maître-autel. Aussitôt que l'on sut que le corps de Marat avait été extrait du Panthéon et jeté dans un égoût, une masse de jeunes gens se rendit à la Cathédrale, et n'ayant pas les clefs du chœur, escaladèrent les grilles et prirent les bustes qu'ils mirent en pièces.

patrie, et elle ordonna que les terres seroient portées sur le cimetière de St-Léger.

Le mercredi 25, on publia que toutes les barrières qui entouroient la montagne, seroient vendues au plus offrant et dernier enchérisseur. En même temps on publia d'ôter des inscriptions de la République les mots : *Fraternité ou la mort*, et il se présenta une foule de citoyens pour transporter la terre de la montagne sur le cimetière St-Léger, pour le mettre de niveau avec la place.

Ce fut aussi dans ces jours là que la société populaire arrêta que ses séances seroient permanentes ; elles furent la plus grande partie employées à lire les infamies et voleries du comité révolutionnaire (1).

(1) Les membres du comité révolutionnaire qui désignaient les suspects, allaient souvent eux-mêmes les arrêter. Ils faisaient perquisition et dressaient procès-verbal dans lequel ils omettaient de parler des bijoux et de l'or qu'ils avaient pu trouver.
On fit à cette époque, sur les membres de ce comité révolutionnaire, une chanson, qui, à défaut d'autres mérites, a du moins celui d'avoir transmis jusqu'à nous leurs noms et les épithètes dont le peuple les accompagnait. La voici :

LES RÉPUBLICAINS D'ÉVREUX,

Partisans de Robespiere.

Air *de la Carmagnole*.

Dans ma jeunesse l'on vantait
Celui qui de la queue était ;
Mais on ne veut plus aujourd'hui
De tout citoyen qui s'en dit.
    Plus de robespieristes.
    Tous ces messieurs
Sont des robespieristes,
    Tous ces messieurs
    De la queue.

Tous ces intrigans sont connus,
On les montre au doigt dans les rues ;
On les connaît, les Jeanrot (*a*),
Les Louvet (*b*), les Hullot (*c*),
    Sont des robespieristes, etc.

(*a*) Membre de l'administration, orateur des clubs.
(*b*) Matelassier.
(*c*) Homme de loi.

Le dimanche 1er de mars, la plus grande partie des citoyens d'Evreux commencèrent à ne plus travailler à cause du décret de la liberté des cultes.

Ce fut aussi dans ces jours-là de cette semaine que la société couronna J.-J. Rousseau.

Le dimanche 8 du même mois, toutes les boutiques furent en partie fermées à cause de la liberté des cultes, et même il y eut des prêtres qui dirent des messes chez eux, et même ceux qui avoient renié leur religion.

>   Lamarche (d), ce petit fripon,
>   Pelouse (e), son cher compagnon,
>   Guilbert (f), Henry (g), Samson (h),
>   Preu (i) Brunet (j) et Pellon (k),
>   Sont des robespieristes, etc.
>
>   Le ci-devant prêtre Ducamp (l),
>   Qui se disait un charlatan,
>   Brise-Orgueil (m), Bachelet (n),
>   Cricbeuf (o), Lange (p), Vochelet (q),
>   Sont des robespieristes, etc.
>
>   Maley (r), le brave commandant,
>   Vrai fléau des honnêtes gens;
>   Lebrun (s), ce grand braillard,
>   Gauquelin (t) et Caillard (u),
>   Sont des robespieristes, etc.
>
>   Hardy (v), Dubuc (x) et ses gardiens,
>   Sont tous connus pour des vauriens;
>   Mais enfin ils sont *a quia*.
>   Et nous chantons un *Libera*
>   Sur ces robespieristes.
>   Tous ces messieurs
>   Sont des robespieristes,
>   Tous ces messieurs
>   De la queue.

(d) Menuisier.
(e) Perruquier.
(f) Cafetier.
(g) Mégissier.
(h) Bourrelier.
(i) Tisserand.
(j) Charron.
(k) Perruquier.
(l) Vicaire de l'év. const.
(m) Médecin et maire.
(n) Cordonnier.
(o) Cultivateur.
(p) Maçon.
(q) Secrétaire de la mairie.
(r) Cabaretier.
(s) Corroyeur.
(t) Matelassier.
(u) Employé de l'administration centrale.
(v) Capitaine de gendarmerie.
(x) Tisserand.

Le mardi 10, jour de la décade, toutes les boutiques furent ouvertes.

Le mercredi 18 mars, la société populaire nomma des commissaires pour aller à Pont-Audemer trouver le représentant du peuple Bernier, qui y étoit allé de Chartres pour quelques affaires, parce que ce représentant étoit nommé pour se transporter dans les départements d'Eure-et-Loir et de l'Eure.

Les commissaires partirent le lendemain et arrivés qu'ils furent à Pont-Audemer, ils l'engagèrent à venir à Evreux, et il retint avec lui pour l'accompagner en route un desdits commissaires nommé Darius, commissaire national près du tribunal du district d'Evreux, et l'autre nommé Pain, chef de bureau à l'administration de district, revint seul à Evreux. Il arriva le vendredi vers le soir et annonça à la société qui étoit assemblée, que le représentant venoit avec Darius. En effet, il arriva la nuit du 20 au 21, et le même soir il fit sa proclamation à la société et le président y fit une réponse analogue.

Le dimanche 22, la société donna en sa présence lecture d'une partie du travail de la commission des sept sur les faits du comité révolutionnaire et de quelques membres des administrations, et il ordonna que le lendemain on fit, en assemblée générale du peuple, l'épuration de la moralité de tous les corps constitués.

Le lundi 23, le représentant se transporta à Conches.

Le soir du même jour, on commença l'épuration et chaque compagnie de la garde nationale la fit en particulier.

Le mardi 24, le représentant se transporta à Pacy. Pendant une partie de ce jour, on fit une proclamation des représentants aux côtes de Cherbourg, annonçant que tous les rebelles s'étoient rendus et qu'ils avoient remis les armes. Le soir de ce même jour on acheva l'épuration.

Le samedi 28 mars, on proclama les noms des administrateurs du département, du district et la municipalité, nommés par le représentant Bernier, qui ordonna d'avertir qu'il les installeroit dans le temple le lendemain ; il fit désarmer un des commandants en second.

Le lundi 30 de mars, jour de la décade, on installa les nouveaux membres à quatre heures après midi, dans la Cathédrale. Bernier s'occupa ensuite des subsistances qui étoient fort chères et rares, et alla lui-même dans les campagnes chez les laboureurs pour faire apporter des grains. Le pain se vendoit chez les boulangers cinq et six francs la livre, et encore ils en donnoient très-peu, ce qui força beaucoup de monde à aller dans les campagnes chez les laboureurs pour en acheter ; encore le vendoit-il très-cher et seulement pour de l'or ou de l'argent, ou effets, tels que montres, croix d'or ou *butin*, ne se souciant pas d'en vendre pour des assignats (1).

Le jeudi 2 avril, on commença à distribuer le peu de grains et de farine qui venoit à la halle, par sections. On fit dans la ville huit sections, telles qu'étoient les paroisses, à l'exception de Saint-Denis et Saint-Nicolas, qu'on mit ensemble pour éviter le tumulte de la halle.

Le lendemain matin, la municipalité fit défendre les bonnets rouges, en y substituant le bonnet tricolore.

Le 3 avril, jour du vendredi-saint, le représentant fit proclamer qu'il invitoit tous les citoyens à se réunir dans la Cathédrale, à quatre heures d'après midi, au son de la cloche, pour entendre l'état de Paris. Ce fut alors qu'il fit un détail des troubles de Paris par les malveillants, mais que la République étoit sauvée, et il dit : *N'y a-t-il pas encore parmi vous des hommes du 31 mai qui puissent se lever ?* Et aussitôt beaucoup de voix s'écrièrent : *Oui ! oui !* Et

(1) Le représentant Bernier rencontra dans sa tournée un petit paysan très-laid qui lui fut signalé comme ayant refusé des assignats et avait exigé la montre d'un pauvre diable en échange d'une petite quantité de blé. Le samedi suivant, le paysan était exposé sur la place du Marché avec la montre attachée à la boutonnière au bout d'un ruban rouge, comme on ferait aujourd'hui d'une décoration. Après avoir été pendant plusieurs heures la risée de tout le monde, le paysan fut emmené par les gendarmes qui l'avaient gardé pendant l'exposition, et qui, avec la pointe de leur sabre, lui faisaient relever la tête quand il voulait la baisser.

comme il présidoit l'assemblée, il donna lecture de plusieurs lettres de ses collègues qui lui annonçoient une paix prochaine avec les cours de Vienne et de Berlin, et ensuite il proposa une adresse à la Convention pour l'engager à rester à son poste, laquelle fut acceptée. Il dit dans cette adresse qu'en entrant dans le lieu des séances ordinaires des citoyens d'Evreux, à peine avoit-il commencé à parler des malheurs de Paris, qu'un bruit d'indignation se fit entendre et qu'aussitôt tous les citoyens vouloient se lever en masse pour secourir la Convention ; mais que lui, Bernier, il les arrêta, et ainsi du reste.

Le vendredi 10 avril, il y eut une émeute à Evreux pour le pain ; car il est très-rare, puisque l'on ne délivre que deux livres de farine par personne pour quelquefois huit jours et davantage ; et même, le mardi, 7 dudit mois, on délivra une livre et demie de farine, ce qui n'étoit pas trop. Les femmes s'assemblèrent et arrêtèrent un convoi de vingt-huit ou trente chariots chargés de bled et les gardèrent toute la nuit sans y toucher, quoique cependant il y en eut qui ôtèrent les esses et coupèrent les attelages des chevaux.

Ce fut pendant cette sédition que le représentant Bernier, arrivant des Andelys et s'y étant transporté, dit qu'il en donnoit deux voitures ; mais les femmes répondirent qu'elles en vouloient la moitié. La journée se passa comme cela, et la nuit elles les gardèrent sans y toucher.

Le lendemain samedi, le représentant se transporta seul, voulant faire partir les voitures ; mais les femmes l'empierrèrent, et il fut blessé à la tête de deux coups de cailloux, et se retira. Il fit battre la générale ; mais il ne se rassembla que peu de monde et sans armes.

Enfin il fut décidé qu'on en donneroit huit livres par personne, ce qui fut exécuté. (1)

Le soir, il y eut une assemblée de commune dans la Cathédrale, à laquelle se trouva le représentant, et où il dit qu'il

---

(1) Bernier habitait l'hôtel du Grand-Cerf et était à la fenêtre principale regardant le commencement de l'émeute. Les voitures arrêtées par les femmes s'étendaient depuis la rue de la Préfecture jusques assez loin au-delà du moulin de la Planche ; il y avait peu d'hommes du peuple parmi les femmes. Les personnes notables de la ville cherchaient inutilement à calmer les groupes.

— 98 —

avoit été imprudent d'aller sans escorte que de quelques gendarmes, qui avoient été empierrés la veille.

Le samedi 11 avril, le représentant fit proclamer les préliminaires de la paix avec le roi de Prusse.

Ce fut aussi vers ces temps-là que toutes les femmes de la Vendée retournèrent dans leur pays.

Le lendemain dimanche, il y eut encore une assemblée de commune, où il fut décidé que l'on retireroit le bled qu'on avoit délivré le samedi.

Le soir, il y eut encore une assemblée de commune, comme les autres jours au son de la cloche, et dans laquelle le représentant se trouva, et reçut encore quelques officiers municipaux à la place de ceux qui avoient refusé.

Le lundi, on fit proclamer de rapporter le bled ou farine (parce qu'il y en avoit qui avoient déjà fait moudre leur bled). On le portoit chez des commissaires nommés à cet effet

Le même jour on mit plusieurs femmes en prison.

Le mercredi suivant, on amena de Vernon la première déesse de la liberté d'Evreux qui s'étoit sauvée à Vernon, quand elle apprit l'arrivée du représentant, comme étant de complicité avec des membres du comité révolutionnaire et autres terroristes.

On la mena en charrette, sur de la paille, d'administration en administration, à la municipalité, et enfin en prison, aux huées de tout le monde (1).

Le jeudi au soir, il y eut encore une assemblée de com-

(1) C'était une femme Duvalet, dont la réputation était des plus mauvaises. Sa fille, laide et extrêmement louche, suivait à pied la voiture en tenant sa mère par le bas des jambes. Celle-ci, forcée de rester assise le dos tourné du côté du cheval, était dans une charrette de boucher sur une poignée de paille et retenue dans cette attitude par un homme qui, debout derrière, lui tenait la tête à la hauteur des genoux.
Après cette avanie qui dura longtemps, elle fut conduite au département et interrogée par l'administrateur Pain. La foule pénétra dans la salle, mais peu de personnes purent entendre ce qui se passa. Cette femme était redoutée à l'égal du plus hardi dénonciateur de l'époque.

— 99 —

mune, dans laquelle l'agent de la municipalité dit qu'il y avoit un décret qui le mandoit à la barre de la Convention. Il dit aussi que l'on avoit rapporté tout le grain délivré le samedi précédent, et qu'avec celui que la municipalité avoit fait venir de chez les laboureurs, il y en avoit un tiers de plus qu'il n'en falloit, mais que cela passeroit tout de même. On demanda des hommes de bonne volonté pour conduire ce convoi jusqu'à Paris, et il s'en trouva un assez bon nombre. Quelques hommes que l'on commanda, au nombre de cent environ, se réunirent aux canonniers qui s'étoient offerts pour le conduire.

Ils partirent le lendemain vendredi, à six heures du matin ; mais ils n'allèrent que jusqu'à Pacy, parce qu'ils trouvèrent là de la cavalerie qui venoit au-devant, et ces hommes revinrent à Evreux le même jour.

(Il paraît y avoir ici une lacune dans le manuscrit.)

Le dimanche 14 juin, on recommença à célébrer l'office catholique dans l'église Cathédrale. Il y avoit déjà quelques jours que plusieurs prêtres étoient allés à la municipalité faire, aux terme d'un décret de la Convention, qui permettoit le libre exercice des cultes dans l'intérieur des églises, une soumission volontaire à la loi, exprimant dans l'acte qu'ils écrivoient et signoient de leur main qu'ils vouloient exercer la religion catholique, apostolique et romaine. La municipalité fit alors défaire un amphithéâtre sur lequel montoient les musiciens le jour des fêtes décadaires (1).

(1) Le temple de la Raison était ainsi décoré :
La nef était séparée des bas-côtés par des draperies bleues avec franges et glands en or, peintes sur des châssis convenablement découpés dans toutes les arcades. En avant de la grille du chœur s'élevait une estrade de cinq mètres environ de hauteur, séparée du chœur par une draperie semblable à celles de la nef. Cette estrade occupait toute la largeur de la nef, de sorte que les bas-côtés, les branches de la croix qui conduisent aux portes latérales et le chœur étaient isolés du temple de la Raison.
Au pied de l'estrade et tournant le dos au chœur, étaient le maire et les adjoints, ayant devant eux leur bureau. En avant de ce bureau étaient des sièges pour ceux qui venaient se marier ou divorcer, car on pratiquait alors l'un et l'autre. A chaque mariage la musique, qui était composée de malins, jouait : *On va lui percer le flanc, plan, plan, ran tan plan, tire lire en plan*, ce qui était très-édifiant, dit un contemporain.

— 100 —

Ces différents prêtres convinrent ensemble de commencer l'office le dimanche suivant, qui étoit le 14 juin, troisième dimanche après la Pentecôte. Ce fut l'abbé Freney qui rebénit l'église et les fonts baptismaux, à six heures du matin, et dit la messe ensuite, et ce fut l'abbé Bourlet qui dit la grande messe à dix heures, et l'abbé Buhot, qu'il fit diacre ; tous trois étoient anciens chanoines. Il y eut aussi une messe à onze heures, par le père Loiseleur, ancien dominicain d'Evreux. Tous avoient déjà fait le serment de liberté et d'égalité, et avoient remis leurs lettres de prêtrise, car pour les autres qui n'avoient fait aucun serment, ils n'y allèrent point, préférant dire leurs messes chez différentes personnes, comme ils la disoient depuis leur sortie de la maison d'arrêt.

Le dimanche 21, il y eut difficulté dans l'église Cathédrale entre ces nouveaux célébrants et deux des anciens soi-disant vicaires épiscopaux constitutionnels qui avoient abjuré leur religion et leur prêtrise. La difficulté commença à la grande messe. Ils allèrent en procession avec les autres, et malgré eux, mais, voyant qu'on les méprisoit en quelque sorte, ils se placèrent aux vêpres des premiers et dans les premières stalles, comptant que les chapiers leur annonceroient les antiennes ; mais ils furent trompés dans leur attente, parce que les chapiers passèrent à ceux au-dessus d'eux, ce qui fit un peu de bruit, auquel quelques femmes prirent part, voulant frapper ces deux autres nouveaux venus. Ce bruit fut cause que la municipalité envoya le maire avec le secrétaire pour dresser procès-verbal du différend, qui étoit que ceux qui avoient fait le serment de liberté et d'égalité, et qui avoient remis purement et simplement leurs lettres de prêtrise, ne vouloient point souffrir avec eux des hommes qui avoient renié leur religion en donnant volontairement leurs lettres à de leurs confrères, avec un écrit de leur main et signé d'eux, comme ils renonçoient leur religion ; car celui qu'ils avoient chargé de remettre leurs lettres à la municipalité, dit en pleine société publique mille imprécations contre la religion. Alors la municipalité se transporta avec eux tous au district pour lever le différend, et il fut accordé à ceux qui vouloient persister à dire leurs messes, et qui avoient abjuré leur religion, de la dire depuis sept heures du matin jusqu'à huit, et on leur défendit d'entrer dans le chœur en habit d'église. Ces

— 101 —

deux prêtres étoient Thibault, curé de Saint-Pierre d'Evreux et Moyaux, curé de Créton, qui avoit abandonné sa cure pour être vicaire épiscopal.

Le mardi 30, il commença à passer par Evreux les premiers bataillons d'une colonne de cinq mille hommes, qui venoient de la Hollande et alloient contre les chouans.

Le mercredi 1er juillet, on annonça, au son du tambour, une assemblée de commune pour le soir du même jour, au son de la cloche, pour faire une adresse à la Convention, pour attester que Robert Lindet, député à la Convention nationale, n'étoit pas un terroriste, et même que sa conduite, dans le département de l'Eure, à l'époque de l'affaire de Brécourt, lors des affaires du Calvados, n'étoit pas une conduite de terroriste, et même que, suivant plusieurs personnes, que sans lui Duroy, qui étoit avec lui, vouloit que les troupes qu'ils avoient amenées avec eux, eussent le pillage à Evreux, et que lui Lindet y étoit opposé, et que c'étoit lui qui avoit sauvé les détenus d'Evreux et de Conches, qui avoient été conduits à Paris, etc.

La rédaction de l'adresse n'étant pas approuvée par plusieurs, l'assemblée fut renvoyée au lendemain, et annoncée au son de la cloche. Ayant encore trouvé quelques empêchements, elle fut de nouveau renvoyée au lendemain et terminée le samedi matin par l'achèvement des signatures.

Le dimanche 5, il parut plusieurs écrits des prêtres qui avoient remis leurs lettres de prêtrise, comme pour faire une espèce de developpement du motif qui les avoit portés à faire une pareille remise, et que tous attestoient que c'étoit la peur de la déportation qui leur avoit fait faire cela.

Il en parut un portant pour titre : *Fournier et Greuillet à leurs concitoyens*, et signé des deux personnes ci-dessus nommées, Fournier et Greuillet.

Un autre portait pour titre : *Aux Fidèles*, dans lequel ils exprimoient que les vrais fidèles connoissoient les vrais motifs qui les avoient déterminés à cette abjuration; il étoit signé : Moyaux, Deschamps, Jourdain et Thibault.

Il y avoit déjà quelque temps qu'il en avoit paru un de

différents prêtres, portant pour titre : *Protestation contre la remise forcée des lettres de prêtrise*, et signée d'un assez bon nombre de prêtres.

Le mercredi 8, on commença encore une nouvelle organisation de la garde nationale d'Evreux ; mais comme il ne s'y trouva pas grand monde, cela fut remis au dimanche suivant.

Le 14, il n'y eut point de fédération. La municipalité fit annoncer le matin du même jour, par le son du tambour, que c'étoit le jour de la prise de la Bastille; mais toutes les boutiques furent ouvertes et les ouvriers vaquèrent à leurs travaux.

Le jeudi 16, on proclama que l'on invitoit les bons citoyens à se faire inscrire pour faire un garde champêtre pour garder les grains, parce qu'il y avoit des gens qui en avoient volé ; cela étant occasionné par la rareté et la cherté des grains, puisqu'il y en a qui mangent du pain de son pur et d'autres qui mangent des herbages.

Le samedi 18, au matin, on trouva un placard séditieux, affiché à la halle, portant ces mots: *Peuple François, reprends ta religion et un roy, tu auras du pain et de bonnes lois*. Il y avoit déjà quelques jours que dans les campagnes la même chose étoit affichée.

Le samedi 25, il commença encore à passer de nouvelles troupes par Evreux, pour aller contre les chouans et les Anglois débarqués à Quiberon, en Bretagne, et le mardi suivant on lut dans les carrefours et places publiques, une lettre de Vallée, député d'Evreux à la Convention, qui annonçoit une très-grande victoire remportée à Quiberon sur les Anglois.

Comme le lundi 27, jour du 9 thermidor, il avoit été décrété que l'on feroit une fête, en mémoire de la mort du tyran Robespierre, cette fête fut annoncée la veille au soir par la musique de la garde nationale, nouvellement réorganisée. Cette fête n'eut rien de particulier ; on sonna la poche le matin, comme aux jours de décade, pour assembler les citoyens dans la Cathédrale; mais cela n'empêcha pas que tous les ouvriers travaillèrent, et que les boutiques fussent ouvertes.

Le mercredi 29, il arriva une compagnie d'artillerie légère, qui repartit le lendemain par Conches pour se rendre à Alençon, lieu de sa destination. C'est la pemière artillerie à cheval qui ait passé par Evreux.

On proclama aussi ce jour-là un arrêté du comité de Salut public, pour faire rejoindre les volontaires qui étoient venus Evreux, à cause que leurs bataillons passoient sur trois colonnes, Rouen, Dreux et Evreux. Cet arrêté fait défense même aux pères et mères de recevoir à l'avenir leurs enfants chez eux et de les renvoyer à leurs armées.

Le vendredi 31, on proclama de nouveau pour un garde champêtre, afin de garder les grains dans les champs.

Le dimanche 9 août, on annonça la fête du lendemain, connue sous le nom de fête du 10 août. Elle fut annoncée le soir par le son d'une cloche de la Cathédrale, et le lendemain matin par deux coups de canon. Ensuite la garde nationale sous les armes se rendit sur la place dite de la Révolution. Pendant la cérémonie on tira quelques coups de canon, et le soir il y eut des danses dans la cour du château.

Le vendredi 14, on publia au coin des rues un arrêté du comité de législation de la Convention et un arrêté du département pour empêcher que les prêtres ne disent à l'avenir la messe dans des maisons bourgeoises sans avoir fait soumission à la loi; de façon que le lendemain, une grande multitude de monde, qui préféroit aller à la messe de ces prêtres plutôt qu'à celle de ceux qui avoient brûlé leurs lettres de prêtrise, ne purent plus assister à la messe.

Le lundi 31, on proclama que l'on ouvriroit des assemblées primaires le 20 fructidor, jour de la décade, ou le dimanche 6 septembre, pour l'acceptation de la nouvelle constitution.

Le dimanche 6 septembre, on annonça le matin, à hui-

— 104 —

heures, au son de la cloche, l'ouverture des assemblées primaires, pour l'acceptation de la constitution.

On forma trois sections, qui furent celles du nord, composée des anciennes paroisses de Saint-Pierre, Saint-Thomas et Saint-Léger, tenant leur assemblée dans le tribunal du district, séant à la maison des Ursulines; la section du midi, composée des anciennes paroisses de Saint-Nicolas, Saint-Denis, Notre-Dame de la Ronde, Saint-Aquilin, Saint-Gilles et Saint-Germain-de-Navarre, dans l'église Cathédrale, et les paroisses de campagne, dans la grande salle du conseil de la commune d'Evreux, séant à la maison épiscopale. La constitution a été acceptée à une très-petite quantité de citoyens, car dans la section du nord, il ne se trouva que cent cinquante votants tout au plus, tandis qu'il se devoit trouver, d'après l'estimation, douze à quinze cents votants; l'acceptation fut achevée le lendemain.

Le mardi 8 septembre, on commença à tenir dans les mêmes sections les assemblées pour le renouvellement d'une partie de la Convention; mais les sections de la ville, avant de nommer les électeurs, annulèrent le décret qui leur enjoignoit de nommer un électeur pour deux cents votants, et résolurent que l'on renouvelleroit toute la Convention en entier, et après avoir pris cet arrêté, ils nommèrent huit électeurs pour la ville; la nomination ne fut achevée que le vendredi suivant, 11 du mois.

Dans la nuit du 12 au 13, le département tint un directoire extraordinaire pour quelques troubles survenus à Verneuil, et Lecerf, président du département, partit aussitôt à Paris (1).

Ce même jour, 13, la municipalité vendit la couleuvrine donnée par M. de Bouillon, et qui avoit été crevée à la fête du 14 juillet 1791, pour faire raccommoder l'horloge de la ville qui est dérangée.

Le lundi 12 octobre, jour de décade, les électeurs se sont

(1) Lecerf était professeur de rhétorique au collège d'Evreux. Après avoir été brûlé en effigie avec Puisaye, pour cause de fédéralisme, il devint représentant du peuple et posséda l'abbaye de Lire.

assemblés pour élire les deux tiers de la Convention, et pour nommer les autorités constituées.

Le lundi 19, les électeurs ont fini les nominations, suivant le décret de la Convention, pour le renouvellement d'un tiers de la Convention, et ont nommé trois autres membres pour remplacer le tiers sortant, et se sont séparés après la nomination des juges et des administrateurs.

Le vendredi 18, Lecerf arriva de Paris et avec lui un représentant nommé Duval, du département de Rouen ; il repartit le 21 pour Verneuil.

Le dimanche 1er novembre, jour de la décade, les sections de la ville d'Evreux s'assemblèrent dans les endroits qui leur avoient été indiqués, savoir : la section du midi dans la Cathédrale. Les prêtres qui avoient fait des soumissions pour faire l'office, ne furent pas dérangés dans leurs fonctions, car ils cessèrent leur office le dimanche 11 octobre, veille du jour où les électeurs se sont assemblés pour faire leurs élections. Ces prêtres ont cessé à cause qu'on leur demandoit un nouveau serment.

La section du nord avoit été indiquée dans l'église de l'Hôtel-Dieu ; ce lieu tout délabré ne plut pas à ceux qui alloient voter pour la nomination de la municipalité centrale de la commune d'Evreux, et ils allèrent tenir leur séance dans une salle du district, dans la maison des sœurs de Caër. Les paroisses de campagne s'assemblèrent dans le tribunal criminel, pour leur nomination.

Ce fut aussi vers les premiers jours de novembre que la grosse horloge commença à remarcher. Ce fut le nommé Mérimée, curé constitutionnel de Saint-Germain-des-Angles, qui entreprit cet ouvrage pour la somme de 750 livres pour la main-d'œuvre, parce que la municipalité lui fournit le fer et autres matériaux nécessaires à ce travail, pour lui faire un grand balancier ; car avant cela, il n'y en avoit point, et il lui fit sonner les quarts, parce qu'elle ne les sonnoit pas avant qu'elle fut *hagée*. Ce prêtre entreprit ce travail après qu'il fut sorti de prison, car il avoit été mis en arrestation pour n'avoir pas voulu brûler sa lettre de prêtrise, et il fut élargi avec les non-sermentaires et avec cinq ou six de ses confrères qui avoient aussi refusé la remise de leurs lettres de prêtrise.

Le mardi 10 novembre, les assemblées des sections d'Evreux achevèrent leurs nominations du juge de paix et de ses assesseurs, et de cinq officiers municipaux. La nomination fut très-longue, car il y eut beaucoup de refusants.

Le dimanche 6 décembre, la municipalité fit proclamer au son du tambour qu'elle invitoit tous les bons citoyens à faire une souscription libre pour la réparation des pompes et la réfection des *siaux* pour le feu, car il n'y en avoit pas un, tous ces objets étant négligés depuis la révolution. Ce qui détermina la nouvelle municipalité, fut un incendie arrivé chez le nommé Lainé, épicier dans la Grande-Rue, près de la boucherie, à un bâtiment sur la rivière et à un autre de côté dans sa cour. Cet accident arriva dans la nuit du 2 au 3 décembre.

Le samedi 19, on proclama une loi pour remettre tous les prêtres qui n'avoient pas prêté le serment, en arrestation. Cette loi s'étendoit aussi à ceux qui avoient prêté le serment et qui, pour faire l'office, ne voulurent pas reconnoître le peuple souverain, comme avoient fait les chanoines qui renoncèrent, comme on l'a dit, à faire l'office.

1796.

Le vendredi 1er janvier, un prêtre, curé constitutionnel de la Sôgne, recommença à faire l'office à la Cathédrale.

Le jeudi 21 janvier, on fit l'anniversaire de la mort de Louis XVI. Le département avoit donné ses ordres à l'administration municipale pour l'arrangement de cette fête ; on l'annonça la veille par le son des cloches et par plusieurs décharges de canon. Le matin du jour de la fête, on l'annonça encore par le son des cloches et par des décharges de canon. Sur les dix heures, la garde nationale s'assembla et s'étant rendue au département, tout le cortége partit pour aller à la

Cathédrale, afin d'y prêter le serment que l'Assemblée avoit décrété et que le ministre avoit envoyé au département avec l'ordre de faire célébrer cette fête. La loi comprenoit pour la prestation du serment de haine à la royauté, tous les salariés de la nation, depuis les administrateurs du département, les juges des tribunaux, jusqu'aux portiers desdites administrations et simples écrivains salariés.

Le samedi 30 janvier, il arriva dans la journée au département de l'Eure une dépêche venant de la ville de Lyre, pour l'instruire que ledit jour, vers dix heures du matin, il étoit entré dans la ville de Lyre 40 hommes inconnus, qui se transportèrent chez l'agent de la commune, et le forcèrent à aller avec eux abattre l'arbre de la liberté, et ensuite allèrent chez divers citoyens et les désarmèrent, disant qu'ils étoient 800. Sur cette parole, la plus grande partie des habitants de cette ville s'enfuit dans les bois voisins et ces hommes inconnus se retirèrent dans un château des environs.

Le même jour et à la même heure, il s'en trouva autant à la Barre et à la Ferrière et même à Sainte-Marguerite où ils tuèrent un garde et son fils (1).

Sur cette nouvelle, le commissaire du Directoire exécutif, avec les administrateurs du département, firent partir le même jour quelques compagnies de cavalerie qui étoient en garnison à Evreux et quelques compagnies d'infanterie arrivées depuis quelques temps et qui avoient été envoyées pour courir les campagnes et mettre en prison tous les jeunes gens de la première réquisition et autres soldats qui étoient revenus chez eux et ne vouloient pas rejoindre, et dont le nombre étoit très-grand.

Le même jour, le commissaire du Directoire exécutif du département et un adjudant-général partirent aussi pour se rendre à Conches.

Le lundi 1er février, il arriva de Rouen un bataillon avec des officiers généraux.

(1) C'étaient des chouans qui parurent inopinément à la Barre, ainsi qu'il arriva quelque temps après à Paci, sous les ordres de Jugaut de Saint-Mauri.

Le mercredi 3, on fit partir le bataillon qui étoit arrivé la surveille pour aller du côté de Breteuil.

Le mardi 9 février, on apporta encore une dénonciation du commissaire près l'administration municipale du canton de Fontaine-sous-Jouy, contre des hommes inconnus qui s'étant portés dans la nuit du 8 au 9 de ce mois chez l'agent de la commune de Fontaine, lui avoient volé une grande somme d'argent et des assignats, avec deux chevaux, tandis que lui, commissaire, logeant chez l'agent, avoit été mis par eux tout nud au pied de l'arbre de la liberté; ils lui dirent qu'ils alloient le faire mourir; mais ces hommes ayant mis aux voix s'il serait fusillé, deux voix l'emportèrent pour qu'il ne le fût pas; enfin que pareillement ils lui avoient volé tout ce qu'ils avoient pu trouver dans sa chambre.

Le jeudi 11, on reçut une lettre du général Huet, qui, étant à Breteuil, avoit envoyé ordre de choisir dans la garde nationale 75 hommes des meilleurs patriotes qui seroient soldés et prêts à marcher contre les rebelles à la première réquisition. Alors il fut fait une liste et ceux qui s'y trouvèrent inscrits furent avertis de se trouver à la municipalité pour accepter ou non leur nomination. Ceux-ci s'étant présentés le soir, la plus grande majorité refusa.

Le lundi 15 février, on recommença à monter la garde aux barrières avec ordre d'arrêter tous les voyageurs pour visiter leurs papiers.

Dans la nuit du 15 au 16 mars, on afficha au coin des rues un placard calomnieux contre tous les prêtres; mais cet écrit aussi mauvais que bêtement fait fut méprisé de tous les honnêtes gens.

C'est vers ces jours là que l'on recommença à renfermer tous les prêtres non sermentés et ceux qui s'étoient relevés de leurs serments et cela sur une lettre du commissaire de police générale aux commissaires du directoire exécutif près les tribunaux civils et criminels.

Le lundi 21 mars, on proclama un arrêté du département

sur une lettre du ministre, pour la liberté du commerce des grains dans les marchés. On proclama de suite l'abolition des sections pour la distribution des grains, parce que pour qu'il y eut moins de bruit dans la halle, on avoit nommé des commissaires qui achetoient les grains et d'autres qui les distribuoient.

Le samedi 26, le marché de la halle étant libre, le blé fut vendu depuis 10 fr. jusqu'à 30 fr. la livre en papier, ou 1 sous 6 deniers en argent, tandis que dans la dernière distribution des sections tous frais comptés on ne le payoit que... ...... la livre en assignats.

Le lundi 28, lundi de Pâques, on proclama que l'on feroit le mercredi suivant, qui étoit le jour de la décade, la fête de l'adolescence.

Le mardi soir on annonça cette fête par le son des cloches, et le mercredi matin de même; cependant toutes les boutiques étoient ouvertes. La cérémonie étoit composée de huit hommes par compagnie de la garde nationale, et de la compagnie entière des chasseurs. La fête fut faite sur les promenades de l'Evêché. Ce fut là que Jeanrot, commissaire du directoire exécutif, monté sur une chaise, prêcha aux jeunes citoyens de s'enrôler pour défendre la patrie; mais ses discours n'eurent pas tout l'effet qu'il en attendoit, il remonta encore deux fois sur sa chaise, plein de colère, disant qu'il n'y avoit que la malveillance qui les empêchoit d'aller cueillir des lauriers. Cependant, par ses discours, il y eut quatre commis du département qui s'enrôlèrent.

Le dimanche 10 avril, il se présenta à la municipalité un certain nombre de citoyens d'Evreux, pour former une société pour inhumer les morts, fondée sur l'indécence avec laquelle ceux qui avoient cette mission s'en acquittoient; ces citoyens furent agréés et enregistrés sur-le-champ.

Le vendredi 29 avril, jour de la décade, on fit la fête des époux. A cet effet la municipalité avoit fait porter des billets d'invitation la veille à des anciens mariés et à des jeunes époux pour assister à cette fête qui se fit dans la cour du château, dans laquelle on avoit dressé une espèce d'autel, sur lequel on avoit placé un tonneau défoncé et garni de linge

— 110 —

blanc tout autour avec des guirlandes de feuillage, et dans le tonneau il y avoit un faisceau de branches de verdure, du milieu duquel s'élevoit un drapeau.

Cette fête fut annoncée le matin par le son des cloches. Il y eut un discours prononcé par un nommé Chaumont, imprimeur, que la municipalité en avoit chargé. Il se permit des indécences et des impertinences sans nombre contre le célibat, ce qui ne fit que murmurer les uns, tandis que les autres se moquoient de lui ; mais tout cela lui a valu trois coups d'épée qu'il reçut le soir ou le lendemain matin d'un jeune homme qui avoit dit des invectives de son discours et que lui Chaumont avoit été trouver pour lui proposer l'épée, ce dont il fut si bien payé (1).

Le dimanche 29 mai, jour de la décade, la municipalité fit faire la fête des victoires. Cette fête fut annoncée la veille et le matin du jour par le son des cloches et celui du canon ; on dressa à cet effet, dans la cour du château, un colonne surmontée d'une déesse de la Liberté, et on y planta des arbres sur lesquels on avoit écrit le nom des différentes victoires remportées par les armées françoises et il y eut des discours analogues à la fête prononcés, et le soir on dansa.

Ceux des citoyens qui avoient manqué à cette cérémonie en armes furent appointés de plusieurs gardes. C'est ainsi qu'est la liberté et que sont les hommes libres.

Le samedi 25 juin, les citoyens qui s'étoient fait enregistrer à la municipalité pour inhumer les morts commencèrent à exercer.

Le même jour on publia un arrêté du département portant défense d'avoir dans la ville aucuns lapins, cochons, poules et généralement tous animaux domestiques ; car depuis la disette des denrées, beaucoup de personnes aisées avoient eu des vaches, des porcs et d'autres animaux, tels que chèvres, lapins, etc.

Le mardi 28 juin, jour de la décade, on fit la fête de l'a-

---

(1) Chaumont de Quitry, ancien officier de marine, et son frère, étaient venus établir une imprimerie à Évreux, pour échapper au régime de la terreur. Celui qui lui donna un coup d'épée était M. Houssaye fils.

griculture. Elle ne fut annoncée le matin par le son des cloches, et, sur les neuf heures, la garde nationale s'assembla à l'Evêché, où tous les corps constitués s'étoient rassemblés avec un bon nombre de cultivateurs du canton d'Evreux, que l'administration municipale avoit invités de se rendre à cette fête. Quand tout le cortége fut assemblé, on prononça un discours, lequel étant fini, tout le cortége se transporta en ordre dans la plaine de Saint-Germain, dans un champ où, avec une charrue, le président de l'administration municipale laboura une raye de terre, les cultivateurs qui l'accompagnoient ayant chacun à la main un bouquet d'épis de bled. Quand cela fut fini, toute la troupe revint d'où elle étoit partie, et, le soir, il y eut danse dans la cour du château.

Le lundi 25 juillet, on proclama que l'on feroit le mercredi suivant et le lendemain jeudi, jour de décade, la fête du renversement du trône et la chûte du tyran Robespierre.

Le mardi 26, on annonça, le soir, par plusieurs coups de canon de la tour de la Grosse-Horloge, la fête du lendemain.

Le mercredi 27, on annonça encore la fête dès le grand matin par plusieurs coups de canon de la tour de la Grosse-Horloge. Sur les neuf heures, la garde nationale, en assez petit nombre, se réunit dans la cour de l'Evêché pour y prendre les corps constitués qui y étoient rassemblés, et de là, se rendit, au son des cloches, dans la cour du château où l'on avoit dressé une espèce d'autel de la patrie, et une table couverte et tendue tout autour de rideaux de drap vert, pour former un trône. Après plusieurs discours, on mit en pièces la table et les rideaux que l'on brûla ensuite, et tout le cortége se retira à l'Evêché. Le reste de la journée se termina par des danses.

Le jeudi 28, jour de la décade, on annonça de grand matin la fête comme le jour d'avant, et la garde nationale s'y rendit dans le même ordre. On avoit allumé sur l'autel un flambeau, et, après plusieurs discours, on mit le feu à un dais sous lequel il y avoit un masque, et la journée se termina par des danses.

Le dimanche 7 août, il y eut un grand différend dans l'église Cathédrale d'Evreux, entre le nommé Foudrac, prêtre intrus de la Sògne, et le peuple assemblé dans l'église pour entendre la messe. Ce prêtre s'étoit retiré à Evreux lors de la fermeture des églises, après avoir fait sa soumission aux lois. Comme les chanoines, qui avoient fait la première soumission et béni l'église quand on permit la liberté des cultes d'après un décret de l'Assemblée nationale, s'étoient retirés quand on demanda une nouvelle soumission, Foudrac, qui avoit fait une nouvelle soumission, recommença à faire l'office à la Cathédrale.

On faisoit ce jour-là, par anticipation, la fête de St-Taurin, qui tombait au jeudi suivant, mais qui, ayant été abolie par M. de Narbonne, n'auroit dû être célébrée que le dimanche suivant, qui étoit la veille de l'Assomption, parce qu'on ne pouvoit pas faire deux fêtes ensemble ; elle avoit été annoncée pour le dimanche 7 août.

Le grand différend commença à la messe, à l'occasion de l'exposition de la châsse de saint Taurin, que le peuple demandoit, et que le nommé Foudrac refusoit ; cela fit beaucoup de bruit. Il prit le calice dans la sacristie et l'emporta de colère et alla dire la messe et s'en retourna tout en colère, disant que c'étoit des bêtises que de vouloir exposer cette châsse et mille autres mauvaises raisons. On fit venir un officier municipal pour rétablir l'ordre, car c'étoit dans l'église comme dans une halle, et qu'on étoit prêt à se battre ; cela étoit beau et bien édifiant ! Enfin la châsse de saint Taurin (celle qui étoit dans l'église de l'abbaye et que l'on avoit retirée quand on y fit du salpêtre et qui avoit été portée à la municipalité) fut exposée aux vêpres dans le chœur de la Cathédrale. On y avoit renfermé des reliques de saint Taurin, qui étoient dans d'autres reliquaires, tant à la Cathédrale qu'à Saint-Taurin. Alors toute la dispute fut apaisée ; mais cependant le prêtre ne voulut pas faire, à *Magnificat*, les encensements qu'on a coutume de faire aux reliques exposées dans les églises.

Le mercredi 10 août, on fit la fête dite du 10 août. Elle fut annoncée la veille par le son des cloches et par le bruit du canon de la tour de l'Horloge.

Le lendemain matin, sur les dix heures, la garde nationale,

en petit nombre, se rassembla dans la cour de la municipalité, et de là, avec les autorités constituées, se transporta dans le pré dit du Bel-Ebat, proche le pont du Bois-Jollet, d'où, après quelques cérémonies, ils revinrent dans le même ordre à l'endroit d'où ils étoient partis.

Le même jour, sur les six heures après midi, il y eut des courses à pied et à cheval ; celles à pied se firent dans le pré, et celles à cheval auprès du pré sur le grand chemin jusqu'à Cambolle et revenir. Les prix étoient deux carabines pour les deux courses à cheval, et deux sabres pour les deux à pied. Il y arriva un malheur, car un des cavaliers renversa par terre un homme que son imprudence avoit fait approcher de trop près ; il en fut quitte pour avoir les jambes écorchées et le cavalier pour être renversé (1). Il y eut danses le restant du jour et les trois jours suivants.

Le lundi 15 août, jour de l'Assomption, le citoyen Buhot, ancien chanoine, un de ceux qui avoient rebéni l'église Cathédrale et qui s'étoient retirés quand on leur demanda une nouvelle soumission aux lois, recommença à faire l'office à la place de Foudrac, dont on étoit très-mécontent, à cause de son procédé à l'occasion de l'exposition des reliques de saint Taurin.

Le mardi 16 août, on commença à découvrir l'église de Saint-Pierre pour la démolir. Elle fut vendue dans les dernières soumissions faites en promesses de mandats, et achetée par Menier, boulanger et meunier. On sait que cette église est bâtie le long de la rue de Saint-Pierre, aujourd'hui rue de la Loi, le chœur bornant la rue des Lombards, et le restant renfermé dans le cimetière qui aboutit d'un bout à la rue des Lombards, et de l'autre à la rue dite rue du Sel, qui passe sous le rempart et aboutit sur les fossés.

Ce fut quelque temps auparavant, dans le temps des mêmes soumissions, que le nommé Rique, de la Croix-Saint-Leufroy, acheta l'église de Saint-Nicolas qui est, comme on le sait, bâtie le long de la rue de Saint-Nicolas, aujourd'hui rue de la Conciliation, et dans le cimetière situé derrière le

---

(1) Le cavalier qui tomba se nommait Freslon. Son père tenait alors l'hôtel du Dauphin.

chœur, aboutit à la rue le Comte, aujourd'hui rue de la République. Ce Rique la fit abattre promptement et revendit la place à d'autres. Il avoit déjà acheté celle de Saint-Denis, qui fut vendue vers 1794, et qu'il avoit rachetée des premiers acquéreurs, et qu'il fit aussitôt démolir, vendant les matériaux à ceux qui en vouloient acheter. Cette église étoit située dans le cimetière de Saint-Denis, qui étoit le long de la rue des Cordeliers, aujourd'hui rue du Département, ayant d'un bout l'hôpital, et de l'autre bout la ruelle dite du Grand-Pré, qui passe dans ce cimetière, et dont on lui coupa une assez grande partie du chœur de l'église, pour dresser et élargir cette ruelle.

Celle de Notre-Dame-de-la-Ronde fut vendue en 1793 au nommé Robichon, aubergiste, qui la fit aussi démolir. Cette église étoit bâtie dans le cimetière de cette paroisse, ayant une rue de chaque côté, parce que la rue se séparoit en deux autour de cette église, et l'autre bout du cimetière aboutissoit sur la grande route de Paris, et même quand on fit cette route, on en retrancha une grande partie pour aligner la route.

Le jeudi 18 août, on proclama un arrêté du Directoire exécutif qui fixoit le prix des promesses de mandats, à 1 franc 17 sous 10 deniers le cent, c'est-à-dire que si quelqu'un devoit une certaine somme, il ne pouvoit forcer à recevoir ses promesses, que pour le prix de 1 franc 17 sous 10 deniers par promesse de 100 francs, excepté que pour les impositions elles conservoient leur valeur nominale de 25 francs, 100 francs, 250 francs, etc.; ce qui faisoit que dans les jours d'avant, on ne voyoit que marchands de promesses de mandats, qui en vendoient à 3 francs 10 sous 4 deniers et plus le cent, et qu'un chacun s'empressoit d'acheter pour payer ses impositions; car on avoit proclamé, au son de la caisse, que l'on n'avoit que quatre jours pour payer l'an 4 de la République, et que passé ce temps, on payeroit davantage.

Ce même jour, on porta des billets pour un emprunt forcé en numéraire. On donna en partie dans la ville, cela à porter à des avocats et à des citoyens qui avoient des terres, et il n'y avoit que trois jours pour payer cette somme là, parce que le second jour, il y avoit décret par corps, et le troisième jour, vente des meubles des citoyens compris dans cette imposition, qui n'auroient pas payé la somme à laquelle ils étoient imposés, et cela par ordre du ministre. Cet impôt se montoit, pour le département, à 100,000 francs.

Le vendredi 26, on proclama un arrêté du Directoire exécutif, pour faire le lendemain, jour de la décade, la fête de la vieillesse, suivant les dispositions de l'arrêté du Directoire.

Le samedi 27, sur les dix heures du matin, les administrateurs municipaux portèrent aux vieillards, au son de la musique, des couronnes de feuillage et attachèrent sur leurs portes des guirlandes de verdure.

Sur les trois heures de relevée, la fête commença. La garde nationale, en très-petit nombre, s'étant rassemblée dans la cour de la municipalité, on alla chercher les vieillards chez eux pour les mener à la fête. Lorsque tout le cortége fut rassemblé dans la cour du château, on fit monter quelques vieillards, hommes et femmes, et après quelques discours prononcés, on les reconduisit chez eux, la couronne civique sur la tête, et il y eut des danses le reste de la journée et toute la soirée.

Le samedi 17 septembre, on guillotina, sur la place du Carrefour, un grenadier de volontaires, pour avoir assassiné un jeune homme proche de Brionne. C'est le premier malfaiteur que l'on ait fait mourir de cette sorte sur cette place. Après sa mort son corps fut mis dans un cercueil et exposé quelques heures au pied de l'échafaud, et ensuite porté en terre par les citoyens chargés de l'inhumation des morts dans le grand cimetière.

Le mercredi 21, on proclama que le lendemain on feroit la fête du dernier jour de l'an 4e de la République. Le soir on annonça cette fête par le son des cloches et par quelques coups de canon de la tour de l'Horloge.

Le jeudi 22, dernier jour de l'an 4e de la République, le matin, on annonça la fête par plusieurs coups de canon, et sur les dix heures la garde nationale, en très-petit nombre, se rassembla dans la cour de la municipalité, et de là, se rendit dans la Cathédrale, où on prononça des discours et chanta des chansons. L'après-midi il y eut des courses à pied, et le soir grand feu d'artifice sur la place du Château, malgré le mauvais temps qu'il faisoit.

Le mardi premier novembre, jour de la Toussaint, les mêmes prêtres qui avoient déjà fait l'office dans la Cathédrale, et qui avoient cessé pendant quelque temps, ayant fait depuis quelques jours une nouvelle soumission aux lois, recommencèrent ce jour-là à célébrer les offices sans aucune marque extérieure. La plus grande partie de ces prêtres-là sont des chanoines et leurs chapelains, sacristains, secrétaire, greffier, en partie curés de la campagne, retirés à Evreux depuis qu'ils avoient été déplacés de leurs fonctions.

Dans le courant de décembre, on commença à travailler à démolir le pont Bavet ou pont Bataille, sur la rivière des Tanneurs, qui tomboit de vétusté, et sur lequel il étoit même dangereux de passer. Dans le courant de janvier 1797, on le rétablit en partie avec des pierres provenant de la démolition du muret du cimetière de l'église Cathédrale.

1797.

Le samedi 21 janvier, on obligea tous les bouchers, tant ceux de la ville que ceux de la campagne, à se mettre sous la boucherie; car depuis un certain temps ils étaloient aux coins des rues et proche la halle. Cela faisoit confusion, parce que les voitures avoient peine à tourner aux rues et risquoient de blesser le monde. Ce qui avoit engagé les bouchers d'étaler au coin des rues, étoit le mauvais état de la boucherie et sa malpropreté, et aussi que les bouchers de la campagne ne venoient pas étaler sous la boucherie, vendant la viande à meilleur marché que ceux de la ville, et enfin à cause de la grande confusion de la viande que l'on voyoit crochée le long des rues; car depuis que l'argent étoit reparu un peu, la viande n'étoit pas chère; on en trouvoit à 6 sous et à 5 sous la livre, et même au-dessous.

Pour nettoyer la boucherie on avoit commencé la veille à y faire travailler des prisonniers de guerre autrichiens qui résidoient à Evreux.

— 117 —

Le même jour on fit la fête de la mort de Louis **XVI**. On l'avoit annoncée la veille par plusieurs coups de canon et le son de la cloche, et le jour de la fête de même. Il ne s'est passé à cette fête rien d'extraordinaire, et même la garde nationale, qui avoit été avertie, ne s'y est trouvée qu'en petit nombre.

Le vendredi 27, on annonça au coin des rues une grande victoire remportée par les troupes françaises en Italie, consistant en 23,000 prisonniers, 6,000 tués et beaucoup de bagages.

Le dimanche 5 février, on commença à remettre l'appréciation au pain, car depuis qu'il étoit plus commun, les boulangers le vendoient ce qu'ils vouloient. Il fut taxé à 1 fr. les huit livres, et à 1 fr. 4 sous les huit livres de pain blanc.

Dans le courant de février il parut un imprimé ayant pour titre : *Réfutation de*.....

Ce fut aussi dans le courant de ce même mois que l'on commença à faire un chemin dans le couvent de St-Sauveur. On fit travailler à cet ouvrage des prisonniers de guerre autrichiens qui étoient à Evreux.

Le lundi 13 mars, la municipalité fit remonter dans le clocher de plomb de la Cathédrale, une petite cloche pour les assemblées primaires, en ce qu'il coûtoit trop cher pour faire sonner la seconde des deux grosses cloches (**1**).

Le lundi 20, on proclama les assemblées primaires pour le lendemain, avec indication du lieu des séances et la distribution des sections ; elles furent faites ainsi : la section du tribunal civil qui tint ses séances aux Ursulines, fut composée comme il suit : à prendre depuis la route de Paris à venir tout le long de la rue Saint-Denis, celle de la Prison,

(1) La cloche dont il s'agit portait le nom de Cloche-d'Argent, soit qu'elle ait tiré son nom de la flèche dont le revêtement du plomb laminé et étamé avait l'aspect e l'argent, soit qu'on le lui ait donné parce qu'elle servait habituellement à convoquer les chanoines aux offices et aux distributions canonicales. Elle est actuellement placée au sommet de la tour du Gros-Pierre, et sert à sonner l'*Angelus*.

tournant de suite tout le long de la Grande-Rue, et retournant à gauche auprès du Grand-Carrefour, tout le long de la rue des Lombards, celle du Pahaha, celle aux Juifs, ou de la Bove, jusqu'au pied des côtes. L'autre section, dite du tribunal criminel, tenant ses séances dans le réfectoire du grand séminaire, fut composée de tout le restant de la ville. Il faut observer que de toutes les rues dont on a parlé, il y en avoit la moitié sur une section et l'autre moitié sur l'autre.

Le soir de ce même jour, on annonça, par le son des cloches et par le bruit du canon de la tour de l'Horloge, l'arrivée du 1er germinal.

Le mardi 21 mars, au lever du soleil, on annonça encore les assemblées primaires par le bruit du canon de la tour de la Grosse-Horloge et par le son des cloches, les tambours battant aux champs. Sur les dix heures du matin, on commença la tenue des assemblées dans les endroits dénommés ci-dessus ; l'assemblée du canton consistant dans les paroisses de la campagne tint ses séances dans l'église du séminaire, servant aux audiences du tribunal criminel.

Le vendredi 24 mars, on acheva les assemblées primaires et on nomma huit électeurs pour la ville, qui tous réunirent dès le premier tour de scrutin plus de la majorité absolue des suffrages, car il y avait longtemps que l'on n'avoit vu tant de monde aux élections ; tout le monde s'y porta afin de ne pas laisser nommer électeur aucun des terroristes qui menaçoient que leur règne alloit revenir ; et ceux de ces derniers qui étoient comme les chefs de ces méchants là voulurent encore entraîner les électeurs dans une longueur sans fin, par leurs motions, afin d'ennuyer les honnêtes gens pour qu'ils ne revinssent plus, comme cela étoit arrivé dans toutes les anciennes élections, ce qui fait qu'ils mettoient dans toutes les places des gens de leur secte et à leur gré. Mais dans cette élection il n'en fut pas ainsi, car tous les honnêtes gens voyant qu'ils faisoient tous leurs efforts pour les éloigner des assemblées, se tinrent fermes et persévérants jusqu'à l'heure de l'assemblée, afin d'éviter le retour de tous ces méchants là.

Le lundi 27, on acheva entièrement les assemblées primaires par la nomination des officiers municipaux.

Le samedi 8 avril, on annonça le soir par le son des cloches et à la retraite de la garde nationale, par la musique, l'assemblée des électeurs pour le lendemain.

Le dimanche 9 avril, jour des Rameaux, on annonça le matin par le son des cloches l'assemblée des électeurs qui fut commencée ce jour là sur les 10 heures du matin, dans l'église Cathédrale, comme il avoit été arrêté par le département.

Le mercredi 12, au matin, le dépouillement des bulletins pour la nomination d'un membre du Conseil des Anciens et de deux pour le Conseil des Cinq Cents fut fait, et sur 328 voix, M. Marmontel, ancien secrétaire de l'Académie françoise en réunit 303 pour le Conseil des Anciens, et les deux autres membres du Conseil des Cinq Cents furent MM. de Saint-Aignan et Pavie, ancien avocat, qui réunirent aussi beaucoup de suffrages. Comme M. Marmontel n'étoit pas électeur, on lui envoya un exprès avec une lettre pour lui annoncer sa nomination et il accepta (1).

Le samedi 15 avril, l'assemblée électorale fut entièrement achevée par la nomination des juges et des suppléants. Toutes les séances de cette assemblée furent sonnées par la seconde des grosses cloches qui sont dans la tour de la Cathédrale, et tous les soirs à la retraite par la musique de la garde nationale, ce qui ne s'étoit pas fait à toutes les précédentes élections.

A la fin du mois d'avril, les nommés Boiney, épicier et Gossoin, marchand de toiles, faisant travailler à creuser les fondations de leurs maisons situées au coin du carrefour, formant l'angle de la rue de la Grosse-Horloge, et ayant été obligés de les faire abattre à cause qu'elles s'écrouloient de vétusté, trouvèrent dans lesdites fondations des ossements de

---

(1) Marmontel, fuyant le régime de la terreur, s'était retiré dans une petite maisonnette du hameau d'Habloville, commune de Saint-Aubin-sur-Gaillon, où il vivait complètement retiré. C'était un petit vieillard de moins de cinq pieds, un peu voûté, de manières prévenantes et polies. Ses mémoires contiennent quelques détails sur sa retraite à Habloville, puis à Saint-Germain-de-Navarre, dans la maison que possède aujourd'hui M. Charvet.

corps humains et des espèces de pots de grès dans lesquels il y avoit des corps de petits enfants, ainsi qu'on a pu juger par les ossements.

Le jeudi 27 avril, au matin, sur les 8 heures, on annonça les préliminaires de la paix avec l'Empereur, au son des cloches et au bruit du canon, et sur les dix heures un piquet de colonne mobile assista en armes à cette proclamation.

Le samedi 29 avril, jour de la décade, on fit la fête des Epoux, sur l'après-midi, à cause du marché. On fit cette fête dans la cour du château, où l'on avoit élevé un autel et une espèce de pyramide. On annonça cette fête par le son des cloches, et tous les corps constitués y assistèrent avec un très-petit nombre de gardes nationaux.

Le mercredi 3 de may, on annonça encore au coin des rues la paix avec l'Empereur. Cette proclamation fut faite sur le reçu des lettres de Heudes et Lecerf, députés à l'Assemblée nationale.

Dans le courant du mois de may, la municipalité fit abattre la maison du nommé Delhomme, ancien vitrier, dans la rue Trianon, qu'elle avoit achetée de ses enfants, pour faire une rue qui tombât dans l'allée des Soupirs en face de la rue que l'on avoit fait percer il y a quelques années à travers le Doyenné. On prit des pierres qui provenoient de la démolition du muret du cimetière de la Cathédrale, pour faire un pont sur le bras d'eau qu'il faut traverser, et des saints de pierre qui avoient été brisés autour de la Cathédrale au temps de la terreur pour en faire les fondements (1).

Le samedi 27 may, on proclama que l'on feroit le lundi suivant, jour de la décade, la fête des victoires.

(1) Ce sont les statues renversées par Thibault et qui doivent être en grand nombre, car il n'y avait pas autour des clochers et des portails une seule console qui n'en portât.

Le dimanche soir, on annonça cette fête par le son des cloches et le bruit du canon.

Le lundi dès le grand matin, on annonça encore la fête par le son des cloches et le bruit du canon.

Le dimanche 25 juin, on inhuma dans le grand cimetière d'Evreux, dit les Quatre-Acres, le citoyen Goubert, président de l'administration du département, qui fut tué d'un coup de fusil, le 24 de ce mois, sur les neuf heures et demie du soir, sous les quinconces de Navarre, en revenant de souper chez le citoyen La Tour d'Auvergne avec ses collègues. Toutes les autorités constituées assistèrent en corps à cette inhumation, depuis la ménagerie de Navarre, où l'on avoit porté le corps du citoyen Goubert, jusqu'à la Cathédrale et de là au grand cimetière (1).

Le mardi 27, on proclama que le lendemain 28, jour de la décade, on ferait la fête de l'agriculture.

(1) Goubert, Langlois et l'abbé Lecerf, président et administrateurs du département, revenaient de dîner chez le duc de Bouillon, au château de Navarre. Ils marchaient en causant familièrement dans la grande avenue qui rejoignait la route, lorsqu'arrivés dans les quinconces, à quarante pas environ des deux grands bassins, un homme sortit de derrière un arbre et s'avança dans l'avenue vers les promeneurs armé d'un fusil à deux coups. Arrivé à dix pas, il les couche en joue : du premier coup il frappe Goubert en pleine poitrine et le renverse mort; du second coup Langlois eut une partie du coude emporté.
Langlois et Lecerf se sauvèrent sous les quinconces du côté opposé à celui d'où était venu l'assassin. Lecerf se jeta dans un petit canal voisin. Langlois se sauva sans s'arrêter jusqu'à la Rochette chez M. Leroi, avoué; c'est là seulement qu'il s'aperçut qu'il était blessé.
Lecerf, resté dans l'eau à vingt-cinq pas du lieu où le crime avait été commis, caché sous une touffe de ronces et d'épines, déclara qu'un homme (probablement l'assassin) était venu quelques minutes plus tard, imitant l'allure d'un passant, qu'il s'était arrêté près du cadavre, l'avait touché du pied et s'en était allé.
Un garde du duc de Bouillon, nommé Legros, qui habitait la petite maison de briques construite au bas du Fond-Potier, fut arrêté comme auteur du crime et mourut fou en prison. Depuis, lorsqu'on jugea Lepelletier, dont la tête embaumée se trouve au cabinet de physique de la Société de l'Eure, il fut constaté que Lepelletier était celui qui avait assassiné Goubert.
Lepelletier, dont on n'a jamais su le vrai nom et que l'on a soupçonné d'appartenir à une des plus illustres familles de la monarchie, exerçait alors le métier de voleur de diligences. Il fut arrêté près de Bernai, après avoir tué plusieurs de ceux qui l'avaient bloqué dans une maison dont on ne pût le faire sortir qu'en y mettant le feu.

Le mercredi 28, jour de la décade, on fit la fête de l'agriculture. Les autorités constituées, les tribunaux et une partie de la garde nationale, quelques cavaliers et volontaires et les invalides formoient tous le cortége de cette fête. On alla labourer quelque peu d'un champ sur la route de Paris, en compagnie de quelques laboureurs ayant des bouquets d'épis de bled à la main. On se rendit ensuite dans la cour du Château, où il y avoit une pyramide et une espèce d'autel.

Le jeudi 13, on transporta les exécutions criminelles sur la place Saint-Léger, pour débarrasser la place du Carrefour (1).

Le vendredi 14, on fit la fête de la prise de la Bastille. On annonça le matin cette fête par plusieurs coups de canon, et sur les dix heures les administrations et les tribunaux, avec la garde nationale en petit nombre, se rendirent en cérémonie sur la place du Château, où on avoit fait dresser un autel, accompagné de branches d'arbres, et un des membres de l'administration municipale d'Evreux y prononça un discours.

Le mercredi 19, il se tint dans l'église Cathédrale d'Evreux, une espèce de synode, composé des prêtres sermentaires, présidé par un certain prêtre nommé Moulis, ancien curé de Chrétienville, et se disant grand-vicaire de Gratien, intrus de Rouen. Ce grand-vicaire y invita par lettres, tous les prêtres jureurs, même ceux mariés, et ils nommèrent seize grands-vicaires pour gouverner l'église d'Evreux, et un député pour aller à Paris à une espèce de concile, qu'ils disent devoir tenir vers le mois d'août pour nommer des évêques. Ce fut ce même Moulis qui fut nommé député. Parmi les vicaires qu'ils nommèrent se trouvèrent les sieurs Frenay et De Narbonne et quelques autres prêtres placés par le sieur Frenay et ses collègues; mais les sieurs Frenay et De Narbonne protestèrent contre leur nomination au nombre des grands vicaires de Moulis, par une lettre circulaire, ayant pour titre : *Lettre circulaire adressée aux ecclésiastiques et aux fidèles du diocèse d'Evreux*, en date du 25 juillet 1797, en rappe-

(1) Il s'agit probablement ici de la décision officielle, puisque précédemment on avait déjà exécuté un criminel sur cette place.

tant qu'ils ne se regardoient pas comme les vicaires de Gratien.

Le jeudi 27, on fit la fête du 9 thermidor, ou de la chute de Robespierre. On annonça cette fête la veille, par le bruit du canon, et le jour au son des cloches. Le matin du jour de la fête, de grand matin, même annonce, et sur les dix heures, la garde nationale se rendit en assez grand nombre sur la place d'armes ; elle étoit partie de la municipalité avec les corps constitués. Le cortége fit le tour de la ville et alla sur les promenades de l'évêché, où la municipalité avoit fait dresser un autel et une espèce de pyramide. Il y eut un discours prononcé par le citoyen Pain, administrateur du département, et après la cérémonie, danses jusqu'à onze heures du soir.

Le jeudi 10 août, on fit la fête dite du 10 août, avec les mêmes cérémonies qu'à la précédente. Il y eut un discours prononcé par le citoyen Langlois, président de l'administration de département (1), dans le même endroit où l'autre fête avoit eu lieu.

Le dimanche 13, on fit, dans la Cathédrale, la fête de St-Taurin, premier évêque d'Evreux, et comme les marchands, qui avoient coutume d'étaler anciennement le long de la rue Saint-Taurin, dite aujourd'hui rue de l'Union, avoient cessé, depuis la fermeture de l'église Saint-Taurin, ils étalèrent cette année en très grand nombre ; de sorte qu'il y avoit longtemps qu'on n'avoit vu tant de marchands, car il y avoit des années où cette foire, qui dure huit jours, étoit presque déserte.

Le dimanche 27, on fit la fête dite de la vieillesse. On annonça la veille cette fête par le son des cloches : le matin du jour, on en fit autant. Sur les huit heures du matin, on décora la porte des vieillards de guirlandes de chêne et de couronnes de même feuillage. Deux officiers municipaux portoient des couronnes, et la musique les suivoit en jouant différents airs pendant que les administrateurs municipaux leur mettoient des couronnes sur la tête. Sur les trois heures de l'après-midi,

(1) Langlois, qui était de Louviers, était le même qui fut blessé au coude, lors de l'assassinat de Goubert ; il avait été promu à la place de celui-ci à la présidence.

la garde nationale sous les armes, les volontaires, les invalides, et quelques cavaliers, se rendirent tous à la municipalité pour y accompagner les autorités constituées. Tout le cortège se mit en marche, en prenant sur leur chemin les vieillards auxquels on avoit donné des couronnes le matin, et se rendirent dans les promenades de la municipalité (1), où il y eut un discours prononcé sur le respect que l'on doit à la vieillesse. Après cette cérémonie, le cortège repartit comme auparavant, et reconduisit chacun des vieillards chez eux, en leur donnant une bannette de fruits.

Le mardi 5 septembre, on apprit à Evreux que les barrières de Paris étoient fermées et qu'il ne sortoit personne. En effet, les voitures arrivant journellement de Paris, ne vinrent pas ce jour-là. La municipalité fit retirer la corde de la cloche du feu, dans la crainte que quelque mal-intentionné ne s'avisât, la nuit, de donner l'alarme (2). Les administrateurs du département et ceux de la municipalité restèrent en permanence toute la nuit et défendirent à tous les tambours de battre la générale par aucun ordre.

Le mercredi matin, il arriva une dépêche du Directoire exécutif au département, en forme de proclamation, comme ils avoient découvert une conspiration dans les deux conseils pour rétablir la royauté en France, et qu'ils les avoient fait arrêter, de même que deux de leurs membres. On lut cette proclamation au son de la cloche, et on tira plusieurs coups de canon en réjouissance de cette découverte.

Il étoit déjà passé quelques jours avant et dans ces jours-ci, des troupes venant de l'armée de Sambre-et-Meuse.

Le vendredi 8, on proclama au coin des rues la défense de

(1) La promenade dont il est question était l'avenue de tilleuls de l'Evêché, où l'administration municipale siégeait alors. Le bureau ou siége des utorités, pendant la cérémonie, était placé au bout de l'avenue, le dos tourné à l'allée des Soupirs.

(2) La cloche du tocsin était dans la tour de l'Hôtel-Dieu, située sur l'emplacement actuel du Marché-Neuf. L'église était construite parallèlement à la rue, et la tour du côté de la halle, et l'autre du côté du Carrefour. — La corde du beffroi d'alarme, qu'il ne faut point confondre avec le beffroi communal de l'horloge, et qui avait un son que nul ne confondait avec celui des autres cloches de la ville, pendait sous un porche toujours ouvert sur la rue.

porter des collets noirs, parce qu'à Paris on disoit que c'étoit un signe de contre-révolution (1).

Le vendredi 22, on fit la fête du premier de l'an VI de la république. La veille, cette fête fut annoncée par le son des cloches, par douze coups de canon, et par la musique le soir à la retraite. Le matin du jour de la fête, dès la pointe du jour, même annonce. Sur les dix heures, toutes les autorités constituées se mirent en marche et se rendirent dans la Cathédrale pour lire la proclamation du Directoire exécutif, sur les évènements qui venoient d'arriver à Paris les jours précédents, par l'arrestation de deux membres du Directoire, et d'un assez grand nombre de députés, et imprimèrent qu'ils disoient avoir cherché à rétablir la royauté en France.

Après tous ces discours, ils allèrent à l'abbaye de Saint-Taurin, où il y avoit un dîner qui avoit été commandé pour environ 250 citoyens. Ils se permirent d'en chasser quelques-uns, qu'ils disoient chouans et royalistes.

Après ce dîner, ou plutôt cette orgie, ils se rendirent sur la place du Château, où on avoit élevé une pyramide, avec des lampions, et ils se mirent à danser, étant, pour la plus grande partie, ivres, et s'entre-soutenant l'un l'autre par-dessous les bras et chantant le long de la rue depuis Saint-Taurin jusqu'à la cour du Château, des chansons, en hommes hors de leur assiette ordinaire. Cette compagnie étoit composée de toute la fleur des républicains et des sans-culottes. Le soir il y eut feu d'artifice, annoncé par douze coups de canon et danses le reste de la soirée.

Le mercredi 27, on proclama un arrêté du Directoire exécutif, pour faire rejoindre tous les militaires volontaires et réquisitionnaires qui étoient revenus en grand nombre. Le même jour, Crochon, commissaire du Directoire exécutif près le département de l'Eure (2), fit une espèce d'arrêté sur la

---

(1) Le collet noir se portait sur une redingote gris-de-fer courte et de peu d'ampleur. Ils ne furent pas plutôt dénoncées comme un signe de ralliement que tout le monde s'abstint d'en porter. La coiffure à la Titus n'était pas encore inventée, aussi le collet noir, surmonté d'une tête poudrée qui neigeait sur toute la partie de derrière, ne conservait sa couleur apparente qu'aux extrémités voisines du revers de la redingote.

(2) Crochon, ancien avocat à Pont-Audemer, était d'une laideur affreuse, tant la petite vérole l'avait maltraité ; sa figure n'était qu'une large cicatrice.

proclamation du Directoire exécutif pour la formation d'un bureau dans chaque chef-lieu des ci-devant districts, composé de trois militaires revenus de l'armée à cause de leurs blessures, et de deux officiers de santé, en présence du commissaire du Directoire exécutif près les municipalités desdites villes, pour visiter tous les militaires malades et infirmes, constater leurs infirmités, et décider s'ils pouvoient servir de nouveau ou non dans les armées.

C'est aussi vers ces jours-là que l'on renouvela toute la municipalité de la ville, les administrateurs du département, les administrateurs de canton, qui avoient été nommés dans la dernière assemblée primaire, et les juges de la dernière nomination.

Le mercredi 18 octobre, il arriva un grand malheur à Caër, près Evreux. Deux enfants jumeaux, appartenant au citoyen Boisville, étant avec leur mère chez leur grand-père Tureau de Linières, ancien contrôleur des actes à Evreux, furent empoisonnés dans de la soupe avec de l'arsenic, et moururent la nuit suivante dans de grandes douleurs. Ces deux jeunes garçons étoient âgés de 5 à 6 ans.

Le samedi 21, jour de la décade, on célébra dans la Cathédrale la pompe funèbre du général Hoche. Cette fête commença le matin à six heures précises par un coup de canon, et on continua de même toute la journée, de quart-d'heure en quart-d'heure, jusqu'à six heures du soir. La municipalité avoit fait dresser un mausolée dans le chœur de la Cathédrale. La garde nationale, quoiqu'en petit nombre, se rendit, sur les trois heures de l'après-midi, dans la Cathédrale, de même que les volontaires en garnison à Evreux, les cavaliers et les invalides. Les corps constitués s'y rendirent aussi, et les citoyens Langlois, président du département, et Henri Ruault, officier municipal de la commune, firent chacun un discours, et, après la cérémonie faite, on revint chez soi.

Le vendredi 27 octobre, on lut, au coin des rues d'Evreux, une lettre de Vallée, représentant du peuple, qui annonçoit que la paix étoit faite avec l'Empereur; on tira, à cette occasion, quelques coups de canon.

Tout le restant de ce mois et depuis l'assemblée du jury de santé, on fit reconduire beaucoup de jeunes gens aux armées par des volontaires, des cavaliers et un conducteur. Ceux du département de l'Eure furent envoyés à Coblentz et à Aix-la-Chapelle.

Le vendredi 10 novembre, jour de la décade, on proclama la paix avec l'empereur. On annonça cette fête le matin par plusieurs coups de canon ; et, comme ce jour-là on avoit décidé qu'on feroit la proclamation des officiers de la garde nationale renouvelée, après avoir fait prêter le serment aux officiers et sous-officiers, de haine à la royauté, à l'anarchie et attachement à la Constitution de l'an III, on prit un piquet de la garde nationale pour accompagner les administrateurs municipaux à la publication de la paix avec l'Empereur.

Ce fut aussi à cette réorganisation de la garde nationale qu'il fut arrêté, par la municipalité, que tous ceux qui ne monteroient pas leur garde seroient condamnés à trois jours de prison, chose que l'on n'avoit jamais faite depuis la révolution. Il y eut aussi grande illumination le soir.

Le lundi 4 décembre, on proclama un arrêté du département sur une circulaire du ministre de l'intérieur, portant invitation à tous les citoyens de fêter les décadis, avec défense à tout marchand d'étaler sur les places publiques et dans les rues. On invitoit aussi les ministres de tous les cultes de transporter leurs cérémonies religieuses à ce jour-là

Le samedi 9 décembre, au matin, on jugea au tribunal criminel du département de l'Eure, la nommée Espérance Bance, native d'Evreux, à la peine de mort, atteinte et convaincue d'avoir empoisonné les deux enfants de M. Boisville (1).

---

(1) La fille Bance, gouvernante du grand-père des deux enfants, les avait empoisonnés par jalousie. Elle fut défendue d'office par Chaumont de Quitry, aucun avocat n'ayant voulu prêter son ministère à une semblable misérable, et celui-ci ne trouva moyen de l'excuser qu'en essayant de la faire passer pour folle. Elle fut exécutée sur la place du Carrefour, vis-à-vis de l'hôtel de la Biche. Depuis la prison actuelle jusqu'au lieu du supplice elle se tint assise sur le plancher de la voiture, la tête appuyée sur les genoux de l'exécuteur qui était debout derrière. Ses yeux étaient fermés et sa figure calme ; elle semblait dormir. Arrivée sur l'é-

Dans le courant de ce mois, on proclama un arrêté de la municipalité d'Evreux sur une lettre du ministre, sur l'instruction publique, portant que tout instituteur et institutrice étoient obligés à la prestation du serment de haine à la royauté et à l'anarchie et attachement inviolable à la Constitution de l'an III. Dès le lendemain, presque toutes les institutrices fermèrent leurs écoles.

Ce fut aussi dans les derniers mois de cette année que l'on commença à abattre une espèce de réserve que de tout temps on disoit réservée en cas d'incendie dans la ville, et comme étant tout proche de la ville, allant tout le long du village de Saint-Germain jusqu'à Arnières, et nommée le Rideau (1).

1798.

Le lundi 1er janvier, on proclama que l'on avoit ouvert un registre à la municipalité pour y recevoir les soumissions de tous les citoyens pour contribuer à la réparation des grandes routes, et que l'on recevroit argent, blé et autres marchandises, comme on voudroit, et même le travail de ceux qui voudroient y travailler corporellement.

Le jeudi 4, la municipalité alla chez tous les marchands

chafaud, quand elle vit que la chose était sérieuse, elle entra en furie, mordit le bourreau, et le reste de l'exécution se passa d'une manière violente. A ses cris et à ses morsures, Jouen répondait à coups de poing. On prétendit dans le temps qu'on lui avait promis une commutation de peine qui lui serait annoncée publiquement sur l'échafaud.

(1) Entre autres droits, les coutumes anciennes donnaient à chacun des habitants d'Evreux qui construisait une maison neuve, soit que la sienne eût été détruite par le temps, le feu du Ciel ou les malheurs des guerres, celui de prendre, dans la forêt d'Evreux, le bois nécessaire à sa construction. Des futaies ou réserves étaient conservées à différents endroits pour réparer les dégâts des incendies si fréquents au temps où presque toutes les habitations étaient en bois. Les arbres qui composaient la réserve connue sous le nom de Rideau étaient si serrés qu'il n'y avait de branches qu'au sommet des arbres, et qu'aucune plante ne végétait au-dessous. Mais tous ces arbres étaient de très-mauvaise qualité, probablement à cause de leur décrépitude. Le bois qui fut plus tard employé à l'hospice d'Evreux et aux habitations particulières, quoique de magnifique apparence, se rompit presqu'aussitôt après avoir été mis en œuvre.

— 129 —

qui pouvoient avoir des marchandises de fabrique angloise.

Le mercredi 10, on fit mourir sur la place St-Léger quatorze malheureux accusés de vol et de desseins d'assassinats (1) et un autre qui avoit tué, il y a quelques années, l'ermite qui étoit aux Gaulx dans la forêt ; ce scélérat l'assassina d'un coup de hache la tête sur son lit dans la maison. C'est la première fois que l'on a vu à Evreux une pareille exécution.

Le dimanche 21 janvier, on fit la fête de la mort de Louis XVI. On annonça cette fête la veille au soir, par plusieurs coups de canon de la tour de l'Horloge et par le son des cloches. Le jour de la fête, dès le matin, on annonça encore la fête de la même manière et sur les dix heures de même. Alors, la garde nationale sous les armes, les invalides et les volontaires qui sont à Evreux et quelques cavaliers avec les autorités constituées se transportèrent sur la place St-Léger pour y planter un arbre de liberté à la place de celui qu'on avoit abattu nuitamment il y a quelques années ; ensuite tout le cortége se rendit à la Cathédrale pour y prêter le serment de haine à la royauté et à l'anarchie et d'attachement inviolable à la Constitution de l'an III.

Les autorités constituées étoient dans le chœur pour y prêter serment ; on y avoit élevé une table sur laquelle étoient des

(1) Ces quatorze scélérats étaient des chauffeurs qui brûlaient les pieds de leurs victimes pour leur faire déclarer où était leur argent. Ceux dont il s'agit ici arrivaient d'Ecouis et d'Etrépagny. On conserve encore leurs chapeaux dans la tour de Gisors où on les avait enfermés. Parmi eux était le *Grand-Jacques*, ainsi nommé à cause de sa haute taille et du rang qu'il occupait dans la bande, et *Sans-Chagrin*, qui devait ce nom à la gaîté qui ne l'abandonnait jamais. Bien que l'ancien séminaire fût déjà affecté à la prison, ces criminels furent renfermés dans l'ancienne prison, qui occupait la maison habitée aujourd'hui par M. Canu, imprimeur. Deux fois par jour on les voyait attachés deux à deux, en chapelet, à une assez forte corde dont un gendarme tenait le bout ; on les conduisait ainsi au tribunal criminel qui siégeait à la cour d'assises, et ils retournaient à la prison dans le même ordre.

Leur procès dura plusieurs jours. Lors de leur exécution on fit deux voyages, ce qui fut blâmé par des gens qui auraient préféré que l'on prît deux voitures. L'un de ces malheureux, qui avait essayé de se tuer en s'enfonçant une longue lime dans le fondement, était si gravement blessé qu'il fallut le porter à bras de la voiture sur l'échafaud.

fleurs, de l'encens qui brûloit, des drapeaux flottants avec de petites pièces de canon.

Après la prestation du serment, les autorités et les officiers supérieurs militaires se rendirent à la maison des Ursulines où un repas étoit préparé à leurs dépens. Pendant ce repas on tira plusieurs salves de canon pour accompagner les santés qu'ils portoient à la paix, au Directoire, etc.; le soir la fête finit par illuminations, feu d'artifice et bal.

Le vendredi 26 janvier, on exécuta sur une place qui est au haut du carrefour et qui étoit restée vague en forme de place depuis que l'on avoit percé la route de Rouen, et on y fit mourir Espérance Bance, celle qui avoit empoisonné les deux enfants jumeaux du citoyen Boisville.

Le jeudi 1er février, la municipalité de la commune d'Evreux fit proclamer une soumission volontaire pour la clôture du cimetière général, alléguant dans sa proclamation que n'ayant rien, pas même un denier, elle ne pouvoit faire enclore cet espace de terrain; c'est pourquoi elle invite ses concitoyens à aider par leurs offrandes à faire faire de larges fossés avec une plantation de haies vives sur le bord, et des arbres tels que cyprès, sapins, peupliers, etc.

Le jeudi 8 février, des commissaires, nommés par la municipalité, firent, par les maisons de tous les habitants d'Evreux, une quête pour faire travailler à la clôture du cimetière.

Le même jour, les officiers municipaux, en écharpe, firent par les carrefours une proclamation portant invitation à tous les citoyens de faire une souscription pour faire une descente en Angleterre.

Ce fut aussi vers ce temps là, que plusieurs particuliers achetèrent d'un sieur Clémendot, acquéreur d'une partie de St-Sauveur, les côtes et rochers pour y bâtir des maisons. Ils achetèrent ces mauvais terrains 3 liv. de rente la perche carrée et travaillèrent tous à l'envi les uns des autres à les défricher et à y planter des arbres. Un pâtissier acheta la chapelle du mont-Serrat pour en faire une salle de divertissement et fit faire auprès des tonnelles de vigne et des parterres.

C'est vers ce temps que la municipalité fit sommer Lecomte, tanneur, de vider les écorces à faire du tan qui étoient dans l'église de St-Thomas, pour faire une écurie pour un dépôt de huit ou neuf cents chevaux malades et pour loger ceux de la cavalerie qui devoit passer pour l'embarquement.

Ce fut aussi vers ce temps, qu'il se forma à Evreux deux sociétés dite des *Cercles* ; l'un prit le titre de *Constitutionnel* et tenoit ses séances au collége, et l'autre prit le titre de *Républicains purs* et tenoit séance aux Ursulines. Le premier étoit composé de presque tous les membres des corps constitués et des fédéralistes, et le second de tous les terroristes; ces sociétés n'ont point de président ni d'archives.

C'est dans ces temps-là qu'on rétablit les barrières pour les voitures ; on en a placa trois : une à la route de Paris, une à la route de Caen, et l'autre à la route de Rouen; on les recula plus loin que les anciennes.

Le mardi, 20 de mars, on fit la fête de la souveraineté du peuple pour former les esprits à faire des choix dans les assemblées primaires, qui ne répondent pas à ceux de l'année dernière.

Cette fête fut faite sur la place de Saint-Léger. Le cortége étoit formé de 36 vieillards, ayant à leur main des baguettes blanches, et de jeunes élèves de l'Ecole centrale portant des inscriptions, sur lesquelles étoit écrit : *La souveraineté du peuple ne peut s'exercer que par des députés nommés par le peuple*, etc. Etant arrivés sur la place de la cérémonie, les vieillards firent de leurs baguettes blanches un faisceau d'armes, lié avec des rubans tricolores, qu'ils remirent entre les mains des jeunes gens, avec le livre de la Constitution, qui avoit été posé sur l'autel de la patrie, et s'en retournèrent à la municipalité dans le même ordre qu'ils s'étoient rendus sur la place Saint-Léger, dite de la Révolution.

Le mercredi 21 mars, on commença les assemblées primaires, qui se tinrent dans les mêmes locaux que l'année dernière, excepté celle de la campagne qui s'assembla dans la Cathédrale. Les nominations ne furent achevées que le jeudi

— 132 —

29 du même mois, à cause de beaucoup de motions que les prétendants à l'électorat faisoient, ce qui entraînoit les séances dans de grandes longueurs. On nomma six électeurs pour la ville.

Le lendemain, on fit la fête de la jeunesse, et les instituteurs y menèrent leurs élèves.

Le lundi 9 avril, on commença l'assemblée électorale dans la Cathédrale, et on renvoya cinquante électeurs de différents cantons qui avoient fait scission ; l'assemblée ne finit ses nominations que le 18 du même mois; elle nomma six représentants.

Le samedi 21, on proclama un arrêté de la municipalité sur un arrêté du Directoire exécutif, à l'occasion d'une loi de l'an II, pour que les marchés et foires ne se tinssent aux jours de décade. Cet arrêté de la municipalité porte que les marchés à Evreux se tiendront le tridi, sextidi et nonidi de chaque décade, avec défense d'étaler rien dans les rues les jours de décade. Le département fit un arrêté quelques jours auparavant pour fixer la tenue des foires, afin qu'elles ne tinssent plus les jours de saints, mais les jours républicains; et comme il y a six foires à Evreux, savoir : la première le jeudi d'après le 15 avril; la seconde le mardi de la Pentecôte; la troisième le jeudi d'après le 12 juillet; la quatrième le jour de Saint-Taurin ; la cinquième le jeudi d'après le 15 septembre, et la sixième le jour de Saint-Nicolas, le 6 décembre : le département a fixé la première au 1er floréal, qui répond au 20 avril; la seconde le 15 prairial, qui répond au 3 juin ; la troisième le 12 messidor, qui répond au 30 juin, et qui remplace la louée de la Saint-Jean pour les moissonneurs ; la quatrième le 25 messidor, qui répond au 13 juillet; la cinquième le 29 thermidor, qui répond au 16 août ; la sixième le 27 fructidor, qui répond au 13 septembre ; la septième le 12 frimaire, qui répond au 2 décembre, ce qui fait sept foires en place de six qu'il y avoit à Evreux.

Le dimanche 29 avril, jour de la décade, on fit la fête des époux sur la place Saint-Léger. On invita les jeunes époux à s'y rendre ; mais il s'y en trouva peu. Le plus grand cortège militaire qui accompagnoit les corps constitués étoit le 13e régiment de dragons qui étoit à Evreux depuis le 29 mars, à la suite des nombreux passages de troupes qui depuis les jours gras n'avoient presque point cessé de passer pour aller à l'embarquement.

Dès ce même jour, le commissaire de police commença à empêcher de s'étaler dans les rues, et même il vouloit que l'on n'étalât rien sur les boutiques des marchands; mais il ne put empêcher cela, en ce que l'arrêté du Directoire exécutif n'en parloit pas; car quoique dans l'ancien gouvernement il fût défendu de rien exposer aux portes pendant les offices divins, il s'étoit introduit peu à peu que les marchands mettoient à leurs portes quelques pièces de marchandises pour faire connoître leur demeure.

Le samedi 19 may, jour de la décade, le commissaire de police empêcha que l'on tînt le marché, parce qu'il avoit eu lieu la veille; même il vouloit que les marchands n'exposassent rien sur leurs boutiques; mais il ne put empêcher cela, parce que l'arrêté du Directoire ne le portoit pas; aussi les marchandises restèrent exposées sur les boutiques des marchands et les boutiques ouvertes comme de coutume, et les ouvriers continuèrent leurs travaux comme d'ordinaire.

Le mardi 27 may, la municipalité fit faire la fête des victoires. Cette fête fut annoncée la veille par le bruit du canon et le son des cloches; elle eut lieu sur la place Saint-Léger, et tous les gardes nationaux qui manquèrent de s'y trouver encoururent la peine de trois jours de prison et l'amende comme pour la montée de la garde. La municipalité auroit bien voulu embellir cette fête encore davantage; car le dimanche précédent, jour de la Pentecôte, qui est le jour de l'assemblée de Saint-Germain-de-Navarre, on empêcha les danses et autres jeux; les personnes qui eurent envie de danser s'en allèrent sous les quinconces de Navarre, et le jour de la fête nationale, il ne se trouva guère de monde à se divertir.

Le dimanche 3 juin, jour de la Sainte-Trinité, on tint la foire qui étoit le lundi de la Pentecôte, et qui a été transférée par l'arrêté du département.

Le jeudi 7 du courant, jour de la Fête-Dieu, se tint un

marché de la Réforme, chose qui fit encore de la peine à différentes personnes à cause de la célébrité du jour; et le lendemain, jour de la décade, les jardinières étant venues s'étaler le long de la Grande-Rue, comme de coutume, furent condamnées à six livres d'amende pour avoir transgressé et méprisé la décade.

Le dimanche 24, jour de Saint-Jean-Baptiste, comme c'étoit un usage de temps immémorial de louer des domestiques, ce jour avoit été reculé au 30 dudit mois, par arrêté du département, cela n'empêcha pas le monde de se mettre le long de la Cathédrale comme de coutume; aussi, on les persécuta et on les poursuivit de toutes parts; mais ceux qui avoient besoin de domestiques les louèrent en se promenant par les rues.

Le jeudi 28 juin, on fit la fête de l'agriculture. On l'annonça la veille et le matin du jour par le son des cloches, sans canon. Les administrateurs allèrent labourer dans un champ du citoyen Grivel, officier municipal, et revinrent dans la cour du château pour achever la cérémonie.

Le mardi 3 juillet, on annonça tout à coup vers le midi par le son des cloches et le bruit du canon, la prise de l'île de Malte; le soir, il y eut musique à la retraite.

Le vendredi 13 juillet, on fit proclamer que le lendemain on feroit la fête de la prise de la Bastille. Le département fit construire, à cet effet, sur la place du Château, une espèce de machine représentant la Bastille, et le soir de ce même jour on annonça cette fête par le son des cloches et par plusieurs décharges de canon des guides de Bonaparte, que le département avoit fait venir pour y assister (1). Le matin du jour de la fête dès la pointe du jour, même annonce, et pendant la cérémonie qui se fit sur les quatre heu-

---

(1) Les guides de Bonaparte sont devenus depuis les chasseurs à cheval de la garde; ils portaient l'habit, passe-poil orange, chapeau à cornes avec ganses oranges placées comme le sont les ganses en argent des chapeaux des gendarmes. Ces guides, pendant le temps qu'ils passèrent à Rouen, eurent de rudes démêlés avec les batonistes de cette ville.
C'est à cette époque qu'un convoi d'obus, escorté par des guides, sauta dans la traverse de Port-Saint-Ouen et y causa de grands dégâts.

res après midi, les citoyens qui devoient faire la prise de la Bastille, firent plusieurs décharges de mousqueterie; les guides de Bonaparte en firent aussi de leur côté, et la tour de l'Horloge de même. Le président du département prononça un discours. Le soir il y eut feu d'artifice et danses ; mais comme le temps étoit devenu pluvieux, le feu d'artifice ne pouvant pas aller, on continua à danser jusqu'au mercredi suivant, jour de la décade, pour achever de tirer ces artifices. Il arriva à cette fête un malheur, car comme il y avoit des marchands de boisson, au bout du château vers la rivière, il y eut un invalide que l'on trouva noyé le lundi suivant.

Le mercredi, jour de la décade, on fit des visites domiciliaires chez les personnes qui logeoient des prêtres inassermentés, et chez différents particuliers ; mais heureusement il ne s'y est trouvé personne regardée comme émigrée.

Le vendredi 27, on fit la fête dite du 9 thermidor, et le lendemain celle de la liberté, de la manière ordinaire, sur la place du Château.

Le vendredi 10 août, on fit la fête dite du 10 Août. On avoit pratiqué sur la place du Château une espèce de château représentant celui des Tuileries. La veille, à la fermeture du jour, le son des cloches et le bruit du canon annonçoient cette fête. Le matin du jour de la cérémonie, même annonce, et sur les trois heures d'après midi les corps constitués avec un piquet de garde nationale et les vétérans se rendirent sur la place du Château pour faire l'attaque des Tuileries. On avoit fait placer à l'intérieur, des chasseurs à pied de la dixième demi-brigade qui représentoient les suisses. Un piquet de la garde nationale fit l'attaque du château et il y eut beaucoup de coups de fusil de tirés et des coups de canon de la tour de l'Horloge. Après la prise du château il y eut plusieurs discours prononcés et la fête fut terminée par des danses et un feu d'artifice.

Le dimanche 12, les prêtres qui célèbrent l'office dans la Cathédrale commencèrent l'octave de St-Taurin, mais la foire ne commença que le 16, comme il avoit été arrêté par le département. La foire des marchandises qu'on avoit coutume d'étaler le long de la rue de St-Taurin, se devoit tenir dans l'allée des Soupirs ; mais les habitants de la rue St-Taurin réclamèrent, parce qu'ils n'avoient que ce temps là pour faire quelque argent, et qu'ils tenoient leurs maisons sur ce pied là. Leur pétition fut accueillie favorablement et on maintint la foire dans la rue St-Taurin, et elle dura du 16 au 27, jour de la décade.

Le mardi 4 septembre, on fit la fête dite du 18 Fructidor. Cette fête fut annoncée la veille par 18 coups de canon et par le son des cloches ; le matin du jour, même annonce. Elle eut lieu sur la place du Château, où il y eut des discours prononcés ; le soir il y eut des illuminations par toute la ville et des danses.

Le samedi 22 septembre, on fit la fête de la fondation de la république. Il y avoit déjà plusieurs jours que l'on travailloit sur la place du Château à préparer des arcades, des groupes et des lampions au nombre de plusieurs milliers avec une pyramide garnie aussi de lampions. Il y avoit bien quinze jours que l'on s'occupoit sans relâche àréparer la Cathédrale pour faire un temple pour les cérémonies républicaines et encore le travail ne s'est pas trouvé achevé pour la fête.

La veille de cette fête, on tira à la fin du jour plusieurs décharges d'artillerie, et on sonna les cloches ; et le soir on tira de dedans la flèche de la Cathédrale un feu d'artifice. Le jour de la fête, le matin, on tira encore le canon et on sonna les cloches comme la veille. Sur les dix heures, tout le cortége réuni à la municipalité d'Evreux, se mit en marche accompagné des députés de tous les cantons du département, et se dirigea par les rues St-Taurin, aux Fèvres, la Rue-Grande, celle de l'Horloge et le Comte, pour se rendre à la Cathédrale. Il y avoit un faisceau d'armes porté par des militaires sur un brancard posé sur leurs épaules, et dix jeunes hommes et dix jeunes filles portant des corbeilles pleines de fleurs et des vases pleins de parfums. Tous étoient en habits blancs, en écharpes tricolores et la tête ceinte de bandelettes. On avoit fait proclamer une invitation à tous les citoyens de mettre à leurs portes des branches d'arbre ou de feuillage. Dans le temple, au fond, on avoit élevé une statue de la Liberté et en avant étoit l'autel de la patrie décoré d'emblèmes civiques et du symbole de l'immortalité ; aux quatre coins des socles supportant des trépieds de forme antique, et à l'entour on avoit fait des espèces de drapeaux en planches peintes en couleurs de différentes espèces, avec des crépines et des glands dorés, et six drapeaux offrant les couleurs des républiques Françoise, Batave, Cisalpine, Ligurienne, Helvétique et Romaine. Les autorités constituées s'étant placées, l'affluence du monde se trouva assez grande par le nombre des villes voisines qui étoient venues à Evreux pour voir cette fête, et, quoiqu'on eût placé des sentinelles de toutes parts, cela n'empêcha pas le désordre et la cohue, de sorte que nombre de sentinelles se trouvant trop pressées par la foule se retirèrent. Pendant tout ce tumulte, la musique joua des airs patriotiques, et après qu'elle eût cessé, les dix jeunes garçons et les dix jeunes filles qui étoient rangées autour de l'autel de la patrie s'avancèrent vers le président du département qui, s'étant mis à leur tête, alla allumer le feu sacré, brûla l'encens dans des vases posés sur les trépieds, et s'exprima en ces termes :

« L'administration centrale du département de l'Eure
» consacre cette partie du temple à la célébration des fêtes
» nationales, le premier vendémiaire de la septième année
» de la République françoise, en présence du peuple, des
» autorités constituées et des députés de tous les cantons du
» département. Puisse le peuple chérir les institutions répu-
» blicaines ! Puisse cette enceinte être celle de la concorde !
» Puissent toutes les haines, tous les ressentiments être im-
» molés aujourd'hui sur l'autel sacré de la patrie ! Vive à jamais
» la République ! » La musique et l'orgue ajoutèrent à l'enthousiasme général par l'air *Ça ira*.

Les chœurs exécutèrent l'invocation à la liberté et un hymne à l'Être suprême ; ensuite de jeunes musiciens jouèrent différents morceaux de musique. Puis les citoyens Langlois, président du département, et Rioust, membre du département, prononcèrent sur l'autel de la patrie chacun un discours patriotique. Les chœurs exécutèrent ensuite les hymnes du premier vendémiaire, le Chant du Départ et celui du Retour.

Les hymnes finis, les vingt enfants, après avoir fait le tour de l'autel de la patrie, l'avoir couvert de fleurs et embaumé de parfums, marchèrent vers le président du département auquel le livre de la Constitution fut remis, et alors, s'avançant au milieu de l'autel avec ses collègues, il lut à haute voix les articles 1, 2, 301, 372 et 377 de l'acte constitutionnel et termina la cérémonie par le cri de vive la République ; puis l'orgue recommença les airs patriotiques et le cortége fut reconduit au département.

Pendant toute cette cérémonie on ne cessa de tirer le canon que l'on avoit placé dès la veille dans le couvent de St-Sauveur.

Vers les trois ou quatre heures, une nouvelle salve d'artillerie annonça aux citoyens qui s'étoient fait inscrire pour tirer à la cible, de s'assembler à la municipalité, et de là partir avec l'ordonnateur de la fête dans le pré du Bel-Ebat, où ils se mirent à tirer quand ils furent arrivés. Les cinq qui approchèrent le plus près du but remportèrent les prix. Celui de la cible consistoit en une paire de pistolets de combat, le second en une paire de pistolets de poche et les trois autres se composoient de chacun un sabre. Les deux vainqueurs à la course furent revêtus d'une écharpe tricolore garnie de franges.

Lorsque la nuit fut arrivée, on commença à illuminer les maisons nationales et tous les citoyens en firent de même à leurs maisons ; un feu d'artifice fut tiré sur la place du Château, où il y avoit des illuminations joignant tous les arbres et des lampions de couleur comme la veille, mais il y en eut beaucoup de cassés à coups de bâton pendant le tumulte du feu d'artifice.

On avoit élevé une large pyramide garnie de lampions avec un tableau représentant la Liberté, environnée d'une gloire en lumières et des arcs de triomphe aussi en lumières, ce qui formoit plusieurs milliers de lampions que les machinistes ne purent jamais venir à bout d'allumer tous. Cette cérémonie fut terminée par des danses. On fit distribuer à la municipalité du pain aux pauvres.

Mais les souvenirs de cette belle fête ne tardèrent pas à s'évanouir ; car, quelques jours après, on proclama la loi de la conscription. Le département l'avoit entre les mains auparavant ; mais pour que la cérémonie ne perdit pas de sa splendeur, il cacha cette fatale loi jusqu'après la fête. Ce fut alors que la consternation fut presque générale, et que l'on poursuivoit les réquisitionnaires à outrance, pour leur faire rejoindre les armées. La loi de la conscription portoit que tous les jeunes gens, depuis 20 ans jusqu'à 25, se fissent inscrire, et que ceux qui ne le feroient pas, seroient rangés dans la première classe ; que ceux qui se cacheroient ou déserteroient seroient traités comme émigrés, leurs biens sequestrés, et qu'ils ne pourroient même pas recevoir aucun legs, ni dons; il en étoit de même de ceux de la réquisition qui étoient revenus, car il y en avoit beaucoup.

Ceux de la conscription, qui étoient infirmes, se firent enregistrer pour être visités de leurs infirmités, en vertu d'une loi rendue après celle de la conscription, et que l'on n'a pas proclamée, et dont les jeunes gens connurent cependant par sous-main l'arrivée et qui portoit que les infirmités de ceux qui seroient incapables de servir, seroient affichés au coin des rues; mais cette affiche n'a été mise que dans la salle de la municipalité et le double envoyé au ministre. Cette visite fut faite devant les officiers municipaux, accompagnés du commissaire du Directoire exécutif, et d'un jury composé d'un chirurgien et de quatre pères de famille qui avoient des enfants à la défense de la patrie. Ceux qui se sont trouvés nommés, étoient des anciens membres du comité révolutionnaire et des sans-culottes. Pour procéder à la visite, on fit assembler par lettre d'avertissement les jeunes gens, dans une salle de la municipalité où, étant réunis, on les appeloit tour à tour, et, lorsqu'on en avoit appelé un, on fermoit aussitôt la porte sur lui, et on lui demandoit quelles étoient ses infirmités. Après sa réponse, on le faisoit passer dans un cabinet où, étant entré, le jury s'asseyoit, et le jeune homme, debout devant lui, découvroit ses infirmités, et, après que le chirurgien les avoit examinées et qu'il avoit questionné le jeune homme, les jurés s'approchoient aussi pour les constater, et ensuite, le jury rentrant dans la salle du conseil municipal avec le chirurgien, on faisoit sortir le jeune homme, et le jury délibéroit en présence des officiers municipaux sur son sort, puis, on le faisoit rentrer pour lui prononcer son exemption, sa non exemption ou sentence.

Lorsque le jury avoit prononcé la sentence du jeune homme, il l'avertissoit de se tenir prêt à partir au premier avertissement, et le département fit un arrêté, ordonnant que l'on conduiroit avec la musique, jusqu'au dehors de la ville, chaque détachement qui partiroit, et que, lorsque ceux d'Evreux partiroient, il y auroit une fête ; chose étrange, de voir les familles plongées dans la douleur en voyant partir leurs enfants, et de les y replonger encore par le son d'une musique, qui marquoit plutôt une insulte aux familles, ou un plaisir de la part des patriotes non intéressés de voir ainsi une jeunesse aller au carnage pour les défendre; car, pour les patriotes dont les enfants se trouvoient dans cette proscription, il y en avoit qui, à la vérité, se sont beaucoup chagrinés du départ de leurs enfants ; mais, ceux qui avoient encore quelque naturel, furent aussi affligés de la perte de leurs enfants que de ceux que l'on disoit être aristocrates et mauvais citoyens, parce que leur patriotisme n'avoit pas encore été intéressé corporellement, tandis qu'avant ce temps-là, ils traitoient les autres de lâches.

Le vendredi 23 novembre, les conscrits d'Evreux partirent pour Lille en Flandre, et avant que de partir on fit une fête à laquelle il y eut un écrit brûlé par la main de l'exécuteur, sur la place des fêtes nationales ou du château; trouvé devant la porte des Ursulines, lieu du dépôt, par quelques jeunes gens; car on n'a point entendu personne dire en avoir vu. Cet écrit avoit été trouvé devant la porte des Ursulines, lieu du dépôt des conscrits ; il paraît que quelques jeunes gens gagnés par argent, allèrent au département à la séance d'hier, porter ce papier, et y tinrent un langage étudié et dirent qu'ils avoient trouvé cette feuille dans la boue à la porte de leur dépôt; car on les obligea à s'y rendre quelques jours avant de partir. Ce soi-disant libelle avoit pour titre : *Adresse aux Conscrits,* et il paroît qu'il n'y en avoit qu'une copie.

La fête commença à midi ; on se rendit avec le cortége accoutumé sur la place du château, on y brûla l'adresse aux conscrits, et un citoyen chanta la chanson sur l'air: *Veillons au salut de l'Empire,* pendant que la musique jouoit le même air ; le chant fini, un des jeunes conscrits donna lecture d'une pétition qu'ils avoient présentée hier au département. Ensuite le président du département prononça un discours après lequel il donna à un des jeunes conscrits un drapeau tricolore avec cette inscription : *Aux conscrits de l'Eure, le département reconnaissant.* Le président lui donna ensuite l'accolade fraternelle aux cris de : *Vive la République !* Celui qui reçut ce drapeau s'écria : *Ceux qui voudront le prendre, faudra qu'ils se battent.* Ce même porte-drapeau, lorsqu'il fallut partir, pleuroit comme les autres. Après la remise du drapeau le commissaire du directoire exécutif du département prononça aussi un discours suivi du bruit du canon et du chant de la marseillaise. Pendant ces chants l'exécuteur brûla l'adresse, et ensuite on fit former une danse entre les conscrits ; quoiqu'il y en eût beaucoup qui étoient fort chagrins, ils firent contre fortune bon cœur, et après cette danse on les reconduisit à leur caserne des Ursulines, jusqu'au lendemain matin samedi, qu'ils partirent pour Lille.

Dès les jours suivants, on fit revenir ceux qui avoient été exemptés dans les cantons, et, arrivés à Evreux, on les logea aux Ursulines, où, étant entrés, ils ne sortoient plus jusqu'au jour qu'ils partirent pour la Hollande. Il y en eut peu d'exempts, parce que beaucoup l'avoient été par faveur, par argent ou amis, tandis que beaucoup d'autres se sont cachés, ont été poursuivis à outrance et ramenés au dépôt des Ursulines liés avec des cordes; on laissoit chez les pères et mères et chez les maîtres des domestiques qui étoient sauvés, des soldats et des gendarmes, payés, nourris, couchés, ainsi que leurs chevaux, jusqu'à ce que l'on eût retrouvé leurs enfants ou leurs domestiques.

Le mardi 18 décembre, on proclama la paix avec les princes d'Empire; mais il se trouva beaucoup d'incrédules.

1799.

Le lundi 21 janvier, on fit la fête de la mort de Louis XVI; il y eut beaucoup de discours prononcés dans le temple de la Liberté, et ensuite la prestation du serment par tous les fonctionnaires publics, de haine à la royauté, à l'anarchie, etc. Il n'y eut qu'un détachement de la garde nationale, encore, si ce n'est que les punitions sont rigoureuses, il ne s'y seroit trouvé que peu de monde; mais, depuis la loi du mois de vendémiaire dernier, qui fixe que les mariages ne se feroient que dans les seuls cantons et les jours de décade, on commanda aussi un piquet de garde nationale pour embellir

— 142 —

les fêtes décadaires, et ceux qui ne s'y trouvoient pas on les traduisoit à la police correctionnelle qui les condamnoit à la prison et à l'amende, de même que ceux qui ne vouloient pas monter la garde; ce n'étoit que menaces et punitions dans ces temps. Ceux qui étoient surpris en travaillant les jours de décade étoient condamnés à trois livres d'amende pour la première fois, et s'ils étoient pris plusieurs fois l'amende redoubloit et même la prison suivoit.

C'est à cette époque, que fut vendue l'église de Saint-Thomas d'Evreux. Elle fut adjugée à divers particuliers, qui sont Désormeaux, celui qui a acheté les Cordeliers d'Evreux; Rique, qui avoit acheté les églises de Saint-Denis et de Saint-Nicolas d'Evreux; Delaitre, maçon; Ducamp, commissaire du Directoire exécutif près l'administration centrale du canton d'Evreux, et Aubé, administrateur municipal d'Evreux. Il y eut Désormeaux qui voulut voir si, sous les murailles de cet édifice, il y avoit de la pierre de taille et de même sous la tour du clocher qui est toute de pierre et haute de 90 pieds; il n'y trouva que du caillou, ce qui trompa ses espérances.

C'est aussi vers ce temps que l'on commença à former l'Ecole centrale dans le couvent des Capucins (1), et à y faire un jardin botanique. Ils firent faire un fossé prenant l'eau qui descend de la route de la Madeleine dans les temps de pluie, et qui la conduit dans un bassin dans le jardin, à la place de l'ancien qui étoit trop petit et ils y firent faire des serres aux dépens de celles de Navarre; car, comme M. de Bouillon avoit donné, lors de sa sortie d'arrestation, toutes ses plantes étrangères à la nation, on prit pour former les serres de l'Ecole centrale tous les vitrages et tout ce qui pouvoit leur servir.

Le mercredi 20 mars, on fit la fête de la Souveraineté du Peuple; tous les corps constitués, avec les troupes qui se trouvoient à Evreux et la garde nationale, formoient le cortége, accompagnés de la Société d'agriculture, du commerce et des

---

(1) L'Ecole centrale fut d'abord organisée au rez-de-chaussée de l'ancien séminaire, qui aujourd'hui et dès cette époque servait de prison. Les classes étaient au rez-de-chaussée, et les prisonniers dans les étages supérieurs. Dans la seconde année seulement l'Ecole fut transférée aux Capucins.

— 143 —

arts, dont les membres portoient, l'un une lunette d'approche, l'autre une navette avec des templus de tisserand, un autre encore souleveoit, sur une petite civière sur ses épaules, une matrice d'obus et le tour en l'air, avec une moitié de matrice d'obus emmanchée au bout de l'arbre du tour, et beaucoup d'autres des attributs de leur métier. Les jeunes élèves de l'Ecole centrale faisoient flotter des bannières avec des inscriptions républicaines.

Le lendemain de cette fête, on commença les assemblées primaires : il ne s'y trouva que très-peu de monde. L'assemblée du canton d'Evreux commença le matin et finit tout son ouvrage l'après-midi du même jour, celles de la ville traînèrent assez longtemps, vu le peu de monde qui y alloit, car personne ne se vouloit aucunement déranger de chez soi pour nommer des hommes qu'on n'aimoit pas.

Ce fut aussi vers ce temps que l'on commença à faire clore le cimetière de murs en terre et paille, dite bauge ; ce fut le nommé Rique, démolisseur d'églises, qui entreprit ce travail à raison de 23 livres la perche, faire et fournir ; il employa dans les patins de ces murs des débris de l'église Saint-Denis.

Le samedi 30 mars, on avoit foit l'inauguration de l'Ecole centrale du département de l'Eure. On fit venir quelques jours avant cette fête des jeunes gens pris dans les écoles primaires du département, qui étant arrivés à Evreux, furent logés chez le bourgeois avec leurs conducteurs, et ils allèrent au concours pour choisir parmi eux dix-huit des plus savants, et il en fut pris deux dans l'Ecole centrale, ce qui forma le nombre de vingt comme la loi le portoit, pour être pensionnés gratis et logés dans l'école établie aux Capucins.

Cette fête fut annoncée la veille par le son des cloches et le bruit du canon, et le matin du jour de la fête, à neuf heures, le cortége ordinaire se mit en marche et se rendit à l'Ecole centrale, où, étant arrivés dans la première cour, ils y plantèrent un arbre de liberté qui fut placé par les militaires blessés aux combats, par les magistrats et par les élèves de l'école, qui remplirent le trou que l'on avoit creusé pour le placer et au fond duquel le président du département mit une inscription en cuivre pour transmettre à la postérité l'année et le jour de cette cérémonie. On avoit placé sur des piédestaux les bustes de Brutus et de Guillaume-Tell, ornés de lierres.

Pendant la plantation de l'arbre, on prononça des acclamations civiques et des vœux publics ainsi conçus : *A la liberté ! A la dignité du nom de citoyen ! A la félicité universelle !* Après ces vœux, le cortége entra dans le local de l'école et le président prononça le discours d'inauguration, et après les applaudissements ordinaires, on prononça des vœux : *A l'instruction publique ! A l'École centrale !* Ensuite, le *Chant du départ* s'étant fait entendre, le cortége se remit en marche pour se rendre au temple décadaire, faisant porter par les élèves de l'Ecole, les bustes des fondateurs de la liberté et des bienfaiteurs de l'humanité, avec des bannières et des corbeilles remplies de couronnes pour prix d'encouragement. Lorsque tous eurent pris place, on mit le buste de J.-J. Rousseau sur l'autel de la patrie, les corbeilles de fleurs et de couronnes et les prix disposés devant lui. Le président prononça le discours de la fête de la Jeunesse, et proclama ensuite les noms des concurrents qui devoient être présentés au Directoire exécutif pour obtenir les pensions. Le président ayant pris la liste des élèves arrêtée par l'administration centrale et par les professeurs, appeloit ces jeunes élèves par leurs prénoms et leurs noms, et à mesure qu'on les nommoit ils descendoient de leurs places pour se ranger devant l'autel de la patrie sous le buste de Rousseau. La proclamation finie, le président fit l'appel pour donner les prix à ceux qui les avoient remportés, et ils montoient les degrés de l'autel, et le président leur donnoit l'accolade paternelle avec des fleurs, des livres de morale, de civisme et d'instruction ; après cela le président remercia les instituteurs des six arrondissements d'instruction, et leur remit des prix pour leurs autres élèves qui s'en rendoient dignes dans leurs études. Enfin le président fit la distribution des prix aux élèves de l'Ecole centrale.

Tout ce qui intéressoit les élèves étant achevé, l'administration municipale, ouvrant sur l'autel de la Patrie le registre civique, fit appel aux jeunes hommes d'âge légal pour venir s'inscrire, et ensuite le cortége se remit en marche pour se rendre une seconde fois aux Capucins, où, étant arrivés, les élèves qui portoient les bustes de Voltaire et de Rousseau les posèrent sur les piédestaux placés sur la terrasse, et ensuite le président prononça encore un discours après lequel deux militaires blessés plantèrent un laurier avec les applaudissements ordinaires, qui se terminèrent par des vœux publics ainsi conçus : *Aux Héros du Grand Peuple ! — Guerre au Gouvernement Anglais ! — Aux Grands Hommes de tous les Pays !* etc., et ensuite le cortége se remit en marche pour se rendre chacun chez soi.

Le dimanche 28 avril, on proclama la loi pour la levée de 200,000 hommes de la deuxième et troisième classe pour compléter le nombre de ceux de la première, vu qu'il n'y en avoit pas eu assez. On fit passer à la visite tous les militaires, tant volontaires que réquisitionnaires et conscrits de la première classe, qui avoient été exemptés lors de la visite de la première classe.

Cette seconde visite ne s'est point faite devant un jury, comme la première ; mais on fit assembler tous les militaires infirmes à la municipalité, et là on appeloit tour à tour les infirmes, commençant par les conscrits de la première classe, et ils passoient dans une salle où étoient les municipaux, avec un chirurgien qui examinoit les infirmités ; ensuite on les renvoyoit sans savoir leur sort, portant seulement leurs infirmités sur le procès-verbal ; et, quand tout fut fini, on les fit avertir d'aller le lendemain matin chercher à la municipalité une espèce de certificat que le commissaire du Directoire leur délivroit, portant la cause de leurs infirmités et les certifiant. Le commissaire les renvoyoit chez le chirurgien avec ce certificat, qu'il visoit de nouveau, avec ses observations et le cachetoit, et ensuite le remettoit à celui qui le lui avoit donné pour qu'il le portât chez le commissaire du Directoire, qui l'approuvoit ou le rejetoit, suivant apparemment la délibération du corps municipal lors de la visite. Ceux qui étoient jugés infirmes recevoient du commissaire du Directoire un autre certificat qui les autorisoit à se pourvoir par devant le Département pour y être de nouveau visités.

Le jour suivant, s'étant rendus le matin à la municipalité, on les fit conduire par un officier démissionnaire au Département, accompagnés d'un officier municipal, et, étant entrés au département, on les passa en visite tour à tour par devant le professeur en chirurgie de l'Ecole centrale et un chirurgien venu de la commission de Paris et par devant le chirurgien de l'hôpital d'Evreux, en présence des administrateurs du Département. A fur et mesure qu'ils étoient visités, on les faisoit retirer dans un appartement à côté, sans pouvoir sortir, car il y avoit garde sur garde, et lorsque tout fut visité, on les conduisit sous escorte au dépôt des Ursulines, sans pouvoir en sortir sans caution de les remettre aux appels matin et soir. Pendant ce temps, on délibéroit au Département sur leur sort, et, quand la délibération fut achevée, on apporta à l'appel du soir les dispenses provisoires ou définitives pour ceux qui étoient infirmes et hors de pouvoir servir; on n'en donna pas à ceux que la délibération du Département avoit jugés bons à servir, et, pour ne les pas chagriner, on leur dit que l'on n'avoit pas encore eu le temps de les écrire; cette marche fut suivie pour tous les cantons du département qui vinrent à la visite au chef-lieu.

A la suite de cette visite, on commença le tirage au sort des jeunes gens de tout le département. Ce tirage se fit en mettant dans un vase les noms de tous les jeunes gens d'un canton et dans un autre les billets, et alors le président prenant un billet dans la première urne et appelant celui dont le nom se trouvoit écrit sur ce billet, lui disoit de tirer son billet dans l'autre urne, et s'il étoit absent le président tiroit pour lui. A mesure que l'on tiroit et qu'il tomboit un jeune homme au sort, on lui demandoit s'il n'avoit point d'infirmités et lorsqu'il répondoit qu'il étoit infirme, il passoit à la visite dans une autre salle et si l'infirmité étoit constatée on remettoit le billet noir dans l'urne et on en retiroit un blanc et on continuoit à tirer jusqu'à la fin de cette manière, et s'il restoit beaucoup de billets noirs, on faisoit recommencer à tirer ceux qui avoient amené blanc; on en a vu tirer trois fois de suite de cette manière.

Lorsqu'un canton avoit fini de tirer, on conduisoit sous escorte au dépôt des Ursulines tous ceux qui tomboient au sort; ils ne pouvoient pas sortir sans caution et encore falloit-il que ce fut des hommes connus et même de la ville; mais à l'égard de ceux qui n'avoient point de caution ils étoient retenus au dépôt avec une rigidité tyrannique, puisqu'il n'étoit pas même permis aux pères et mères et même aux épouses de ces malheureux d'entrer pour les consoler et leur donner les aliments nécessaires; ce n'étoit que larmes et gémissemens, tandis que les chefs se réjouissoient en les faisant partir par centaines au son de la musique et les accompagnant jusques dehors la ville où le général les embrassoit en partant (1).

Le jeudi 30 may, on proclama la vengeance à cause des ministres français assassinés à Rastadt le 28 avril précédent. Cette proclamation se fit à 11 heures du matin par les carrefours, contre la maison d'Autriche, et aussitôt on tira le canon de demi-heure en demi-heure jusqu'à cinq heures du soir. Les tambours étoient couverts de crêpes et tous les citoyens attachés aux administrations, et tous les bons républicains en portèrent au bras de même que les officiers des troupes qui se trouvèrent à Evreux, et les juges des tribunaux et autres administrateurs. On plaça au haut de la tour de la grosse horloge un drapeau noir avec des raies blanches, bleues et rouges, mais dans le noir, qui étoit la plus grande partie du drapeau, il y avoit en lettres blanches : *Vengeance*. Il en fut placé un à chaque administration avec la même devise. Alors on commença à faire un monument sur la place Saint-Léger formé de terre et gazon avec 24 peupliers qu'ils prirent à Navarre. Ce fut le 8 juin, jour de la décade, que l'on fit cette fête qui fut annoncée la veille au soir par trois coups de canon et par le tintement alternatif de la grosse cloche de la cathédrale. Le matin dès la pointe du jour de la fête, même annonce et à midi tout le cortège s'assembla au Département. A une heure, trois coups de canon et le tintement de la cloche annoncèrent le départ; tous les bons républicains portoient des crêpes au bras et les officiers de même et à leur épée, les drapeaux, bannières et enseignes étoient également crêpés, et les caisses couvertes d'étoffe noire; tout le cortège marchoit en silence, les fusils sous le bras, la crosse en haut et les tambours faisant des roulements de temps à autre sembloient être à un convoi d'enterrement.

Tout le cortége étant arrivé et placé, la musique exécuta un air funèbre terminé par un roulement de tambours. En-

(1) Tous ces conscrits devaient être envoyés à Dijon. Ce nom suffisait à l'époque pour que l'on sut de quoi il s'agissait. Aujourd'hui il est peut-être utile de dire, que déjà Bonaparte premier consul formait une armée dite *de réserve*, dont il n'avait dit le secret à personne, qu'un beau jour il partit inopinément se mettre à sa tête , qu'il lui fit passer les Alpes, traînant des canons là où il n'en avait jamais passé, et qu'avant que l'Autriche étonnée eût eu le temps de mettre obstacle à sa marche, il avait vaincu Mélas à Marengo.
C'est ainsi que de pleurnicheurs de la veille, il fit des héros.

suite les présidents des administrations municipales, dans les murs et hors les murs d'Evreux, proclamèrent les noms des conscrits partis pour l'armée, dont la liste fut affichée sur une colonne dite *de Gloire* élevée à un des côtés de ce monument ; ensuite on appela trois fois chacun de ceux qui n'avoient point paru et leurs noms furent aussi affichés sur une autre colonne noire, dite *de honte*, et chaque président d'administration déclara que leurs noms ne seroient effacés de ce tableau diffamant que lorsqu'ils auroient rempli le vœu de la loi. Ensuite la musique exécuta une marche religieuse de Gossec et des stances funéraires furent chantées ; car il y avoit déjà plusieurs jours que des musiciens alloient à la répétition tous les jours dans le temple décadaire. Après cela le président du département s'avançant vers l'autel de la Patrie, avec une branche de cyprès à la main, et se plaçant sur le palier de l'autel, prononça l'éloge funèbre de Roberjot et Bonnier (1). Les cris de vengeance se firent entendre ensuite ; mais les larmes ne couloient pas de tous les yeux comme le dit le procès-verbal, car en cela on embellit toujours ces sortes de fêtes. Il y eut encore des marches funèbres, et un hymne analogue à la fête fut chanté, et enfin, le président du département revenant à l'autel de la Patrie, prononça l'imprécation suivante :

« Le peuple français dévoue à l'exécration de la postérité
» les tyrans de l'Angleterre et de l'Autriche ! il dénonce
» leurs forfaits au monde indigné ! il en appelle à tous les

(1) M. Lebec, président de l'administration du département, prononça aussi un discours qui finissait ainsi : « Le gouvernement autrichien a fait assassiner les plénipotentiaires français qui avaient été envoyés à Rastadt pour la pacification générale. Leur sang crie... il demande... il obtiendra vengeance... » Tout aussitôt la garde nationale qui entourait l'obélisque, élevant et brandissant les fusils, fit le tour du monument en criant sur tous les tons avec une sorte de frénésie : *Vengeance ! Vengeance ! Vengeance !*

L'obélisque proprement dit, qui ressemblait du reste à tous ceux que l'on avait coutume d'élever dans les fêtes publiques, reposait sur un socle de 18 pouces environ de hauteur, sur les faces duquel M. Deloria, professeur de dessin à l'École centrale, avait peint des bas-reliefs imitant le bronze et qui représentaient les différentes scènes de l'assassinat aux flambeaux des plénipotentiaires Bonnier, Roberjot et Jean-de-Brie.

Ce dernier, comme on sait, tomba dans le fossé de la route et eut la bonne idée de contre-faire le mort ; lorsqu'il n'entendit plus rien, il ouvrit doucement un œil, puis l'autre, et ne voyant personne autour de lui, s'échappa aussi vîte que le lui permettait une blessure qu'il avait reçue. Depuis il fut longtemps préfet sous l'empire.

» peuples, à ses fidèles alliés, à son propre courage ! il charge
» les républicains de sa vengeance ! Guerre à l'Autriche !
» guerre à l'Angleterre ! Vengeance ! vengeance ! ven-
» geance ! »

A l'instant, les tambours, dégagés de leurs crêpes, font un long roulement, les trompettes y mêlent des sons aigus, le canon tire, on sonne le tocsin, et ils chantent l'hymne : *Allons, enfants de la patrie*, etc.; on bat la générale, on sonne la charge, les militaires relèvent leurs armes, et après plusieurs marches guerrières autour du monument, ils chantent des cris de guerre aux accents douloureux.

Le cortége se remettant enfin en marche, regagne le département en chantant diverses chansons analogues à la fête. Étant arrivés, le président invite un des élèves de l'Ecole centrale à se présenter pour prononcer un discours analogue à cette cérémonie. Ainsi finit cette fête avec tous les embellissements du langage amplifiant les charmes et les beautés de tout ce qui se fit.

Le mardi 18 de juin, on porta des lettres aux citoyens qui étoient nommés dans la colonne mobile, composée en partie de ceux qui, lors du tirage des conscrits, avoient été déclarés infirmes et incapables de servir dans les armées, et d'autres citoyens au choix des municipaux, quoique le Département eut fait un arrêté pour n'y mettre que des patriotes reconnus et des acquéreurs de biens nationaux ; mais cet arrêté n'a pas été tout à fait rempli.

Le jeudi 20 juin, il arriva un événement tragique à un gendarme qui conduisoit quatre émigrés à la commission à Caen, et qui étoient arrivés à Evreux depuis deux jours. Il paroit qu'il y avoit quelque doutance de cette affaire dès la veille, car le soir, sur les dix heures, on fit monter à cheval les cavaliers qui étoient à Evreux, et on fit prendre les armes aux volontaires qui étoient en garnison et on leur fit faire des patrouilles dans la ville. On avoit placé plusieurs pelotons de volontaires hors la ville et dans les bois d'alentour, mais ils revinrent sur les trois heures du matin sans avoir rien vu. Sur les huit heures, les gendarmes partirent avec leurs prisonniers et cinq autres malfaiteurs qui étoient renvoyés par le tribunal de cassation à Caen pour cause de nullité de jugement. Lorsque les gendarmes furent arrivés au haut de la grande route de Caen, au détour du bois de Parville, où l'on prend le chemin de Beaumont, il se présenta un jeune homme qui, au rapport des gendarmes, pouvoit avoir 16 à 17 ans, ayant deux pistolets assez baissés vers la terre, et qui s'étant approché des gendarmes, leur dit qu'ils avoient quatre hommes dans leur voiture qu'il leur falloit. Aussitôt un des gendarmes qui étoit dans la voiture sauta en bas, et le nommé Lemaître, autre gendarme, monté à cheval, en fit autant, car il y en avoit quatre, et ayant voulu faire quelque mouvement, il fut tiré à travers du bois plusieurs coups de fusil qui le blessèrent à la hanche; les autres se sauvèrent, abandonnant les prisonniers et la voiture; les émigrés se sauvèrent aussi, mais un des gendarmes fut arrêté par un de ceux qui avoient fait ce coup-là, et qui le désarmèrent. Ce gendarme dit dans son rapport qu'il en avoit vu cinq lorsque Lemaître fut blessé. Son cheval le ramena à Evreux, et le voiturier poussa son chemin jusqu'à la Commanderie sans qu'aucune personne l'arrêtât (1).

On envoya des cavaliers après, qui ramenèrent la voiture à Evreux avec les autres prisonniers qui étoient dedans.

Le gendarme mourut le lendemain matin de sa blessure, et fut inhumé avec tous les honneurs militaires: le département en corps, la municipalité et tous les autres corps, avec un détachement de la garde nationale et des volontaires qui étoient à Evreux, assistèrent à l'inhumation. Il fut porté par

(1) Le chemin de Beaumont est celui qui quitte la grande route pour traverser immédiatement le village de Parville, mais ce n'est pas là que l'événement arriva. C'est au détour du petit chemin qui conduit à Caugé et qui débouche sur la gauche de la route avant d'être tout à fait arrivé au haut de la côte.
Ceux qui délivrèrent les prisonniers étaient au nombre de douze, armés chacun d'un fusil à deux coups. On a pu les compter lorsqu'après l'événement ils traversèrent sur la vanne de flottage, à Arnières, pour aller se réfugier dans la forêt.
Lemaître ne descendit pas; s'il l'eût fait, il n'aurait pu remonter. Frappé d'une balle dans les reins, il a pu revenir jusqu'à Evreux, tombant toutefois de temps en temps sur le cou de son cheval.
Le gendarme qui étoit avec les personnes dans la voiture se nommait Lemire. Les chouans, comme on appelait alors les sauveurs dont il s'agit, le conduisirent dans le bois et se disposaient à le fusiller, lorsqu'il parvint à les toucher en leur parlant de ses enfants. Ils le laisssèrent, et deux heures après Lemaître, il arrivait à pied à Evreux, n'ayant pas, on le conçoit, jugé convenable d'aller rejoindre la voiture.
Le bruit courut alors, à tort ou à raison, que ces chouans avaient passé la nuit précédente au petit château de la Musse.

les gendarmes. Le département de même que la municipalité firent retirer le drap mortuaire et la croix de cire que l'on met sur le corps, et ne voulurent pas même qu'il fut entré ou déposé dans la Cathédrale pour chanter les vêpres des morts, vu qu'ils étoient à l'inhumation, et qu'en leur absence seulement on pouvoit le déposer à la Cathédrale.

Cette affaire fit que l'on arrêta plusieurs personnes comme soupçonnées d'avoir eu connaissance des auteurs de ce fait. Le département fit un arrêté pour le désarmement de la Bonneville, qui n'alla point aux armes au son de la générale, non plus que plusieurs autres paroisses.

Le samedi 13 juillet, on annonça par le son des cloches et le bruit du canon la fête du 14 juillet; le jour de la fête dès le grand matin, on fit la même annonce et elle se fit sur la place Saint-Léger sans grand appareil, comme l'année dernière, excepté qu'elle ne commença qu'à cinq heures du soir.

Le samedi 27 juillet, on fit la fête dite du 9 thermidor. Cette fête avoit été transférée au lendemain dimanche, fête de la Liberté, par le département; mais il vint tout-à-coup, le samedi matin, un ordre de faire la fête le jour même, ce qui fut exécuté le soir à cinq heures sans grande cérémonie. On pensa que ce pouvoit être les clubs qui avoient fait cela, car il se tient des clubs de jacobins et de terroristes chez différents hommes de cette espèce.

Le dimanche 28 juillet, on fit la fête de la Liberté qui fut annoncée la veille par le son des cloches et par le bruit du canon que le général Larue (1), en revenant à Evreux, avoit

(1) Le général Larue étoit un homme gros, de taille moyenne, de formes communes et d'un langage grossier. Un jour qu'il se promenait sur la place du château, donnant le bras à une femme qui portait une de ces perruques blondes à tire-bouchons dont la mode venait d'éclore, la populace étonnée le suivait en bourdonnant comme un essaim.
Le frère du général, qui lui était attaché comme aide-de-camp, importuné de cette espèce d'escorte, frappa quelques gamins d'une canne de jonc qu'il portoit Aussitôt un nommé Lalouette, jardinier, l'un des hommes les plus agiles de la localité et reconnu comme duéliste, fend la foule, va frapper familièrement sur l'épaule du général et lui demande si c'est par son ordre que son frère donne des coups de canne aux habitants d'Evreux. Un colloque s'établit, et le général, sa belle et son frère quittent sans plus de bruit les promenades.

foit amener de Dieppe, comme craignant quelque sédition à Evreux, qu'il disoit être tous chouans, et, comme il les avoit fait déposer chez lui, la municipalité les fit retirer en vertu de l'arrêté du département qui avoit fait amener ou conduire à Evreux les canons de Louviers, et quantité de vieilles pièces qui étoient dans les forges de Breteuil, de Conches, de la Bonneville et autres endroits, afin que les chouans ne les pussent pas faire servir contre les républicains. La fête s'est achevée comme de coutume par des discours, etc.

Le samedi 10 août, on fit la fête de ce jour, comme de coutume, mais sans grand appareil comme l'année dernière.

La municipalité voulut encore cette année, mettre la foire de Saint-Taurin dans l'Allée des Soupirs; mais les habitants de la rue Saint-Taurin réclamèrent et ils réussirent dans leur demande; il fut décidé que la foire se tiendroit dans la rue et sur la place Saint-Taurin, comme de coutume.

Le jeudi 22 août, on proclama la loi qui mettoit toutes les classes de conscrits en activité de service, et les jours suivants on commença la visite de tous les militaires porteurs de congés du ministre, des réquisitionnaires et des conscrits de toutes les classes; cette visite s'est faite par devant des officiers démissionnaires et qui reprenoient du service dans les nouveaux bataillons; le jury étoit donc composé de trois capitaines et de deux chirurgiens, en présence du commissaire du directoire près le département. Cette visite s'exécute avec toute la rigueur possible.

On fit venir de tous les cantons du département des couches, des matelas, des draps et autres ustensiles de casernement que l'on fit fournir par les habitants des communes de tout le département pour caserner les conscrits et l'on fit faire des cheminées dans les salles de l'ancien collége pour les y caserner.

Ce fut aussi vers ce temps que l'on destitua trois membres du département, comme n'ayant pas assez d'énergie, pour y substituer des membres du temps de la terreur qui furent installés le mardi 3 septembre.

Le mercredi 4 septembre, on fit la fête dite du 18 fructidor; mais elle ne fut pas célébrée avec tout l'appareil de l'année dernière.

Le commissaire près le département Rever, ayant fait sa démission, on mit à sa place Robert-Thomas Lindet, ci-devant évêque du département de l'Eure.

Il paraît y avoir ici lacune d'une feuille au moins du manuscrit.

1800.

Le vendredi 28 mars, le citoyen Masson-Saint-Amand, nommé préfet du département de l'Eure, arriva à Evreux, et fut salué par plusieurs décharges de canon. A peine fut-il installé qu'il mit à exécution la terrible loi sur les militaires réquisitionnaires et conscrits reconnus infirmes dans toutes les visites précédentes et porteurs de dispenses de service militaire, lesquels par cette loi étoient ou obligés de payer 300 livres, ou de rejoindre différents corps de l'armée, et cela sous un très court délai.

Ce fut alors que le préfet choisit une maison pour son logement, et qu'il prit l'évêché où se tenoit la municipalité, tandis qu'elle même choisit un local dans les Ursulines pour s'y loger, et elle y fut entièrement installée le samedi 12 avril, veille de Pâques.

Le dimanche 13 d'avril, qui s'adonnoit le tridi de la décade et par conséquent jour de marché, c'étoit pour la première fois que ce saint jour s'adonna le jour de marché depuis que les marchés ont été réglés dans les décades, et que les citoyens étoient obligés d'ouvrir leurs boutiques, les jours de marchés soit fête ou non; car pour les autres jours de fête ou dimanche on ne les ouvroit pas, à moins que ce ne fut des sans culottes. Cependant quoiqu'il leur fut enjoint d'ouvrir les boutiques le jour du marché, les citoyens d'Evreux firent un effort sur eux ce jour-là, et n'ouvrirent pas leurs boutiques;

mais le commissaire de police ne prit personne, et on laissa les prêtres insermentés assez tranquilles, de sorte qu'ils faisoient les offices dans des maisons particulières, et mieux chez eux, sans qu'aucun trouble en vint, de sorte qu'y alloit qui vouloit.

Le lundi 9 juin, jour de la décade, on installa le maire d'Evreux.

Le dimanche 22 juin, on annonça une grande victoire dans l'Italie. Cette nouvelle venue, dit-on, au préfet, par un courrier extraordinaire, fut aussitôt proclamée au coin des rues au bruit de six coups de canon.

Le lundi 30 juin, on fit partir dans tout le département des détachements de chasseurs à pied qui étoient à Evreux, et des gardes nationaux, surtout ceux qui avoient servi dans les troupes, pour faire rejoindre les réquisitionnaires et conscrits déserteurs qui se trouvoient dans le département. Ce faisant on publioit toujours dans les journaux de grandes victoires et des paix prochaines, et on couroit la jeunesse sans rémission. Pour que tout le monde dénonçât les jeunes gens, on imagina un nouvel expédient qui étoit de faire supporter à tous les contribuables, au marc la livre, la dépense des détachements envoyés de tous côtés, parce qu'auparavant il étoit dit que ce seroit les pères et mères des jeunes gens qui payeroient quarante sols par jour, par chaque garnisaire qu'on mettoit chez eux, jusqu'à ce qu'ils déclarassent où étoient leurs enfants.

Comme on en mettoit souvent plusieurs chez la même personne, on lui causoit une dépense considérable qui ruinoit des familles ; cela faisoit que les jeunes gens se rendoient à Evreux, pour que l'on retirât ces garnisaires de chez leurs pères et mères.

Le dimanche 13 juillet, on annonça le soir, par six coups de canon de la tour de l'Horloge, la fête dite du 14 juillet.

Le lundi 14 juillet, on fit la fête dite du 14 juillet; cette fête fut annoncée dès la pointe du jour, par six coups de canon. On fit un trou sur le milieu de la grande route de Rouen, sur la place Saint-Léger, vis-à-vis la rue de la Taillerie, pour y placer la pierre fondamentale de la colonne départementale ; dès le matin du jour de la fête, des ouvriers maçons y transportèrent une pierre creusée dans le milieu d'un trou carré pour y recevoir une inscription en cuivre. Sur les dix heures tout le cortége se mit en marche de chez le préfet. Les vétérans invalides portoient sur leurs épaules une petite pierre de marbre carrée, et un autre l'inscription en cuivre, étant accompagnés des maçons avec du charbon pilé et les outils de leur métier pour poser les pierres. On portoit aussi les bannières des divers corps auxquels ils appartenoient et qui étoient suivies du préfet et du général.

Le mardi 29 juillet, jour de la décade, on ouvrit les boutiques et tous les ouvriers travaillèrent librement dans leurs ateliers et chantiers ; on n'attendit pas que l'on proclamât la loi qui permettoit de travailler publiquement les jours de décade.

Ce fut aussi vers ce temps qu'un jeune homme d'Evreux forma le projet de faire rétablir une des sous-ailes de l'église de Saint-Léger et la sacristie, pour que, s'il étoit possible, quelque bon prêtre y célébrât l'office divin. Il fit clore, avec la permission de la municipalité, l'entre-deux des pilliers de la nef, afin qu'on n'allât point dans cette partie, à cause que la grande voûte, menaçant ruine et étant toute défoncée en divers endroits, il auroit pu arriver quelque accident. Il acheta aussi des ornements en attendant qu'il fût possible que l'on permit aux prêtres insermentés de dire l'office publiquement, quoique cependant tous les prêtres qui étoient dans la ville dissent la messe et tout autre office, et même que beaucoup de personnes y allassent, puisqu'on laisse librement assister à l'office tous ceux qui veulent, sans qu'on dise la moindre chose à personne.

L'été de cette année a été si sec que beaucoup de paroisses de campagne environnant la ville, et même de deux ou trois lieues, étoient obligées de venir aux rivières avec des tonneaux pour porter de l'eau chez eux et de laisser les plus grands travaux de la moisson pour avoir de l'eau pour leurs ménages et leurs bestiaux, ce qui a fait aussi que beaucoup de légumes ont péri ; cela, joint à une telle quantité de chenilles qu'elles mangeoient tout, a fait un tort considérable.

— 156 —

Le lundi 22 septembre, au soir, on annonça la fête dite du premier jour de l'an de la République par six coups de canon. Le matin du jour de la fête, même annonce et, sur les dix heures, tous les corps ordinaires aux fêtes, se rendirent sur la place Saint-Léger, et après quelques cérémonies, voyant l'inconstance du temps, se rendirent dans la Cathédrale pour y faire les discours et les chants accoutumés. Comme on avoit depuis quelques jours, sur une pétition de nombre de personnes, démonté tout l'attirail du temple décadaire, le cortége se plaça dans le chœur et y fit chanter des chansons, ce qui causa quelque peine aux prêtres soumis de ce qu'on chantoit des chansons dans l'église. (1) La fête finit sans grande pompe, par quelques illuminations le soir chez le

(1) M. Masson-Saint-Amand, ainsi que les administrateurs Pain et Lehec qui l'avaient précédé, avait la manie de faire des vers à l'occasion de presque toutes les fêtes. L'application n'en était pas toujours du goût de tout le monde. Pour les guérir de cette maladie, un jeune ébroïcien leur lança un jour cette boutade :

Puisque sans consulter ni règle ni génie,
De rimailler ici chacun a la manie,
Je puis bien à mon tour, en dépit d'Apollon,
Entrer effrontément dans le sacré vallon.
Jusqu'ici j'en ai cru la route difficile,
Admirant sottement les vieux vers de Virgile,
Ceux de Gentil-Bernard, les odes de Rousseau,
Les sarcasmes plaisants du sévère Boileau
Et de Voltaire enfin les chefs-d'œuvres sublimes.
Je m'etais interdit toute espèce de rimes,
Et craignant de Midas le juste châtiment,
Je ne fis point de vers et je fis prudemment.

Aujourd'hui cependant je change de maxime,
De la contagion malheureuse victime,
Sur les pas de Lehec, de Masson et de Pain,
Je vais de mauvais vers assommer mon prochain :
Rassemblant bout à bout de vieilles rapsodies,
Je veux comme eux, morbleu, faire des comédies !
Pourquoi non, s'il vous plaît ? Le public indulgent
Aux *Cinq Aventuriers* porta bien son argent.
Il eut la patience et le rare courage
D'écouter jusqu'au bout cet ennuyeux ouvrage.
Mais sans aller si loin, l'auteur de *Sabrifort*
Ne fut sifflé qu'un peu !... le trait me paraît fort.
Rien n'est pourtant plus vrai... et puis venez me dire
Qu'on ne peut pas braver le fouet de la satire.
. . . .
Je me fais donc rimeur quoi qu'on dise et qu'on fasse
Et malgré les Neuf Sœurs j'envahis le Parnasse ;
Pour y gravir, Messieurs, votre ton effronté
M'a montré qu'il ne faut que de la vanité.

— 157 —

préfet, à la mairie et aux tribunaux, mais très-peu chez les particuliers.

Ce même jour, arriva, avec ses principaux officiers, Charles-Robert Lamy, se disant évêque d'Evreux, avec une petite voiture chargée d'ornements, pour s'installer à Evreux ; c'étoit vers le soir après la cérémonie de la fête de la République. Arrivé à la porte de la Cathédrale, les prêtres qui y faisoient l'office, s'étant aussitôt transportés à la Cathédrale, s'efforcèrent de ne pas laisser entrer les meubles des nouveaux venants, ce qui causa entre eux une espèce de rumeur; la garde vint avec un des adjoints du maire pour apaiser le trouble, et fit remporter à l'évêque arrivant ses meubles jusqu'au lendemain pour qu'on délibérât sur leurs difficultés. Ce fut pendant cette espèce de lutte que les sottises furent prodiguées à ce nouvel évêque et même une femme revenant de laver la lessive, ayant trois œufs pour son souper, s'informant de ce qu'il y avoit là, et sachant que c'étoit l'évêque qui vouloit loger dans la Cathédrale, parce qu'on disoit qu'il n'avoit pas le moyen d'aller à l'auberge ; cette femme dit à un homme qui se trouvoit près d'elle : *tenez, voilà deux œufs, donnez-les lui pour son souper*. Cet homme les prenant aussitôt, les jeta de toutes ses forces à la tête de l'évêque, ce qui lui lui fit une espèce de pommade dans les cheveux ; la femme lui jeta aussi elle-même, le troisième œuf qu'elle tenoit encore entre ses mains. Cette scène finit par la force armée comme on a dit, jusqu'au lendemain, auquel jour on donna l'heure des offices aux uns et aux autres. Aussitôt ce nouveau prélat prêcha dans la tribune décadaire, parce que les autres ayant fait faire à même leurs quêtes des chaises et une chaire à prêcher, empêchèrent qu'il s'en servît.

Quelques jours après, il tint une espèce de synode auquel il invita MM. Freney et Moulin, les traitant de vénérables frères et les engageant à se réunir à eux, mais ceux-ci ne voulurent pas y assister.

Le lundi 25 septembre, on proclama une espèce de trêve qui fut aussi annoncée par six coups de canon; mais cela ne fit pas grande sensation sur les esprits accoutumés depuis longtemps à ces sortes de promesses de paix sans qu'elles se réalisent jamais. Malgré tous ces avantages annoncés par la République, on poursuivoit à toute outrance les jeunes gens dans toute l'étendue du département, mettant force garnisaires chez les pères et mères jusqu'à ce qu'ils se rendissent au dépôt à Evreux pour y obtenir un certificat d'arrivée, ce que l'on refusoit assez souvent pendant un nombre de jours, en laissant les garnisaires toujours à payer et à nourrir par les pères des jeunes gens, et même on rejetoit au marc la livre sur tous les contribuables de chaque paroisse tous les frais qu'occasionnoient les détachements militaires de colonne mobile et de troupe réglée. Ceux qui vouloient passer en visite étoient examinés par devant deux chirurgiens et un général; mais celui-ci le plus souvent n'écoutoit pas beaucoup les décisions des chirurgiens et les gardoit tous pour les faire partir pour Dijon, par convois de 50 hommes et même moins, en les faisant conduire par la gendarmerie et des cavaliers d'autres corps, crainte que quelques-uns n'échappent au conducteur. Cela n'empêchoit pas que quelques-uns ne se dérobassent à leur vigilance, puisqu'il y eut un conducteur qui n'arriva à sa destination qu'avec deux hommes de son détachement.

Dans les derniers jours d'octobre, on vendit l'église Saint-Léger d'Evreux à un nommé Rouillon, horloger, pour la somme de 2,000 fr. et à la charge par lui d'achever la clôture et fermeture du grand cimetière. On ne lui vendit que l'édifice et non le fond sur lequel il est bâti et il lui fut enjoint de débarrasser les lieux sous deux ans pour agrandir la grande place. Ainsi ceux qui s'étoient donné beaucoup de peine à faire rétablir une des sous-ailes du côté de la rue qui est du côté de la rivière ne retirèrent de leurs dépenses que la liberté de démolir l'ouvrage qu'ils avoient fait. La municipalité allégua pour la vente de cette église, le mauvais état des voûtes qui étoient défoncées et menaçant ruine, disant que si on venoit à faire des offices dans cette église, il étoit à craindre qu'il arrivât beaucoup de malheurs par la chute de ces voûtes.

Le préfet, sur une circulaire du ministre de la police générale, fit un arrêté assez véhément et en quelque sorte insolent et menaçant en deux articles, contre les prêtres qui étoient rentrés, enjoignant au maire de chaque commune d'interpeller les prêtres nouvellement rentrés, de faire la promesse de fidélité à la Constitution, et s'ils refusoient de lui faire savoir le plus tôt possible, et qu'ils prendroit des mesures pour les faire rétrograder vers les frontières, et de surveiller et metre en note l'impression que faisoit leur présence dans les comunes où ils se trouvent; mais il ne se trouva guère de rentrants qui voulussent faire cette soumission, attendant du souverain Pontife une décision à cet égard.

Dans les entrefaites de cet arrêté, le préfet fût se marier en seconde ou troisième noces à....... et il arriva à Evreux avec son épouse, le 11 décembre, au bruit du canon; un détachement de la garde nationale, accompagnant le maire, alla saluer son épouse.

Le mercredi 24 décembre, on emporta dans la cour du département des pièces de canon que l'on avoit amenées de Bernay et d'ailleurs, lors des troubles des chouans.

1801.

Le mardi 13 janvier, on arrêta plusieurs particuliers soupçonnés d'être septembriseurs, et cela à cause de la conspiration qui avoit eu lieu à Paris contre le premier consul Bonaparte. La municipalité fit quelques jours auparavant une adresse pour féliciter le premier consul de ce que les assassins avoient manqué leurs mauvais desseins.

Le samedi 14 février, on annonça encore la paix par une vingtaine de coups de canon; ce fut là toute la proclamation qui en fut faite, ce qui fit dire à beaucoup de personnes que c'étoit une paix comme toutes les autres que l'on avoit proclamées et qui ne fut guère crue véritable.

Le dimanche 1er mars, jour de la décade, on planta encore un arbre de liberté à la place de celui qui étoit sur la place Saint-Léger, parce qu'il étoit mort : car depuis qu'il avoit été plané avec une plane, il avoit toujours fait mauvais effet. Ce qui occasionna encore que l'on en planta un à sa place, ce fut aussi apparemment à cause que depuis une quinzaine de jours, on fit enlever toutes les terres que l'on avoit fait amener sur la place pour élever un monument à la mémoire des députés de Rastadt. Comme il y avoit déjà quelque temps que les peupliers que l'on avoit plantés avoient été cassés, on donna à divers particuliers la permission d'enlever les terres pour les porter dans les champs sur les herbages et où ils voulurent.

Ce fut aussi vers ce temps qu'un particulier de Bérangeville-la-Rivière faisant défricher une haie qui étoit le long du chemin d'Evreux à Bérangeville, sur la gauche, avant d'arriver à l'église, le long d'un pré dont une partie est en labour, trouva trente-un corps morts, et il en auroit trouvé davantage s'il avoit voulu faire des fouilles à cet effet ; mais comme ce n'étoit pas son dessein, cela en resta là. Il y en avoit plusieurs qui étoient placés dans des cerceuils de plâtre, dont le dessus avoit l'air d'avoir été recouvert d'une planche, et dans l'un desquels, qui étoit fort grand, il se trouva un sabre couché le long du corps, mais tellement rouillé, que l'on n'a pas pu savoir s'il y avoit de l'écriture sur la lame ; aux pieds de ce grand corps, il y en avoit quatre d'enterrés de travers, sans coffres de plâtre. Il se trouva encore dans un autre cerceuil de plâtre deux têtes, dont une grosse comme un œuf de poule d'inde et l'autre de grosseur ordinaire. Tous ces corps étoient dans la direction ordinaire, excepté les quatre qui étoient au pied du grand cercueil. Tout cela pourroit avoir quelque rapport avec l'abbaye de la Vallée dont il est parlé dans l'histoire d'Evreux (1).

Le 31 mars, jour du vendredi-saint et de la décade, on proclama la paix avec l'empereur. On annonça cette paix, la veille, par le son des cloches et le bruit du canon; le jour de la proclamation, même annonce dès la pointe du

---

(1) Les corps dont il s'agit étaient rangés parallèlement entre eux et perpendiculairement à la longueur de la vallée. Ils occupaient le talus du chemin public et n'étaient pas recouverts de plus de six à huit pouces de terre. C'est en poussant le défrichement de la surface du sol le plus près possible du chemin public dont le talus était une pente très-allongée que le propriétaire du champ fit la découverte.

Les corps étaient dans des cerceuils de plâtre. Celui près duquel se trouvait une épée n'était pas un géant, comme on pourrait le croire d'après le récit de Rogue. C'est entre le village de Bérangeville et le Moulin de Chetivel qu'eut lieu cette découverte, et l'on sait que d'autres cercueils de même genre et des débris de constructions ont été trouvés, il y a peu d'années, non loin de là auprès de l'ancienne fontaine de Saint-Laud.

jour. Sur les dix heures, on battit la générale, et tout le cortège s'assembla chez le préfet, le maire, ses adjoints et le commissaire de police étant à cheval comme à la publication des anciennes paix. Le général Laroche et autres officiers, de même que le préfet, assistèrent aux proclamations. Pendant toute cette cérémonie, on sonna les cloches et on tira quantité de coups de canon; l'après-midi beaucoup de jeunes gens se déguisèrent en mascarade (1), et il y eut le soir grand bal, illuminations et feu d'artifice chez le préfet.

Le samedi 18 avril, le commissaire de police alla chez tous les prêtres insermentés leur faire défense de faire davantage l'office chez eux en public, n'y d'y souffrir personne, à peine d'être poursuivis; car, depuis que l'on étoit un peu plus libre, l'affluence du monde étoit très-grande, ce qui causoit un grand déplaisir à l'évêque Lamy et aux autres prêtres de la Cathédrale.

Le dimanche 19, tous les prêtres insermentés obéirent, car ils ne reçurent aucune personne, ce qui causa du chagrin à tous ceux qui alloient à leurs offices, en regardant cela comme une persécution, puisque la plus grande tranquillité règne.

Le mardi 21, un des chanoines assista à la mort un criminel. C'est la première fois, à Evreux, depuis la révolution, que l'on ait vu un prêtre assister un criminel en public; mais ce fut sans habit d'église.

Le mardi 5 may, on installa la commission spéciale au son de la musique et sous l'escorte d'un piquet de garde nationale.

Le samedi 16 may, la commission spéciale commença à juger sans jurés, comme porte son institution.

Vers ce temps, on travailloit à fort à faire du restant du grand séminaire une prison plus grande; on prit

---

(1) Cette mascarade, à cause du jour, ne fut pas du goût de tout le monde. Elle ne dura pas longtemps. Les masques, qui étaient tous à cheval, s'aperçurent bien vite que personne ne prenait part à leur divertissement.

même une partie du jardin pour en faire une cour dans laquelle on éleva un grand mur fait avec des pierres de taille de Saint Pierre et de Saint-Léger, de même que les cachots. C'est aussi vers ce même temps que le préfet fit abattre un bout du rempart qui règne le long de l'allée des Soupirs, et qui donnoit au bout des promenades de l'évêché et fit faire un grand perron pour descendre dans cette allée ce perron fut aussi bâti de pierres d'églises, et surtout de Saint-Léger ; car il semble que ces édifices aient été faits pour fournir des matériaux à toutes ces sortes d'ouvrages, puisque les pierres de Saint-Pierre furent employées à la reconstruction des vannes sur la rivière du flottage et des ponts.

Dans le commencement de juin, on publia un arrêté du préfet qui remettoit les marchés d'Evreux de sept en sept jours, excepté qu'ils ne pourroient pas tenir les jours de décade mais la veille, si en cas il s'adonnoit que le septième jour tombât ce jour-là. Ainsi, le premier grand marché qui tomboit toujours la veille de la décade fut comme concerté dans tous les esprits pour le samedi. Alors pour faire cet arrangement, le marché du vendredi 5 juin, qui étoit un jour de marché, fut remis au lendemain samedi. Quand la décade tombe le lundi, le marché se tiendra le samedi, et si c'est le samedi, le marché tiendra le vendredi ; comme s'il tomboit la veille des fêtes nationales il sera tenu la veille.

Dans le courant de juin, on forma des séries de citoyens pour la nomination des nouveaux membres du gouvernement. Les citoyens composant chaque série se transportèrent dans le délai accordé par la loi chez le commissaire de leur série pour y nommer un dixième des citoyens composant leur série. Quelques temps après les citoyens qui avoient réuni le plus de suffrage se transportèrent, durant le délai accordé, chez un commissaire nommé a cet effet et y déposèrent leurs bulletins pour la nomination d'un dixième d'entre eux et former la liste des nouveaux membres du gouvernement.

Le lundi 13 juillet, on annonça la fête dite du 14 Juillet, par plusieurs coups de canon et à la chute du jour, avec musique à la retraite.

Le mardi 14 juillet, à la pointe du jour, on annonça la fête

— 163 —

comme la veille; mais elle se passa dans la plus grande simplicité ; il n'y eut qu'un piquet de garde nationale, la compagnie de colonne mobile et celle de soldés avec les différentes troupes en station à Evreux. Comme on faisoit fermer les boutiques le matin dans les années précédentes, la cérémonie commençant qu'à quatre heures, on ne les fit point fermer comme aux années précédentes. Il devoit y avoir un petit feu d'artifice et des courses ; mais le temps étant pluvieux, on remit cette partie de la fête au décadi suivant qui étoit le dimanche.

Le dimanche 19 juillet, jour de la décade, on tira la cible à l'oiseau (1) et on courut les courses à pied dans la grande allée qui conduit au château de Navarre et le soir il y eut quelques illuminations ; le préfet fit mettre deux pièces de vin sur les promenades de l'évêché pour ceux qui voudroient boire, et il y eut feu d'artifice et danse.

Ce fut aussi vers ce temps que l'on voulut établir l'octroi pour les besoins de l'hospice, et on fit une espèce d'essai d'une souscription libre pour éviter les frais de bureaux et de commis, afin d'adoucir cette espèce d'impôt.

Le mardi 11 août, on exécuta à mort cinq individus accusés d'avoir volé la diligence de Caen à Paris entre Evreux et Pacy (2). Ces malheureux, allant au supplice, chantoient

(1) Le tir à l'oiseau eut lieu dans la grande avenue du château. L'oiseau *en bois*, aux ailes éployées, était placé au bout d'une perche au haut du premier arbre de l'allée circulaire qui entourait la place dite la Lune de Navarre.

(2) Le procès de ces malheureux fit une grande impression dans la ville ; il fut jugé par la cour spéciale instituée par Bonaparte dans le but de réprimer promptement la chouannerie.
Depuis quelque temps les diligences portant des fonds du gouvernement étaient attaquées entre Evreux et Paci dans le voisinage du lieu dit *Riquiqui*, et on en retirait l'argent de l'Etat.
Un nommé Colin, limonadier, rue du Cheval-Blanc, étant indisposé dans la nuit, se mit à sa fenêtre. Il y était à peine qu'il vit dans une des chambres de l'auberge qui était en face de lui, plusieurs jeunes gens qui retirèrent d'une petite malle portative des sacs d'argent qu'ils se partagèrent.
Le lendemain matin on apprit que la diligence avait été volée ; Colin alla déclarer ce qu'il avait vu, on courut à l'auberge, mais les jeunes gens étaient partis les uns à Paris, les autres à Caen. On se mit à leur poursuite. Ceux qui allaient à Paris furent atteints avant d'y arriver. La diligence

de toutes leurs forces des chansons royalistes, à l'exception d'un qui écoutoit un des prêtres qui l'exhortoit à la mort. Chose étrange qu'on n'avoit jamais vue à Evreux, ils crioient de toutes leurs forces : *A bas le tribunal révolutionnaire !* en parlant du tribunal de l'Eure ; ils montèrent à l'échafaud en courant et en criant : *Vive le roy !* Les corps de ces cinq malheureux furent portés, dans un grand panier, par l'exécuteur au cimetière, et là il les mit dans des cercueils. Cela fut ainsi ordonné par la mairie, parce qu'avant ce temps

était à peine arrêtée que l'un des voyageurs prétexte un besoin pressant à satisfaire, court derrière une haie où on le suit aussitôt et, l'ayant rejoint, on le trouva nanti d'un sac d'argent portant l'étiquette de *St-Lô*.

Colin, qui avait eu le temps d'examiner les figures, accompagna les gendarmes qui se rendirent à Caen, où ils trouvèrent les coupables occupés à partager l'argent. Les sacs que l'on avait jetés au feu, en entendant les sommations légales, n'étaient pas tous entièrement brûlés.

A cette occasion Colin fut fait commissaire de police d'Evreux et y remplit pendant longtemps cette charge.

Parmi les malheureux qui furent condamnés, il en était un dont la maîtresse s'empoisonna dans la maison de bois située au-dessus du bureau de l'ancien octroi de la barrière de Paris, à droite en montant la côte ; cette maison était alors à usage d'auberge.

L'un d'eux, nommé Chevalier, qui fut acquitté, était fusillé l'année suivante à Paris, à la barrière de l'Ecole Militaire. Par une coïncidence particulière, une personne qui l'avait vu acquitter à Evreux, rentrant dans Paris vers le soir, le reconnut assis sur une planche posée en travers sur les ridelles de la charette qu'escortaient des cuirassiers, et put entendre le bruit de l'exécution.

Parmi les autres se trouvaient Châteauneuf et Hyver ; ce premier blond et frais, le second brun, mince et d'une tournure fort distinguée.

Ils furent condamnés à 2 heures dans la salle actuelle de la cour d'assises. Comme plusieurs d'entre eux appartenaient aux meilleures familles de Caen, on avait répandu le bruit que des chouans déguisés étaient mêlés au public et les délivreraient s'il y avait condamnation.

L'arrêt était à peine prononcé que ceux qu'il frappait s'écrièrent : *A bas le tribunal de sang !* Le public prit ce cri pour le signal de la délivrance, et se sauva pour ne pas se trouver dans la bagarre ; les portes de la cour d'assises furent trop petites, et les plus hardis s'arrêtèrent à peine sur la place pour regarder le portail.

A 4 heures ces jeunes gens, condamnés deux heures auparavant, marchaient au supplice debout dans une charrette, contre les ridelles de laquelle, ils étaient attachés les mains liées derrière le dos. Ils n'étaient dépouillés que de leurs habits et chantaient tous ensemble.

Hyver, qui fut exécuté le dernier, s'adressant à ceux qui entouraient l'échafaud et la charette, prononça ces mots d'une voix assurée : « *Peuple d'Evreux, je marche à la mort d'un pas ferme ! Voyez ! voyez !* » et, ce disant, il refusait l'appui de l'aide de l'exécuteur et traversait la charrette la tête haute, la démarche assurée, sautait légèrement de la charrette sur le haut de l'escalier et se livrait à l'exécuteur qui l'attendait. Quelques secondes après on faisait glisser de l'échafaud dans la voiture, avec beaucoup de peine, le grand panier qui contenait les cinq cadavres.

l'exécuteur déshabilloit les suppliciés sur l'échafaud, devant tous les spectateurs, pour les mettre ensuite dans des bières, et les frères de la charité les emportoient, mais il y eut des plaintes portées sur l'indécence de mettre presque nus en public des corps tout sanglans. La mairie ordonna que les frères de la charité les prendroient à la porte du cimetière pour les mettre en terre.

Vers la fin de septembre, le préfet fit un arrêté pour les inhumations, par lequel il étoit dit qu'il ne pourroit y avoir que la couleur noire qui seroit en usage pour la tenture et que dans les communes où il y avoit des particuliers pour les enterrements, ils ne pourroient pas être moins de cinq en manteau noir fendu et qu'il y en auroit un sur les cinq qui auroit un chapeau rond rabattu et une médaille sur laquelle il y auroit écrit : *Honneurs funèbres*, avec une baguette noire entre ses mains. Ce même arrêté porte aussi que dans les communes où il y a des sociétés d'hommes volontairement dévoués à l'inhumation des défunts, il les invitoit à donner l'exemple. Comme la charité d'Evreux se trouvoit dans ce cas, les frères représentèrent au préfet qu'ayant des manteaux ainsi ouverts, il seroit désagréable de voir les manches des habits de diverses couleurs, ce qui feroit une bigarrure et donneroit risée aux méchants et l'occasion de critiquer, et lui demandèrent à conserver l'usage de leurs anciennes robes, ce qui leur fut accordé ; mais comme les anciens chaperons étoient bleus et que le préfet n'admettoit que le noir, les frères firent faire leurs nouveaux chaperons noirs. Le même arrêté du préfet porte que dans les communes où il n'y a point de société pour l'inhumation, on prélèvera une taxe sur les revenus du défunt à proportion de ses impositions pour l'employer à payer les cinq hommes chargés des enterrements.

Tandis qu'il sembleroit qu'on protégeoit la religion, on ne cessoit pas de démolir les églises, car Menier qui avoit acheté celle de Saint-Pierre, après avoir vendu à Rique, autre marchand d'églises, toute la partie du cimetière depuis la rue du Sel jusqu'à *ras* de l'église et depuis la rue Saint-Pierre jusqu'au rempart, y avoit fait bâtir une maison pour s'y loger et un chantier de toutes sortes de bois. Ce même Menier vendit vers le mois de juin tout l'emplacement de l'église et le restant du cimetière qui étoit le long du rempart avec les matériaux de l'église, qui étoient restés debout et par terre au nommé Cucuel, commis dans les ventes de la forêt, qui y a fait faire une plâtrerie; c'est la première qui fut établie à Évreux. Comme ce même Cucuel faisoit porter du bois de corde à Cailly, les voitures ne s'en revenoient pas à vide, mais rapportoient de la pierre à plâtre que l'on apportoit à Cailly, en bateau. Ainsi l'église Saint-Pierre, la plus grande église d'Evreux après la Cathédrale, a été la première démolie avec le plus d'acharnement, parce qu'on fit refaire à neuf presque toutes les vannes sur la rivière du flottage, réparer les ponts et mille autres ouvrages que les particuliers faisoient faire ; il sembloit que c'étoit à qui auroit des pierres d'églises pour bâtir.

Le préfet fit terminer aussi, vers le mois d'octobre, le perron pour descendre de ses promenades dans l'allée des Soupirs. Ce perron fut fait en partie avec des pierres de l'église Saint-Léger, à l'exception de quelques forts morceaux de pierre neuve qui manquoient, n'en trouvant pas d'assez forts pour mettre dans les emplacements qui en avoient besoin.

Le mardi 22 septembre, on annonça par le son des cloches et le bruit du canon, la fête du premier jour de l'année de la République.

Le mercredi 23 septembre, on annonça à la pointe du jour, la fête du premier jour de l'an X de la République par le son des cloches et le bruit du canon. On avoit fait dresser sur la place Saint-Léger, un mât de cocagne de près de 50 pieds de haut, lequel étoit fait en bois de chêne raboté pour le rendre plus uni, et graissé à force savon pour le rendre plus glissant, et au haut duquel on avoit mis plusieurs prix attachés à un cercle avec des rubans tricolores ; un des principaux prix étoit un gobelet d'argent du prix d'environ 25 à 30 liv., avec les gravures de dessus ; les autres prix étoient des étoffes, etc. Un certain nombre d'hommes accoutumés à monter sur les arbres, s'étoient fait inscrire pour monter ; mais ayant vu que les plus adroits ne pouvoient pas y monter ils se retirèrent, de sorte qu'il n'en reste que trois ou quatre dont le plus adroit monta jusqu'à moitié, mais il ne put aller plus haut et fut obligé de redescendre. Alors, le préfet présent à cette fête, permit à ceux qui voudroient y monter de se servir de tous les objets qu'ils croiroient les plus capables de les aider, et il y eut un particulier qui leur prêta des espèces de grapins qu'il avoit, mais malgré tout cela ils ne purent y monter que le lendemain. Il y eut aussi une course sur la même place ; le prix étoit un sabre. Le soir illumination assez sobre de la part des particuliers et feu d'artifice dans la cour du préfet, suivi de danse.

Ce fut aussi vers ce commencement d'année républicaine, que l'on forma une espèce du bureau de bienfaisance à l'Hôpital pour six hommes et six femmes âgés et hors d'état de pouvoir gagner leur vie.

Le dimanche 4 octobre, les frères de la charité mirent pour la première fois leurs robes pour assister à leur messe, que l'on dit à la Cathédrale.

Le même jour, on proclama les préliminaires de la paix avec l'Angleterre, au son des cloches et on tira le canon pendant cette proclamation.

Le dimanche 25 octobre, la mairie vendit la boucherie qui consistoit en deux grands bas-côtés sous lesquels il y avoit quatre rangées d'étaux, et qui tomboit en ruines faute de réparations; elle fut vendue 1,700 livres et les frais d'adjudication et autres, montant à 100 livres.

Le lundi 9 novembre, on fit la fête nationale dite du 18 brumaire ; on annonça cette fête la veille par 18 coups de canon de la tour de l'Horloge et par le son des cloches. Le jour de la fête, le cortége se transporta sur la place de Saint-Léger, que le préfet proclama place Bonaparte. La mairie avoit fait faire à cet effet une espèce d'encadrement en plâtre contre la maison des Ursulines pour y placer une épitaphe où devoit être le nouveau nom de la place. Il y eut courses à pied et mât de cocagne, mais le mauvais temps empêcha de monter au mât et on remit la montée à la décade suivante; le soir il y eut bal et danses, petit feu d'artifice et illuminations.

Le mercredi 11, on voulut achever la fête en montant à

cocagne, mais le temps étant trop mauvais, la fête n'eut pas lieu.

Le mardi 22 décembre, on installa les juges de paix de la nouvelle création. Jamais cabale n'a été plus ouvertement faite en public, surtout pour ceux qui étoient attachés aux anciens juges de paix, des hommes allant eux-mêmes mendier des suffrages : on a même vu la femme d'un de ces hommes aller elle-même mendier par les maisons les suffrages des citoyens pour son mari. Le lieu des séances du juge de paix ancien de la ville resta à l'ancienne municipalité, et l'autre juge de paix fut placé au collége.

1802.

Le mardi 12 janvier, arrivèrent à Evreux MM. Salmon et Bailly, grands-vicaires du cardinal Caprara, pour réunir tous les esprits et rétablir la concorde entre les prêtres soumissionnaires et ceux qui n'avoient fait aucun serment: il y eut de grandes discussions de part et d'autre, et au bout de quelques jours ces deux messieurs repartirent pour Paris.

Le dimanche 7 février, mourut à Paris M. Latour d'Auvergne, dernier comte d'Evreux ; son épouse étoit morte aussi à Paris dans le mois de may précédent.

Dans le commencement de mars, on commença à planter des arbres sur la place St-Léger, dite place Bonaparte, comme il avoit été arrêté par le préfet lors de la dédicace de cette place.

Ce fut aussi vers ce temps que revint à Evreux M. le Bailly, en qualité de grand-vicaire général, pour régir les affaires du diocèse d'Evreux et donner de nouveaux pouvoirs à ceux à qui il jugea à propos d'en donner: il en refusa à ceux qui étoient venus dans le diocèse du temps de l'intrusion de Lindet, comme aussi il interdit les prêtres faits par Lindet.

Dans le courant du mois de mars, on fit faire sur le haut du

— 169 —

Carrefour, à la place des exécutions criminelles, une *boitoure* pour que le sang des suppliciés s'écoulât dedans et non plus dans le ruisseau comme il faisoit auparavant.

A peine fut-elle achevée que l'on exécuta, le dimanche 14 mars, deux misérables du Bourgtheroulde, l'un horloger et l'autre serrurier, pour avoir par jalousie de métier fait périr un de leurs confrères, horloger à Saint-Pierre-du-Bosc-Guérard, par une boîte garnie de sept à huit canons de fusils chargés à mitraille, qu'ils avoient portée dans une auberge où ils savoient qu'il descendoit, en feignant que c'étoit une pendule venant du département de l'Orne ; de sorte qu'en déficelant cette grande boîte, un piton fit partir une batterie de fusil qui étoit disposée dedans, et qui, en tuant l'horloger, fit périr d'autres personnes.

Le lundi 29 mars, on annonça par plusieurs coups de canon la signature de la paix avec l'Angleterre.

Le dimanche 18 avril, jour de Pâques, on sonna les cloches de la Cathédrale pour tout l'office divin. Il y eut à vêpres une petite rumeur à l'occasion du grand-vicaire de Lamy, en ce qu'il avoit quatre heures par jour pour son office, le matin, depuis 7 heures jusqu'à 9, et l'après-midi depuis 1 heure jusqu'à 3, et comme à trois heures il n'avoit pas encore fini, quelques particuliers que l'on soupçonna d'être un peu *boissonnés* entrèrent d'eux-mêmes dans le chœur et posèrent à terre ses ornements ; cela causa un peu de scandale à ceux qui arrivoient dans ce moment pour assister aux vêpres.

Ce fut aussi à cette époque, que l'on défendit aux prêtres de différents oratoires particuliers de donner la communion pascale ; il ne fut accordé aux fidèles de la recevoir que dans la Cathédrale.

Le mercredi 5 may, on mit le pain à 5 sous 9 deniers la livre, et le pain blanc à 6 sous 3 deniers, chose étonnante.

Le dimanche 16 may, les frères de la charité sortirent pour la première fois hors de l'église avec les clochettes et la croix, et, comme ils passoient à travers l'allée des Soupirs par le Pont-Rouge, il y eut un prêtre apostat qui, se trouvant dans l'allée, se cacha derrière les arbres sans retirer son chapeau.

Le mercredi 29 juin, M. Bourlier, nommé à l'évêché d'Evreux, arriva sur les trois heures après midi, ce qui retarda les vêpres un peu, parce que les prêtres qui faisoient l'office allèrent le saluer ; on annonça son arrivée par le son des cloches.

Quand M. l'évêque d'Evreux fut arrivé, il y eut chez lui grand concours de prêtres, tant de ceux qui rentroient journellement, en venant soit d'Angleterre, d'Allemagne ou autres endroits, que de ceux qui étoient restés en France insermentés, assermentés et constitutionnels. Le nommé Legendre, grand-vicaire et promoteur de l'évêque Lamy, qui n'avoit pas voulu reconnaître la légitimité de grand-vicaire en la personne de M. l'abbé le Bailly, alla trouver M. l'évêque d'Evreux, et après lui avoir exposé les regrets et repentance de tout ce qu'il avoit fait, M. l'évêque lui dit de continuer dans ces sentiments, qu'ils se reverroient et qu'il arrangeroit cela.

Alors ledit Legendre s'en alla le lendemain à la sacristie pour se mettre en devoir de célébrer la messe, mais les prêtres qui s'y trouvoient lui refusèrent des ornements puisqu'il avoit les siens ; il dit que M. l'évêque lui avoit dit de se réunir aux autres et de continuer, mais, soit qu'il eût mal compris ou qu'il y eût quelque supercherie de sa part, les autres prêtres ne voulant pas communiquer avec lui, il ne pût obtenir ce qu'il vouloit.

Le lundi 12 juillet, mourut le nommé Foudrac, celui qui avoit ouvert le premier la Cathédrale après la terreur ; il fut inhumé dans le grand cimetière d'Evreux.

Le mardi 13, jour de marché, on diminua le prix du pain parce que la fête du 14 ne permettoit pas de s'occuper de cet objet, à cause des proclamations solennelles de la paix et autres. Il fut mis à 35 sous les 8 livres en pain ordinaire ; le 14 juillet il avoit été mis à 30 sous et il s'en fut toujours en augmentant, variant de 38 à 46 sous jusqu'au jour susdit où il fut taxé à 35 sous et toujours d'un prix exorbitant.

Ce même jour 13 juillet, on annonça par le son des cloches et bruit du canon la fête du lendemain dite du 14 Juillet.

Le mardi 14, dès la pointe du jour, on annonça la fête par le son des cloches et le bruit du canon. Ce même jour, sur les huit heures du matin, le maire accompagné de ses adjoints et du secrétaire, étant tous à cheval escortés des dragons du 19e régiment qui étoit à Evreux et des gendarmes à cheval, proclama le concordat fait entre Pie VII et le premier consul et d'autres lois.

Ce fut aussi ce même jour qu'on intronisa M. Bourlier, évêque d'Evreux, dans son siége; le préfet voulut l'engager à aller avec le cortége militaire par les rues du département, de Saint-Taurin, aux Fèvres, la Grande-Rue, celle de l'Horloge et la rue Lecomte, mais il dit qu'une fête civile ne regardoit pas le religieux. Cependant le bruit se répandit que M. l'Evêque alloit aller avec tout le cortége, mais une indisposition l'empêcha de sortir; alors le préfet le conduisit de sa maison, où il était descendu le 29 juin, à l'Eglise Cathédrale, où étant arrivé le clergé se trouva à la porte pour le recevoir; ils le revêtirent des habits pontificaux et le conduisirent sous un dais jusque dans le chœur où il y eut un *Te Deum* chanté, pendant lequel on sonna la grosse cloche. M. l'Evêque prononça ensuite un discours.

Après la cérémonie, on le reconduisit à l'évêché avec la croix et les chandeliers et le clergé. Tout le cortége militaire s'en alla sur le champ et ne passa point par les rues susnommées.

Dans l'après midi, le préfet et le général Laroche firent distribuer quatre livres de pain à chacun des pauvres qui s'étoient fait inscrire au bureau de l'hospice; le soir il y eut illumination générale et danse sur la place du château.

Le soir de ce même jour on sonna pour la première fois l'*Angelus*.

Le jeudi 22, on sonna une messe à neuf heures pour la

première fois, et on proclama un arrêté pour la sonnerie des offices et pour porter le viatique publiquement aux malades.

Le dimanche 25, Mgr l'Evêque dit sa première messe pontificale, à laquelle assistèrent le préfet, le maire et ses adjoints, le général et les officiers; Madame l'épouse du préfet fit la quête.

Cette année, le maire d'Evreux fit abattre, sur la place Saint-Taurin, un mur qui séparoit cette place du cimetière de Saint-Gilles et une petite place qui étoit entre le même cimetière et la rue Saint-Taurin, afin d'agrandir la place pour tenir la foire. Les marchands qui voulurent tenir la foire furent obligés de prendre des places marquées par la mairie, à une livre le pied sur la longueur ; ce nouvel ordre de chose, joint à la rareté de l'argent, fit une mauvaise foire.

Le dimanche 15 août, on proclama solennellement dans les places publiques le consulat à vie en la personne de Bonaparte. Il y eut l'après-midi *Te Deum* dans la Cathédrale, au son des cloches et au bruit du canon ; le soir illumination et feu d'artifice dans la cour du préfet.

Le dimanche 29 août, on publia dans la Cathédrale d'Evreux, l'arrêté du cardinal-légat pour l'abolition des fêtes; cependant on invita les âmes pieuses ou dont le travail pouvoit se suspendre d'assister à l'office de la Nativité de la Sainte-Vierge, que l'on feroit sans grand appareil.

Le mercredi 8 septembre, jour de la Nativité de la Sainte-Vierge, tout le monde fêta, à l'exception de quelques ouvriers, et des maçons qui travailloient à un bâtiment qu'ils faisoient à la place où étoit le chœur et le maître-autel de l'église de Saint-Pierre, dans des heures et dans un jour où autrefois on célébroit solennellement l'office de la Vierge.

Le jeudi 23 septembre, on fit la fête dite du premier vendémiaire. On annonça cette fête la veille, par six coups de canon et le carillon de la tour de l'horloge ; le jour de la fête même annonce dès le point du jour et l'après-midi on tira à la cible sur la friche des Fayaux, dit le champ-de-Mars, par-

— 173 —

ce qu'on y fit la fédération du mois de juillet 1791; on y courut aussi la course à pied et le soir il y eut quelques illuminations dans la ville. Cette fête n'eut rien de remarquable.

Le mardi 5 octobre, on fit tirer au sort les deux classes des années IX et X, et on prit 22 hommes tant pour l'armée active que pour l'armée de réserve.

Au commencement d'octobre, on loua aux marchands qui s'étaloient les jours de marché, la place qu'ils occupoient, à tant le mètre, et le samedi 9, on les alligna afin qu'ils ne nuisissent pas aux voitures. Jusqu'à ce jour on n'avoit rien exigé des marchands qui s'étaloient sur le grand carrefour, aussi ce fut la première fois que l'on tira de l'argent de cette place.

Le dimanche 17 octobre, on vendit tous les bâtiments de l'ancien hôpital, de même que l'Eglise et la tour de l'Hôtel-Dieu; ladite tour étoit aux frères de charité, de même que la cloche qui est dedans et qui avoit toujours servi, même sous la terreur, à sonner pour les incendies, et qui avoit été réservée à cet effet lors de l'abolition des églises. Lors de la vente, l'échevin en charge et le syndic perpétuel de la charité les réclamèrent; mais ceux qui faisoient la vente en demandèrent les titres qu'on ne put leur montrer les ayant perdus pendant la révolution.

Le vendredi 29 octobre, arriva à Evreux le premier consul Bonaparte; il y étoit attendu depuis quelques jours, et même il devoit arriver le 28 (1). A cet effet on avoit commandé

---

(1) Le premier consul avait en effet annoncé son arrivée pour le 28, mais arrivé à Mantes, il lui vint le désir d'aller visiter le champ de bataille d'Ivri.
C'est dans ce voyage et sur place, qu'il ordonna la réédification de l'obélisque élevé jadis à l'endroit où Henri IV s'était reposé après la bataille, et qu'on avait détruit pendant la révolution.
Comme il n'avait pas envoyé son nouvel itinéraire, on l'attendait le lendemain sur la route de Paris, alors qu'il arrivait par la route de Nonancourt.
C'est en allant à Louviers qu'il ordonna la construction de la côte actuelle du Bois-des-Faux, en remplacement de celle qui descendait à cette époque presque perpendiculairement au vallon, et dans laquelle ses chevaux furent plusieurs fois près de s'abattre.
« *Monsieur*, dit-il, en se penchant par la portière de sa voiture, à M.

une garde d'honneur et on tira nombre de coups de canon et sonna les cloches, mais il n'arriva pas ce jour-là ; il y eut grande affluence de curieux pour le voir, mais ils furent aussi trompés.

Lorsqu'il vint le lendemain vendredi, sur les 5 heures du soir, le préfet alla au-devant de lui sur la route de Paris, mais il arriva par le chemin d'Ivry, et ce fut auprès de l'Ecole centrale que le maire d'Evreux lui présenta les clefs de la ville ; mais il ne voulut pas arrêter son carrosse et lui dit qu'il les lui donneroit quand il seroit arrivé à la préfecture. Ce fut Mgr Bourlier, évêque d'Evreux, qui le reçut à la préfecture, parce que le préfet n'étoit pas encore revenu.

A l'arrivée du premier consul, les cloches sonnèrent et on tira de la tour de l'Horloge quantité de coups de canon ; on illumina toutes les maisons ; un feu d'artifice fut tiré sur la place du Château et des feux de joie furent allumés dans les carrefours. Il donna audience à tous les corps constitués, et pendant le souper on tira le canon. Il trouva en arrivant à la préfecture l'épouse du préfet dangereusement malade; ce qui dérangea un peu la cérémonie.

Le premier consul repartit le lendemain matin à 8 heures et demie pour Louviers, au son des cloches et au bruit du canon.

Le samedi 6 novembre, mourut l'épouse du préfet de l'Eure ; elle fut inhumée le lendemain avec une très-grande pompe, telle qu'on n'avoit pas vu depuis la révolution.

Le dimanche 5 décembre, second dimanche de l'Avent, les curés des villes et bourgs du département prêtèrent, après l'évangile de la grande messe, dans la Cathédrale, entre les mains du préfet, la soumission contenue dans le concordat.

Le lundi 6, on installa les deux curés d'Evreux, celui de Notre-Dame, M. Leroy, et celui de St-Taurin, M. Roussel ;

Cahouet, ingénieur en chef qui l'accompagnait, *si quand je repasserai par ici je retrouve cet épouvantable casse-cou vous aurez affaire à moi.* »

le premier, ancien curé de Condé-sur-Iton, et le second ancien supérieur du séminaire d'Evreux.

Le mercredi des quatre-temps, 15 décembre, on célébra une grande messe dans la Cathédrale, où, après l'évangile, tous les curés de l'arrondissement d'Evreux prêtèrent la soumission aux mains du préfet.

1803.

Le mardi 18 janvier, on descendit la cloche de l'Hôtel-Dieu; on fit aussi placer un gros fil de fer le long de la tour de l'Horloge, et on en attacha le bout à la branche de fer qui fait lever le marteau qui est sur la cloche, afin de sonner l'alarme en cas d'incendie.

Ce fut aussi vers ces jours là que le nommé Rouillon, menuisier à Evreux, donna à la Cathédrale la contre-table et le tableau qui étoient restés dans l'église de l'Hôtel-Dieu depuis qu'ils les avoit achetés dans le temps que l'on vendoit tous les ornements des églises.

On usa envers les conscrits de l'an IX et X de nouveaux moyens de visite, de manière que les officiers de santé étoient appelés tour à tour pour les examiner. Ces officiers ne savoient le jour qu'ils étaient de visite, que la veille même au soir, apparemment dans la crainte qu'ils ne voulussent favoriser quelques jeunes gens et que ceux-ci n'échappassent aux poursuites faites contre eux.

Le dimanche des rameaux, 3 avril, le clergé sortit de l'église Cathédrale pour la première fois en procession et alla chanter l'évangile dans la tour de l'hôpital, puis revint par le même chemin qu'il avoit suivi. Mgr l'évêque assista à cette procession.

Le lundi 25 avril, jour de saint Marc, on fit la procession

et on suivit à peu près le même chemin qu'avant la Révolution.

Le lundi 15 mars et jours suivants, jours de rogations, on fit la procession à peu près comme avant la Révolution ; mais le jour de l'Ascension, il n'y en eut point à cause du mauvais temps.

Le vendredi 20 may, on marqua d'un fer chaud, sur un échafaud, deux faussaires en écriture publique. Ce sont les premiers exécutés à Evreux depuis la suppression de la marque par les lois nationales criminelles.

Le jeudi 9 juin, jour de la Fête-Dieu, il y eut très-peu de monde qui travailla ce jour là, quoique la fête fût remise au dimanche suivant ; et même beaucoup de gens murmuroient de ce qu'on avoit aboli, en ce jour, une des plus grandes fêtes de l'année.

Le dimanche 12 juin, on fit la fête dite Fête-Dieu. Le maire à cet effet avoit fait proclamer le nom des rues par où devoit passer la procession générale ; ces rues sont la rue du Pont-Notre-Dame, la rue des Cordeliers, la rue Saint-Taurin, la rue aux Fèvres, la Grande-Rue, la rue de l'Horloge, et la rue Lecomte et celle du Chapitre, avec ordre qu'elles fussent balayées et nettoyées pour les huit heures du matin, et avec invitation aux habitants de tenir propre la façade de leurs maisons. Tous les habitants mirent des tentures comme avant la Révolution, excepté le préfet et le président du tribunal criminel, demeurant au presbytère de Saint-Gilles.

Il y eut beaucoup de reposoirs ; le premier dans la cour de l'hôpital, le second à la place de l'ancien calvaire, le troisième dans le chœur de l'église Saint-Taurin ; c'est la première fois que l'on y ait fait l'office divin depuis l'abolition de la religion, le quatrième dans la rue Saint-Taurin, vers l'ancienne école des sœurs de Caër, mais dans l'autre côté de la rue ; le cinquième dans le carrefour Saint-Thomas ; le sixième et le septième dans la Grande-Rue ; le huitième dans la rue de l'Horloge et le neuvième dans la rue Lecomte. Le Saint-Sacrement étoit porté par MM. les curés de Notre-Dame et de Saint-Taurin, sur une petite crédence et Mgr l'évêque suivoit derrière ayant la main appuyée sur le pied du soleil et donnant la bénédiction aux reposoirs; mais étant beaucoup fatigué, il ne dit pas la grand'messe, et se contenta de la dire basse dans la chapelle de la mère de Dieu pendant qu'on célébroit la grande. La belle-sœur du préfet et une autre dame firent la quête; l'affluence du monde étoit très-grande.

Le même jour, après vêpres, M. Roussel alla bénir, dans le carrefour Saint-Thomas, l'image de la Sainte-Vierge, qu'on replaça ce jour même dans l'emplacement où elle étoit avant la Terreur. Tous les voisins la firent repeindre et la replacèrent eux-mêmes dans la niche qui n'avoit point été détruite.

Ce même jour, on publia une proclamation du maire à l'occasion d'une soumission libre pour un bateau plat pour aider à faire la guerre aux Anglois.

Le dimanche 19, on fit l'octave de la Fête-Dieu; mais la procession ne suivit pas la même route que le dimanche d'avant; elle descendit la rue Saint-Denis, la rue Chartraine, la Grande-Rue, les rues de l'Horloge et la rue de la Petite-Cité ou de l'*Ave Maria*, comme avant la Révolution, parce que le jour de la grande fête du Saint-Sacrement, elle remontoit la rue le Comte jusqu'à la rue du Chapitre. Il y eut moins de reposoirs; le premier dans la rue Saint-Denis, les deuxième et troisième dans la Grande-Rue, un dans la rue de l'Horloge et un autre dans la rue de la Petite-Cité, à la porte de M. Dureau de la Buffardière, maire d'Evreux. Le Saint-Sacrement étoit porté par les mêmes curés que le dimanche précédent, et Mgr l'Evêque, faisant les mêmes fonctions, donnoit la bénédiction aux reposoirs.

Le soir, après le salut de la Cathédrale, on alla en chanter un dans l'église Saint-Taurin; ce fut Mgr l'Evêque qui donna la bénédiction, et, en s'en retournant à la Cathédrale, il donna de nouveau la bénédiction du Saint-Sacrement dans la chapelle de l'hôpital.

Ce fut vers ces jours-là que le département fit une offre au gouvernement de 373,000 livres, tant pour un vaisseau que pour trois bateaux plats et l'achat de boulets.

Vers ce même temps, la ville d'Evreux fit son offre particulière de 6,000 livres pour un bateau, pour aller contre les Anglois.

Le dimanche 3 juillet, on publia à la grande messe de la Cathédrale un mandement de M. l'Evêque pour faire des prières pour la prospérité des armes de France, sur une lettre du premier Consul à tous les Evêques de France. Les prières ont commencé ce même jour dans la Cathédrale pour être continuées pendant huit jours à huit heures du soir.

Ce même jour on dit les vêpres, pour la première fois, dans l'église de Saint-Taurin.

Le vendredi 8 juillet, on proclama que tous les charpentiers étoient en réquisition pour aller à Paris pour la construction des bateaux plats, et pour partir le dimanche suivant, et que ceux qui ne voudroient pas marcher seroient conduits de brigade en brigade.

Le mercredi 13 juillet, on annonça le soir, par 18 coups de canon, le jour connu sous ce nom du 14 Juillet.

Le jeudi 14 juillet, on annonça, dès le point du jour, par 18 coups de canon, l'époque du 14 juillet ; le soir quelques illuminations aux corps constitués et très-peu aux maisons des différents habitants et quelques danses sur la place du Château ; voilà toute la fête de ce jour.

Vers ce temps, les frères de la charité firent planter une croix de fer dans le cimetière. La croix leur fut donnée par le maire, et quelques autres personnes donnèrent de la pierre de taille ; alors les frères nommèrent un des leurs pour conduire l'ouvrage. Ils firent poser huit bornes tout à l'entour de la croix à une certaine distance, afin qu'on ne vint pas fouiller des fosses si près de la croix. Toute la main-d'œuvre de l'ouvrage fut aux frais de la charité.

Le dimanche 13 juillet, on publia au prône de la messe de la Cathédrale les statuts et règlements faits par Mgr l'évêque concernant la confrérie de Notre-Dame-de-Liesse, établie dans l'église Cathédrale : M. Leroy, curé, fit cette publication.

Ce même jour, après vêpres, on porta processionnellement en l'église Saint-Taurin la châsse de ce saint qui étoit dans la Cathédrale depuis quelques années. Avant de sortir de la Cathédrale, on dressa un procès-verbal de cette translation, qui fut signé par Mgr l'évêque, les chanoines, les curés de Notre-Dame et de Saint-Taurin et autres prêtres, de même que par les trésoriers de Saint-Taurin. Ensuite le secrétaire de Mgr l'évêque lut à haute voix ce procès-verbal ; et on le mit dans la châsse que Mgr scella de son sceau ; puis on partit processionnellement, la châsse étant portée par MM. les curés de la Cathédrale et de Saint-Taurin, aidés par nombre d'hommes qui s'empressoient d'y poser la main. La procession alla par la rue du Pont-Notre-Dame, la rue des Cordeliers à présent du Département et une partie de la rue Saint-Taurin, en passant devant le grand Séminaire qui sert de prison. La garde des Piémontais qui y étoit au poste, sortit aussitôt à la porte portant les armes et le tambour battant aux champs. Mgr l'évêque fit arrêter la châsse et donna la bénédiction aux militaires. C'est la première fois que la troupe se mit sous les armes devant les cérémonies religieuses, depuis l'abolition de la religion.

Ce fut vers ce temps que l'on fit abattre l'épitaphe de la place Bonaparte, qui étoit en bois peint, pour en poser une en marbre noir avec une décoration plus belle, et que le maire fit abattre une partie de la muraille pour la remonter en pierre de taille.

Cette même année on fit arrêter les rivières pour les curer, et le maire fit un arrêté pour faire payer 2 livres par lavoir, et 6 livres par moulin, à ceux qui avoient ces mêmes lavoirs et moulins ; chose étrange, car jamais personne n'avoit rien payé jusqu'ici, chacun faisant curer la portion de terrain qui étoit devant son bien.

Le dimanche 7 août, on fit la fête de Saint-Taurin, et Mgr l'évêque officia pontificalement dans l'église dédiée à ce saint.

Le jeudi 11 août, on transporta, de dedans la cour de l'hôpital à l'église Saint-Taurin, la cloche qui étoit dans la tour de l'Hôtel-Dieu ; mais il y eut beaucoup de bruit, plusieurs administrateurs prétendant la vendre, disant que c'étoit pour les pauvres. Après beaucoup de raisons de part et d'autre on la donna à l'église Saint-Taurin.

Le dimanche 28 août, après les vêpres, on fit la cérémonie de la croix du cimetière. Le clergé de la Cathédrale et celui de Saint-Taurin, accompagné des frères de la charité en robes, se transportèrent processionnellement dans le cimetière où M. Le Roy, curé de la Cathédrale, prononça un discours sur la croix, ensuite duquel Mgr l'évêque en fit la bénédiction.

Le même jour, on commença à faire des prières pour avoir de la pluie, à cause d'une extrême sécheresse qui faisoit périr tout sur la terre.

Le vendredi 23 septembre, on annonça le soir, par dix-huit coups de canon, le 1er vendémiaire.

Le samedi 24, dès la pointe du jour, on annonça le 1er vendémiaire par dix-huit coups de canon de la tour de l'horloge. Les boutiques restèrent ouvertes et y eut le soir des illuminations aux administrations, et très-peu chez le reste des citoyens; il y eut aussi quelques danses dans la cour du château. Ce fut là toute la cérémonie de ce jour.

Le dimanche 6 novembre, on commença à publier les mariages dans les églises, suivant le nouveau mode ordonné par les lois de la République.

Le lundi 7, on plaça sur la place Saint-Léger, dite place Bonaparte, deux statues de bronze que le préfet fit apporter à Evreux.

Le dimanche 27, on annonça au prône de la grand'messe de l'église Cathédrale, l'établissement de la confrérie du Saint-Sacrement.

Le mardi 29, on passa en visite les conscrits de l'an XI et de l'an XII, et les officiers de santé furent changés d'endroit. C'en fut un de Louviers qui vint à Evreux, et cependant un médecin d'Evreux visita les conscrits de la camgne des environs de la ville. Pour tous les autres ils furent envoyés à Louviers, à Pacy, à Saint-André et autres lieux.

Ce même jour, on exécuta à mort trois femmes, dont deux sœurs, pour avoir assassiné leur sœur, et l'ensevelisseuse pour l'avoir achevée et fait mourir ; c'étoit le troisième jugement qu'elles subirent, les deux premiers ayant été cassés. Ces femmes étoient d'auprès de Caen en Normandie.

Le dimanche 25 décembre, jour de Noël, les chanoines, les curés de Notre-Dame, de Saint-Taurin, les vicaires de la Cathédrale et autres prêtres assistant aux offices de la Cathédrale, portèrent pour la première fois la mosette et l'aumusse.

1804.

Le vendredi 6 janvier, on commença à vendre des places, désignées par numéros, sur le terrain de l'ancien hôpital.

Le mardi 17, on commença à mesurer le blé à la halle avec la nouvelle mesure ; on brisa les anciennes. On accorda quelque délai aux marchands pour avoir de nouveaux poids.

Le mardi 21 février, on proclama la découverte d'une conspiration contre le premier consul.

Le dimanche *Oculi*, 4 de mars, on chanta dans la Cathédrale une grand'messe en action de grâces pour le premier consul, à laquelle tous les fonctionnaires publics assistèrent. Il en fut de même le dimanche suivant à Saint-Taurin et dans toutes les autres églises du diocèse.

Le dimanche 18 mars, on fit l'ouverture du jubilé de trente jours pour le rétablissement de la religion en France.

Dans le courant de mars, on acheva de planter des arbres sur la place Saint-Léger et de former les allées autour. On voulut aussi en planter jusqu'au pont Perrin, mais on les fit arracher parce qu'ils y en avoit qui bouchoient les portes des particuliers, étant trop proches des maisons. On les planta dans le fossé de la rue aux Bouchers, et on en mit huit sur le pont Saint-Pierre.

Les ouvriers travaillant à faire des fouilles à la place de la tour de l'église de l'Hôtel-Dieu, trouvèrent sous cette tour, dans le milieu du passage, les ossements de quelqu'un de distinction ou de quelque bienfaiteur de cette tour, sans qu'on sut qui ce pouvoit être. Ayant également creusé assez avant à la place de l'église, ils trouvèrent une espèce de tombeau de 4 pieds 3 pouces de long, composé de vingt-trois pierres et deux pierres plates qui le recouvroient, dans lequel étoit un squelette tout entier, sans aucune remarque de qui ce pouvoit être.

Les premières maisons qui furent commencées à bâtir sur cette nouvelle place, le furent en partie de pierres provenant de Saint-Pierre, de Saint-Thomas et de Saint-Léger d'Evreux.

Le samedi 28 avril, on commença la nomination des membres du collége électoral, des candidats pour les places de juges de paix et des membres du conseil du maire. Les assemblées eurent lieu par canton et il n'y eut que les votants d'il y a trois ans qui y furent appelés.

On fit enjoliver aussi, cette année, la place Saint-Léger par des gazonnements, et on fit tenir la foire d'avril devant la Cathédrale ; on mit les marchands de cidre devant l'église des Ursulines. On donna aussi de nouveaux alignements afin de rendre la place plus carrée. On fit à cet effet avancer les particuliers à une certaine distance de la chaussée.

Vers ce temps, on redonna une partie de l'église des dames Ursulines pour en faire une succursale ; il y eut deux bourgeois qui allèrent par les maisons faire une quête pour le rétablissement de cette église, quant à une partie, parce que le chœur des Dames sert de tribunal civil.

Le mercredi 23 may, on proclama Bonaparte, empereur

des François. Le préfet, le maire, le général et les conseillers de préfecture et autres membres de l'administration, excepté les juges des tribunaux qui n'étoient pas à la cérémonie, étant tous montés à cheval, accompagnés d'un piquet de la garde nationale et des chasseurs à pied de la reine, avec des drapeaux et au bruit du canon de la tour, firent cette proclamation ; on entendit peu de voix crier : *Vive l'Empereur !*

Au retour de la proclamation, on chanta dans la Cathédrale un *Te Deum* qui fut entonné par Mgr l'évêque d'Evreux au son des cloches. Toutes les autorités qui étoient à la proclamation y assistèrent.

Le lundi 2 juillet, on fit tenir la foire sur la place Saint-Taurin, pour la première fois.

Ce fut aussi vers ce temps, que l'Hôpital fit construire un conduit en briques pour amener l'eau dans un grand bassin qu'on fit faire dans le jardin pour y placer un lavoir. On prit l'eau à la rivière au-dessus du moulin de la Planche, en la faisant passer dans les jardins des Cordeliers et par-dessous la rue du Département, sous laquelle on mit des conduits en fer fondu, et on la remit à la rivière qui passe derrière la prison, à travers la ruelle du Grand-Pré et les jardins des particuliers étant entre la rivière et le bord de la ruelle.

Le vendredi 6 juillet, Bonaparte fit chanter, dans la Cathédrale, un *Te Deum*, pour remercier Dieu de ce qu'il l'avoit élevé à la dignité d'empereur. Il y eut ensuite un *Veni Creator* pour implorer la miséricorde du Seigneur, pour l'assister dans sa nouvelle charge, et Mgr l'évêque fit un mandement pour que toutes les paroisses en fissent autant le dimanche d'après la réception du mandement.

Ce fut aussi vers ce temps, que l'empereur nomma Mgr l'évêque d'Evreux membre de la Légion-d'Honneur.

La mairie fit aussi, vers ce temps, mettre un battant dans la cloche de l'Horloge, en ce que le marteau de dessus ne battoit pas assez promptement pour les incendies.

— 184 —

Le samedi 14 juillet, étoit le jour où l'on faisoit la Fédération, mais, par ordre du gouvernement, cela fut remis au lendemain dimanche. A cet effet, on tira le samedi soir douze coups de canon et le lendemain matin autant ; on ordonna aussi des illuminations, mais il y en eut peu ; ainsi finit toute la fête de ce jour révolutionnaire.

On fit aussi vers ce temps, l'adjudication de la reconstruction de la boucherie sur les deux ailes, depuis la rivière jusqu'à vingt-cinq pieds du bord de la rue, parce que la mairie se réserva une place sur le bord de la rue pour y bâtir deux maisons.

Le mardi 7 août, arriva à Evreux Barbé-Marbois, ministre du trésor public, venant présider le collége électoral du département de l'Eure ; on tira 15 à 16 coups de canon. La séance s'ouvrit le lendemain et fut terminée le jeudi après-midi ; les deux candidats sont Barbé-Marbois et Savary, membre du corps législatif. Le ministre repartit le vendredi après-midi au bruit du canon.

Le samedi 22 septembre, on annonça le soir, par plusieurs coups de canon de la tour de l'Horloge, la nouvelle année.

Le dimanche 23, jour de la nouvelle année, on annonça le matin par plusieurs coups de canon le nouvel an XIII de la république, et, sur les dix heures, toute la gendarmerie de l'arrondissement d'Evreux, qui étoit arrivée la veille, s'étant assemblée aussi bien que les hussards qui étoient à Evreux et le bataillon de paix du 10e léger, sur la place Bonaparte, on délivra à la gendarmerie un étendard ; et de là, s'étant transportés à la Cathédrale, ils assistèrent à la messe qui se dit tous les dimanches à midi et où Mgr l'évêque bénit l'étendard en faisant un petit discours.

Le samedi 29, on distribua aux membres de la Légion-d'Honneur la croix de la décoration ; cette distribution se fit au tribunal civil.

Vers ce temps, on acheva de poser dans la Cathédrale la contre-table de l'Hôtel-Dieu, donnée par le nommé Rouillon, menuisier à Evreux; on l'adossa contre les portes qui conduisent dans le cloître, dans le chapitre et dans l'évêché, au lieu que celle de Saint-François étoit adossée contre la muraille en face de la grande sacristie.

Le mardi 9 octobre, on posa une croix de pierre sur la grosse tour de la Cathédrale, à la place de celle qui avoit été abattue par la Terreur.

Vers ce temps, M. Galet, qui avoit acheté la mécanique du bout de la rue Vilaine, voyant que le volume d'eau n'étoit pas assez considérable et que ses ouvriers chômoient d'ouvrage, se fit autoriser à tirer un ruisseau d'eau de la grande rivière, à travers les jardins de maisons qu'il avoit achetées à cet effet, au bout du pavé de St-Léger. La condition étoit qu'il feroit un pont à ses dépens et le pavage de dessus, pour aller conduire l'eau dans l'ancien gué, au bout de l'ancienne rivière le long de la rue St-Léger dans la rivière venant des moulins de la Planche et du Château.

Vers le même temps, le nommé Mazière, tourneur à Evreux, acheta le moulin de l'abbaye St-Sauveur, pour y placer ses tours, afin de tourner le fer par le moyen de l'eau.

Vers la fin d'octobre, on plaça des réverbères, pour la première fois, à Evreux, dans les rues et carrefours.

Le dimanche 11 novembre, jour de la dédicace, Mgr l'évêque d'Evreux bénit la chapelle que l'on avoit placée de nouveau contre les portes de la Cathédrale, près de la grande sacristie. Aussitôt après la bénédiction, Mgr l'évêque y dit la messe basse; il la consacra sous l'invocation de St-Jean-Baptiste.

Le dimanche 2 décembre, premier dimanche de l'Avent, on fit les réjouissances du sacre de l'empereur Napoléon Bonaparte. On annonça cette fête la veille au soir, par plusieurs coups de canon. Le jour de la fête, à l'ouverture du jour, même annonce. Sur les dix heures, les troupes en garnison à Evreux, aussi bien qu'un détachement de la garde nationale, se rendirent à la préfecture, avec toutes les autorités, pour y prendre la fille d'Eymard, huissier du préfet, qui avoit été choisie par le préfet pour être mariée, suivant l'ordre de l'empereur, avec une dot de 600 fr., qui lui fut comptée avant de partir de la préfecture.

Un des conseillers de préfecture la conduisit à la mairie, au milieu de tout le cortége militaire et civil, par les rues du Pont-Notre-Dame, St-Denis, Chartraine, Grande-Rue, Grand-Carrefour, etc. Ensuite, le maire la mena à l'église Cathédrale, dans le même cortége, et M. Aprix de Bonnières, la maria ; puis, on la reconduisit à la préfecture ; après cela le général la Roche la mena dans son carrosse à la mairie, où il y avoit un repas de 50 couverts. Durant la journée, on tira de distance en distance des coups de canon, et, le soir, il y eût feu d'artifice, illumination et bal. On n'a pas entendu durant la journée aucun cri de *Vive l'Empereur*, peut-être à cause du mauvais temps qu'il faisoit.

1805.

Le mardi 1er janvier, on célébra, par ordre du gouvernement, ce premier jour de l'an du calendrier Grégorien, comme fête de famille. Tous les bureaux du gouvernement furent fermés ce jour-là. Cela fit aussi qu'on célébra l'office de l'église avec plus de pompe que les années précédentes.

Dans le courant du mois de mars, on chanta dans la Cathédrale un *Te Deum*, en action de grâce du sacre de l'empereur des François, Napoléon.

Ce fut aussi vers ce temps qu'on transporta l'ancien clocher des Ursulines, de l'emplacement où il étoit, sur la chapelle St-Jean-Baptiste, ancien chœur de l'église des Ursulines ; ce clocher étoit resté depuis nombre d'années découvert aux injures de l'air, puis on le fit couvrir en ardoises, au lieu de plomb, dont il avoit été couvert autrefois, et enfin on y plaça la cloche du collége, qui étoit restée dans le clocher de la chapelle de cet établissement.

Ce fut encore vers ce temps que la mairie d'Evreux fit

arracher de dans le fossé de la rue aux Bouchers, les tilleuls qui y avoient été plantés l'année précédente, pour les replanter sur le bord, et comme de temps immémorial les particuliers de ce quartier plantoient et abattoient des *peuples*, saules et autres bois sur les bords de ce fossé, le maire leur fit défense d'en abattre à l'avenir ni d'ébrancher ceux qui y étoient, disant que puisque tous ces biens étoient bornés par la rue, ces arbres appartenoient à la ville ; il fit aussi planter au cordeau sur les deux bords des plançons de peuplier, n'ayant pas assez de tilleuls, et rendit les habitants responsables des dégâts qu'ils occasionneroient auxdits arbres.

Le 23 may, jour de l'Ascension et jour où l'empereur des François étoit sacré à Milan, on tira le canon de la tour, dès la pointe du jour et toute la journée d'heure en heure un coup ; le soir il y eut illumination aux autorités et peu aux maisons des habitants ; des feux de joie, de quelques fagots ; danse sur la place du château, et feu d'artifice dans la cour du préfet.

Les conscrits de cette année furent levés à peu près comme l'année précédente, en faisant venir des chirurgiens d'un endroit dans un autre pour passer en visite les jeunes gens.

Le samedi 8 juin, on fit placer les marchandes de beurre, d'œufs, de volailles et de fruits sur la nouvelle place de l'hôpital, quoique cette place ne fût pas encore entourée de bâtiments, n'ayant encore que six places de vendues et à peine quelques maisons habitables à cette époque.

Le dimanche 14 juillet, on ne fit point la fête dite du 14 juillet ; il n'y eut aucune apparence qu'on l'eût jamais célébrée.

Le mercredi 17 juillet, on fit l'adjudication des petites boutiques de la boucherie, au nombre de 20, pour 26 mois ; la première fut louée 120 livres, et les autres au-dessous jusqu'à 60 livres.

Le samedi 20, les marchands bouchers commencèrent à

s'établir dans leur nouvelle boucherie, mais il n'y eut pas assez de places, ce qui fit que l'on mit dans la poissonnerie quelques bouchers de la campagne ; comme la mairie s'étoit réservée une place sur le bord de la rue pour y bâtir un corps de bâtiment et que la place étoit vacante, on leur loua plusieurs places aussi pour 26 mois, jusqu'à 90 livres la place.

C'est aussi vers ce temps que l'empereur destitua **M. Saint-Amand**, préfet de l'Eure. Il fut remplacé par **M. Savoye-Rollin**, tribun.

Le mercredi 14 août, on proclama que l'on célébreroit le lendemain la naissance de l'empereur Napoléon ; le soir on annonça cette fête par six coups de canon.

Le jeudi 15, dès la pointe du jour, on fit encore une décharge de six coups de canon pour annoncer la fête de la naissance de l'empereur, et à midi même annonce ; le soir illumination aux autorités et peu dans la ville.

Le vendredi 16 août, on installa le nouveau préfet, M. Savoye-Rollin. Un piquet de garde nationale conduisant le maire fut tout le cortége, on ne tira pas même un seul coup de canon.

Le jeudi 19 septembre, on cassa, sous la tour de la Cathédrale, la cloche dite Gros-Pierre, qui avoit été donnée à l'église Cathédrale par Pierre de Navarre, de la maison des comtes d'Evreux, vers le milieu du XIV siècle.

On fit aussi à cette époque planter des poteaux de repères dans les rivières pour la hauteur des eaux.

Le jeudi 3 octobre, on afficha un arrêté du préfet Saint-Amand, pour le rétablissement des anciens noms des rues d'Evreux, et on le proclama au coin des rues ; on plaça aussi sur une des maisons bâties sur la place de l'ancien hôpital, une épitaphe où est écrit : *place du Marché-Neuf.*

La conscription de l'an XIV se fit cette année d'une autre

manière que les précédentes. On fit tirer à tous les conscrits bons et mauvais chacun un numéro, et on leur indiqua le jour où ils se rendroient tous à Evreux par cantons, devant le préfet et les officiers de recrutement, pour y subir une visite, et partir de suite pour l'armée.

Le mercredi 4 décembre, on bénit les trois cloches faites du métal du Gros-Pierre et autres morceaux de cloches restés à la municipalité d'Evreux, et que l'on avoit portés dans la Cathédrale, lorsque la municipalité abandonna l'évêché au préfet. Elles furent bénies par Mgr l'évêque d'Evreux ; ce fut le préfet qui fut parrain de la première, M. Aprix de Bonnières, doyen, de la seconde, et M. de Sémerville, de la troisième, avec chacun une marraine.

La conscription de l'an XIV fut levée à Evreux, presque aussitôt après la fin de l'année; mais on suivit une nouvelle marche, on fit tirer tous les conscrits bons et mauvais dans leurs arondissements un numéro, et quand tous les tirages furent finis, on les fit venir tous par arrondissement passer la visite à Evreux, devant le préfet, en suivant leurs numéros. Ceux qui étoient réformés étoient renvoyés et les sains étoient placés par ordre de leurs numéros; quand le nombre fut trouvé pour l'armée, on mit le reste au supplément, afin que, s'il venoit à en déserter on pût en prendre par ordre de numéros pour les remplacer.

Cette année 1805, vit finir l'ère républicaine, le 10 nivôse (31 décembre), pour faire place au calendrier Grégorien.

1806.

Le mercredi 1er janvier, il y eut grand office dans les églises, quoique cette fête ne fut plus d'obligation depuis le concordat.

On changea aussi les jours des foires d'Evreux, et on les mit à des jours fixes; celle d'avril au 20 ; la deuxième au mardi de la Pentecôte ; la louée à la Saint-Jean ; celle de juillet au 16 ; celle d'août à Saint-Taurin ; celle de septembre le 18 ; et celle de décembre à la Saint-Nicolas.

Le vendredi 11 avril, on installa le nouveau préfet Rolland Chambaudoin, à la place de M. Savoye-Rollin, nommé préfet de la Seine-Inférieure, à Rouen.

On vit cette année les premières charges de la charité occupées par de très grands-patriotes, au grand étonnement de beaucoup de monde, car l'échevin, cabaretier, avoit été commandant de la garde nationale dans le temps de la grande terreur, et le prévôt, marchand drapier, très-chaud patriote et grand républicain, mais remplissant d'ailleurs très-exactement leurs devoirs de frères de la charité.

Le mardi 17 juin, un aubergiste d'Evreux, se pendit dans son grenier, sans que l'on ait connu au juste la cause de son suicide. Il fut inhumé le lendemain à neuf heures du soir, par M. le curé de Saint-Taurin ; il y eut grande discussion à la levée du corps. Les frères de la charité avoient été avertis de s'y trouver en robes, mais le plus grand nombre ne voulut pas y venir en ce qu'on avoit accoutumé d'enterrer sans robes les individus suicidés ; il n'y eut que l'échevin, le prévôt et un frère servant qui s'y trouvèrent, et ils ne tirèrent leur croix de son étui que quand ils virent qu'il y avoit un prêtre, sans savoir s'ils le porteroient à Saint-Taurin ou au cimetière. M. le curé laissoit aux frères la liberté de le porter à l'église, et les frères attendoient la décision de M. le curé. Pendant cette grande discussion, ils entendoient les murmures de tous les spectateurs contre un tel ordre de choses. Il y avoit des personnes pour former un convoi et un luminaire, il se trouva un ancien frère qui se présenta en habit pour aider à le porter ; après un scandale aussi grand, le corps fut conduit à l'église au milieu des murmures sans nombre qui se débitoient de toutes parts. Sans doute que M. le curé fut forcé de faire ainsi.

Le dimanche 10 août, on publia aux prônes des messes paroissiales, une ordonnance du cardinal Caprara, pour la fête de saint Napoléon, patron de l'empereur, et le rétablissement de la religion en France, avec indulgence plénière à tous ceux qui assisteroient avec piété à tous les offices de l'église et à la procession générale qui se feroit à l'avenir à perpétuité après vêpres le jour de l'Assomption de la très-sainte Vierge, suivant les intentions et le décret de l'empereur.

Le mardi 13 août, on proclama le décret de l'empereur, pour la fête de saint Napoléon, enjoignant à toutes les autorités civiles et militaires d'assister à la procession générale.

Le jeudi 14 août, au soir, on annonça la fête de saint Napoléon, par le bruit du canon de la tour de l'Horloge et le carrillon.

Le vendredi 15, au matin, même annonce, la procession générale eut lieu après vêpres, et toutes les autorités civiles et militaires s'y trouvèrent précédés de la musique de la garde nationale, ce qui choqua beaucoup de personnes religieuses, car cela approchoit assez des processions républicaines. Mgr. l'évêque, qui officioit ce jour là, fit la cérémonie tout le jour et même à la procession. Le soir il y eut courses, danses, feux de joie de quelques fagots, et illumination générale, qui n'étoit pas des plus complètes, etc.

La conscription s'est annoncée cette année avec les mêmes formalités que la dernière; la ville tira ses numéros le samedi 30 août, et les conscrits passèrent à la visite le samedi 6 septembre, et partirent le 8 pour Mayence. Tous les autres conscrits du département furent visités par-devant le préfet, et partirent de suite par détachements le lendemain matin de chaque visite. Les jeunes gens furent pris depuis le 22 septembre 1805 jusqu'au 31 décembre 1806, pour en fournir partout l'empire 50 mille d'actifs et 30 mille de réserve.

Le lundi 22 septembre, à minuit, le maire se transporta aux barrières pour s'emparer des papiers pour la suppression desdites barrières, suivant la loi rendue à cet effet.

Le samedi 5 octobre, on envoya à tous les maires du département des ordres pour qu'ils fissent venir à Evreux tous les conscrits de l'armée de réserve et de supplément pour le mercredi 9 au matin, sept heures, pour partir le samedi 12; mais étant arrivés le 8 au soir, pour paroitre à la préfecture le 9, à sept heures du matin, ils furent aussitôt ce jour arrivé mis en route, sans attendre le 12, pour différents corps, chose qui sembla très-dure; mais on devoit s'attendre à quelque chose, puisque le préfet avoit donné des ordres à tous les maires pour faire prendre aux conscrits tout le *butin* nécessaire, parce qu'on ne leur accorderoit aucune permission, sous quelque prétexte que ce fut. Malgré toutes les précautions, il y en eut un très-grand nombre qui ne parurent pas, ce qui fit que le préfet en écrivit au ministre, qui lui donna pleins pouvoirs de faire comme il jugeroit à propos pour faire rentrer tous ces conscrits sous ses ordres. En conséquence, le préfet accorda amnistie jusqu'au 1er novembre; passé ce délai, ils devoient être poursuivis comme des fuyards.

Le 1er novembre arrivé, il envoya des hommes de la compagnie départementale chez les pères et mères des conscrits, à 5 livres par jour, jusqu'à ce qu'ils se présentassent.

Ces hommes ne comptoient pas dans le nombre de ceux qui étoient partis, parce qu'ils n'étoient pas assez pour former le nombre de la réserve et le supplément; on prit dans le dépôt.

Vers ce temps, on vendit les petits bâtiments que l'on avoit fait construire pour la perception de la taxe des voitures.

Le samedi 16 novembre, on vendit l'ancienne prison.

Pendant ce mois, on fit des prières pour la prospérité des armes, et on chanta des *Te Deum* pour des victoires remportées.

Le dimanche 23 novembre, les frères de la charité, à l'occasion de l'entrée de leur nouvel échevin, reprirent leurs chaperons bleus comme ils étoient avant la révolution, et de plus, ils firent faire des images de la sainte Vierge et de saint Sébastien, en broderie, pour les orner; l'image de la sainte Vierge fut placée sur le devant, donnant sur le cœur, et celle de saint Sébastien sur la partie qui est sur le dos.

Ce fut vers ce temps-là que les religieuses, qui s'étoient retirées dans une maison qu'elles avoient louée aux Jacobins, reprirent le voile et la clôture, et que les sœurs de la Providence reprirent leurs *capots*.

Ce fut aussi vers ce temps qu'on obtint du ministre de l'intérieur une autorisation pour un marché tous les lundis de chaque semaine, sur la place Saint-Taurin, pour les bestiaux, tels que bœufs, vaches, moutons, porcs, chevaux, etc., en exemption de droits.

On acheva aussi de mettre des réverbères par toute la ville.

Le lundi 1er décembre, le maire de la ville d'Evreux, accompagné de la musique et d'un piquet de garde nationale, alla faire l'ouverture du nouveau marché aux bestiaux, sur la place St-Taurin, et aussitôt après cette cérémonie, le maire proclama dans les carrefours que le marché étoit ouvert, et il repartit avec des bouquets de fleurs qu'il distribua aux vendeurs et aux acheteurs.

Le samedi 6 décembre, on annonça à la fermeture du jour, par plusieurs coups de canon de la tour, l'anniversaire du couronnement de l'empereur et de la bataille d'Austerlitz.

Le dimanche 7, le matin, au point du jour, on tira encore plusieurs coups de canon; et, après la grande messe, on prononça un sermon analogue à la fête, puis on chanta un *Te Deum* en musique; et le soir il y eût quelques illuminations.

On mit, vers ce temps, plusieurs particuliers en jugement correctionnel, pour escroqueries envers des conscrits auxquels ils avoient pris de l'argent, promettant de les exempter du service militaire; mais n'ayant aucun pouvoir et les ayant trompés, ils furent condamnés à rendre l'argent escroqué, à 5,000 livres d'amende, à tous les frais, aux affiches dans tout le département, et à deux années d'emprisonnement.

Sur la représentation du bureau de bienfaisance de la ville d'Evreux, M. le préfet fit un arrêté en date du 20 décembre 1806, pour la formation d'une association de dames, sous le nom de Dames de la Charité, pour la visite des pauvres. A cet effet, on divisa la ville en 14 sections. Ces Dames de Charité sont : Mmes Rolland Chambaudouin, présidente; Labuffardière, vice-présidente; Desfourneaux, Mouthier, Chavannes, Girardin, Saint-Ainglevert, Richard, Leroy, Laruc, Lescaille, Matis, Lepinay, Duvaucel, Mlle Potin, Deslandes, Masting, Mlle Gazan, Sepmanville, Mme et Mlle Mosny, Brouard, Beaucantin, Chalenge, Cassin, Mellemont, Mlles Feuquière, Lesage, Damilleville, Lothon, Lemoine, Boutry, Mlles Betan, Postel, Haumont et Mme Neuville, pour panser les plaies.

1807.

Le 7 janvier, on commença à réparer le chemin qui conduit au cimetière; on fit une espèce d'atelier de charité sur une somme de 600 livres qu'une personne charitable donna à cet effet.

Le même jour, les conscrits d'Evreux tirèrent leurs numéros comme à la dernière conscription; ils passèrent la visite le dimanche 11, et partirent le lendemain pour les dépôts de l'armée.

Le dimanche 25, il y eut une grande assemblée des frères de la charité, sur l'ordre de Mgr l'évêque, où tous les anciens frères et antiques furent invités, afin de punir plusieurs frères qui avoient insulté leur échevin.

Il y en eut deux de condamnés à faire amende honorable le dimanche suivant, pendant leur messe, debout, ayant un cierge à la main, et à 17 sous 6 deniers d'amende à la boite de cuivre; mais les deux frères condamnés, Brochard et Coquelin, se pourvurent par-devant Mgr l'évêque, et leur peine fut adoucie, puisqu'ils se rendoient à leur pénitence, étant seulement condamnés de l'amende de la boite de cuivre; le jugement portoit qu'ils feroient cette pénitence ou qu'ils quitteroient leurs robes; les deux cierges furent placés sur l'autel au rang des autres.

Ce fut aussi vers ce temps que le préfet céda un bout de son jardin et fit conduire, à ses dépens, l'allée des Soupirs jusqu'à la rue de l'Espringale. La mairie, en considération de M. le préfet, nomma ce bout d'allée boulevard de Chambaudouin, à prendre de l'encoignure de Mme de Cernay jusqu'à l'Espringale.

Le lundi 16 mars, on vendit, comme domaine impérial, l'ancienne prison et l'ancien hôtel-de-ville, excepté la tour de l'horloge, parce que la mairie avoit fait un échange de ces objets avec le gouvernement contre les Ursulines.

Le mardi 28 avril, le tribunal spécial criminel condamna deux individus, l'un pour avoir contrefait le malade, et l'autre pour avoir retiré de dessus son lit son propre père, malade, pour lui substituer le premier, et avoir fait venir un notaire pour faire un testament en sa faveur. Au bout de quelques jours, le père, qui étoit en effet malade, mourut ; alors son fils présenta à ses frères le faux testament ; mais le notaire ayant su cela les dénonça à la justice, qui condamna le prétendu père malade, âgé de 75 ans, à 5 ans de fers, et l'autre à 8 ans de la même peine, et à la marque F, comme faussaire.

Le dimanche 6 décembre, on fit la fête de l'anniversaire du couronnement de l'empereur Napoléon. A cette occasion, on dota une jeune fille à laquelle il fut donné 600 francs en mariage et qui fut épousée par un militaire revenu dans ses foyers. Le mariage fut célébré par M. de Bonnières, doyen de l'Eglise Cathédrale; Mgr l'évêque, M. le préfet et les autorités assistèrent à la cérémonie et au *Te Deum*. Il y eut grand dîner à la préfecture, et le soir illumination et bal jusque dans la nuit.

Vers ce temps, Mgr l'évêque forma des écoles dans le nouveau séminaire de Saint-Taurin pour tous les jeunes garçons de la ville que l'on voudroit y envoyer moyennant quelque rétribution; mais ceux qui se trouvoient par trop pauvres pour payer, MM. les curés donnoient des certificats sur lesquels ils étoient admis gratis dans les écoles; cela fit que les parents préférèrent les envoyer à ces instructions qu'à des maîtres qui ne leur enseignoient guère la religion.

1808.

Vers le commencement de janvier, M. le préfet acheta d'un nommé Alline, charpentier à Evreux, pour allonger la promenade nouvelle, une partie de jardin qui étoit en face du boulevard Chambaudouin, entre la rue de l'Espringale et la rue de . . . . . et le long d'une petite ruelle qui communiquoit d'une rue à l'autre.

Les frères de la charité, ayant demandé à M. le préfet la permission d'avoir une cloche pour l'appel des frères pour l'heure des inhumations, furent refusés, vu déjà le nombre de cloches qui l'incommodoient par leur son. Ils obtinrent seulement de sonner la plus petite des trois que l'on avoit fait faire du temps de M. Savoye-Rollin, pour lors préfet.

Vers le commencement du mois de février, M. le préfet fit démolir une petite maison qui étoit le long de la rivière dans le bout du jardin qu'il avoit cédé pour faire la nouvelle promenade, afin de dresser la rivière à l'alignement du Pont-Rouge jusqu'au nouveau pont qu'il avoit fait faire, et il permit aux particuliers qui avoient des terrains qui aboutissoient sur l'ancien passage entre eux et la rivière, de descendre jusqu'au bord de l'eau. On fit aussi travailler à un bout de l'allée des Soupirs, et on poussa la terre jusque bien avant dans la rivière que l'on nommoit le Bassin du Château, et on y fit planter des arbres à l'alignement des anciens.

Le vendredi 12 février, il s'éleva une si forte tempête, accompagnée de neige, que beaucoup d'arbres furent arrachés et cassés, et que des voyageurs furent obligés de coucher dans différentes maisons des campagnes, de crainte de périr en chemin.

La conscription de cette année fut prise dans les jeunes gens nés en 1789. Ils tirèrent au sort dans les arrondissements, et M. le préfet alla les passer en visite dans les chefs-lieux d'arrondissement. Pour qu'il n'y eut pas de faveur envers les officiers de santé, le matin du jour de la visite on tiroit au sort le nom de ceux qui devoient faire la visite et même on en fit venir d'un endroit dans l'autre pour cette opération. Ils commencèrent à Evreux le 1er avril.

Au commencement d'avril, on fit placer dans la Cathédrale six grillages neufs en fer, de trois pieds et demi de hauteur, derrière le dossier des stalles, à la place des murailles que l'on avoit fait abattre lors de la réunion de toutes les paroisses d'Evreux en 1791.

Le samedi 16 mars, veille de Pâques, on plaça dans le chœur de la Cathédrale un lustre de cristal.

La mairie fit un arrêté, le 30 may, homologué par le préfet, pour que les terres que l'on portoit au Chambaudouin jusqu'à ce jour, fussent portées dans le chemin du Moulin Vieux et non ailleurs, afin de remplir ce mauvais pas.

Le dimanche 14 août, on annonça le soir, par une décharge de canon, l'anniversaire de la naissance et fête de l'empereur.

Le lundi 15 août, jour de saint Napoléon, on annonça le matin, par une salve d'artillerie, la fête de ce jour. M. le préfet avoit fait placer la veille, dans le rond de la promenade Chambaudouin, la statue d'Apollon, en bronze, qu'il avoit fait apporter de Bizy près Vernon. Il fut planté un mât de cocagne sur le milieu de la place du château avec quelques prix de moyenne valeur. La fête fut célébrée dans la Cathédrale avec toute la pompe possible ; monseigneur l'évêque officia, et, après vêpres, on fit la procession générale autour de la ville, où étoient toutes les autorités civiles et militaires. Après que la cérémonie fut achevée, il y eut course à pied dans le pré du Bel-Ebat et montée du mât de cocagne; le soir, il y eut illumination par toute la ville et danses sur le boulevard Chambaudouin.

Vers ce même temps, le gouvernement fit faire une adjudication au rabais pour l'élargissement du pont de la Planche, qui se trouve dans la traverse de la route de Paris à Cherbourg, par Evreux.

On commença aussi la route d'Evreux à Nonancourt. Ce travail étoit resté interrompu depuis que l'on avoit fait la grande route dans la côte et jusqu'au hameau de la Madeleine.

Le dimanche 25 septembre, on publia, dans la Cathédrale, un mandement de monseigneur l'évêque d'Evreux, sur un message de l'empereur aux évêques, pour engager les nouveaux conscrits que l'on demandoit à se ranger à l'obéissance et à leurs devoirs pour partir à l'armée, et aux parents à engager leurs enfants à partir librement. Ce mandement ne fut pas reçu avec grand enthousiasme, car, pendant que l'on en faisoit la lecture, il y avoit bien des personnes qui en murmuroient dans l'église, et un chacun disoit que c'étoit apparemment de ce que l'on demandoit tant de monde, puisque l'on demandoit 80,000 hommes pris dans les dépôts restés dans leurs foyers des années 1806, 1807, 1808 et 1809, et en outre 80,000 hommes de la conscription de 1810, c'est-à-dire ceux nés en 1790, depuis le 1er janvier de cette année jusques et y compris le dernier décembre de la même année.

Les frères de la charité réélurent encore pour un an leur échevin sortant, Pierre Levavasseur, secrétaire-adjoint de la mairie ; chose qui ne s'étoit vue de mémoire d'homme.

La fête de l'anniversaire du couronnement de l'empereur fut cette année des plus simples : il n'y eut point de mariage, et seulement quelques illuminations le soir.

1809.

Le 14 février, jour du mardi-gras, il éclata à Evreux, un orage mêlé de beaucoup de grêle, comme cela arrive en été, chose qui au dire des anciens, n'avoit jamais été vue dans cette saison, car c'étoit comme un orage d'été ; le temps étant un peu doux, on s'attendoit qu'il se rafraichiroit ; mais point du tout, le temps resta tranquille et doux comme auparavant.

— 199 —

M. le préfet continua aussi ses travaux du champ Baudoin; il fit encore baisser la rue de l'Espringale de manière que les caves qui sont sous les maisons qui bordent cette rue furent mises au niveau de la nouvelle rue, de manière à en pouvoir faire des cuisines et chambres basses. Il fit porter une très-grande partie des terres dans son jardin à l'aide de brouettes et de hottes en passant par deux portes pratiquées sur la rivière.

L'hospice fit aussi faire quelques travaux par un petit atelier qu'il plaça, avec l'agrement de M. le préfet, dans la cour du Château et baissa le chemin depuis la salle de la comédie jusqu'au pont du Château. On trouva dans terre de très-fortes murailles dont une partie étoit renversée et une espèce de tour mais qui n'alloit pas bien avant dans terre et que l'on fit démolir pour en avoir les matériaux qui n'étoient que du mortier et quelques cailloux.

On fit aussi abattre un bout de rempart, qui étoit resté sur deux arches sur la rivière au bout du Château.

On commença aussi cette année la caserne pour la gendarmerie, derrière la prison, le long de la rivière, afin de laisser le séminaire de Saint-Taurin pour les étudiants.

On leva aussi, vers le mois d'avril, 40,000 hommes pris dans les dépôts des années passées pour compléter différents corps de l'armée.

On commença à faire partir le premier détachement de cette levée le dimanche 21 de may, jour de la Pentecôte, et les autres détachement suivirent de près.

Le dimanche 4 de juin, jour où l'on faisoit la fête du Saint-Sacrement, les frères de la charité portèrent à la procession une bannière très-belle et toute neuve.

Le lundi 17 juillet, est mort à Evreux, sur la paroisse de la Cathédrale .... Moulis, prêtre et ancien curé de Chrétienville, *président du Presbytère* lors du fameux concile parisien pendant le Directoire exécutif ; cet homme ne voulut pas reprendre l'exercice du ministère depuis le rétablissement public de la religion, ne disant même pas la messe ; il mourut sans vouloir le secours de l'église et voulut être enterré sans sonnerie et sans luminaire, aussi ne se trouva-t-il à son enterrement qu'un vicaire de la Cathédrale et un chantre, sans qu'autre prêtre portât les coins du drap mortuaire.

Le lundi 14 août, on annonça la fête de l'empereur par une décharge de l'artillerie de la tour de l'Horloge et la musique à la retraite.

Le mardi, jour de la fête de l'empereur, à la pointe du jour, on annonça la fête par une décharge de l'artillerie et le canon de la tour. Tout le reste de la fête fut assez simple ; la procession ne sortit point à cause de l'inconstance du temps qui étoit pluvieux. La course à pied réussit assez mal. Le préfet avoit fait construire un ballon qui devoit être lancé dans le pré du Bel-Ebat ; mais à peine s'étoit-il élevé de terre, qu'il se déchira. Le soir, les illuminations furent peu nombreuses.

Le samedi 19 août, on proclama un arrêté du préfet sur l'ordonnance du ministre pour la levée de 2,000 gardes nationaux dans tout le département, pour aller garder les côtes ; l'arrondissement d'Evreux devoit fournir 500 hommes. La gendarmerie eut ordre aussi de partir, et on fixa le nombre à 37 pour le département ; la garde départementale reçut également l'ordre de partir pour se rendre à Gand.

Le vendredi 25 août, on proclama un arrêté du préfet pour la désignation des modes de recrutement, qui étoient : l'enrôlement volontaire, la désignation par le sort ou l'offrande pour avoir des remplaçants. Pour l'enrôlement volontaire, ceux qui désiroient être dans les grenadiers devoient avoir au moins 5 pieds 3 pouces, et pour les chasseurs 4 pieds 9 pouces. Le montant des offrandes étoit pour ceux qui s'étoient enrôlés volontairement, ou ceux qui auroient traité de gré à gré avec le maire de leur commune, ou pour ceux qui auroient été désignés.

Le contingent de chaque commune doit être formé pour le

6 septembre prochain, soit par désignation, soit par la voie du sort, parmi les gardes nationaux que le maire jugera le plus en état de marcher, distraction faite de ceux compris dans les cas d'exception consacrés par la loi du 28 prairial an III, et par l'art. 14 de l'arrêté du préfet du 18 du mois d'août.

En cas de désignation d'office, seront choisis de préférence 1° les anciens militaires qu'aucune infirmité grave ne rend inhabiles au métier des armes ; 2° les célibataires de l'âge de 20 à 40 ans (les conscrits des dépôts de 1806, 1807, 1808, 1809 et 1810 exceptés) ; 3° les hommes veufs et ceux mariés du même âge qui auront le moins d'enfants à leur charge. La désignation d'office, dans cette dernière classe, ne pourra porter que sur des citoyens dont le taux des contributions s'élèvera au-delà de 20 livres d'imposition ; mais cet arrêté fut en partie changé, et on jeta cette levée d'hommes sur les veufs sans enfants et les garçons, qui se trouvoient faire partie de la garde nationale, depuis 19 jusqu'à 40 ans, et s'il ne s'en trouvoit pas assez, on devoit prendre jusqu'à 50 ans et par la voie du sort. Cela faisoit murmurer hautement les célibataires, qui disoient que la garde nationale étoit composée de tous les citoyens mariés ou non mariés, et que d'ailleurs la loi portoit que l'on prendroit dans la classe la plus aisée, ce qui ne seroit plus ; mais comme le premier arrêté portoit que l'on pouvoit faire une souscription, le maire fit proclamer qu'il y avoit un registre ouvert pour recevoir les offrandes des citoyens, et un autre pour recevoir les enrôlements des citoyens qui désiroient aller sur les côtes. En conséquence, il y eut beaucoup de souscriptions, et le 6 septembre arrivé, jour auquel il devoit être procédé à la levée, le maire ayant considéré le registre des offrandes et qu'on avoit résolu de donner à chaque homme 300 livres, il manquoit encore 1,400 livres, et que les plus riches n'avoient fait que des offrandes médiocres ou point du tout, envoya des lettres aux plus riches pour leur dire que si dans deux heures ils n'augmentoient leurs souscriptions ou n'en faisoient, ceux qui n'en avoient point fait seroient désignés d'office. Cette mesure parut rigoureuse à plusieurs ; mais elle remplit en partie la somme qui devoit être distribuée aux 37 hommes à fournir par la ville d'Evreux. Cependant, le lendemain matin 7 septembre, il manquoit encore 200 francs, et on alloit encore faire reparoître les souscripteurs pour les fournir, ou prendre un homme pour achever le contingent, quoiqu'il y en eût beaucoup qui eussent fait aussi leur offrande ; mais deux généreux citoyens voyant cela et que les garçons étoient assez flagellés, donnèrent les 200 francs, et il se trouva assez d'hommes enrôlés, tant mariés que célibataires, presque tous fainéants, gourmands et mauvais sujets.

Dans le courant du mois de septembre, on plaça dans la Cathédrale une nouvelle chaire épiscopale, parce que celle qui avoit été posée lors de l'entrée de M. Bourlier, évêque d'Evreux, étoit composée d'un simple siége, avec des rideaux disposés en espèce de baldaquin, au lieu que la nouvelle fut faite en bois par le nommé Vavasseur, menuisier à Evreux.

Le dimanche 8 octobre, on proclama un arrêté du préfet, qui ordonnoit aux maires des communes du département de remettre intégralement, sous les 48 heures, l'argent aux citoyens qu'ils avoient donné pour l'enrôlement des gardes nationaux, vu que le ministre licencioit les gardes côtes. Le maire de la ville d'Evreux crut devoir engager les personnes qui avoient donné de l'argent d'en laisser un sixième au profit de ceux qui s'étoient engagés ; mais on laissa toutefois à chacun sa liberté sur cet abandon.

Vers ce temps, on afferma pour la première fois l'éclairage de la ville pour trois ans.

Le vendredi 21 octobre, il arriva à Evreux une partie de la gendarmerie partie pour Gaud ; l'autre partie y resta jusqu'à nouvel ordre.

Le jeudi 26 octobre, M. le préfet fit placer la statue de Diane sur un piédestal au bout de l'allée des Soupirs, près de la rivière et du château, un peu derrière la place de la tour, où deux hommes avoient été écrasés, lors de la réparation de l'ancien château ; cette statue venoit aussi de Bizy près Vernon.

Le vendredi 3 novembre, le conseil de recrutement de l'armée s'assembla sur un décret impérial, pour la levée de 36,000 conscrits des dépôts des années 1806, 1807, 1808,

1809 et 1810. Le département de l'Eure fournit à cette levée 369 hommes, qui partirent le samedi 4 du même mois.

La mairie d'Evreux fit rétrécir le fossé de la rue aux Bouchers, et le maire invita quelques habitants de ce quartier, des plus riches, à faire faire devant leur terrain des remblais en talus et un mur d'appui ; chose étrange, puisqu'il avoit été dit, il y a quelques années, que les particuliers n'avoient rien à eux sur le bord de ce fossé, puisqu'ils étoient bornés par la rue, et maintenant on les invitoit à ce travail coûteux.

M. le préfet fit aussi bâtir dans la cour de la préfecture un très-grand bâtiment en briques pour l'augmentation des archives.

Le dimanche 10 décembre, on fit la fête de l'anniversaire du couronnement de l'empereur, comme à l'ordinaire ; il y eut cette année mariage d'un militaire, etc.

Le dimanche 24 décembre, veille de Noël, M. le curé de la Cathédrale, après avoir célébré la messe des frères de la charité, leur lut un règlement de Mgr l'évêque d'Evreux, qui établissoit le curé de la Cathédrale président de la charité, lors de la reddition des comptes, et deux syndics perpétuels pour la présidence des séances des assemblées de cette association ; ce sont Vavasseur, échevin sortant, et Bance, ancien échevin.

Mgr l'évêque d'Evreux, comme législateur, fut convoqué, comme tous les autres membres du corps législatif, pour se rendre à Paris, pour faire différentes lois ; il fut nommé membre d'une commission concernant la religion ; il fut aussi choisi pour délibérer sur la dissolution du mariage de l'empereur, et un des signataires de cet acte. Cette dissolution du mariage de l'empereur avec l'impératrice Joséphine étonna beaucoup de monde, et surtout les militaires qui l'avoient vue à l'armée donner tous ses soins à son époux, et, sur cela, on faisoit une infinité de raisonnements et de conjectures, sans savoir ce que l'on disoit.

1810.

Le jeudi 15 février, l'empereur rendit un décret qui mettoit en vente tous les biens provenant de la succession de feu M. le duc de Bouillon, situés dans le département de l'Eure. Ce décret fut reçu à Evreux le vendredi 16, et mis aussitôt à l'impression. Cette vente fut annoncée comme aliénation de domaines nationaux pour le jeudi 8 mars, dans une des salles de la préfecture.

M. Vallée, ancien membre de l'Assemblée législative, fut nommé commissaire par l'empereur, pour faire l'acquisition de ces biens.

Le jeudi 8 mars, sur les onze heures du matin, dans une des salles de la préfecture, on commença cette vente. On avoit fait plusieurs lots. L'apanage de Navarre, de Bérangeville, Arnières, les fermes du grand et du petit Haras et toutes les maisons situées dans la forêt, firent un lot, et les autres biens en firent d'autres, comme la grosse forge de la Ferrière, les biens situés près Combon, etc. Il fut remarqué que pour de tels objets, on voyoit peu de marchands de biens nationaux, parce qu'ils étoient persuadés que cette vente ne se faisoit que pour la forme, en ce qu'il couroit un bruit que c'étoit pour l'impératrice Joséphine. Cependant il y eût quelques marchands de biens nationaux qui voulurent enchérir, mais M. le préfet leur demanda s'ils avoient rempli les formalités voulues par les lois, en déposant au secrétariat de la préfecture une somme proportionnée à l'estimation, et comme personne n'en avoit déposé à temps, ils furent déboutés de leurs enchères, et quand bien même ils auroient eu rempli les formalités, le commissaire délégué pour cette acquisition l'auroit toujours eue.

Quand le premier lot fut vendu, on mit en adjudication les autres lots, tels que la forge de la Ferrière et quelques terres éparses éloignées d'Evreux; mais le commissaire délégué ne mit pas dessus, parce qu'il n'avoit en vue que le château de Navarre et dépendances.

La forge de la Ferrière fut vendue aux sieurs Petit et Canuel, fermiers de ladite forge, et les autres biens à différents particuliers.

Quelques jours après cette adjudication, l'impératrice Joséphine écrivit à M. le préfet que l'empereur lui avoit donné le château de Navarre, érigé en duché, et qu'elle portoit affection toute particulière à tous les habitants du département de l'Eure. M. le préfet fit imprimer et afficher cette lettre.

Depuis la réception de la lettre ci-dessus, on ne savoit quel jour l'impératrice Joséphine viendroit. Alors M. le préfet fit son possible pour former une garde d'honneur à cheval et une autre à pied ; celle à cheval fut composée en partie par d'ancienne noblesse, surtout par des officiers et des personnes aisées à cause de la dépense d'un cheval ; celle à pied se composa de tous jeunes gens mariés ou non mariés qui furent aussi obligés de s'habiller à leurs dépens; on ne leur fournissoit que les fusils et les gibernes. On les exerça un peu au maniement des armes et très-promptement, parce qu'on attendoit l'impératrice de jour en jour, et qu'il venoit toujours quelques personnes de sa maison.

Enfin, l'ordre de mettre en état le château de Navarre étant arrivé, on y plaça un très-grand nombre d'ouvriers qui réparoient le plus nécessaire à la hâte.

Le 16 mars, le maire de la ville d'Evreux envoya à chacun des gardes nationaux une lettre qui les avertissoit de se tenir prêts quand la générale battroit, de se transporter à la mairie avec les armes que l'on pourroit avoir, et de s'habiller le plus proprement possible pour la réception de l'impératrice Joséphine qui devoit arriver d'un jour à l'autre.

Il arriva aussi de Louviers et de Vernon une députation de la garde d'honneur, et beaucoup d'étrangers.

Le jeudi 29 mars, jour de la mi-carême, sur les neuf heures du matin, on tira plusieurs coups de canon ; aussitôt la générale battit, et toute la garde nationale, assemblée sur la place Bonaparte, fut divisée en deux parties. L'une fut postée sur la route de Paris, et l'autre sur la route de Caen. La garde d'honneur à cheval et celle à pied, avec la musique, se portèrent sur la route de Paris avec le maire et tout le conseil municipal. M. le préfet s'y rendit aussi avec les autorités.

L'arrivée de l'Impératrice fut annoncée par une salve d'artillerie et le son des cloches ; M. le maire lui fit un discours après lequel elle se remit en marche pour Navarre, escortée de la garde d'honneur à cheval.

Tout le clergé de la Cathédrale, de Saint-Taurin et le séminaire s'étoient transportés sur la place Saint-Taurin, pour présenter l'eau bénite à Sa Majesté l'Impératrice ; mais, tandis que Mgr l'évêque s'habilloit au séminaire, tout le cortége passa sans qu'il y eut aucune cérémonie, et le discours que monseigneur s'attendoit à lui faire ne fut point lu ; elle passa tout droit par Navarre, où elle arriva sur les quatre heures de l'après-midi. Elle trouva partout, sur son passage, beaucoup de monde, et surtout à Navarre. Il y eut le soir illumination générale dans la ville.

Le lendemain de son arrivée, le maire fit changer le nom de deux rues d'Evreux : la rue du Département fut nommée rue de l'Impératrice, et celle de Saint-Taurin nommée rue Joséphine.

Le lundi 23 avril, lundi de Pâques, il y eut un mariage d'un ancien militaire, doté de 600 fr., à l'occasion du mariage de l'empereur avec Marie-Louise d'Autriche ; il devoit y en avoir deux, mais il se trouva quelque difficulté, et il fut remis à un autre temps ; il n'y eut aucune autre cérémonie et on ne s'aperçut presque pas de cette fête.

Ce fut aussi vers ce temps que l'on fit poser, dans une des chapelles de la Cathédrale (celle de Saint-Louis, qui avoit été entièrement dévastée par la terreur), une contre-table et un autel en marbre venant de l'abbaye du Bec. Ces objets étoient très-endommagés, mais on prit grand soin d'en bien rajuster les morceaux, et le restant de la chapelle fut décoré d'un lambris en plâtre.

Les dames de charité mirent leur société sous la protection de Sa Majesté l'impératrice, et firent une supplique à Mgr l'évêque, pour qu'à l'avenir on célébrât la fête de Saint-Joseph le 19 mars. En conséquence, Mgr l'évêque fit une ordonnance par laquelle il prescrivit qu'on célébreroit la fête de Saint-Joseph dans l'église Cathédrale le 19 mars, sous le rit solennel majeur, à moins que quelque fête privilégiée ne s'y opposât, et qu'il y auroit ce jour-là grand'messe, vêpres, sermon et salut du Saint-Sacrement, et indulgence de quarante jours aux personnes associées qui, confessées et communiées, assisteroient avec foi à tout l'office de ce jour. Mais, comme la fête de Saint-Joseph étoit passée, l'ordonnance portoit que, pour cette année, la fête seroit célébrée le 5 may, et il y eut distribution de pain aux pauvres.

La procession de la Fête-Dieu de cette année fut ornée d'une cérémonie que l'on n'avoit pas vue depuis très-longtemps. Le régiment du 8e cuirassiers en garnison à Evreux, depuis le 15 juin, fournit un fort détachement, tant à pied qu'à cheval, qui assista à la procession, tandis qu'en outre le reste étoit sur la place de la Cathédrale, attendant le retour de la procession. Au bout de l'octave, il y eut même cérémonie, mais les autorités constituées n'y étoient pas.

Le marché au bétail qui se tenoit à Evreux le lundi de chaque semaine, fut changé et remis au marché du mardi, à commencer du 7 août.

Le mercredi 15 août, jour de l'Assomption et de la naissance de l'empereur, il n'y eut rien de remarquable, que la ville, dès le point du jour, fit l'annonce de la fête par des coups de canon. La procession ne parcourut pas le chemin accoutumé, vu l'inconstance du temps; elle fit le tour par la rue de la Petite-Cité, celle de St-Nicolas et remonta à la Cathédrale. Il n'y eut ni courses, ni feux de joie et très-peu d'illuminations; comme la fête se réduisit à quelques danses, on attribua cela à une malheureuse catastrophe arrivée à Paris, à l'occasion d'une fête que l'ambassadeur d'Autriche donnoit à l'occasion du mariage de l'empereur, et où il y eut beaucoup de personnes qui perdirent la vie.

Vers ce temps, on commença à démonétiser les espèces d'argent. Les pièces de 24 sous furent réduites à 20 sous, celles de 12 sous à 10 sous, et celles de 6 sous à 5 sous.

Dans le courant de septembre, on démonétisa les autres

pièces d'or et d'argent. Les doubles louis furent réduits à 18 sous de perte, ceux de 24 livres à 9 sous de perte, les pièces de 6 livres à 4 sous de perte, et celles de 3 livres à 5 sous de perte, et les pièces de 5 livres qui étoient reçues dans le commerce et dont on tenoit compte au payeur à 5 liards par pièce de 5 livres, furent tarifiées à leur valeur de 5 livres sans retenue.

Vers ce temps, les maires des communes reçurent des ordres pour faire un tableau des personnes qui avoient eu la petite vérole, de celles qui ne l'avoient point eue, et de celles qui avoient été vaccinées. A cet effet, le maire d'Évreux nomma des membres du conseil municipal, avec des prêtres et des officiers de santé pour aller par quartiers par les maisons, rechercher le nombre des personnes, leur âge, celles qui avoient eu la petite vérole ou non, et en faire un rapport à la mairie.

Le dimanche 2 octobre, on vendit à la mairie l'église Saint-Sauveur, à l'exception des murailles que la mairie se réserva jusqu'à 18 pieds de hauteur.

Le jeudi 24 au soir, le clocher de Saint-Sauveur, qui étoit une flèche fort haute, s'écroula avec un fracas horrible par l'écrasement de l'un des quatre piliers, qui formoient une espèce de lanterne, sur laquelle ce clocher étoit planté. Les entrepreneurs de la démolition avoient commencé à découvrir l'église, sans oser entreprendre celle du clocher, à cause de l'affaissement de ce pilier; c'est pourquoi il tomba ainsi tout couvert de ses ardoises, ayant au-dedans toute la charpente des cloches. En tombant, il se sépara en deux à la rencontre d'une muraille qui le rompit à l'endroit où commençoit le poinçon, qui étoit à jour et où il y avoit eu deux petites cloches.

Vers ce même temps, les religieuses Ursulines, qui étoient dans des appartements qu'elles avoient loués dans le couvent des Jacobins, furent obligées de les abandonner, parce qu'on mit à leur place un dépôt de mendicité. Elles louèrent alors de M. la Roche, l'ancienne maison des sœurs de la Providence ou de Caër qu'il avoit eue comme bien national.

Dans le courant d'octobre, l'empereur supprima, par un

décret, la garde d'honneur tant à pied qu'à cheval de la ville d'Evreux, avec injonction de ne porter aucune marque distinctive desdites compagnies.

Le 22 novembre, l'impératrice Joséphine revint à son château de Navarre, sans aucune marque d'honneur, excepté que les gendarmes allèrent au devant d'elle; mais il n'y eut plus de garde d'honneur à son château.

Le jeudi 1er novembre, jour de la Toussaint, on publia, dans toutes les églises du diocèse, une lettre pastorale de Mgr l'évêque pour engager les fidèles, par leurs aumônes, à venir au secours du Séminaire, vu que les dix bourses et les vingt demi-bourses accordées par l'empereur ne suffisoient pas, vu les réparations considérables que l'on avoit été obligé de faire, et que le nombre des élèves, qui étoit de 70, exigeoit plus de recette. Par cette lettre pastorale, tous les prêtres furent taxés à dire chacun six messes pour les besoins du Séminaire, et comme chacune étoit taxée à 20 sous, cela faisoit 6 livres par chaque ecclésiastique; puis les prêtres, curés, desservants ou vicaires furent aussi obligés de faire des quêtes chez tous les fidèles de leur paroisse pour en apporter le produit au Séminaire.

Le samedi 1er décembre, on annonça le soir, par une salve d'artillerie, la fête du couronnement de l'empereur et de la bataille d'Austerlitz.

Le dimanche 2, dès le point du jour, même annonce; on maria un militaire et on fit un discours comme de coutume; le soir, illuminations. Ainsi se termina cette fête.

Mais dans son discours, M. Leroy, curé de la Cathédrale, s'étant permis de dire, au sujet des autorités constituées, qu'on ne les voyoit à l'église qu'à certains jours de fêtes ordonnées par l'empereur, un certain juge du tribunal criminel et quelques autres esprits révolutionnaires allèrent trouver M. le préfet pour lui porter leurs plaintes, mais ce magistrat, qui avoit entendu le discours, leur répondit qu'il n'avoit été rien dit contre le Gouvernement; que, comme prêtre, M. Leroy avoit fait son devoir; « ainsi, leur dit-il, faisons le nôtre. » Mais ce juge, ex-prêtre et ex-curé de Corneuil, marié, et qui avoit en quelque sorte insulté les processions qui alloient à Saint-Sébastien en pèlerinage, vers les fêtes de la Pentecôte dernière, fut le plus acharné et alla trouver Mgr l'évêque et lui fit ses plaintes; mais il n'eut pas plus de réussite dans ses démarches. Il menaça même ce prélat de dénoncer M. le curé de la Cathédrale au ministre des cultes, pour qu'il le fît déporter. Mgr l'évêque, sans beaucoup faire attention à ce mauvais esprit, lui dit qu'il pouvoit le faire

Le samedi 15 décembre, on proclama l'arrêté de M. le préfet et le règlement sur le dépôt de mendicité.

1811.

Dans le commencement de février, le maire de la ville d'Evreux fit imprimer une notice sur le comté d'Evreux, pour être présentée à S. M. l'impératrice Joséphine, et dans laquelle on voit que les héritiers de Mgr le duc de Bouillon furent privés des forêts et d'une partie du comté d'Evreux, par un décret de l'Assemblée nationale de l'an II de la République, parce que lors de l'échange de ce comté contre les principautés souveraines de Sédan et Bouillon, on n'avoit pas observé les formalités qu'exigeoit cet échange.

Le jeudi 7 février, il arriva à la pointe du jour un courrier, envoyé par le ministre, pour que les cuirassiers qui étoient à Evreux fournissent une garde de 25 hommes (quelques-uns ont dit 50) à Navarre; mais l'impératrice ne voulut en avoir que 25. Ce fut la première garde que le gouvernement fournit à l'impératrice Joséphine depuis la suppression de la garde d'honneur. Cet ordre arriva assez à temps pour que cette garde pût accompagner l'impératrice à un bal que M. le préfet donnoit ce jour-là chez lui et où toute l'élégance fut au plus haut point; on avoit même formé une espèce de trône; mais le prince Monaco donna des ordres pour qu'on le fît démolir, pour certaines raisons.

Dans le courant de février, on érigea une sous-préfecture

à Evreux, et, comme on n'avoit pas de local préparé, on prit l'ancien collége pour y placer ses bureaux.

Le dimanche 3 mars, on proclama la loi de la conscription pour fournir ..... hommes.

Le vendredi 8 mars, on procéda au tirage au sort des conscrits et on donna ordre à ceux d'Evreux de paroître à la visite le 26 du même mois.

Le lundi 18 mars, veille de saint Joseph, fête de l'impératrice Joséphine, tous les grands de la ville allèrent en carrosse saluer l'impératrice et lui souhaiter une bonne fête, et à l'église Cathédrale il y eut, suivant l'ordonnance de Mgr l'évêque, premières vêpres sonnées par toutes les cloches.

Le mardi 19, jour de saint Joseph, il y eut grand' messe et vêpres sonnées par toutes les cloches, sermon et salut du Saint-Sacrement. Il y eut toute la journée grande cérémonie à Navarre, et le soir un bal très-brillant donné par l'impératrice dans le salon du Château ; mais il n'y eut d'admises que les personnes invitées par lettres.

Le mercredi 20, à huit heures du soir, il arriva un courrier qui apportoit la nouvelle de l'accouchement de l'impératrice Marie-Louise ; aussitôt les cloches furent mises en branle et on tira 40 coups de canon.

Le jeudi 21, jour de la mi carême, il y eut un *Te Deum* en musique chanté dans l'église Cathédrale, à trois heures du soir. Mgr l'évêque n'y assistoit pas ; il étoit à Paris occupé à des décisions touchant l'empereur, car il parut un bref du Pape, daté de Savonne, qui excommunioit l'empereur, mais qui ne parut pas beaucoup en public, parce qu'il y eut un décret imprimé qui punissoit de mort le colporteur et même tous particuliers qui se le communiqueroient l'un l'autre, en faisant entendre que c'étoit quelque faux bref que les malveillants faisoient courir pour troubler l'ordre ; mais le départ de différents prélats fit voir que ce bref étoit véritable.

Les armes des ducs futurs de Navarre se composent d'un

écusson écartelé au premier d'azur, à l'aigle éployée d'or, tenant dans ses serres une foudre de même; au deuxième et troisième, d'argent à la face de sable, surmontée de trois merlettes en face du même; au quatrième, d'or à trois pals de sinople, et enfin le chef des ducs, fond de gueule, semé d'étoiles d'argent sans nombre.

Le samedi 13 avril, veille de Pâques, on fit l'adjudication à la mairie, d'une salle de comédie à construire dans le bout de la cour du Château, du côté de la porte, pour la somme de 42,000 francs.

Le mercredi 24 avril, on installa les nouveaux tribunaux de première instance et d'assises.

Le samedi 1er juin, un des membres de la cour impériale de Rouen arriva à Evreux pour tenir l'assise. La gendarmerie envoya au-devant de lui quatre gendarmes avec un brigadier pour l'accompagner jusque chez lui, et aussitôt on mit à sa porte une sentinelle prise dans la garde nationale.

Le mercredi 5 juin, on ouvrit la première séance de la cour d'assise, présidée par le membre de la cour impériale arrivé à cet effet.

Le samedi 8 juin, on annonça à la fin du jour, par vingt-quatre coups de canon et le son des cloches, la fête du baptême du roi de Rome.

Le dimanche 9, jour de la Trinité, de grand matin, on annonça encore par vingt-quatre coups de canon et le son des cloches, la fête qui devoit avoir lieu ce jour. On publia à la grand'messe un mandement de Mgr l'évêque, et à l'issue de la même messe on chanta un *Te Deum* et on fit un mariage d'un militaire; il devoit y en avoir trois; mais le maire ne voulut pas accepter les filles présentées par deux militaires, vu qu'elles n'étoient pas sans reproches, disant que l'intention du gouvernement n'étoit pas de marier de telles personnes; l'un d'eux en présenta jusqu'à trois. Il y avoit 1,200 fr. destinés à doter ces mariages; mais comme il n'y en eut qu'un, on donna 600 fr. Toutes les autorités assistoient à cette fête accompagnées de la musique et de la garde d'honneur, renouvelée pour cette époque et qui portoit le nom de garde d'élite. Il y avoit déjà quelque temps que M. le préfet eut voulu en former une, composée de toute la noblesse du département; mais étant assemblés à cet effet on ne conclut rien ; ce qui pourroit avoir donné l'idée de renouveler l'ancienne, vu que c'étoit par erreur que le ministre l'avoit dissoute, le décret ne prononçant la suppression que des gardes d'honneur des villes et celle d'Evreux n'avoit pas été créée pour la ville, mais pour l'impératrice Joséphine.

Quand la cérémonie du mariage fut finie, on distribua à tous les indigents qui s'étoient fait inscrire, chacun une livre et demie de pain, un cervelas et une demi-bouteille de vin, que chacun emporta chez soi pour éviter le désordre qui auroit pu arriver si l'on eut bu et mangé sur la place. Ensuite il y eut courses à pied, et quelques feux de joie composés de quelques demi-douzaines de bourrées, et le soir illumination et danses sur la place Bonaparte.

Ce même jour, le dépôt de mendicité fit dresser dans les cours de l'établissement des tables pour y divertir les pauvres du dépôt, et la porte fut ouverte ce jour-là à toutes les personnes de leur connaissance; sans ce jour-là on ne les voyoit pas.

Le samedi 15 juin, on exécuta pour la première fois les sentences de la cour d'assise, en mettant des individus au carcan sur l'échafaud, et debout avec des colliers de fer, au lieu qu'avant ils étoient assis et seulement attachés d'une forte sangle.

Vers ce même temps, on organisa un décret impérial relatif au tabac. Il fut réglé qu'il n'y auroit plus dans Evreux que dix débitants de tabac, moitié bourgeois et moitié militaires, et dans les campagnes de même ; cela commença au 1er juillet. Les débitants de tabac, de même que les régisseurs et receveurs de ce nouvel impôt, étoient tenus de consigner une somme au gouvernement comme cautionnement.

Dans le courant du mois de juillet, on assembla à l'hospice les enfants trouvés pour en tirer un certain nombre et les placer dans la marine.

Il vint aussi des ordres pour prendre, dans le restant des numéros de la dernière conscription et dans les ajournés des conscriptions passées, un certain nombre d'hommes pour compléter les régiments ; le département de l'Eure en fournit plus de deux cents pour sa part.

Le vendredi 9 août, il arriva à Evreux une espèce de colonne mobile tirée du 72e régiment de ligne, des hussards et des gendarmes pour aller dans les arrondissements, et de là être dispersés dans les communes où il y avoit des conscrits restés ou revenus pour y être placés chez les père et mère ou plus prochés parents, si les premiers étoient trop pauvres pour les pouvoir loger, payer et nourrir, jusqu'à ce que les conscrits se retrouvassent. Cette colonne parcouroit les départements les uns après les autres pour faire la chasse aux jeunes gens, car le décret de l'empereur est très-dur et sévère.

Le jeudi 15 août, on fit la fête de l'empereur comme de coutume, excepté qu'il n'y eût point de courses.

Le lundi 19 août, on proclama que le lendemain 20, au soleil levant, on ouvriroit les assemblées pour la nomination des électeurs qui devoient former l'assemblée du département et nommer des candidats pour le sénat, le corps législatif et autres fonctions publiques, etc., de manière que l'assemblée des deux cantons d'Evreux sud et nord, fut terminée dans les 36 heures après son ouverture.

Dans la journée du 20, on proclama que les citoyens eussent à aller déposer leurs votes aux endroits indiqués, vu que très-peu de personnes paraissoient dans leurs sections ; mais cela n'y fit pas beaucoup assembler les votants, le peuple étant presque dans l'indifférence sur cet objet.

Le dimanche 25 août, on commença dans l'église Cathédrale des prières pour Mgr l'évêque, envoyé malade par l'empereur vers notre saint-père le pape qu'on disoit être à Savonne.

Dans le courant d'octobre, on prit encore des chevaux de

réquisition au nombre de 32 qui furent payés, dit-on, assez bien à leurs propriétaires.

Vers ce même temps, la mairie envoya des lettres aux propriétaires de biens situés dans la rue aux Bouchers pour les avertir de faire curer le fossé qui règne le long de cette rue, et ce dans le plus bref délai, ou qu'ils seroient obligés de payer les hommes que l'on mettroit à leurs dépens; chose assez étrange puisque sur l'observation de l'un de ces propriétaires qui demandoit si les arbres plantés le long de ce fossé n'étoient pas à la mairie, on lui répondit oui ; ce que voyant, il ajouta que puisque les arbres n'étoient pas aux propriétaires on ne devoit pas les contraindre au curage de ce fossé, parce que leur propriété suivant le maire, ne s'étendoit pas plus loin que le bord de la rue ; mais un chacun dit qu'il le feroient par eux-mêmes et d'autres donnèrent quelque chose voulant éviter des chicanes quoique ayant droit de refuser de faire ce travail.

Le dimanche 27 octobre, on proclama un nouvel octroi pour la ville d'Evreux, où beaucoup d'objets qui n'étoient point compris dans le premier, se trouvoient et à un plus haut prix.

Au même moment, on renchérit le pain de 3 sous sur les 8 livres, ce qui le remit à 33 sous, et commença à étonner tout le monde, vu que les travaux n'alloient pas et que le commerce étoit au plus bas.

On leva encore une trentaine de jeunes garçons des enfants trouvés pour la marine.

Le dimanche 1er décembre et premier dimanche de l'Avent, on fit la fête du couronnement, le tout à l'ordinaire, sans grande cérémonie; le soir quelques illuminations et point de danses.

Le mardi 17 décembre, Mgr l'évêque d'Evreux arriva de Paris à huit heures du soir par congé.

Dans le courant de décembre, les travaux n'allant pas, on

forma quelques ateliers de charité pour la terrasse; on continua le chemin du Moulin-Vieux et le maire acheta des ormes et des peupliers pour les y planter à mesure que le travail avançoit.

1812.

Dans le courant de janvier, on proclama la conscription pour 120,000 hommes; le jour de la visite a commencer le dimanche gras 9 février et jours suivants, et le départ fixé au 25 du même mois.

Le dimanche 16 février, Mgr l'évêque célébra, à 7 heures et demie, une grand'messe pontificale, pour l'ouverture du coliége électoral, à laquelle assistèrent les électeurs. Ensuite ils se réunirent au tribunal des Assises sous la présidence de M. Barbé-Marbois, envoyé par l'empereur.

Dans le commencement de mars, il y eut un peu de révolte dans la halle à cause du renchérissement du bled, que les laboureurs vouloient vendre 72 ou 75 fr. le sac; alors il se trouva des personnes qui le prirent de force à 50 ou 55 fr., et il y eut des bladiers qui dirent qu'on le leur avoit pris pour rien. Cela étoit-il vrai ou non?

Le 14 de mars, le maire de la ville d'Evreux prit un arrêté pour la police de la halle, pour que les bourgeois s'approvisionnassent les premiers, ensuite les boulangers et enfin les meuniers, et que les voitures sortissent par le nouveau débouché que l'on avoit fait ouvrir depuis quelques jours pour aller sur les fossés Saint-Thomas, afin que les voitures entrant par les portes de la Grande-Rue, ne fissent point de confusion avec les voitures qui sortiroient.

Vers ce même temps, il parut un sénatus-consulte qui classoit les gardes nationales par bans. Le premier ban se composa des hommes depuis 20 ans jusqu'à 26; le second de ceux depuis 26 jusqu'à 40 ans, et le troisième, depuis

40 jusqu'à 60 ans. On prenoit 100,000 hommes dans le premier ban et, s'il ne s'en trouvoit pas assez, on viendroit dans le second, et ils seroient divisés en cohortes. On fit invitation aux anciens militaires qui vouloient reprendre du service, de se présenter à la municipalité pour signer un registre ouvert à cet effet. Il ne s'en trouva que quatre à Évreux, tant officiers que soldats.

Comme le bled augmentoit toujours, on taxa le pain de 8 livres le jour de Pâques à 48 sous, et le mardi suivant on le mit à 54 sous. Il vint aussi des ordres de la cour pour faire des soupes économiques. On fit faire des fourneaux au dépôt de mendicité pour ces espèces de soupes, et la première distribution s'en fit le vendredi 2 avril aux indigents.

Le bled augmentant toujours, le pain fut taxé, le samedi 3 avril, à 3 fr. 2 sous, le sac de bled ayant été vendu de 95 à 110 fr.; quelques personnes disoient l'avoir vu vendre 116 fr.

Le maire d'Evreux prit un arrêté pour le logement des troupes et principalement des officiers, en ce que beaucoup de personnes les mettoient aux auberges et les soldats chez différents particuliers qui les logeoient volontiers moyennant 30 sous par jour; mais le maire, par son arrêté, vouloit qu'on les logeât chez soi et que les logements désignés pour les officiers fussent tenus de les loger, place ou non, car les officiers demandoient des appartements plus beaux que ceux destinés aux soldats, ce qui parut un peu arbitraire à différentes personnes.

Ce qui donna sûrement lieu à cet arrêté fut le retour de la garde impériale envoyée à Caen pour appaiser la révolte qui y avoit éclaté, à cause du renchérissement des grains, et dont sept à huit des perturbateurs, hommes et femmes, et tous ouvriers, furent fusillés, puis on afficha leur jugement comme cherchant à allumer la guerre civile.

Cette garde, en repassant par Evreux, se comporta très-mal dans les logements où plusieurs personnes leur offrirent à rafraîchir. Ils ne répondirent que par des impertinences, ne trouvant pas les logements à leur gré, et les autres ne répondant que des sottises à leurs hôtes, de manière qu'ils ressembloient assez à l'armée révolutionnaire du temps de la terreur. Ils s'attendoient à rester deux ou trois jours à Evreux, mais, dès la même nuit, il vint des ordres pour partir sur-le-champ pour aller dans divers endroits plus loin.

Le dimanche 12 avril, on mit le pain de huit livres à 57 sous, parce que le bled avoit un peu baissé.

Le mardi 15 avril, on renchérit le pain; il fut taxé à 3 livres 3 sous.

Vers ce même temps, on tint une session extraordinaire des assises pour juger les personnes qui avoient été arrêtées pour révolte dans les halles tant des Andelys que d'Evreux. Il n'y eut point de condamnés, à l'exception d'un garde champêtre qui le fut à 250 francs d'amende; mais le maire de son endroit, qui étoit témoin au jugement et chez lequel il avoit servi, engagea les autres témoins et ceux qui étoient acquittés à faire chacun un petit sacrifice pour l'emmener avec eux, car s'ils ne payoient pas, il devoit rester en prison pendant six mois. La proposition du maire fut acceptée, ils fournirent la somme et remmenèrent avec eux leur garde champêtre.

Mais ces jugements cessèrent bientôt. Il vint une lettre du ministre pour les suspendre, et le dimanche 19 avril, les jurés s'étant rendus dans le tribunal à l'heure accoutumée, le président de la cour d'assises, qui avoit été envoyé de Rouen pour ces jugements, remercia les jurés et leur annonça que leur mission étoit remplie, et qu'il avoit reçu une lettre pour cesser de juger. Il leur fit sentir dans le discours qu'il leur fit qu'il paraissait que c'étoit parce qu'ils avoient mis trop de clémence dans leurs décisions.

Le mercredi 22 avril, le pain fut taxé à 3 livres 8 sous les huit livres.

Le samedi 25, le grain renchérit encore, et il y eut un farinier qui apporta à la halle des farines qu'il vendoit 10 sous la livre, et différentes personnes en achetèrent de préférence au bled, étant plus certaines d'y trouver plus de profit qu'au bled, parce qu'au moulin bien souvent on est volé. Les laboureurs n'avoient point de bornes dans leurs prix; il y en eut quatre sous la halle qui osèrent faire leur bled 50 écus le sac. Un lieutenant de gendarmerie qui s'y trouva à cet instant leur demanda leurs noms et les endroits où ils demeuroient; il y en eut un qui ne voulut point donner ces renseignements, mais il se trouva des personnes qui le connaissoient et le lui nommèrent, afin qu'il en prit note, cela étonna un peu ces marchands de bled insatiables.

Le dimanche 26 avril, le pain fut taxé à 3 livres 10 sous les huit livres. Ce renchérissement des grains et le manque de travail et de commerce fit que l'on voyoit une infinité de mendiants telle que l'on n'avoit jamais vu de mémoire d'homme.

Ce même jour, on annonça aux prônes des messes paroissiales de la Cathédrale et de Saint-Taurin que S. M. l'impératrice Joséphine avoit envoyé une somme d'argent pour ouvrir des travaux et pour avoir du pain aux pauvres.

Vers ce même temps, il parut un décret impérial pour que les commis aux barrières de la ville d'Evreux payassent 1,000 livres de cautionnement.

Le mardi 28, on afficha le décret pour la perception des centimes additionnels pour le payement des soupes économiques.

Le lundi 29, on taxa le pain à 3 livres les huit livres; on retira par conséquent 10 sous.

Le dimanche 6 may, on renchérit le pain de 3 sous, ce qui faisoit que le pain de huit livres étoit taxé à 3 livres 3 sous.

Le mercredi 6 may, on renchérit encore le pain de 5 sous, ce qui le mit à 3 livres 8 sous; tout cela faisoit que l'on voyoit des pauvres à l'infini.

Le samedi 9 may, on proclama un décret impérial et un arrêté de M. le préfet pour le commerce des grains et sur la déclaration que les laboureurs, blâtiers, boulangers et autres magasiniers de grains et farines étoient obligés de faire aux maires de leurs communes ou aux sous-préfets des arrondissements dans un délai fixé.

Le dimanche 10 may, on diminua le prix du pain, qui fut remis les huit livres à 3 fr.

Le mardi 12 may, on proclama un nouveau décret impérial pour le prix des grains. Il fut fixé pour Evreux, à 73 fr. le sac dans la meilleure qualité, ne pouvant pas remonter plus haut ; cela fit que les laboureurs qui avoient resserré leur bled dans le marché précédent à cause de la baisse du prix, ne vinrent pas le mardi, et les boulangers qui s'attendoient à le faire renchérier le mercredi 13 may, ne purent pas y parvenir, le bled s'étant vendu 100 et 104 francs le sac.

Le samedi 16 may, le bled fut donc vendu 73 fr. le sac première qualité, et d'autre inférieur à un moindre prix. Il y eut un bladier qui osa encore le faire 120 fr., mais il ne fut pas écouté.

Le dimanche 17 may, jour de la Pentecôte, on mit le pain de 8 livres à 33 sous.

Le mardi 19 may, on taxa le méteil à 62 fr. le sac.

Le mercredi 20, M. le préfet fit renchérir le pain de 8 livres de deux sous, ce qui le remit à 45 sous, parce que les boulangers ne trouvoient pas de profit, à ce qu'ils disoient, à 43 sous.

Comme la taxe du bled ne contentoit pas les laboureurs, ils n'en apportoient plus à la halle, ce qui obligea à envoyer chez eux les gendarmes et la compagnie départementale pour qu'ils en apportassent sur leur invitation.

Dans le courant de may, on fit un pont pour sortir de la halle sur les Fossés-Saint-Thomas, par le nouveau débouché. On fit aussi élargir le pont de la rue du Trou-Béchet ; avant ce temps, il ne servoit qu'aux personnes à pied, mais on le fit de la largeur de toute la rue.

Dans ce même temps, le maire d'Evreux prit un arrêté pour que les boulangers fissent des listes de toutes leurs pratiques sous le délai de trois jours, et que les personnes qui avoient coutume de cuire s'attachassent à un boulanger provisoirement, vu qu'on ne donneroit plus de bled qu'aux boulangers. On fit aussi des visites chez eux pour voir ce qu'ils avoient de bled ou farine, car ils menoient un peu le peuple par leurs insolences.

Le vendredi 29 de may, il fut fait un récensement général de tous les habitants d'Evreux, constatant le chef de chaque maison et le nombre de personnes composant la maison, et le nom du boulanger chez lequel on prenoit du pain. On demanda aussi la déclaration des grains ou farines que l'on pouvoit avoir chez soi, car il y avoit beaucoup de gens, vu le renchérissement des grains, qui en avoient acheté pour attendre jusqu'à la récolte et bien cher. Ce récensement fut commencé le matin, et achevé dans l'après-dîner par le grand nombre de commissaires nommés à cet effet, ayant chacun une série de numéros des maisons à parcourir.

Dans le commencement de juin, on fit venir de Chartres quelques voitures de farine que l'on distribua aux boulangers, et on taxa le monde à trois quarterons de pain par jour, et on renchérit le pain qui fut mis à 46 sous et le blanc à 50 sous les 8 livres.

Vers la mi-juin, on fit apporter, d'Etampes au-dessus de Paris, un assez bon nombre de sacs de farine de pois pour en faire du pain.

Le mardi 7 juillet, on rapporta dans la Cathédrale le cœur de M. Boudon, grand archidiacre de l'église d'Evreux, qui étoit resté dans la muraille de l'église du grand séminaire, même pendant toute la force de la révolution. Il n'y eut aucune cérémonie particulière à cette translation, sinon un assez grand concours de personnes qui eurent beaucoup d'estime pour ce saint prêtre.

Le mardi 14 juillet, il arriva un malheur à un des ouvriers qui travailloient au pont de devant la nouvelle comédie. Comme on rétrécissoit la rivière et que le nouveau pont étoit beaucoup plus étroit que l'ancien et qu'il forme une espèce d'aqueduc, les ouvriers qui démolissoient l'ancien à mesure qu'ils avoient besoin de briques, et qu'il étoit très-élevé, une partie de la voûte du côté qui rejoint la rue Saint-Louis, qui étoit restée debout, vint à s'écrouler à l'instant où un ouvrier chargeoit un manœuvre qui tournoit le dos à cette voûte; l'ouvrier, apercevant le danger, avertit le manœuvre de se retirer, mais il n'en eut pas le temps et fut écrasé debout contre la muraille de la nouvelle voûte qui se trouvoit devant lui, sans qu'on lui vit donner aucun signe de vie.

Ce même jour, il n'y eut sous la halle d'Evreux qu'un sac de bled, chose qui ne s'étoit peut-être jamais vue.

Le lundi 20 juillet, on plaça dans la Cathédrale la chaire à prêcher que l'on avoit apportée de l'abbaye du Bec, il y a quelques années, avec la chapelle en marbre de Saint-Louis.

Le mercredi 22, on joua pour la première fois dans la nouvelle salle de comédie.

Le vendredi 14 août, on annonça, le soir, par des coups de canon, la fête du lendemain.

Le samedi 15 août, jour de l'Assomption de la sainte Vierge, on annonça la fête dès le matin par une décharge d'artillerie; elle fut très-simple, il n'y eut ni courses ni cocagne, mais seulement quelques danses.

Ce même jour, le pain, qui étoit depuis longtemps à 46 sous les huit livres, fut réduit à 40 sous.

Le prix du pain avoit un peu baissé, mais le bled avoit renchéri.

Le mardi 8 septembre, on crut que cela n'auroit pas de suite, mais le samedi 12 septembre il renchérit encore davantage, ce qui étonna beaucoup de monde, de manière que le pain revenoit à 33 sous, et le dimanche 13 on le mit à 39 sous les huit livres.

Ce même jour, on proclama pour la conscription que les jeunes gens eussent à se faire inscrire du 15 au 25 de septembre.

On fit aussi dans ce même temps un pont en briques sur le fossé de la rue aux Bouchers, joignant la rue du Pahaha à la rue aux Juifs ; avant ce temps, il y avoit un gué et un petit pont en bois à côté pour les gens de pied.

Le mardi 29 septembre, on annonça par deux salves de canon de la Tour une bataille gagnée sur les Russes.

Le samedi 3 octobre, on proclama que les jeunes gens de la conscription se préparassent à tirer au sort le 15 du mois d'octobre et à passer la visite le 26.

Le samedi 24, le préfet envoya au maire de la ville d'Evreux une lettre avec ordre de la faire imprimer et afficher sur-le-champ. Cette lettre annonçoit la découverte d'une conspiration à Paris par des généraux et officiers retirés et pensionnés, sous le prétexte d'une prétendue mort de l'empereur dans la Russie. A cet effet, on fit des patrouilles fréquentes toute la nuit ; on arrêta les lettres à la poste pour voir s'il n'y avoit point quelque correspondance y relative ; on enjoignit aux aubergistes et hôteliers de tenir registre des personnes qui logeroient chez eux, et aux loueurs de chevaux de s'assurer combien de jours devoient durer les voyages.

Le jeudi 12 novembre, les conscrits d'Evreux et de l'arrondissement partirent pour Valenciennes. Il paroît que le nombre présenté sur les tableaux étoit établi de manière à faire croire qu'il n'en partoit pas un aussi grand nombre ; mais, par tous les détachements des cinq arrondissements du département, on pouvoit croire que le nombre étoit beaucoup plus grand. On en prit aussi pour la gendarmerie à pied et à cheval, qui étoient obligés de verser une somme dans les caisses du gouvernement.

Le lundi 23 novembre, mourut M. le maire d'Evreux, Dureau de la Buffardière.

Le samedi 5 décembre, à la chute du jour, on annonça, par le son des cloches et le bruit du canon, la fête du couronnement de l'empereur.

Le dimanche 6, à la pointe du jour, on annonça encore la fête par plusieurs coups de canon ; il y eut un mariage, et le reste de la fête comme à l'ordinaire, avec peu d'apparat.

Le vendredi 11 décembre, Mgr l'évêque d'Evreux arriva de Fontainebleau, d'auprès du Saint-Père, par permission du ministre, pour faire les saints ordres.

1813.

Le dimanche 17 janvier, Mgr l'évêque repartit pour se rendre à Fontainebleau, auprès du Saint-Père.

Vers ce même temps, M. le préfet fit afficher une invitation d'imiter l'exemple de la ville de Paris, qui avoit offert à l'empereur un régiment de cavalerie de 500 hommes, montés et équipés, au compte du département. Sur cette invitation, la mairie d'Evreux engagea les jeunes gens des classes de la conscription des années 1809, 1810, 1811 et années antérieures, qui voudroient s'enrôler de bonne volonté pour faire partie de ce régiment, Evreux ayant trois hommes à fournir.

On proclama aussi un décret impérial pour la fourniture de chevaux de trait au nombre de 30,000, sur lequel le département de l'Eure fut taxé à 250 ; ils furent choisis pour Evreux le 20 janvier.

On proclama également un décret impérial qui mettoit à la disposition du ministre de la guerre les conscrits des dépôts de droit, des hauts numéros, des ajournés faute de taille et même les hommes qui avoient payé l'indemnité, pour fournir 100,000 hommes des quatre années 1809, 10, 11 et 12 ; ils passèrent à la visite dans les derniers jours de janvier, pour partir au commencement de février.

Le mardi 2 février, on proclama la levée de la conscription de 1814.

Le samedi 6, on annonça, par le son des cloches, le *Te Deum* ordonné par Mgr l'évêque pour annoncer la paix de l'Eglise.

Le conseil municipal, dans une réunion, arrêta que l'on lèveroit sur les 400 habitants les plus haut imposés d'après le cadastre, une taxe pour fournir une somme de 5,500 francs pour monter et équiper trois cavaliers, et que s'il restoit quelques sommes à placer, on ouvriroit un atelier de charité; que ceux qui voudroient concourir par leurs offrandes, on les recevroit; que cette somme seroit perçue dans un bref délai, et que ceux qui apporteroient quelque retard seroient poursuivis comme pour les contributions arriérées.

En conséquence de cet arrêté, autorisé par le préfet, on envoya des lettres aux personnes imposées pour qu'elles payassent, sous 48 heures, les sommes auxquelles le conseil municipal les avoit taxées.

La mairie désigna aussi les jeunes gens réformés pour conduire les conscrits dans les dépôts, mais ils ne voulurent pas marcher disant que puisqu'ils faisoient partie de la garde nationale, ils demandoient que toute la garde tirât au sort pour savoir qui devroit partir; d'autres plus fortunés offrirent une somme à ceux qui voudroient partir pour eux; mais comme les pauvres ne pouvoient pas donner de l'argent et qu'ils se voyoient obligés de partir en personne, on assembla la garde nationale à onze heures et demie sur la place du Château pour prendre des mesures pour la nomination des conducteurs, et la mairie après cette assemblée envoya des lettres à différents individus pour paroître devant elle et y faire une offrande, ce que chacun fit suivant ses moyens; cependant on leur demandoit de donner au moins une livre dix sols suivant que la mairie trouvoit cela bon.

Dans ce même temps, la mairie fit marché avec le nommé Rosse, horloger à Evreux, pour la confection à neuf des mouvements de la grosse horloge dont toutes les roues seroient faites en cuivre, et qui sous six mois devroient être livrés, moyennant le somme de 2,200 francs ; l'ancienne horloge restant au profit de la mairie.

Le dimanche 14 mars, les conscrits d'Evreux passèrent à la visite et aussitôt on leur délivroit leurs sommations de partir pour le 2 avril.

Le samedi 20 mars, il se répandit un bruit que M. le préfet étoit destitué et qu'il falloit qu'il déménageât la préfecture sous 24 heures. On pensa que c'étoit à cause des grains, d'autres dirent que c'étoit à cause de la conscription, en ce que le capitaine de recrutement reçut son changement et qu'il étoit nommé chef de bataillon d'un régiment. Cependant le décret impérial, daté de Trianon, donnoit à M. le préfet 6,000 livres de pension jusqu'à ce qu'il fut pourvu d'un autre emploi.

Le lundi 5 avril, on installa le nouveau préfet, M. le comte de Miramon. Il étoit descendu à l'évêché ; la garde départementale et la garde d'honneur allèrent l'y prendre, le conduisirent à la préfecture et le ramenèrent à l'évêché.

Mgr l'évêque d'Evreux, qui avoit été nommé au corps législatif, fut de nouveau appelé au sénat par l'empereur.

Le mercredi 14 avril, on assembla sur la place St-Taurin les chevaux du canton d'Evreux pour en choisir un certain nombre destiné à entrer dans les quarante mille chevaux de trait demandés par l'empereur.

On envoya aussi des sommations de départ aux conscrits des dépôts, aux hauts numéros, aux réformés, etc. des années 1807, 1808, 1809, 1810, 1811 et 1812.

Le lundi de Pâques 19 avril, des commissaires nommés par la mairie allèrent par les maisons pour inscrire sur des tableaux tous les hommes de 20 à 60 ans.

Le mardi 20, on proclama que ceux qui voudroient entrer dans la nouvelle garde d'honneur de l'empereur eussent à se faire inscrire, ou que l'on désigneroit parmi les cinq cents plus imposés du département les personnes qui devroient faire partie de cette garde.

Tous les jours on amenoit des chevaux à St-Sauveur ou aux Ursulines pour les couper, et quelques jours après on les conduisoit dans divers dépôts. On fit aussi partir de nombreux détachements de conscrits, et on en réserva d'infirmes pour former, leur disoit-on, des compagnies d'infirmiers.

Le dimanche 9 may, le nouveau préfet fit annoncer par le son des cloches et le bruit du canon, une bataille gagnée sur les Russes. On fit faire la proclamation sous l'escorte de la garde d'honneur, de la garde départementale et des gendarmes, avec la musique; mais on fut obligé d'interrompre à cause du mauvais temps et de se mettre à l'abri dans la halle.

Le dimanche 16, on chanta un *Te Deum* dans la Cathédrale, en actions de grâce de la bataille remportée sur les Russes le 2 may.

Vers ce même temps, on envoya aux célibataires au-dessous de quarante ans et aisés, des lettres de départ sans réclamation quelconque, ce qui fit que ceux ainsi désignés par le préfet achetèrent des hommes, les uns plus, les autres moins cher, les uns pour une somme, les autres à tant par jour du temps qu'ils seroient partis, à la charge par ceux qui se faisoient remplacer de leur fournir l'habillement complet, excepté l'habit, et de verser dans la caisse du gouvernement 120 francs. Il s'est vu des célibataires qui avoient acheté un homme pour leur remplacement à l'armée, être obligés d'en acheter encore un ou de partir eux-mêmes ; des estropiés payèrent indemnité sous un bref délai. Ces hommes furent mis en route pour aller à Cherbourg pour six mois, à ce que l'on disoit.

Les gazettes et journaux mirent dans leurs nouvelles que les jeunes gens de qualité du département de l'Eure s'empressoient de s'enrôler dans la garde d'honneur, ce qui étoit une grande fausseté, puisque le préfet avoit désigné les personnes qui devoient en faire partie et même des personnes faibles qu'il ne voulut pas exempter.

Le mercredi 26 may, le préfet envoya des lettres à tous les célibataires indistinctement, riches ou pauvres, de vingt à quarante ans, leur disant que s'ils avoient des réclamations à faire, ils n'avoient que jusqu'au 30 may ; ce qui fit qu'une infinité d'hommes de tout le département vint à la préfecture pour faire des réclamations, mais le préfet n'en voulut écouter aucun, disant qu'il avoit fait une erreur, et que lorsqu'on auroit besoin d'eux, on les manderoit, ce qui ne satisfaisoit pas ces hommes, véritablement infirmes, voyant la manière dont il s'étoit comporté envers les premiers. Ces lettres étaient datées du 10 may.

Le mardi 1er juin, on proclama encore deux victoires remportées sur les Russes et les Prussiens, les 20 et 21 may.

Le dimanche 13 juin, on chanta dans la Cathédrale un *Te Deum* en actions de grâce des batailles des 20 et 21 may.

On installa aussi un nouveau maire, à la place de feu M. Dureau la Buffardière. Ce nouveau maire est **M.** de Sepmanville.

Le dimanche 20 juin, jour auquel on faisoit la Fête-Dieu, il n'y eut que quatre reposoirs, ainsi que l'avoit ordonné Mgr l'évêque ; les uns attribuèrent cela à sa mauvaise santé, d'autres à ce que cela pouvoit ennuyer les personnes obligées d'assister à cette procession ; cela fut trouvé étrange, en ce que jamais on n'avoit fixé le nombre des reposoirs. Cependant Mgr l'évêque n'assista pas à la procession ; il se rendit seulement à l'église, et l'y attendit au retour.

Le dimanche 27 juin, jour de l'octave de la Fête-Dieu, le nombre des reposoirs ne fut point fixé, et Mgr l'évêque y assista, quoique leur nombre fut plus grand que le dimanche précédent, mais il fut obligé de faire ralentir la marche, se trouvant fatigué.

On envoya encore à des jeunes gens fortunés des lettres comme étant désignés pour la garde de l'empereur ; et ceux qui, lors de la visite, se trouvèrent trop faibles de tempérament, étoient obligés de donner 2,400 francs au gouvernement dans le délai de huit jours. Cependant il y en avoit dans le nombre qui avoient des hommes ou remplaçants sur les côtes à tant par jour.

On prit aussi dans la garde départementale 36 hommes sur 50 dont la compagnie étoit composée, et ils se mirent en route le 2 juillet.

Le dimanche 4 juillet, on commença à faire le matin avant la messe de six heures, la prière du matin et ensuite une lecture, puis la bénédiction du Saint-Ciboire. Cela devoit avoir lieu tous les dimanches et fêtes seulement.

On prit aussi dans les jeunes étudiants du séminaire dix hommes pour l'armée, parmi ceux qu'on disoit n'avoir pas été inscrits à temps; chose assez particulière, c'est que ceux qu'on prit étoient tous de forts hommes.

Il se mit aussi dans la garde d'honneur, un certain nombre de jeunes gens de 16 à 17 ans, qui n'étoient pas la plupart fortunés; avant de partir, ce qui n'étoit pas long, on les habilloit et ils étoient dirigés sur Versailles.

Le mardi 27 juillet, à trois heures après midi, la grosse horloge sonna l'heure pour la première fois depuis son rétablissement.

Dans le courant d'août, on demanda encore des gardes d'honneur et plusieurs jeunes gens de divers métiers s'enrôlèrent. On demanda aussi des gendarmes et on en prit 13 dans les nouveaux formés.

On commença aussi dans ce mois à payer les impositions suivant le cadastre.

Le dimanche 15 août, on fit la fête et la cérémonie comme à l'ordinaire.

Le jeudi 19, on fit amener tous les chevaux du canton

d'Evreux. Il en fut choisi 300 pour l'armée, et on prit 150 conscrits du dépôt des années 1813 et 1814 pour les panser.

Il vint des ordres à la préfecture annonçant que l'impératrice Marie-Louise devoit passer à Evreux, pour aller à Cherbourg. En conséquence, on envoya des lettres à beaucoup de personnes pour entrer dans la garde d'élite que l'on vouloit augmenter, leur laissant le choix d'y entrer ou d'être désignés pour partir sur les côtes, ce qui sembla très-arbitraire. On fit les préparatifs en arcs-de-triomphe, en lampions, et on mit tous les réverbères sous l'allée des Soupirs. On fit sabler la rue Ferrée jusqu'à la préfecture, la place de la Cathédrale jusqu'à l'allée des Soupirs et la rue de l'Evêché jusqu'à l'entrée de la route de Caen. M. le préfet céda sa maison où devoit coucher Sa Majesté : on prit chez toutes les personnes riches les plus beaux meubles pour décorer les appartements et jusqu'au lustre de dedans le chœur de la Cathédrale. On fit tendre les rues, par où devoit passer la cérémonie, en blanc avec des guirlandes de fleurs et de feuillage.

Le lundi 23, sur les quatre heures et demie, l'impératrice arriva et fut reçue sous l'arc-de-triomphe au bas de la côte de Paris par le maire de la ville d'Evreux qui lui présenta les clefs et lui fit un compliment, étant accompagné de la garde d'élite et des gendarmes ; il n'y avoit pas de garde nationale. L'impératrice entra dans la ville au son des cloches et au bruit du canon ; on pensoit qu'elle iroit au bal, mais elle n'y alla pas et repartit le lendemain matin à huit heures pour Caen, au son des cloches et au bruit du canon que l'on avoit placé sur son passage, parce que depuis quelque temps, les pièces avoient été descendues de la tour de l'Horloge où l'on craignoit qu'elles ne causassent quelque dommage, tant à l'édifice qu'à la nouvelle horloge.

La récolte de cette année fut très-abondante en toutes sortes de grains, telle que les anciens ne se souvenoient pas d'en avoir vu une pareille depuis très-longtemps.

Le mercredi 6 septembre, on annonça par le bruit du canon et le son des cloches, et on proclama les avantages remportés sur les armées russes, prussiennes et autrichiennes, dans les journées des 26 et 27 août.

Vers le milieu du mois, on fit partir dans les communes où il y avoit des déserteurs, des détachements de gendarmerie au compte des communes; mais n'ayant amené personne, on les renvoya avec la compagnie départementale et des cohortes qui étoient en recrutement dans le département de l'Eure, chez les pères et mères des conscrits déserteurs, à 4 fr. par jour.

Le dimanche 26, on chanta dans la Cathédrale un *Te Deum*, pour les avantages remportés sur l'ennemi dans les journées des 26 et 27 août dernier.

Le mardi 12 octobre, on afficha la conscription de 1815 et l'appel de conscrits réformés, des dépôts et des hommes veufs sans enfants des années 1808, 1809, 1810, 1811, 1812, 1813 et 1814, pour fournir 120,000 hommes. Et comme depuis quelques temps beaucoup de jeunes gens se marioient, parce que l'on disoit qu'on prendroit encore beaucoup de monde, on proclama le même jour que tous les conscrits des années ci-dessus qui étoient sur le point de contracter mariage, n'étoient plus admis à le faire, vu que la loi n'accordoit que jusqu'au 11 exclusivement du présent mois, ce qui causa de nombreux dérangements, parce qu'il y en avoit qui devoient se marier ces mêmes jours; cependant quelques jours après, le préfet donna quelques autorisations pour ceux qui étoient affichés avant le 10.

Le dimanche 17 octobre, le préfet partit pour Louviers, afin d'y passer la visite des jeunes gens ci-dessus. Il ne les fit point venir à Evreux, mais il se transporta dans la sous-préfecture pour les faire partir de suite à l'armée.

Il parut dans les journaux une adresse de félicitations et d'offres du conseil municipal de la ville d'Evreux à l'impératrice régente, ce qui surprit beaucoup de monde vu que l'on n'en avoit point entendu parler; tandis que le commerce et les travaux étoient tombés tout-à-fait, puisque les fabricants mettoient tous leurs ouvriers dehors. Cette adresse fut comme mendiée au conseil municipal par le préfet.

Le jeudi 4 novembre, les conscrits des dépôts de l'arrondissement d'Evreux, commencèrent à passer la visite et par-

— 232 —

tirent immédiatement pour les dépôts de l'armée, non pas comme disoient les gazettes, en chantant et étant joyeux, chose fausse, puisqu'il ne partit d'Evreux que ceux de l'arrondissement, assez tristes, et leurs parents dans les pleurs en présence des catastrophes de l'armée battue.

Aussitôt après cette visite, on renvoya des lettres à tous les ajournés renvoyés lors des visites faites par le préfet dans les arrondissements, pour qu'ils eussent à revenir pour fournir 500 hommes que l'on redemandoit en sus du contingent demandé; on fit aussi partir la compagnie départementale par contrainte.

Le dimanche 7 novembre, on mit le pain de 8 livres à 20 sous, prix auquel il y avoit longtemps qu'on l'avoit vu.

Le lundi 15 novembre, on fit encore partir 10 gendarmes d'Evreux, pour aller à Meaux-en-Brie.

Le samedi 20, on afficha le surcroît d'impôts à payer, 30 centimes par franc sur le foncier, les portes et fenêtres et les patentes, et le double des contributions sur le mobilier et la cote personnelle; les octrois furent aussi augmentés, le tout à payer par tiers dans les mois de novembre, décembre et janvier 1814.

Il parut aussi un sénatus-consulte du 19 novembre pour la levée de 300.000 conscrits pris dans les années XI, XII, XIII, XIV, 1806, 1807 et années suivantes, jusques et y compris 1814, dont 150.000 levés sans délai, et les autres 150,000 mis en réserve jusqu'à nouvel ordre.

Le samedi 27 novembre, on fit encore partir 31 hommes de la garde départementale pour la grande armée; on leva aussi des gardes-côtes pour aller remplacer les premiers, mais la plupart se firent remplacer par des ouvriers sans ouvrage, à 100 et jusqu'à 200 fr. par mois.

Le samedi 4 décembre, on proclama et afficha le mode de recrutement de l'armée. On commença aussi à envoyer des lettres de sommation de départ, prescrivant à ceux qui étoient mariés de déposer leurs actes de mariage au tribunal civil, pour les faire transcrire sur les registres.

— 233 —

Ce même jour, on annonça, le soir, par huit coups de canon et le son des cloches, la fête du couronnement.

Vers ce temps, on fit encore payer 4 francs par cheval aux propriétaires.

Le dimanche 5, on annonça, le matin au petit jour, la fête du couronnement, par huit coups de canon. Il y eut un mariage et le reste à l'ordinaire.

Le samedi 11, on commença, à la préfecture, à passer la visite des conscrits de 1807 et années antérieures, jusques et y compris l'an XI de la République.

Ce même jour, il arriva à Evreux, à onze heures du soir, des canonniers venant en poste de l'île d'Oléron et se rendant à Anvers, où ils devoient être rendus le 17 du courant.

On parloit beaucoup de l'organisation de la garde nationale. Tous les esprits étoient beaucoup occupés des défaites de l'armée de France sur l'Elbe et jusque sur les bords du Rhin.

Le samedi 25, jour de Noël, le pain fut mis à dix-neuf sous.

Le 27, le préfet recommença la visite des conscrits de 1808 et années suivantes jusques et y compris 1814.

Le vendredi 31, on proclama que tous ceux qui avoient des fusils de calibre étoient invités à les remettre à la mairie et qu'il leur seroit délivré des récépissés pour en être payés.

Dans ces mêmes jours, on fit encore venir les chevaux des particuliers pour en choisir ; on en demanda 280 pour le département, mais on en prit bien 400.

Dans ce même temps, le plus fort fabricant de coutils d'Evreux ferma aussi sa fabrique, ce qui mit un très-grand nombre d'ouvriers sans ouvrage ; les autres fabricants, peu après, firent de même, ce qui causa beaucoup d'inquiétudes avec les bruits qui se répandoient que l'on alloit prendre tous les hommes en masse pour aller à la guerre. Cela, joint à la nouvelle qu'il falloit encore 2,000 hommes du département, de l'âge de vingt à quarante ans, pour former un camp sous Paris, causa une tristesse et un découragement général, tel qu'on ne l'avoit pas encore vu.

1814.

Le jeudi 6 janvier, on porta les lettres pour la formation de cohortes urbaines dans les campagnes, ce qui mit la consternation chez la plupart de ceux qui les reçurent. Le lendemain ils parurent à la préfecture devant le préfet, le maire, et le conseil ordinaire de recrutement. Quoique le préfet eût mis dans ses lettres qu'il ne recevroit aucune excuse ni certificats, il y en eut qui réclamèrent pour des infirmités graves, comme hernies et autres, mais il se moqua d'eux, aussi bien que de ceux qui avoient l'ouïe dure ou la vue basse, et on en renvoya seulement quelques-uns qui avoient des doigts de moins aux mains ou des plaies considérables.

Le dimanche 9 janvier, le pain fut mis à 16 sous les huit livres.

Le mardi 12, le préfet renvoya encore des lettres pour que ceux qu'il avoit demandés reparussent le lendemain pour former des compagnies de chasseurs et de grenadiers, mais il y en eut qui ne s'y trouvèrent pas. Le préfet avoit depuis quelque temps nommé les officiers, ce qui fit que quelques particuliers voulurent réclamer, mais il les menaça de les désigner pour aller au camp sous Paris ou sur les côtes, de manière que des militaires ayant la croix d'honneur furent mis dans ces compagnies comme simples grenadiers ou chasseurs, ce qui étoit avilir la croix d'honneur.

Le vendredi 14, arriva à Evreux le sénateur Montesquiou. La garde départementale et la gendarmerie allèrent au-devant de lui sur la route de Rouen ; on fit aussi plusieurs décharges de canon et il vint loger à la préfecture.

Le dimanche 16, il donna audience aux maires de l'arrondissement d'Evreux, et repartit le lundi 17 au matin.

Il y a ici une longue lacune d'un an et demi.

1815.

Le dimanche 2 juillet, la poste aux lettres de Paris à Rouen, ne pouvant pas aller par la route ordinaire à cause des armées alliées, fut obligée de prendre la route d'Orléans à Rouen et passa à Evreux sur les trois heures de l'après-midi et laissa les paquets pour la ville.

Le lundi 3 juillet, il passa encore une poste aux lettres venant de Paris pour Rouen, mais elle n'arriva qu'à cinq heures du soir, et le courrier dit qu'il croyoit bien qu'il ne pourroit pas revenir, vu que les armées alliées cernoient tout Paris. Il est impossible de rapporter tous les commentaires outrés de toute manière que chacun faisoit suivant son entendement.

Le mercredi 5 juillet, un particulier d'Evreux, qui avoit des parents à Versailles, reçut par un exprès une lettre qui lui annonçoit que Paris avoit capitulé ; mais, comme on étoit étourdi de fausses nouvelles, on attendit au lendemain pour savoir si celle-ci se confirmeroit.

Le jeudi 6 juillet, on apprit que la diligence de Paris à Evreux, connue sous le nom de Philibert, arrivoit ; il se transporta à l'hôtel du Grand-Cerf un très-grand nombre de citoyens pour voir et entendre les voyageurs. Un officier supérieur russe, resté en France pour cause de maladie depuis que les alliés s'étoient retirés, et par suite des événements retenu comme prisonnier, se trouvant depuis quelques temps à l'hôtel du Grand-Cerf, fut le premier qui demanda au conducteur de la diligence s'il n'avoit point de journaux ; le conducteur lui en remit un, et aussitôt cet officier lui donna deux pièces de cent sous ; et après l'avoir lu, il se trouva là un célèbre avocat d'Evreux, qui, montant sur une chaise dans le milieu de la cour, le lut à haute et intelligible voix et ensuite fit un petit discours auquel les assistants ne purent retenir leurs larmes. Ce journal confirma la vérité de la lettre de la veille sur la reddition de la ville de Paris le 3 juillet, ce qui déconcerta les partisans de Bonaparte qui ne cessoient de répandre de fausses nouvelles toujours avantageuses à leur parti, tandis que la désertion étoit au comble.

Le dimanche 9 juillet, on proclama une ordonnance du roi Louis XVIII, qui réintégroit dans leurs fonctions tous les officiers tant civils que militaires qui étoient en place au 1er mars 1815. En conséquence, M. de Sepmanville reprit sa place de maire de la ville d'Evreux, et les adjoints, M. de Langle de la Rouce et M. Buzot, nouveau maire, leurs places d'adjoints. Le commandant de la garde urbaine, M. La Craye, et quelques autres officiers que le nouveau préfet avoit cassés, reprirent également leurs places. Le nouveau commandant avoit, il y a quelques jours auparavant, convoqué la garde pour ce même jour, à neuf heures du matin, pour se faire reconnaître en grand appareil, mais cela fut bien changé, car ce même jour on la commanda, ainsi que la musique, pour quatre heures après midi, afin d'accompagner les membres de la municipalité pour faire la proclamation. Il y eut un certain nombre d'hommes qui ne s'y trouvèrent pas, prenant pour prétexte le mauvais temps qu'il faisoit, parce qu'il avoit plu presque toute la journée; mais, pendant la proclamation, il fit beau temps. On remarqua que ceux qui ne voulurent pas s'y trouver étoient des partisans de Bonaparte. A toutes les proclamations on ne cessa d'entendre crier : *Vive le roi !* Ce cri fut répété pendant toute la soirée et on fit aussitôt retirer le drapeau tricolore.

Le lundi 10 juillet, il arriva un commissaire du roi qui invita, par une proclamation, à prendre la cocarde blanche et à mettre des drapeaux blancs chacun à sa maison, ce qui fut exécuté sur-le-champ, et de nombreux groupes de citoyens allumèrent des feux de joie sur différentes places et se divertirent à danser une partie de la nuit aux cris répétés à l'infini de : *Vive le roi ! A bas les jacobins, les bonnets rouges*, etc. La musique donna à la porte du commissaire du roi plusieurs pièces de musique, et on fit mettre le drapeau blanc sur la grosse horloge, à la place du drapeau tricolore.

Le mardi 11 juillet, on se proposoit encore le soir de faire des feux de joie ; mais la fête fut presque éteinte par l'arrivée d'un détachement de hussards prussiens que l'on n'attendoit pas, et dont plusieurs firent du bruit dans les logements où ils étoient, tant pour le logement que pour les vivres que leurs hôtes étoient obligés de leur fournir. Alors le bruit se répandit qu'ils venoient pour lever une contribution sur le département, ce qui mit tous les esprits dans le trouble.

Le samedi 15, il arriva encore un détachement composé d'une vingtaine de lanciers prussiens.

Le dimanche 16, Mgr l'évêque fit chanter un *Te Deum* dans la Cathédrale, auquel il n'invita aucun corps ni civil ni militaire.

Il partit aussi quatre commissaires de la préfecture, avec un commissaire prussien, pour aller vers les alliés faire leurs remontrances sur l'état du département et la somme contributive demandée par les souverains ; ces commissaires étoient MM. de Gazan ; Lescaille, ingénieur en chef du département ; Delarue, apothicaire ; Corbillé, entreposeur des tabacs. On parloit même de prendre des ôtages, et il arrivoit toujours quelques petits détachements de troupes à cheval, et tous les esprits étoient dans l'abattement parce qu'on répandoit que si on ne payoit pas sous peu d'heures, on mettroit la ville au pillage.

Le lundi 17, toujours mêmes nouvelles, et même les Prussiens mirent une forte garde à la préfecture et des sentinelles aux anciennes barrières de la ville.

Le mardi 18, il arriva un plus fort détachement de lanciers prussiens, qui étoient logés et nourris par leurs hôtes. Le nouveau préfet de l'Eure, M. de Gasville, arriva à Evreux.

— 238 —

Le mercredi 19, les commissaires du département arrivèrent de Paris. On avoit fait tirer au sort un certain nombre de citoyens pour les mener en ôtage en Prusse; mais l'arrivée des commissaires mit cet acte de l'autorité prussienne à néant; la somme de 4 millions que l'on demandoit au département fut réduite à un million et demi à payer sous quarante jours, en quatre termes. On distribua aux hôtes des soldats prussiens, pour chaque homme et par jour 2 livres de pain, une livre de viande, une bouteille de bière ou une demi-bouteille de vin, un cinquième de bouteille d'eau-de-vie et du tabac.

Le jeudi 20, on proclama et on afficha la somme contributive à payer pour la contribution de guerre, et elle s'éleva au tiers de toutes les impositions réunies. Aussitôt on s'empressa d'aller payer à la mairie, entre les mains du receveur des contributions; mais pour accélérer la recette, on nomma des commissaires pour aller par les maisons recevoir l'argent demandé.

Le vendredi 21, les commissaires nommés pour le recouvrement des sommes à payer par les habitants d'Evreux, commencèrent leur besogne; la plus grande partie des contribuables aimèrent mieux solder de suite ce qu'ils avoient à payer. Quelques jours après, on établit un quartier-général prussien au château de Navarre, et on y mit des cuisiniers à 5 francs par jour, ainsi qu'à l'état-major, qui étoit établi dans la ville. Il arriva aussi beaucoup d'artillerie, que l'on plaça à Parville et Normanville, et des troupes dans tous les villages, qu'ils tourmentoient assez, aussi bien que la ville, puisque plusieurs habitants abandonnèrent leurs boutiques et allèrent louer des chambres dans les bas quartiers pour se soustraire à la violence des soldats.

Il parut aussi une ordonnance prussienne pour le désarmement de tous les citoyens, la garde urbaine exceptée: mais le dimanche 30 juillet, la mairie invita cette garde à déposer ses armes à la mairie, ce qu'elle fit très-volontiers. Il parut aussi une autre ordonnance pour le désarmement général des citoyens, avec une amende à payer par ceux chez lesquels on trouveroit des armes, et même punition de mort à ceux qui feroient résistance.

Le jeudi 3 août, les prussiens firent la fête de leur roi. Ils eurent double ration, et allèrent à Navarre, au quartier-général, où l'on avoit fait des espèces de baraques en bois, et des tables sur lesquelles on leur servoit du vin. Il y eut invitation faite par le général aux autorités civiles et militaires de la ville à un repas qui fut fait à Navarre ; le maire invita en secret à illuminer la façade des maisons, ce qui fut exécuté sur-le-champ. Il avoit couru un bruit que l'on prendroit des jeunes demoiselles pour aller danser à Navarre, ce qui fit que beaucoup de personnes firent retirer leurs jeunes filles ; mais cela n'eut pas lieu ; tout se passa assez paisiblement et ils rentrèrent en ville sur les une ou deux heures du matin.

Vers le 8 août, les soldats prussiens commencèrent à aller eux-mêmes chercher leurs rations, au lieu que précédemment leurs hôtes étoient obligés d'y aller eux-mêmes, ce qui faisoit perdre beaucoup de temps.

Le lundi 14 août, on ouvrit la séance du collége d'arrondissement, pour la nomination des députés. Mgr l'évêque dit à neuf heures une messe basse du St-Esprit. Le même jour, ou la veille, les Prussiens s'emparèrent de nouveau de la préfecture, et en renvoyèrent la garde urbaine et mirent des sentinelles partout ; resserrant le préfet, qui ne pouvoit voir personne ; ses domestiques étoient surveillés et suivis jusque dans leur service hors de la préfecture. M. Leduc, chanoine de la Cathédrale, que le préfet avoit pris pour interprète, fut également empêché de sortir, pour remplir ses devoirs de prêtre. Les électeurs de l'arrondissement d'Evreux, qui avoient tenu leur première séance dans une salle de la préfecture, furent obligés de tenir les autres dans le tribunal civil.

Le mardi 15 août, la procession générale n'eut point lieu, comme de coutume, à cause du mouvement des troupes qui étoient à Evreux, et Mgr l'évêque, qui devoit officier ce jour-là, s'en abstint.

Le samedi 19, les Prussiens, qui ne cessoient d'occuper la préfecture, emmenèrent M. le préfet, sans savoir au juste où ils le conduisoient. On n'entendoit que nouvelles toutes assez alarmantes la malveillance se joignant aux crises que tout le monde éprouvoit.

La foire de Saint-Taurin n'eut pas lieu, excepté quelques teneurs de loterie qui furent chassés à cause de leur friponnerie.

Le mardi 22 août, Mgr l'évêque, président du collège électoral du département, chanta une grande messe du Saint-Esprit pour l'ouverture de ce collége.

Ce même jour, les Prussiens arrêtèrent tous les chevaux de selle ou de trait qui entrèrent en ville, ce qui augmenta les inquiétudes des habitants d'Evreux, de manière que les maîtres des diligences et autres voitures publiques envoyèrent au-devant d'elles pour que les voyageurs arrivassent à pied ; mais les Prussiens donnèrent une ordonnance pour exempter les diligences comme voitures du gouvernement, ce qui pouvoit leur être aussi préjudiciable à eux-mêmes, et cette ordonnance fut levée le lendemain.

Beaucoup de personnes d'Evreux se retirèrent à Rouen, parce qu'on y étoit moins persécuté ; il y eut même des marchands en boutiques qui s'en allèrent, emportant leurs marchandises et leurs meubles.

Le jeudi 24 août, les électeurs terminèrent leurs travaux. MM. La Pâture, de Blangi, de Roncherolles, Maréchal, Lizot et de Blosseville, furent élus députés.

Ce même jour on proclama que le lendemain fête de Saint-Louis il y auroit grande messe solennelle à la Cathédrale et illumination par toute la ville ; cette fête fut aussi annoncée par le son des cloches, mais sans canon, car ils étoient aussi séquestrés.

Le vendredi 25, dès la pointe du jour, on annonça la fête du roi par le son des cloches, et il y eut grande messe à la Cathédrale. Quoique dans le programme il n'eut pas été ordonné de fermer les boutiques, la plus grande majorité des habitants les fermèrent, et ils avoient été invités à mettre des drapeaux blancs aux croisées, ce qui fut exécuté ; le soir, il y eut grande illumination dans toute la ville et les citoyens circuloient dans les rues, quoique extrêmement peinés de la surcharge des troupes.

Dans les derniers jours d'août, il passa beaucoup de troupes prussiennes pour se rendre en Basse-Normandie, et comme il s'en trouvoit beaucoup dans la ville, on les faisoit passer dans les campagnes d'où les soldats venoient chercher leurs rations, mais celles-ci ne suffisant pas à leur grand appétit, ils maltraitoient leurs hôtes. Il passa aussi une grande quantité d'artillerie et d'équipages militaires.

Le samedi 2 septembre, on fit une proclamation portant que tous propriétaires ou locataires, qui avoient quitté leurs maisons, pour se retirer soit en chambres ou ailleurs, eussent à les rouvrir dans les 24 heures, ou qu'on les ouvriroit d'autorité et qu'on y logeroit des militaires à leurs dépens, parce qu'un très-grand nombre de citoyens se retirèrent à Rouen pour éviter de loger ces hommes assez mal raisonnables et d'autres étoient allées chez des personnes qui n'avoient plus de logements convenables.

Le nombre des voitures mises en réquisition étoit toujours très-considérable, ainsi que celui des troupes, tant dans la ville que dans les campagnes, et les hôtes étoient assez souvent maltraités.

On mit aussi en réquisition tous les tailleurs d'habits de la ville pour travailler à Saint-Sauveur ; on leur donnoit quelque argent et la ration comme aux militaires.

On organisa le corps des pompiers ; on les obligea à s'habiller à leurs frais, d'un habit bleu avec revers noirs en velours et chapeau à la françoise.

On prit aussi, pour faire des magasins, le tribunal criminel pour y mettre du foin, le tribunal civil et l'église de Saint-Jean, ci-devant les Ursulines, pour y mettre de l'avoine, indépendamment de Saint-Sauveur.

On fit refaire à neuf le plancher de la halle ; on prit à cet effet les bois qui avoient été apportés sur le cimetière Saint-Denis pour l'hôpital, afin de faire avec les greniers de la halle des magasins de bled et de riz. On fit aussi plâtrer toute la pointe de la halle sur la Grande-Rue, quoiqu'elle fut toujours restée à jour depuis qu'elle avoit été construite.

On augmenta aussi de 32 le nombre des réverbères, par ordre de l'autorité prussienne.

Lesamedi des Quatre-Temps de septembre, après l'ordination, Mgr l'Evêque d'Evreux partit pour Paris, pour remplir la place de pair qu'il occupoit lors de la première création de cette chambre par Louis XVIII.

Le dimanche 24 septembre, on lut dans la Cathédrale un mandement de Mgr l'évèque d'Evreux, par lequel il ordonnoit une messe solennelle du Saint-Esprit, demandée par le roi Louis XVIII, pour l'ouverture des chambres à Paris. Cette messe fut célébrée le même jour, avec exposition du Saint-Sacrement et au son de toutes les cloches. Toutes les autorités y assistèrent ; on croyoit que la garde urbaine y seroit aussi, quoique sans fusils, et la musique ; mais ni l'une ni l'autre n'y furent invitées ; il y eut salut du Saint-Sacrement après vêpres.

Le lundi 25, on voulut aussi prendre l'Eglise de Saint-Taurin pour y mettre des fourrages, ce qui augmenta la consternation des catholiques; mais ce dessein fut suspendu.

Le dimanche premier octobre, on célébra aussi la messe du Saint-Esprit dans toutes les autres églises du diocèse.

On continuoit toujours de porter des provisions aux magasins, ce qui étonnoit beaucoup de citoyens, en présence du bruit qui couroit chaque jour du départ tant désiré des prussiens.

Le mercredi 4 octobre, M. le préfet revint à Evreux, de son exil d'Aix-la-Chapelle, où l'avoient enlevé les prussiens. Beaucoup de personnes allèrent au-devant de lui, tant en carrosse qu'à cheval; la garde urbaine avoit été commandée le matin pour y aller aussi, mais les commandants prussiens défendirent d'y aller, et elle fut contremandée ; toutefois dans l'après-midi on la commanda de nouveau pour se trouver dans la cour de la préfecture avec la musique, et il eut la visite de beaucoup de personnes.

Le jeudi 5 octobre, on prit l'église Saint-Taurin pour y

mettre des fourrages ; on ne laissa que le chœur et une sous-aile pour y aller faire l'office, mais personne n'y alla, et même M. le curé et ses vicaires n'y dirent plus la messe que par l'autorisation des grands-vicaires.

Le samedi 14 octobre, le quartier-général établi à Navarre s'en alla ; on auroit bien désiré que tout le reste des troupes s'en allât aussi; tout le monde étoit outré de peines tant à la ville qu'à la campagne. On logeoit la cavalerie, qui maltraitoit les habitants des campagnes, outre que les voitures étoient presque toutes en réquisition, ce qui mettoit les cultivateurs dans l'impossibilité de faire les semailles, quoique la saison fût des plus favorables.

Vers le milieu du mois, on afficha une ordonnance du roi pour un second impôt de guerre consistant en un sixième du foncier, un quart du mobilier, cote personnelle et portes et fenêtres, et six douzièmes des patentes.

On commença aussi à arrêter des semeurs de fausses nouvelles et des hommes tenant des propos injurieux au roi, à la famille royale, aux magistrats, etc.

Le dimanche 22 octobre, M. le préfet fit afficher et proclamer au coin des rues, les noms de vingt-cinq individus arrêtés dans l'étendue du département pour des propos et des discours séditieux, et qui étoient dans les prisons attendant un jugement.

Il y eut aussi à Evreux quelques changements; le commissaire du roi près le tribunal civil fut cassé, ainsi que le commissaire de police.

Le samedi 4 novembre, le restant des prussiens partit d'Evreux et des environs, au grand contentement de tout le monde, et M. le préfet fit afficher un ordre du jour pour engager tous les gardes nationaux à reprendre leur service.

Le dimanche 5, on rendit aux gardes nationaux les fusils que l'on avoit soustraits aux ravages des prussiens, et on promit d'en donner d'autres à ceux dont les fusils avoient été enlevés. Ce même jour, la joie où l'on étoit fut troublée par l'arrivée de 60 prussiens, tant cuirassiers que lanciers, venant de Rouen pour être logés pendant plusieurs jours; il arriva aussi beaucoup de François pour former la légion de l'Eure.

Le vendredi 17 novembre, les cuirassiers et lanciers prussiens qui étoient arrivés le 5, repartirent d'Evreux, emmenant avec eux des étalons et des juments de race normande qu'on leur amena du département du Calvados et autres.

Le dimanche 26 novembre, la garde urbaine eut une grande parade où furent reçus les nouveaux officiers en remplacement de ceux qui étoient destitués pour leurs opinions politiques. La garde royale à cheval reçut aussi des officiers.

Vers ce temps, on organisa des canonniers de la garde nationale.

Cette même année, on fit faire avec les bois de l'hôpital un pont sur la rivière du Jardin-l'Evêque, communiquant de la rue aux Bouchers au bas des côtes du Jardin-l'Evêque, à la place de celui qui avoit été enlevé par les grosses eaux en 1784.

M. de Polignac arriva aussi à Evreux pour la formation de la légion départementale.

Ce fut aussi vers ce temps, que la mairie fit voûter une espèce de conduit d'eau qui commence vers la vanne du moulin du Château, et sert à diriger l'eau qui passe sous la rue St-Amand et se jette dans la rivière dite de Saint-Pierre. On fit faire aussi avec les bois de l'hôpital un avancement avec des pieux et des planches pour rétrécir ce qu'on appeloit anciennement le bassin du Château.

Les habitants du quartier de l'église des Ursulines présentèrent à la mairie une pétition pour faire rouvrir cette église qui avoit servi de magasin d'avoine aux prussiens; mais la mairie s'y refusa, disant qu'elle en avoit besoin pour mettre les réverbères; alors on se pourvut vers le préfet et de là vers le ministre qui ordonna l'ouverture de ladite église.

Le préfet nomma des commissaires pour se transporter dans les imprimeries, pour faire disparaître les aigles et autres caractères de l'usurpateur.

1816.

Le lundi 8 janvier, la garde d'honneur à cheval du département, composée de la noblesse, arriva à Evreux, et on lui donna des billets de logement chez de bons bourgeois ; mais leurs chevaux furent mis dans différentes auberges et la plupart d'entre eux vécurent ensemble à l'hôtel du Grand-Cerf.

Le mardi 9, la garde d'honneur ci-dessus passa une grande revue.

Le dimanche 14 janvier, on recommença à dire la messe dans l'église des Ursulines, d'après la décision du ministre des cultes.

On publia dans les églises, aux prônes des grandes messes, un mandement de Mgr l'évêque, pour qu'on célébrât, le samedi 21 janvier, un service pour le repos de l'âme de Louis XVI et de sa famille, et comme ce jour étoit la fête de Saint-Sébastien, on diroit dans les églises, où il y avoit plusieurs prêtres, la messe de Saint-Sébastien à huit heures et le service à dix heures, et que dans les églises où il n'y avoit qu'un seul prêtre, on ne diroit pas la messe de Saint-Sébastien, mais seulement le service.

Le vendredi 19, on annonça à la chute du jour par le son des cloches le service expiatoire de Louis XVI.

Le samedi 20, dès la pointe du jour, le son des cloches annonça la cérémonie funèbre de ce jour, et le canon se fit entendre depuis ce moment, de quart-d'heure en quart-d'heure, jusqu'à la fin du service. On avoit élevé dans le chœur de la Cathédrale un mausolée et à dix heures tout le convoi se mit en marche pour le service ; la préfecture, la mairie, les cours de justice, la garde nationale et beaucoup d'officiers y assistèrent et après l'office on distribua du pain aux pauvres.

Le dimanche 11 février, on installa un nouveau maire à la place de M. de Sepmanville qui avoit donné sa démission. C'étoit M. Dumeilet, ancien officier de cavalerie.

Le dimanche 18 février, on bénit un drapeau pour la garde nationale et un étendard pour la troupe à cheval de cette garde.

Le mercredi 21 février, un perruquier d'Evreux s'étant pendu dans sa boutique, fut enterré sans cérémonie religieuse.

Le lundi 26, on installa le grand prévost de l'Eure, M. de Vergnettes, colonel de gendarmerie, et il rendit de suite deux jugements pour propos séditieux ; le premier contre un ancien marchand d'hommes et un individu d'Evreux ; le premier fut condamné à quitter la ville sous 24 heures et à se retirer à Nancy, son pays natal, où il fut placé sous la surveillance du maire ; le second, qui étoit d'Evreux, fut condamné à se retirer dans le même délai à Vire, en Basse-Normandie.

Le second jugement fut prononcé contre un particulier d'Evreux, percepteur de la campagne et ancien membre des comités révolutionnaires d'Evreux, qui fut condamné à 3 mois d'emprisonnement, aux frais, à 50 francs d'amende et à la surveillance du maire. Il auroit eu une plus forte peine, mais comme il étoit âgé de 75 ans au moins, on adoucit sa condamnation.

On organisa aussi les gardes-champêtres, et on leur donna des carabines.

Le jeudi 7 mars, tous les officiers de la légion de l'Eure prêtèrent le serment de fidélité au roi dans la Cathédrale, entre les mains du général, M. de Polignac.

Le 20 mars, il y eut encore un suicide à Evreux : un certain monsieur de la classe du grand monde se pendit à un escalier d'une maison qu'il possédoit dans la rue Vilaine. Il avoit fait venir chez lui la femme d'un cordier qui lui vendit deux longes à vaches, auxquelles il fit faire un nœud coulant, disant qu'il avoit besoin quelles fussent ainsi arrangées. Il fut inhumé sans aucune cérémonie religieuse ainsi qu'on avoit fait il y a quelques années, au grand étonnement de beaucoup de personnes dévotes. Les frères eurent encore entre eux quelque différend à ce sujet. Sous l'influence du premier syndic perpétuel, ils s'assemblèrent en assez grand nombre à la fin du jour sans robes, et emportèrent le cercueil, sans aucun chant, par derrière les murs Saint-Louis; ils le mirent au rang des suppliciés, sans qu'aucune réclamation fut faite.

Le vendredi 5 avril, les dames de charité firent faire l'office de Notre-Dame-de-Pitié, en remplacement de l'office de Saint-Joseph, et le pain qu'on devoit donner aux pauvres le dimanche suivant leur fut délivré ce jour-là.

On changea aussi le nom de la rue Vilaine, qui prit celui de rue Gasville, du nom du préfet qui entreprit de la faire accommoder.

Le bled renchérissant toujours fut insensiblement porté à différents prix, de manière que le dimanche 21 avril le pain fut mis à 36 sous, au lieu de 32 sous, les 8 livres, qu'il valoit, ce qui occasionna des murmures très-forts.

Le dimanche 5 may, on chanta un *Te Deum* dans la Cathédrale, pour l'anniversaire du retour de Louis XVIII dans sa capitale. On lut à la grand'messe un mandement de Mgr l'évêque à ce sujet, qui invitoit les prêtres à dire une messe à cette intention. Une partie de la garde nationale et les corps constitués y assistoient, et le soir il y eut illumination.

Le bled ayant diminué un peu pendant plusieurs marchés, il renchérit fortement le samedi 11 may et fit remettre le pain à 36 sous les 8 livres, ce qui occasionna des murmures.

Le beau lustre en cristal, de Navarre, que la Cathédrale avoit acheté, servit pour la première fois le dimanche 2 juin, jour de la Pentecôte.

Le 24 may, on publia et on afficha une espèce d'invitation de M. le maire de la ville d'Evreux, faite à tous ceux qui avoient pris part à l'emprunt de 100 millions, de donner des preuves de leur amour pour le roi en faisant, comme beaucoup d'autres villes, l'abandon des sommes pour lesquelles ils avoient été portés, et qu'il y auroit pour cela un registre ouvert pendant dix jours.

Le lundi 17 juin, il y eut un grand repas entre les officiers de la garde nationale et ceux de la légion de l'Eure, à l'occasion du mariage de Mgr le duc de Bérry ; il y eut le soir illumination dans la ville et aux autorités.

Le jeudi 27 juin, on fit, dans la Cathédrale, la bénédiction du drapeau du 1er bataillon de la légion de l'Eure.

Vers ce même temps, on fit paver la Halle qui, jusqu'alors n'étoit que terrée ; on fit aussi travailler à la rue Vilaine, aujourd'hui rue Gasville. On fit également paver la rue depuis le pont Rouge jusqu'à l'entrée de l'ancienne rue du Bout-du-Monde ; enfin, on fit réparer en pierres de taille le bas des tours de la Cathédrale.

Le lundi 1er juillet, la mairie fit démonter et enlever le pont que l'on avoit construit, au mois d'octobre dernier, dans la ruelle qui conduit de la rue aux Bouchers dans le jardin l'Evêque, comme étant préjudiciable aux voisins par la hauteur des remblais et leur largeur qui occupoit toute la ruelle.

Le lundi 8 juillet, on fit l'anniversaire de la rentrée du roi dans Paris ; on célébra une grand'messe à la Cathédrale, à laquelle assista un détachement de la garde nationale et de la légion, ainsi que tous les fonctionnaires publics. Le son des cloches et le bruit du canon annoncèrent cette fête ; on plaça des drapeaux blancs aux fenêtres, et le soir il y eut illumination générale.

Le dimanche 28 juillet, on commença dans la Cathédrale des prières de Quarante Heures pour demander à Dieu qu'il daignât nous accorder du beau temps, parce que les pluies continuelles retardoient la moisson et la maturité des grains, et occasionnoient le renchérissement du bled.

Le dimanche 4 août, le pain fut mis à 34 sous les huit livres, ce qui faisoit murmurer le peuple, ayant peu d'ouvrage et de commerce.

Le dimanche 11 août, la compagnie de canonniers de la garde nationale d'Evreux fit l'inauguration du buste du roi. Ils le prirent chez un canonnier et le promenèrent dans la ville aux cris de *vive le roi !* et comme ils passoient devant la Cathédrale au moment où les soldats de la légion étoient à la messe, un des officiers vint au devant d'eux, les priant d'attendre un instant que la messe fût dite. Aussitôt les soldats de la légion étant sortis de l'église, les officiers les firent ranger en bataille et présenter les armes ; les canonniers défilèrent devant eux, portant à quatre sur leurs épaules le buste du roi, ayant une couronne de lauriers, et le déposèrent chez leur capitaine.

Le samedi 24 août, on annonça à la chute du jour, par le son des cloches et le bruit du canon, la fête du roi Louis XVIII, et la musique fit le tour de la ville à la retraite. Les canonniers de la garde nationale voulurent faire un feu d'artifice ; mais, soit faute de science ou d'avarie, parce que c'étoit la mairie qui avoit fourni la poudre, le feu d'artifice fit un très-mauvais effet, et l'affluence du monde qui y étoit assez considérable, fut très-peu satisfaite des artificiers qui s'étoient vantés de leur beau travail et qui finit assez mal.

Le dimanche 25 août, se fit la fête du roi ; toute la garde sous les armes et les corps constitués se rendirent à la Cathédrale où on dit à midi une messe basse. Avant la messe, on avoit placé sur une table, dans le chœur de la Cathédrale, le buste du roi, et après la messe tout le cortége sortit de la Cathédrale et quatre sapeurs de la garde nationale prirent ce buste et le portèrent sur leurs épaules au milieu du cortège à la mairie, et on fit une distribution de pain et de vin aux pauvres ; le soir il y eut illumination générale et des danses sur la place Royale. Il y avoit une très-grande affluence de monde à se promener dans les rues ; cependant on n'étoit pas très-content à cause du prix du pain qui augmentoit toujours, car ce jour même on le renchérit encore, vu le temps contraire à la récolte ou autrement.

Le jeudi 12 septembre, la légion de l'Eure partit pour Paris ; la garde nationale la conduisit en cérémonie assez loin sur la grande route de Paris, les gardes nationaux portant les sacs des militaires.

Le lundi 16 septembre, la légion fut remplacée par le 5e régiment de hussards, venant de Falaise ; la garde nationale alla au-devant d'eux, mais ils ne répondirent pas aux honneurs qu'on leur faisoit, ce qui fit qu'ils ne furent pas très-bien vus des officiers supérieurs de la garde nationale.

Ce même jour, on commença le pont de la Bove des débris de celui qu'on avoit fait dans la ruelle de la rue aux Bouchers, au Jardin-l'Evêque ; il y avoit un an, que le maire fit abattre, vu qu'il étoit préjudiciable aux voisins. Pour faire ce nouveau pont, plusieurs personnes souscrivirent quelque argent, et le maître du flottage donna un très-gros et long chêne qui étoit depuis quelques années resté dans la rivière au-dessous de ce pont.

Le dimanche 22, on baissa le prix du pain de huit livres de 5 sous, ce qui le mit à 33 sous au lieu de 38 qu'il valoit. Depuis quelques jours de marché, le bled avoit beaucoup diminué ; mais le samedi 21 il rehaussa un peu, et les boulangers voulurent encore le faire renchérir ; mais le maire s'y opposa, et le lendemain 22 il fit baisser le pain de 5 sous, alors les boulangers, très-mécontents, ne donnèrent de pain qu'à leurs pratiques.

Le mardi 24, le bled augmenta ; les boulangers vendoient du pain au-dessus de la taxe.

Le mercredi 25, les électeurs de l'arrondissement d'Evreux s'assemblèrent pour nommer les membres du collége du département qui devoient élire les députés à la chambre des représentants.

Le samedi 28, le bled renchérit encore, et le dimanche 29 on augmenta le prix du pain de 6 sous, ce qui mit le pain de 8 livres à 39 sous, et fit beaucoup murmurer, vu la baisse du travail et du commerce.

Le vendredi 4 octobre, le collége électoral du département s'assembla sous la présidence de M. Lizot, en remplacement de M. Ternaux, démissionnaire à cause de sa mauvaise santé ; on célébra une messe du Saint-Esprit, ensuite de laquelle on ouvrit la séance dans la salle d'assises. Ayant commencé leurs opérations, les électeurs se trouvèrent au nombre de 214 votants, et M. Lizot, président, réunit 115 voix, M. de Roncherolles 105, et d'autres beaucoup moins ; alors il s'éleva des contestations entre les votants, de manière que le dimanche 6 octobre, la plus grande partie de la noblesse se retira, parce qu'il y avoit quelque dissension entre la noblesse et des anciens membres du temps de la Révolution. Le lundi et jours suivants, il se retira encore des électeurs, de sorte que ne se trouvant plus en assez grand nombre pour voter, le président procéda à la clôture de la session le mercredi suivant, ce qui fit que le département de l'Eure n'eut qu'un député à la chambre.

Le dimanche 6, on renchérit encore le pain d'un sou, ce qui le mit à 40 sous. Les boulangers qui vouloient qu'il fût beaucoup plus cher en vendoient jusqu'à 42 sous en cachette et de très-mauvais, à cause de la quantité de seigle qui leur coûtoit moins cher que le bon bled.

Le mardi 15 octobre, on annonça par le son des cloches le service expiatoire de Marie-Antoinette, reine de France, veuve de Louis XVI.

Le mercredi 16 octobre, dès l'aurore du jour, on annonça encore par le son des cloches le service de la reine, et sur les 9 heures toutes les autorités et un détachement de la garde nationale et des hussards qui étoient à Evreux, se rendirent à la Cathédrale où on n'avoit fait aucun préparatif ; car il n'y avoit dans le chœur que la bière couverte du drap mortuaire avec une couronne royale voilée d'un crêpe. Il n'y avoit que le chœur qui fut tendu, ce qui fit que le préfet fut surpris de ce que l'on n'avoit fait aucune marque particulière de douleur.

Le lundi 21, on fit le service de la reine à Saint-Taurin.

Les grains renchérissant encore, le dimanche 20, on mit le pain à 38 sous, malgré les boulangers qui vouloient qu'on le mit à 42 sous, ce qui fit qu'ils firent du pain bis qu'ils vendoient suivant la taxe et d'autre ordinaire qu'ils faisoient payer en cachette 42 sous.

Le dimanche 27, on mit le pain à 2 fr., avec défense aux boulangers d'en vendre au-dessus de la taxe, ou qui ne portât pas leur marque et qu'autrement ils seroient punis d'amende, parce que les boulangers se faisoient un peu les maîtres du prix du pain.

Les grains ayant un peu baissé, on mit le pain à 37 sous les 8 livres, le dimanche 3 novembre.

Le jeudi 7 novembre, on mena au château de Gaillon deux voitures de prisonniers pour y être mis en réclusion. On avoit fait préparer, depuis quelques années, ce château pour cet usage.

Le vendredi 8, on mena encore au même endroit deux voitures de prisonniers.

Les grains renchérissant encore, on mit, le dimanche 10 novembre, le pain à 2 livres, ce qui fit murmurer à cause du manque d'ouvrage et de commerce.

Le dimanche 17 novembre, le pain fut mis à 2 livres 2 sous.

Le dimanche 24 novembre, le pain fut remis à 2 livres 4 sous.

Le dimanche 8 décembre, le pain fut mis à 2 livres 5 sous.

Il arriva un très-grand malheur au séminaire d'Evreux : comme le bled renchérissoit toujours et le cidre de même, le séminaire n'ayant pas de provisions d'avance, retarda la rentrée des étudiants d'un mois, et au lieu de rentrer au 1er octobre, ils ne revinrent qu'à la Toussaint. On ne sait par quelle fatalité ils tombèrent tous malades. Il en mourut deux qui furent enterrés le 9 décembre ; d'autres se voyant malades, s'en allèrent chez eux ; mais il y en eut qui ne purent gagner leur pays et qui restèrent malades en route. Il en mourut un aux Andelys, n'ayant pu supporter le voyage. On donna la permission à tous les séminaristes de sortir et de se retirer où ils voudroient, de sorte qu'en peu de jours le séminaire fut vacant, n'y restant aucuns écoliers. Ce qui étoit le plus déplorable, c'est que dans le nombre il y avoit des diacres et sous-diacres, ce qui recula l'ordination de Noël.

Mgr l'évêque d'Evreux arriva pour faire l'ordination ; mais n'ayant pas de sujets, il n'y eut pas de cérémonie. On manda à douze séminaristes de venir à la fête de Noël, et qu'ils seroient logés chez diverses personnes et non au séminaire, mais il n'en vint que trois. Il en mourut six à Evreux, sans compter d'autres dans différents endroits.

1817.

Le dimanche 5 janvier, le pain fut mis à 2 livres 7 sous.

Le dimanche 12 janvier, le pain fut mis à 2 livres 11 sous.

Vers ce même temps, les frères de la charité prirent les bonnets carrés.

Le samedi 18 janvier, il y eut dans la halle un certain mouvement pour le bled, et cela commença par les pommes de terre, que l'on vouloit vendre 55 sous le boisseau ; mais les femmes les prirent à 35 sous. Le bled fut payé de 42 à 66 livres le sac. Le préfet, le maire et le général s'y transportèrent, mais ils ne dirent rien à personne, seulement qu'on ne prit pas les grains pour rien.

Le dimanche 19, on mit le pain à 50 sous les 8 livres.

Comme on donnoit ordinairement le pain aux pauvres dans

l'hiver, à raison de 6 livres par personne tous les quinze jours, on décida d'en donner tous les huit jours, mais seulement 5 livres, et encore très-bis comme le pain de troupe.

Le mardi 21, on fit le service funèbre de Louis XVI comme à l'ordinaire, excepté que les boutiques restèrent fermées jusqu'après le service, sans que cela eût été commandé. Comme c'étoit jour de halle, il ne se trouva que très-peu de grains, et on fit monter la garde dans la halle par les cuirassiers et la compagnie départementale.

Le samedi 25, on fit monter à cheval les cuirassiers et un détachement de la garde nationale à cheval, pour aller à l'arrivage des chemins, afin de protéger l'entrée des grains, et dans la ville on fit des patrouilles de la garde nationale et de la compagnie départementale; le bled se vendit assez librement, et il n'y eut pas de confusion.

Le dimanche 26, on mit le pain à 48 sous les huit livres.

Vers ce temps, le préfet alla à Paris et revint avec une proclamation qu'il fit imprimer et afficher le lundi 27, pour qu'on ne se permit plus de voies de fait, ce qui encouragea encore les fariniers à enlever les grains plus hardiment.

Le mercredi 29, mourut M. de Sepmanville, maire d'Evreux lors des ravages des Prussiens. On attribua sa mort aux persécutions que ces espèces de barbares lui firent éprouver.

Le jeudi 30, on fit l'inhumation de M. de Sepmanville, avec toute la pompe due à son rang de vice-amiral. M. le marquis de Champigny, M. de Polignac et deux officiers supérieurs portoient les coins du drap mortuaire; il y avoit aussi un détachement de la garde nationale et la compagnie départementale.

Le vendredi 31, arriva à Evreux, sans que l'on en fut prévenu, un bataillon de la légion de l'Isère venant de Paris, et des hussards du 5e, pour rester à Evreux.

La mairie ouvrit un registre, pour que ceux des citoyens qui voudroient venir au secours des pauvres, se fissent inscrire pour la somme qu'ils voudroient donner.

Le dimanche 2 février, on donna à l'hospice six livres de pommes de terre à chaque pauvre, et on ne leur donna plus que deux livres de pain. La mairie nomma des commissaires pour aller par les maisons des marchands aisés recueillir des secours pour les pauvres ; mais, apparemment ennuyés de ce travail, on se borna à envoyer des lettres d'invitation à ceux des citoyens que l'on croyoit aisés, pour qu'ils allassent à la mairie faire leur soumission sur le registre.

Le mardi 4, on fit partir plusieurs compagnies de la légion de l'Isère pour différents endroits.

Le dimanche 2 mars, le pain, qui étoit à 46 sous, fut mis à 50 sous.

Le dimanche 9, le pain fut mis à 46 sous.

Dans les derniers jours de mars, le préfet partit d'Evreux pour aller à Auxerre, en changement.

Le pain, qui avoit baissé un peu pendant quelques marchés et étoit descendu à 42 sous, fut mis le 6 avril, jour de Pâques, à 46 sous.

Dans le commencement d'avril, le comte de Goyon, préfet à Auxerre, arriva à Evreux, en remplacement de M. de Gasville ; son installation fut faite sans appareil.

Les grains renchérissant toujours, on éleva le pain, de 48 sous les huit livres, à 50 sous, le 27 avril.

Le dimanche 4 may, le pain fut mis à 56 sous, ce qui faisoit crier contre le roi et dire beaucoup de mauvaises raisons contre son gouvernement.

Le dimanche 11 may, le pain fut mis à 58 sous ; nouveaux

murmures contre le roi, vu le renchérissement dès cinq heures du matin.

Le dimanche 18 may, on renchérit encore le pain; dès cinq heures du matin, il fut mis à 3 livres 1 sou les huit livres, ce qui augmenta la douleur des malheureux, le commerce n'allant pas.

Le dimanche 25, le pain fut encore renchéri et mis à 3 livres 2 sous, quoiqu'au rapport de beaucoup de personnes le bled n'eut pas augmenté.

Le dimanche 1er juin, le pain fut mis à 3 livres 10 sous, ce qui mit la consternation dans le monde et fut cause que beaucoup d'ouvriers se répandirent dans la campagne pour demander du pain.

Le dimanche 8 juin, le pain fut mis à 3 livres 16 sous, ce qui mit le comble à la douleur dans une infinité de familles; chose qu'on n'avoit pas vue sous les autres gouvernements françois.

Ce même jour, à la procession de la Fête-Dieu, on ne tira pas le canon comme on avoit coutume dans cette cérémonie.

Le lundi 9 juin, on fit partir d'Evreux plusieurs compagnies de la légion de la Vendée, qui avoit remplacé celle de l'Isère, pour aller dans divers endroits à cause du grand nombre de personnes qui parcouroient les campagnes pour demander du pain chez les laboureurs.

Le mardi 10, le préfet de l'Eure fit afficher un arrêté portant défense de se trouver plus de quatre personnes ensemble chez les laboureurs, pour demander des vivres, sous des peines portées par des lois.

On fit aussi sortir graduellement les pauvres renfermés au bureau de mendicité.

Le dimanche 15 juin, le pain fut diminué de 9 sous et fut mis à 3 livres 7 sous les huit livres.

Le nombre des personnes parcourant les campagnes pour avoir du pain étoit très-considérable ; ils s'en trouvoit chez les laboureurs par plusieurs centaines ensemble, et dans ce grand nombre, il y en avoit qui faisoient des brigandages.

On commença aussi le dimanche 15 juin, à donner la soupe économique aux indigents de la ville, inscrits à cet effet, dans un local du bureau de mendicité.

La mairie nomma aussi des commissaires pour faire un recensement des personnes indigentes pour leur procurer du pain à meilleur marché que celui des boulangers ; on devoit faire à cet effet des quêtes par la ville chez les personnes aisées, afin d'indemniser les boulangers pour ceux qui auroient eu du pain.

Le dimanche 22 juin, on baissa encore le prix du pain de 9 sous, les grains ayant diminué ; la veille on afficha, on proclama et on lut aux prônes des messes paroissiales d'Evreux que le mercredi 25 on distribueroit des cartes aux pauvres inscrits pour le pain.

Le mercredi 25, on distribua des cartes aux personnes inscrites pour avoir du pain, qui fut fixé à 2 livres les huit livres, pour cette fois seulement, pendant cette semaine, la carte devant être remise avant le 29 de ce mois.

Le dimanche 29 juin, on baissa le prix du pain de 15 sous.

Le lundi 30, on distribua de nouvelles cartes et le pain donné fut fixé à 35 sous les huit livres.

Le mardi 1er juillet, le grain haussa de 15 livres par sac.

Le dimanche 6 juillet, le pain fut renchéri de 17 sous, le bled ayant beaucoup augmenté la veille.

Le lundi 7, on donna de nouvelles cartes aux pauvres, mais

on en diminua le nombre ; le pain fut mis à 2 livres 8 sous les huit livres pour les pauvres.

Le mardi 8, le bled baissa beaucoup à la halle, les uns ont dit de 20 et les autres de 25 livres par sac.

Le samedi 12, le bled baissa d'environ 4 livres.

Le dimanche 13, on mit le pain à 46 sous, ce qui faisoit 14 sous de diminution.

Le mardi 15, on annonça par dix coups de canon la naissance d'une princesse, et le soir, il y eut musique à la retraite et illumination à la préfecture et à la mairie.

Le mardi 15, la halle fut très-considérable, comme dans les plus grandes halles du samedi, et cependant le bled haussa de prix.

Le dimanche 20, on augmenta le prix du pain de 2 sous, parce que la veille le bled avoit un peu renchéri. On supprima la soupe économique et les cartes pour donner du pain à un prix inférieur.

Le dimanche 27, le pain fut renchéri de 2 sous, ce qui le remit à 50 sous les huit livres et encore la plupart du temps il étoit de mauvaise qualité.

Le dimanche 3 août, le pain fut diminué de 5 sous.

Le dimanche 10 août, le pain fut renchéri de 2 sous.

Le lundi 11 août, il arriva une chose assez particulière par rapport à la religion. Une religieuse de l'ancienne abbaye de Saint-Sauveur d'Évreux, nommée Mme Chanebon, restée depuis grand nombre d'années sans pouvoir sortir de sa chambre, ayant fait une neuvaine à sainte Susanne, et même ayant voulu qu'on la portât à la chapelle de cette sainte, et craignant de ne pouvoir supporter ce voyage, fut contrainte de garder son lit et sa chambre, lorsque le lundi 11 août, pendant que les autres dames religieuses étoient allées à la Cathédrale pour y entendre la messe, elle se leva de son lit et étant descendue en bas, sortit sans aucun aide dans la rue, et entrant chez un épicier, y acheta un cierge et s'en alla aussi à l'église où les autres dames religieuses se trouvèrent dans le plus grand étonnement possible de surprise, allèrent au-devant d'elle et avertirent son directeur qu'elle désiroit entendre la messe et y communier, ce qu'il lui accorda, en ce qu'il n'avoit pas encore dit sa messe.

Le dimanche 24 août, veille de saint Louis, on annonça le soir par le son des cloches et une salve d'artillerie la fête du lendemain ; comme le bled avoit renchéri aux marchés précédents, on n'augmenta point le prix du pain à cause de cette fête, et quelques-uns assuroient que la mairie avoit indemnisé les boulangers.

Le lundi 25, on annonça à la pointe du jour, par le son des cloches et le bruit du canon la fête de saint Louis. Il y eut grande messe et vêpres ; à midi, une messe basse sonnée par toutes les cloches et célébrée par Mgr l'évêque et à laquelle assistèrent toutes les autorités civiles et militaires, la légion de la Vendée, les cuirassiers de la garde nationale, etc. Pendant la messe on tira plusieurs salves d'artillerie.

Le dimanche 31 août, le pain fut mis à 41 sous, malgré la résistance des boulangers.

Le dimanche 7 septembre, le pain fut remis à 44 sous, ce qui faisoit 3 sous de plus au lieu de 5 que les boulangers vouloient y mettre.

Le dimanche 14 septembre, le pain fut diminué de 2 sous, ce qui le mit à 42 sous.

On vit cette année, ce que l'on n'avoit pas encore vu à Evreux ; que tous ceux qui avoient des habitations sur des rues reconnues pour grandes routes, ne pouvoient pas faire réparer les toitures de leurs maisons sans présenter une pétition au préfet pour avoir la permission.

de faire ce travail, ce qui coûtoit une feuille de papier de 7 sous, et le salaire de l'écrivain faisoit un surcroît de dépense. Avant ce temps on n'étoit tenu d'obtenir cette permission que lorsqu'on vouloit travailler au pied du bâtiment. Par ce nouvel impôt, on ne pouvoit pas même faire peindre l'extérieur de ses maisons ni percer des croisées ou portes sans permission.

On travailloit encore cette année à rétablir le pied des tours de la Cathédrale ; et comme la croix de fer du grand clocher menaçoit ruine, malgré les travaux qu'on y avoit faits depuis quelques années, la fabrique fut obligée de la faire descendre le vendredi 19 septembre pour la réparer, ainsi que la pointe du clocher qui étoit pourrie sous le plomb.

Le vendredi 19 septembre, les électeurs du département commencèrent à arriver à Evreux, pour former le collége électoral. Toutes les personnes payant 300 fr. d'impôts furent convoquées à cet effet et on divisa le collége en quatre sections, la première au collége, la deuxième dans l'église Saint-Joseph, ci-devant les Ursulines, la troisième dans le tribunal civil, et le quatrième dans une salle de la mairie.

Le samedi 20, à 7 heures du matin, on célébra une messe en musique sonnée à toutes les cloches et à laquelle M. de Radepont invita tous les électeurs. A la suite, tous les électeurs s'assemblèrent dans les bureaux de leurs sections pour nommer trois membres à la chambre des députés. Le nombre des votants étant, suivant les listes, de 2,000 et plus, il ne se trouva que 900 et quelques votants avec grande cabale, surtout par les électeurs de Pont-Audemer et de Bernay, disant qu'ils ne vouloient ni prêtres ni nobles.

Le dimanche, on fit le dépouillement des bulletins. M. Dupont, ancien président du tribunal criminel de l'Eure, et puis membre de la cour royale de Rouen, et M. Bignon, anciennement employé dans le ministère, furent élus à la grande majorité ; les autres voix se partagèrent sur M. Dumeilet, maire d'Evreux, Crochon et autres. Les votants ayant de nouveau déposé leurs bulletins, aucun ne pût réunir assez de suffrages.

Le lundi, les électeurs firent un nouveau scrutin, et M. Dumeilet, maire d'Evreux, fut élu; il étoit en concurrence avec Crochon, ancien commissaire du pouvoir exécutif sous le directoire, puis membre de la chambre sous Bonaparte et connu pour ses opinions révolutionnaires.

Il eût été nommé dès le dimanche sans la cabale des électeurs de Pont-Audemer, qui avoient déjà gagné ceux de Bernay; mais la conduite connue de Crochon répugna à plusieurs et fit manquer son élection. Le soir, M. le préfet fit donner des aubades aux membres élus, par les musiciens de la garde nationale.

Le dimanche 5 octobre, le pain fut mis à 40 sous.

Le dimanche 26 octobre, le pain fut mis à 35 sous.

Ce même jour on bénit les cloches des Ursulines; on fit effacer les noms qui se trouvoient sur l'ancienne et on en grava d'autres à la place. On fit faire aussi une cloche neuve, et ce fut M. Marle, ancien cordelier, et sa mère et M. Marle, fils d'un ancien marin, qui furent parrains et marraine.

Le mercredi 29, on proclama que toutes les marchandes de lait eussent à se pourvoir de mesures; chose nouvelle à Evreux, car, avant ce jour, elles vendoient le lait comme elles vouloient.

Le dimanche 2 novembre, le pain fut mis à 33 sous.

Le dimanche 9 novembre, on le remit à 35 sous.

Le dimanche 16 novembre, le pain fut mis à 37 sous.

Il y eut une cérémonie dans la Cathédrale; les enfants des cuirassiers et ceux de la légion de la Vendée firent leur première communion des mains de l'aumônier des cuirassiers, et on sonna les grosses cloches.

Cette année vit disparaître entièrement toutes les vignes qui étoient restées autour d'Evreux, et cela à cause de la mauvaise récolte et du pillage des mauvais sujets qui dilapidoient tout.

Le dimanche 23, le pain fut mis à 35 sous.

Le dimanche 30, il fut mis à 38 sous.

Le dimanche 14 décembre, le pain fut mis à 39 sous.

Le lundi 15 décembre, on commença à démonter la chapelle Saint-Jean dans la Cathédrale, pour la porter dans l'église des Ursulines, aujourd'hui Saint-Jean-Baptiste.

Le mardi 16, la légion de la Vendée, qui étoit à Evreux en garnison, partit pour Dieppe.

Le vendredi 26 décembre, le régiment de cuirassiers de la Reine, qui étoit en garnison à Evreux, partit pour aller en garnison à Soissons.

Cette année, à cause du manque de travail, on vit une infinité de pauvres demandant leur vie à cause du peu de travail : on vit même des enfants trouvés, que des particuliers avoient pris chez eux, envoyés mendier et même manger des vidanges des cuisines jetées sur les fumiers le long des rues et même lécher les dalles des cuisines d'où découloit la lavure de vaisselle. On ouvrit cependant quelques travaux de terrasse pour les hommes.

On forma cette année quelques ateliers de charité pour la terrasse ; on fit remplir et niveler divers chemins ; on fit aussi travailler au chemin du Jardin-l'Evêque et dans beaucoup d'endroits. On donna 1 livre par jour aux hommes et moins aux jeunes gens, suivant leur âge.

On commença aussi cette année une nouvelle distribution du local du tribunal des assises. Pendant ce temps, la cour d'assises tenoit ses séances dans le tribunal civil.
On fit aussi beaucoup travailler aux casernes de Saint-Sauveur et des Ursulines.

1818.

Le vendredi 2 janvier, le second bataillon du 1er régiment de la garde royale arriva à Evreux, venant de Paris, pour remplacer les cuirassiers et la légion qui étoient partis depuis quelques semaines.

Le dimanche 4 janvier, le pain fut mis à 38 sous.

Le dimanche 18, il fut mis à 35 sous.

Vers ce temps, on planta deux rangées de tilleuls au Jardin-l'Evêque pour former une promenade.

Le mercredi 21, on fit le service de Louis XVI, comme l'année précédente.

Le dimanche 25, le pain fut mis à 34 sous.

Vers ce temps, on délivra des croix d'honneur à la garde nationale.

Le dimanche 1er février, le pain fut mis à 30 sous.

Le dimanche 8 février, le pain fut mis à 27 sous.

Le dimanche 15 février, il fut mis à 33 sous.

Le dimanche 22 février, il fut mis à 28 sous.

Le dimanche 1er mars, il fut mis à 30 sous.

Le dimanche 8 mars, il fut mis à 31 sous.

Les travaux de l'atelier de charité furent employés à raccommoder les chemins arrivant à Evreux et notamment à la côte Saint-Michel. Les ouvriers furent renvoyés le samedi 11 avril, après qu'on eut dépensé tout l'argent disponible.

Le dimanche 12 avril, le pain fut mis à 29 sous.

Le dimanche 19 avril, le pain fut mis à 26 sous.

Il se présenta vers ce temps, une affaire criminelle telle qu'il ne s'en étoit point encore trouvé depuis la formation du tribunal criminel et cour d'assises à Evreux. Le nommé Wilfrid Renault, d'Amfreville-la-Campagne, fut jugé dans le mois d'août, et condamné à la peine de mort pour assassinat d'une femme et ensuite l'avoir volée. Il interjeta appel de ce jugement au tribunal de cassation, et pendant ce temps, il intenta procès contre un témoin nommé Meny, au tribunal civil d'Evreux pour le faire condamner comme faux témoin; mais le tribunal rejeta sa poursuite. Il interjeta aussi appel à la cour royale de Rouen, et pendant ce temps, la cour de cassation confirma la sentence de la cour d'assises de l'Eure qui le condamnait à mort. Ayant obtenu sursis à l'exécution, la cour royale de Rouen confirma la sentence du tribunal d'Evreux, mais en ayant encore appelé, la cour de cassation rejeta son pourvoi. Pendant ce temps, il resta toujours dans les prisons d'Evreux et tenta même de s'évader; mais ayant été surpris avec d'autres condamnés, il n'y en eut qu'un condamné à mort qui s'échappa. Enfin, Willfrid fit tant, ou ses parents pour lui, que le roi commua sa peine en 20 ans de prison, et il fut conduit à Rouen pour l'entérimement de cette grâce à la cour royale, ce qui sembla étrange vu qu'il y avoit des personnes que l'on condamnoit à mort pour des crimes moins graves.

Le lundi 1er juin, la cour d'assises commença à juger dans son nouveau local du tribunal criminel, que l'on avoit fait distribuer d'une toute autre manière qu'il étoit par le passé, et ayant coûté une forte somme que l'on a dit aller jusqu'à 50,000 fr.

Dans le mois d'août, une jeune femme du côté d'Andelys, accusée d'avoir fait assassiner son mari, fut mise en jugement; les jurés étant 7 contre 5, les juges se mirent du côté de la minorité, et elle fut acquittée.

On fit aussi vers ce temps, paver la rue qui conduit du

On fit vers ce temps percer la rue qui conduit du Pont-Rouge à la rue Saint-Louis.

On acheva aussi la réparation des dehors de la Cathédrale, que l'on avoit commencés depuis quelques années.

On fit aussi reculer vers ce temps la statue de Diane, qui étoit au bout du château, dans l'Allée-des-Soupirs, et on la mit de l'autre côté de la rivière, dans le passage qui vient de la porte peinte à l'Allée-des-Soupirs.

Le prix du pain, variant assez souvent et montant insenblement, il fut mis le jour de l'Assomption à 29 sous les huit livres.

Le lundi 24 août, on annonça le soir, par le son des cloches et des salves d'artillerie, la fête de Saint-Louis. A la retraite, la musique de la garde nationale exécuta des airs analogues à la fête.

Le mardi 25, à la pointe du jour, on annonça la fête par le son des cloches et de nouvelles salves d'artillerie. A dix heures et demie, Mgr l'évêque célébra une messe solennelle basse et en musique, à laquelle assistèrent tous les corps, tant civils que militaires, après laquelle on distribua du pain aux pauvres. Le soir, il y eut illumination, et on établit des danses sur la place Royale. On remarqua qu'il y eut peu de drapeaux blancs aux fenêtres des habitants. On délivra aussi des prisonniers que l'on conduisit à Rouen, pour l'entérinement de de leurs grâces.

On recommença aussi à enterrer dans les *Quatre-Acres*, à l'entrée. On n'avoit pas encore recommencé depuis la formation de ce cimetière.

L'été de cette année fut très-sec; on eut de la peine à achever la moisson, parce que les grains se brisoient dans les mains, ce qui fut cause que beaucoup de légumes manquèrent, tels que pois, haricots, etc., et les légumes des jardins furent fort chers.

Le vendredi 11 septembre, on proclama le recrutement de l'armée.

Le vendredi 16 octobre, on fit le service anniversaire de Marie-Antoinette, reine de France, avec les cérémonies ordinaires.

Vers ce temps, on replaça des barrières à l'entrée de la ville, sur la pétition des fermiers de l'octroi, Alépée et Talon, marchands bouchers, et les observations du directeur, des contrôleur et receveur des droits réunis.

Le lundi 19 octobre, les jeunes gens de la ville et du canton d'Evreux de la classe de 1816 tirèrent au sort par numéros.

Le mardi 20 octobre, ceux de la classe de 1817 tirèrent aussi au sort par numéros, et on les ajourna au 7 novembre pour passer la visite.

Le mercredi 21, on ouvrit le registre chez le receveur de la ville, pour le remboursement de l'emprunt des cent millions à ceux qui n'en avoient pas fait l'abandon.

Le dimanche 25, le pain fut mis à 27 sous. Le même jour, vers le soir, un soldat du 3e régiment de la garde royale coupa d'un coup de sabre l'artère du jarret d'un jeune homme qui, n'ayant pas été secouru à temps, mourut quelques instants après.

Le dimanche 1er novembre, le pain fut mis à 25 sous.

Les dragons du 8e régiment, passant par Evreux, eurent quelques jours après un différend avec des soldats de la garde royale, qu'ils appelèrent coupe-jarrets. Cela vint assurément du vin, qui fut abondant cette année.

Le jeudi 5 novembre, on commença à passer la visite des jeunes gens de Pacy et de Conches, et le lendemain de ceux de Saint-André et le samedi de ceux d'Evreux.

Le lundi 9 novembre, on afficha un arrêté de la mairie pour la création d'une école élémentaire à l'Hôtel-de-Ville d'Evreux.

Le jeudi 12 et jours suivants, on enleva et on démonta les barrières par ordre du ministre.

Le dimanche 6 décembre, le pain fut mis à 24 sous.

Comme les droits sur les boissons étoient très-forts et la friponnerie des grands pressoirs bien connue, on imagina cette année, vu la bonne récolte des pommes, de petits pressoirs et moulins à bras avec des cuves et une presse, ce qui fit que beaucoup de particuliers brassoient leurs pommes chez eux, parce que, outre l'entrée de 7 sous par boisseau de pommes, ceux qui brassoient aux pressoirs hors de chez eux, avoient encore à payer 2 fr. 5 sous par pièce de cidre de 120 pots, lorsqu'ils avoient acheté les pommes, et seulement 5 sous par pièce lorsqu'elles provenoient du crû de celui qui brassoit. Il y eut aussi beaucoup de vin cette année.

1819.

Le dimanche 3 janvier, le pain fut mis à 1 fr. 3 sous.

Vers ce temps, la mairie d'Evreux établit un bureau de pesage et mesurage.

Le dimanche 10 janvier, le pain fut mis à 21 sous.

Le dimanche 24, la société de charité reçut frère un fils de frère âgé de 5 à 6 ans, sans toutefois l'obliger de suivre l'usage d'être en robe, ni lui faire prêter le serment, parce que son père, comme ancien frère, fit son service ; chose que l'on n'avoit pas encore vue dans cette société.

On continua cet hiver le travail de la rue Gasville dans toute sa longueur. On fit aussi à l'école centrale applanir et mettre en pente les terres depuis l'ancienne promenade, connue sous le nom de terrasse jusqu'aux serres chaudes, et on y fit planter des avenues de peupliers.

Depuis quelques années, l'esprit d'économie changea beaucoup, jusque dans les constructions ; on couvroit en ardoises jusqu'aux plus petits édifices, étant plus économique que la tuile.

On vit aussi vers la fin de 1818 et le commencement de 1819, beaucoup de banqueroutes.

Le mercredi 17 février, on proclama le recrutement de l'armée ; les jeunes gens de la classe de 1818 se firent inscrire du 16 au 20 février.

Cette année les *gros* de la ville se donnèrent les uns aux autres des bals très-brillants, à peu près comme ceux de l'année où Bonaparte rentra en France.

Le dimanche 21, le pain fut mis à 22 sous, et on dit de suite que cela provenoit de l'ordonnance du roi sur la libre circulation des farines à l'étranger.

Le samedi 27 février, le président des assises étant à Evreux, installa procureur du roi M. Hébert et M. Sagant, son substitut, ceux mêmes qui n'avoient pas voulu signer l'adresse au roi envoyée par le tribunal de première instance d'Evreux ; il installa de même les autres juges et ceux de paix ; la cérémonie fut commencée par une messe du Saint-Esprit qui fut dite dans l'église de Saint-Jean-Baptiste.

Ce même jour, on apprit que l'on signoit dans différentes maisons une pétition contre la motion des pairs séant à Paris, pour s'arroger le droit de nommer les membres de la chambre des Députés.

Le dimanche 28, le pain fut mis à 23 sous.

Le lundi 8 mars, il commença à arriver à Evreux des jeunes gens pour former la légion de l'Eure.

Le dimanche 14, le pain fut mis à 22 sous.

Le lundi 15, on jugea un homme à la cour d'assises, à la peine de mort, pour avoir tué sa femme et lui avoir coupé la tête, et avoir jeté son corps dans un puits abandonné; mais la grande sécheresse de cette année ayant obligé à nettoyer ce puits, on trouva le cadavre assez corrompu et la tête de même, mais la justice jugea à propos de garder cette tête, qui fut présentée au procès, chose étrange, puisqu'on n'avoit pas encore vu les os des morts sur la barre des tribunaux.

Dans la nuit du 8 au 9 avril, qui étoit la nuit du jeudi au vendredi saint, il y eut un orage considérable par le tonnerre, car les gens âgés ne se souviennent point d'en avoir vu de pareil dans cette saison ; cependant il n'en arriva aucun malheur dans la ville.

Le dimanche 11 avril, le pain fut mis à 21 sous les huit livres.

Le samedi 24 avril, on changea encore le marché ; on en transporta une partie sur le Marché-Neuf, et l'autre sur le Carrefour.

Vers ce temps, il parut une nouvelle assurance contre les incendies, venant de Paris.

Le samedi 8 may, la légion de l'Eure partit pour Saint-Omer ; il ne resta que quelques officiers et une quarantaine de soldats formant un noyau de réserve, et principalement les ouvriers et ceux qui étoient mariés depuis la loi, et on accorda encore un délai jusqu'au 20 may, pour se faire remplacer.

Le dimanche 16 may, le pain fut mis à 20 sous, et au dire des marchands de bled, il eût dû n'être taxé qu'à 18 sous.

Le dimanche 30 may, le pain fut mis à 21 sous.

Vers ce temps, on afficha encore une nouvelle assurance contre le feu du ciel et l'incendie, par une société établie à Rouen, pour les départements de la Seine-Inférieure et de l'Eure.

Le jeudi 17 juin, les jeunes gens tirèrent au sort pour le recrutement de l'armée.

Le dimanche 20 juin, le pain fut mis à 22 sous.

Cette année, la procession du Saint-Sacrement de la paroisse Saint-Taurin, le jour de l'octave, dimanche 20 juin, fit pour la première fois le tour par Saint-Sauveur, revenant par le moulin de Saint-Thomas et la rue aux Maignants, et si le temps n'avoit pas menacé de grandes pluies quelques jours avant, les gardes royaux en garnison à Saint-Sauveur se promettoient de faire un reposoir à la caserne, mais le mauvais temps les en empêcha.

Le dimanche 4 juillet, le pain fut mis à 23 sous.

Le dimanche 11 juillet, le pain fut mis à 29 sous. Cela fut occasionné sans doute par une loi qui étoit depuis quelques jours en délibération à la chambre des Députés pour le commerce des grains, ce qui mit la consternation dans l'esprit de beaucoup de personnes. Sur cela, on faisoit beaucoup de conjectures à l'occasion d'une comète qui paraissoit à la vue depuis quelques semaines, étant très-lumineuse et ayant les rayons en haut ; on se rappeloit la comète de 1791, dont l'apparition fut suivie de grands évènements. Beaucoup craignoient les suites de cette nouvelle comète.

Le dimanche 18 juillet, le pain fut mis à 25 sous.

Le dimanche 25 juillet, le pain fut mis à 26 sous.

Le même jour, il y eut à Saint-Taurin une cérémonie religieuse ; des militaires du bataillon de la garde royale qui étoit à Evreux firent leur première communion; ce fut M. Pinchon, grand-vicaire, qui la leur fit faire.

Le lundi 26, Mgr l'évêque confirma, dans sa chapelle de l'évêché, les militaires qui avoient fait leur première communion la veille, et plusieurs qui l'avoient également faite quelque temps auparavant à Saint-Taurin ; Mgr l'évêque leur fit un discours à l'occasion de la confirmation.

Le mardi 3 août, il y eut au tribunal civil une espèce de procès pour une cloche. Lors de la démolition de l'église de l'Hôtel-Dieu par l'hospice, la cloche des frères de charité, qui avoit été réservée par la mairie pour le beffroi des incendies, fut descendue et enlevée par l'hospice ; et lors de l'établissement de la paroisse Saint-Taurin, comme cette église n'avoit pas encore de revenus, l'hospice regardoit cette cloche comme lui appartenant. Mais depuis quelque temps, ayant envie de faire fondre les cloches en ce qu'elles étoient en partie cassées, on les fit descendre, à l'exception de celle de la charité, et l'on fit une quête dans la paroisse pour les faire plus fortes. Le temps étant venu de les faire couler, on fit descendre celle de la charité; mais aussitôt l'hospice fit opposition, disant que cette cloche lui appartenoit. L'affaire ayant été portée à l'audience du tribunal civil, il fut dit que l'hospice étoit hors de cause, vu que la loi de l'an XI mettoit les paroisses en possession des biens non aliénés des couvents et autres corporations religieuses, et que la charité n'étoit pas autorisée par le gouvernement. Malgré que l'inscription de la cloche indiquât qu'elle avoit été donnée à la charité par un ancien comte d'Evreux, elle fut remise à Saint-Taurin, et on dit que s'il se présentoit quelque autorité qui eût droit à sa possession, l'église de Saint-Taurin lui en tiendroit compte. Elle fut cassée le 4, avec six autres plus petites, pour être fondue et n'en plus former que trois. L'hospice en appela à Rouen, au tribunal d'appel.

Le lundi 9 août, le procès porté par appel de la part de l'hospice au tribunal d'appel de Rouen, pour la cloche de la charité que l'hospice avoit prêtée à Saint-Taurin, malgré que l'inscription portée sur cette cloche dit qu'elle avoit été donnée par un comte d'Evreux à la charité, fut jugé, et l'hospice fut maintenu dans sa possession de la cloche, et Saint-Taurin condamné aux frais et dépens envers l'hospice.

Comme cet été fut pluvieux et fréquent en forts orages, la rivière et les sources montèrent beaucoup, et firent que le fondeur des cloches de Saint-Taurin, qui avoit son fourneau et ses moules dans l'ancien cimetière des moines, entre l'église Saint-Taurin et celle de Saint-Gilles, y vit bientôt monter l'eau. Il fut obligé d'y mettre des hommes nuit et jour à pomper, et malgré cela, les écoliers du séminaire y prêtèrent aussi la main, ce qui n'empêcha pas le moule de la plus grosse d'être pourri par le bas, de sorte que le fondeur ne put réussir qu'à en faire deux qui furent coulées le vendredi 13 août; mais il eut encore un malheur, car la plus grosse des deux ayant plusieurs sons, il se disposa à la refondre. A cet effet, il chercha un endroit commode et le trouva dans un grand jardin, à Panette, dans un mauvais terrain ravineux. Il commença le lundi suivant à faire les dispositions nécessaires à ce travail.

Le mardi 24 août, on annonça par le son des cloches et une salve d'artillerie la fête de Saint-Louis; la musique de la garde nationale accompagna la retraite.

Le mercredi 25, à la pointe du jour, même salve d'artillerie, avec le son des cloches, annonça la fête du jour; le reste de la cérémonie fut le même que l'année dernière.

Le dimanche 29, le pain fut mis à 26 sous.

Le dimanche 5 septembre, le pain fut mis à 23 sous.

Le dimanche 12, il fut mis à 22 sous.

Le mercredi 29, les deux cloches de Saint-Taurin furent fondues et coulées dans un jardin près la rue de Panette; on refondit celle qui étoit contrefaite, et une plus grosse, ainsi que deux autres pour des paroisses de campagne.

Vers ce temps, des chanteurs vendirent des chansons qui, dès les premiers jours, furent défendues, parce qu'il y en avoit qui portoient : *Le petit bonhomme vit encore; la violette dans le hameau*, et une autre où la finale ou couplet est : *A douze pour un sol les Anglais.* Tout le monde se demandoit comment on permettoit de vendre de telles chansons, puisqu'on étoit en paix avec l'Angleterre.

Le dimanche 3 octobre, les frères de la charité s'assemblèrent pour la dernière fois à la Cathédrale, à l'heure accoutumée de leur messe, et partirent avec la croix et la bannière, en chantant le *Veni, Creator*, pour se rendre à l'église de Saint-Jean ou des Ursulines, pour assister à la messe et s'y assembler pour les inhumations, vu qu'il ne se trouvoit pas avant de prêtres pour y dire la messe tous les dimanches ; il y eut un accord avec la Cathédrale, pour que les émoluments que la charité donne à la Cathédrale ou autres choses, fussent une dotation pour le prêtre qui diroit la messe pour la charité. Les frères de charité étant arrivés dans l'église de Saint-Jean, on y chanta *Veni, Creator*, et après, comme on faisoit ce jour la fête de Saint-Léger, on y dit vêpres, et après il y eut exposition du Saint-Sacrement, salut et ensuite *Te Deum*, auxquels assistèrent les frères. Après la cérémonie, ils partirent avec la croix et la bannière, pour se rendre à la Cathédrale et aller en procession avec les confrères de Notre-Dame-de-Liesse et assister à la bénédiction d'un Calvaire planté sur la friche du Buisson-Hocpin.

Le lundi 11 octobre, on fit la bénédiction des trois cloches de Saint-Taurin. Mgr l'évêque fut parrain de la plus grosse; M. de Clermont-Tonnerre de la seconde, et le général Lapointe de la troisième. Les marraines furent l'épouse de M. le préfet Goyon pour la plus grosse ; Mme de Clermont-Tonnerre de la seconde, et l'épouse de M. Dumeilet, maire d'Evreux de la troisième. Cela n'empêcha pas la plus grosse de rester sous le séquestre jusqu'à la fin du procès avec l'hospice.

Le vendredi 15, on annonça, par le son des cloches, le service anniversaire de Marie-Antoinette, reine de France ; ce fut l'étrenne des cloches de Saint-Taurin.

Le samedi 16, on annonça à la pointe du jour, par le son des cloches, le service de la reine. Ce fut ainsi que furent étrennées les cloches de Saint-Taurin.

Il parut encore vers ce temps une nouvelle assurance contre les incendies et tempêtes, nommée le *Phénix*.

Le dimanche 17 octobre, on lut aux prônes des messes paroissiales une espèce d'invitation aux pères et mères de famille, pour faire vacciner leurs enfants, à cause des ravages de la petite-vérole qui régnoit depuis quelque temps.

Dans la dernière semaine d'octobre, on enterra seize enfants morts de la petite-vérole.

Le dimanche, dernier jour d'octobre, il y eut un grand dîner donné par les électeurs du département de l'Eure, dans la maison de M. Dulong, au Neubourg, aux députés du département, MM. Bignon, Dupont et Dumeilet, maire de la ville d'Evreux ; le nombre des convives était de 166.

Le samedi 6 novembre, on ramena de Rouen le nommé Le Roy, de Panlatte, qui avait été condamné à Evreux pour avoir tué sa femme; et son procès étant cassé, il fut transporté à Rouen, où il fut de nouveau jugé et condamné à mort. Ce fut le premier qu'on ramena dans son département pour y être exécuté.

En vertu des lois et des ordres du ministre de la guerre, pour la levée de 20,000 hommes, on procéda, dans les premières journées de décembre, à cette levée, et comme il ne se trouva pas d'engagements volontaires pour la cavalerie, on choisit dans le nombre ceux qui pouvoient y être incorporés, et le reste entra dans la légion. Ils commencèrent à partir par détachements le 15 décembre.

Le dimanche 19 décembre, mourut M. Le Roussel, premier curé de Saint-Taurin.

On eut une grande inquiétude aussi cette année par les

grosses eaux, qui étoient très-fortes. Le samedi 18 décembre on fit ouvrir les vannes des moulins, mais le soir du même jour, les meuniers les ayant refermées, l'eau monta tellement que, le dimanche 19, elle dégorgea dès le grand matin par les allées de la rue Saint Taurin, et tous les jardins furent pleins d'eau. Elle ne commença à se retirer que le soir du même jour.

On commença aussi l'atelier de charité, et on fit élargir et adoucir l'ancienne route de Paris, depuis la grande route jusqu'au haut de la rue Trianon, le long du cimetière, et on ramassa dans le cimetière tout le caillou qui étoit resté sur la terre après les inhumations, pour le mettre dans le milieu du chemin que l'on réparoit; mais cet atelier n'étoit pas très-fort, car les ouvriers ne travailloient chacun que pendant une semaine alternativement.

On remarqua que, vers la fin de cette année, il mourut beaucoup de femmes; on en compta même cinq pour un jour.

1820.

Le samedi 1er janvier, le pain fut mis à 20 sous.

Le 7 janvier, on proclama que les jeunes gens de la classe de 1819 eussent à se faire inscrire du 10 au 15 janvier pour le recrutement de l'armée.

Les nouveaux adjudicataires de l'octroi de la ville d'Evreux, Cucuel et Beaudouin, des Andelys, firent reculer les poteaux de l'octroi et voulurent même rétablir les barrières.

Le directeur des droits réunis voulut aussi assujettir les épiciers débitants d'eau-de-vie au détail, au droit sur leur consommation de vin, cidre, etc., comme il l'entendoit, mais les épiciers ayant porté cette affaire au tribunal civil, le directeur perdit son procès.

La gelée commença à se faire sentir dès les premiers jours de ce mois, et augmenta toujours, de sorte que les rivières furent gelées jusqu'au 16 ou 17 de ce mois, où le dégel vint tout-à-coup par un temps pluvieux, qui grossit les rivières au point que le mercredi 19 et le jeudi 20, jour de saint Sébastien, elle débordoit par les allées des maisons, du côté des murs Saint-Jean, et traversoit la grande route à l'entrée de la ville. Mais la consternation augmenta lorsque le vendredi on la vit encore grossir ; elle renversa presque tous les murs des jardins de la rue aux Bouchers, de Saint-Léger, et fit des dégâts considérables dans les caves où elle fit perdre beaucoup de marchandises des épiciers et les boissons. On remarqua qu'elle fut moins forte de huit pouces qu'en 1784.

Le vendredi 21 janvier, on fit le service anniversaire de Louis XVI, comme à l'ordinaire.

Le dimanche 30, le pain fut mis à 20 sous.

Le dimanche 6 février, le pain fut mis à 21 sous.

Le dimanche 13, le pain fut mis à 22 sous.

Le lundi 14, les voyageurs venant de Paris, par la diligence, apportèrent la triste nouvelle de l'assassinat de Mgr le duc de Berry, le dimanche précédent à la porte de l'Opéra.

Le mardi 15, qui étoit le dernier jour gras, on proclama qu'il n'y auroit aucune nouvelle mascarade ni divertissements publics et que les bals étoient fermés ; de manière que les loueurs d'habits de bal furent obligés de rendre l'argent des personnes qui avoient loué des costumes.

Le dimanche 20, le pain fut mis à 26 sous, parce que les laboureurs disoient que la gelée avoit détruit les bleds sur les endos des sillons.

Le même jour, le conseil municipal envoya au roi une adresse sur la mort de Mgr le duc de Berry.

Le dimanche 27, le pain fut mis à 22 sous.

Le jeudi 9 mars, M. Lambert, supérieur du Séminaire, fit faire, avec l'aide des vicaires de Saint-Taurin, la première communion à 13 soldats de la garde royale du 4ᵉ régiment.

Le même jour, qui étoit celui de la mi-carême, des jeunes gens, au nombre de 15 ou 18, coururent mascarade, et le soir il y eut bal.

Dans cette semaine, on plaça sur le grand autel de la Cathédrale un tabernacle en marbre blanc.

Le dimanche 12, on annonça le soir, par plusieurs coups de canon et le son des cloches de la Cathédrale, un service solennel pour le repos de l'âme de Mgr le duc de Berry. Ce service étoit ordonné par la préfecture, la mairie et les officiers du 2ᵉ bataillon du 3ᵉ régiment de la garde royale. Il y eut deux canonniers blessés : l'un eut le bout d'un doigt emporté, et l'autre fut fracturé.

Le lundi 13, à six heures du matin, on sonna les cloches et des coups de canon furent tirés de quart-d'heure en quart-d'heure jusqu'à la fin du service. On avoit fait dresser un catafalque dans le chœur de la Cathédrale, et toutes les autorités assistèrent au service comme à celui du roi Louis XVI. Après ce service, il y eut distribution de pain aux pauvres.

Le mardi 14, les chevaliers de l'ordre royal et militaire de Saint-Louis firent aussi célébrer, dans la Cathédrale, un service solennel comme celui de la veille ; mais on ne tira pas le canon.

Le vendredi 24, on célébra, par ordre du roi, un service solennel dans toutes les églises de France, pour le repos de l'âme de Mgr le duc de Berry. Celui de la Cathédrale fut célébré comme celui du 13, mais sans canon.

Le même jour, les dames de charité firent, comme à l'ordinaire, une distribution de pain aux pauvres, à l'occasion de la fête de Notre-Dame-de-Pitié.

Le lundi 17 avril, on commença à placer des échafaudages au grand clocher de la Cathédrale, pour le réparer.

Le samedi 22, les jeunes gens tirèrent au sort pour le recrutement de l'armée.

Le dimanche 23, le pain, qui étoit depuis quelque temps à 24 sous, fut mis à 27.

Le dimanche 30, le pain fut mis à 31 sous.

Le mercredi 3 may, mourut, sur la paroisse de la Cathédrale, M. Duvaucel, ancien maire de la ville d'Evreux dans le commencement de la révolution. En lui s'est éteinte une des plus anciennes familles d'Evreux, car il y eut beaucoup de chanoines dans cette famille.

Le dimanche 7 may, le pain fut mis à 30 sous.

Le jeudi 11, la mairie d'Evreux afficha une proclamation pour une souscription pour élever un monument à Mgr le duc de Berry.

Le dimanche 14 may, le pain fut mis à 32 sous.

Ce même jour, mourut en fonctions M. Delarue, curé de Saint-Taurin ; c'étoit le troisième depuis la formation de cette paroisse.

Le dimanche 21, jour de la Pentecôte, le pain fut mis à 31 sous.

Le dimanche 28 may, le pain fut mis à 32 sous.

Dans les premiers jours de juin, le préfet de l'Eure fit afficher une espèce de préambule au sujet des événements de Paris, où les soldats sabroient les citoyens.

Le dimanche 25 juin, le pain fut mis à 34 sous.

Le dimanche 2 juillet, le pain fut mis à 32 sous.

Le dimanche 9 juillet, le pain fut mis à 30 sous.

Le mercredi 12 juillet, fut installé le nouveau curé de Saint-Taurin, M. Delaunay, curé, desservant de Guichainville près Evreux.

Ce fut aussi vers le commencement de ce mois, que M. de Goyon, préfet de l'Eure, transféré à Mélun, chef-lieu du département de Seine-et-Marne, fut remplacé à Evreux par M. Raymond Delaître, maître des requêtes.

Le jeudi 20 juillet, le nouveau préfet arriva à Evreux.

Le vendredi 21, M. le maire d'Evreux arriva de Paris de la chambre des Députés. La musique de la garde nationale lui donna une sérénade, comme on en donna dans tous les départements aux membres du côté gauche.

Le 26 juillet, M. Raymond Delaître, préfet de l'Eure, publia une espèce d'instruction pour la formation des électeurs.

Le 29 juillet, M. Dumeilet, maire d'Evreux, prit aussi un arrêté pour les électeurs de la ville d'Evreux.

Le dimanche 6 août, on annonça au prône de la messe de la Cathédrale, une messe solennelle pour l'heureuse délivrance de Mme la duchesse de Berry, et le soir de ce même jour, on annonça par le son des cloches de la Cathédrale la messe du lendemain.

Le lundi 7 août, à six heures du matin, on annonça encore par le son des cloches la messe qui devoit avoir lieu. A dix heures la même messe fut encore annoncée au son des cloches; la garde royale s'y trouva par un détachement, et toutes les autorités s'y rendirent; Mgr l'Evêque officia pontificalement.

Le dimanche 13, on annonça au prône de la Cathédrale, que l'on célébreroit tous les jours, à onze heures, à partir du 16 août, une messe pour l'heureuse délivrance de Mme la duchesse de Berry et que ce seroit Mgr l'évêque qui diroit la première.

Le 15 août, le soir, les musiciens donnèrent à l'hôtel du Grand-Cerf, une sérénade à MM. Bignon et Dupont.

Le mercredi 16, à onze heures, Mgr l'évêque célébra une messe basse, à laquelle assistèrent des dames, etc.

Le jeudi 24 août, à la fin du jour, on annonça la fête du roi par plusieurs coups de canon et le son des cloches.

Le vendredi 25, à six heures du matin, le son des cloches et le bruit du canon annoncèrent de nouveau la fête du roi. A dix heures, il y eut grande messe par les chanoines, et à midi une messe en musique sonnée à toutes les cloches, à laquelle assistèrent la garde royale et un détachement de la garde nationale. A trois heures, il y eut vêpres, et grand dîner chez le général et le soir grand bal chez le préfet ; il y eut aussi des illuminations et des danses sur la place Royale, et distribution de pain aux pauvres.

Il y eût une espèce de mécontentement dans la garde nationale, en ce que, dans ces fêtes, on donnoit la droite à la garde nationale, tandis qu'aujourd'hui on la donne aux gardes royaux.

La musique ne se trouva point à la retraite la veille de la fête, à cause d'une circulaire du ministre, qui défendoit les sérénades ; on pensa qu'il n'en devoit pas être donné aux établissements publics. Cette circulaire paroît avoir eu pour but d'empêcher des manifestations semblables à celles de Rouen, où il fut donné des sérénades aux députés du côté gauche ; mais on fit des charivaris à ceux du côté droit.

Le jeudi 7 septembre, il y eut une éclipse totale de soleil à midi 47 minutes, et sa fin à 3 heures 35 minutes. Plusieurs personnes aperçurent dans le fort de cette éclipse une petite étoile près du soleil, dont la grandeur étoit de dix doigts. Il y eut des personnes qui voulurent la comparer à celle du 21 février 1804, qui eut lieu à 10 heures 54 minutes du matin, et sa fin à 1 heure 15 minutes du soir, et on prétendit qu'elle étoit presque totale.

Le dimanche 10 septembre, le pain fut mis à 34 sous.

Vers ce temps, on fit paver le derrière de la halle jusqu'à la rivière.

Dans la nuit du 10 au 11, le feu prit chez un chamoiseur, à une chaudière dans laquelle il faisoit du dégras. En peu d'heures, le feu consuma la moitié du bâtiment dans lequel il travailloit, et par bonheur le temps étoit très-calme, car tout le quartier qui environne la rue du Dauphin et la mairie auroient couru un très-grand danger; mais l'activité des pompiers et le courage de la garde royale et de la légion firent cesser l'incendie.

Le dimanche 17, le pain fut mis à 33 sous.

Le mercredi 20, on afficha la liste des électeurs du département.

Le vendredi 29, dans l'après-midi, on apprit par la voix publique l'accouchement de Mme la duchesse de Berry.

Le samedi 30, à 5 heures précises du matin, le son des cloches et 24 coups de canon annoncèrent la naissance d'un prince. Mgr l'évêque ordonna un *Te Deum* à 10 heures du matin, auquel assistèrent toutes les autorités, et pendant lequel le son des cloches et 24 coups de canon se firent entendre; le soir, il y eut illuminations et feux de joie sur la place Royale et devant la cour d'assises; il y eut aussi du vin versé et des danses sur la place Royale, et un grand bal chez M. le préfet. Il ne se trouva que cinq musiciens de la garde nationale à cette fête, les autres ne voulurent pas y aller.

Mgr l'évêque ordonna que la messe qui se disoit à 11 heures, se diroit pendant la neuvaine, à la même heure, en actions de grâces.

Le mardi 3 octobre, il y eut à la mairie distribution de pain aux pauvres auxquels l'hospice avoit coutume d'en donner.

Vers ce temps, la mairie fit de nouveau numéroter les maisons par rues, pour faciliter le logement des troupes.

Dans les derniers jours d'octobre, il courut un bruit que M. Dumeilet, maire d'Evreux, étoit destitué; mais cela n'étant pas certain, il se trouva quelqu'un qui dressa une pétition en sa faveur et qui fut signée chez M. Péclet, notaire, et par un grand nombre de citoyens d'Evreux, plus de 500.

Le samedi 7 octobre, au matin, il courut un bruit dans la ville que M. Dumeilet, maire d'Evreux, étoit destitué, et que M. de Barrey des Authieux le remplaçoit. En effet, sur les trois heures de relevée, le préfet, accompagné de M. Gazan, secrétaire-général du département, installa le nouveau maire sans cérémonie, car il n'y avoit point de musique et seulement quelques douzaines de gardes nationaux.

Le dimanche 8, on lut au prône de la Cathédrale un mandement de Mgr l'évêque, qui ordonnoit un *Te Deum* dans toutes les églises de son diocèse, le dimanche qui suivroit la réception de son mandement, en actions de grâces de la naissance de Mgr le duc de Bordeaux.

Le vendredi 13, mourut M. de Narbonne, chanoine de la Cathédrale, neveu de l'évêque d'Evreux de ce nom.

Le dimanche 15, on chanta, après vêpres, dans l'église Saint-Taurin et dans la chapelle Saint-Joseph, le *Te Deum* ordonné par Mgr l'évêque; il ne fut pas chanté à la Cathédrale, vu qu'il l'avoit été le jour où la nouvelle de la naissance du prince arriva.

On afficha la seconde liste supplémentaire des électeurs, mais comme la première, à la mairie seulement, et on y replaça le nombre de 153 électeurs que l'on avoit omis sur la première liste.

Le dimanche 29 octobre, on lut au prône de la grande messe de la Cathédrale, un mandement de Mgr l'évêque sur une lettre du roi, et son ordonnance royale au sujet des nouvelles élections, qui ne furent pas goûtées de tout le monde.

Le préfet de l'Eure ouvrit une espèce de souscription

volontaire à un bal, au nombre de 150 personnes, à 15 fr. par personne pour la veille des élections, et du pain que l'on distribueroit aux pauvres; il envoya aussi à chacun des électeurs, le jour et l'heure de l'ouverture du collége, avec une ordonnance du roi et une carte d'entrée.

Le vendredi 3 novembre, on distribua à la porte de la salle de la comédie, dans l'allée des Soupirs, du pain aux pauvres qui avoient des cartes de l'hospice. Ce qui surprit beaucoup de monde, ce fut qu'on avoit mis, à côté des distributeurs, des gendarmes à cheval et à pied, la légion et les hommes soldés de la garde nationale, disoit-on, pour la police de cette distribution, tandis qu'ils brutalisoient assez les pauvres qui ne faisoient pas de tumulte ni de bruit.

Les présidents nommés par le roi pour présider les colléges électoraux sont : pour le grand collége du département : M. de Clermont-Tonnerre, pair de France; pour le collége d'Evreux, M. de la Pasture, ancien député; pour Bernay, M. Lizot, député sortant; pour Pont-Audemer, M. Auvray, ancien homme d'Etat; pour les Andelys, M. Vatimesnil. Mgr l'évêque d'Evreux fit afficher aux endroits accoutumés un avis aux électeurs pour leur annoncer que le samedi, à huit heures, on diroit dans la Cathédrale une messe du Saint-Esprit avec le *Veni, Creator*. Le bal eut lieu le vendredi soir comme on a dit.

Le samedi 4 novembre, à huit heures du matin, on sonna à la seconde grosse cloche la messe du Saint-Esprit, et ensuite les électeurs se rendirent dans le local de la cour d'assises qui leur avoit été assigné pour la tenue de leurs séances, sous la présidence de M. de la Pasture, nommé par le roi. Ils élurent pour secrétaire M. . . . . et pour scrutateur M. . . . . Ensuite ils procédèrent à l'élection du député; le dépouillement du scrutin n'eut lieu que le dimanche dans la nuit, et les deux personnages qui réunirent le plus de voix furent MM. Dumeilet, ancien maire d'Evreux, qui eut 203 voix et M. de la Pasture qui en eut 205. Il fallut alors recommencer le scrutin, parce qu'il falloit 214 voix pour être élu. On recommença donc un nouveau scrutin, à huit heures du matin; mais pendant la nuit du dimanche au lundi, on envoya clandestinement les gendarmes chez tous les électeurs ultrà qui étoient repartis chez eux après leur premier vote, et, par des menées scandaleuses, le scrutin fut ouvert le lundi soir, et pendant ces deux jours, la gendarmerie étoit en grande tenue, et au moment où le scrutin fut ouvert, on trouva à M. de la Pasture 248 voix et M. Dumeilet, ex-maire d'Evreux 176, au grand mécontentement des électeurs, qui disoient qu'on les avoit joués. Tout le soir de ce jour, la gendarmerie fit de fréquentes patrouilles avec le mousqueton et même le sabre nu à la main, quoi qu'il n'y eut aucun mouvement dans la ville. Tout cela fut qualifié de brigandage.

Cette année les frères de la charité qui avoient coutume de nommer leur échevin et leur prévôt le dimanche d'après la Saint-Martin, retardèrent cette nomination pour la fête de Saint-Sébastien 1821.

Le lundi 13 novembre, Mgr l'évêque d'Evreux célébra une messe du Saint-Esprit, à huit heures du matin, pour l'ouverture du grand collège de département pour nommer 3 députés. Les électeurs qui étoient venus en assez grand nombre sur l'invitation du préfet, auquel le ministre avoit écrit, que non-seulement il devoit leur envoyer les instructions conformément à la loi, mais leur écrire à chacun particulièrement pour les engager à venir jouir de leurs droits ; mais ils furent bien surpris de l'influence qui se mit à régner dans le collége, ce qui rebuta beaucoup d'électeurs, voyant que la noblesse influençoit les fonctionnaires salariés qui avoient droit de voter, ce qui fit que le lendemain mardi, un très-grand nombre refusèrent de voter et s'en retournèrent chez eux. Le scrutin étant ouvert sur les quatre heures de l'après-midi, ils nommèrent pour députés : M. de Roncherolles, cordon rouge ; M. Gazan de Garambouville et M. Prétavoine. On avoit fait imprimer des billets de logement aux électeurs comme pour des militaires, quoique les plus bas ne payassent pas moins de 990 francs d'impositions. Il y eut le soir grand bal chez le préfet et punch chez M. de Clermont-Tonnerre, président du collége.

M. le préfet fit porter cette année la cote personnelle de 3 francs qu'elle étoit à 6 francs ; cela le fit mal voir.

Dans les nouveaux noms des rues, la rue du Château reeut celui de rue Eugène, fils de l'impératrice Joséphine ; et la rue entre l'allée des Soupirs, depuis la rue Saint-Louis jusqu'au pont qui sépare la rue des Soupirs, celui de rue du Pont-Rouge.

Le roi nomma gentilhomme honoraire de sa chambre, M. Raymond-Delaitre, préfet de l'Eure.

Cette même année, les sœurs de la Providence eurent la moitié de l'apanage de l'ancienne abbatiale de Saint-Taurin. Elle leur fut donnée par M. Roussel, qui donna l'autre moitié au Séminaire. Les sœurs eurent la partie du côté du moulin, où elles rebâtirent un bâtiment et une chapelle.

1821.

Le lundi 8 janvier, on proclama l'enregistrement des jeunes gens de la classe de 1820 ; on leur accorda depuis le 15 janvier jusqu'au 31 du même mois pour se faire inscrire.

Le jeudi 11 janvier, on commença dans la Cathédrale des prières dites de Quarante-Heures pour Mgr l'évêque d'Evreux, resté malade depuis l'ordination de Noël dernier.

Le dimanche 14, on dit les Quarante-Heures dans les autres églises, à la même intention.

Le samedi 20, les frères de la charité installèrent leurs échevin et prévôt, chose nouvelle qu'on n'avoit jamais vue depuis l'établissement de cette société.

Le même jour, on fit le service anniversaire de Louis XVI, à cause que cette année le 21 février était le dimanche. Il fut fait comme à l'ordinaire, excepté que la musique de la garde ne s'y trouva pas, à cause de la désunion qui s'étoit introduite parmi les musiciens depuis la sérénade donnée à MM. Bignon et Dupont.

Depuis la mort de M. Roussel, curé de Saint-Taurin, le 19

décembre 1819, il mourut un assez grand nombre de chanoines tant en pied qu'honoraires. M. Delangle, de Dardez, ancien chanoine, mourut le dimanche 18 février et fut enterré le lendemain ; M. Duci, chanoine honoraire, assista à son inhumation et mourut presque subitement le soir même et fut enterré le 21.

Les chanoines qui moururent depuis M. Roussel, sont M. Delavaux, ancien chanoine, décédé à Bois-Giroult ; M. Greuillet, curé de Louye, chanoine honoraire ; M. Delarue, curé de Saint-Taurin, chanoine honoraire ; M. Vivier, curé de Bernay, ancien vicaire de la Cathédrale ; M. Delangle, ancien chanoine, et M. Duci, chanoine honoraire.

Cet hiver, tous les nobles tinrent chez eux des bals réglés par semaines ; tous les mardis ils avoient lieu chez M. le préfet, et les autres jours tantôt chez l'un, tantôt chez l'autre, en grand étalage.

On occupa cet hiver l'atelier de charité, quoique peu nombreux, à redresser et raviner l'allée des Soupirs et autres rues non pavées, et aussi à travailler dans le collège aux Capucins.

Le dimanche 11 mars, la musique réorganisée de la garde nationale alla pour la première fois à la messe dite du premier dimanche du mois. Ce fut aussi à cette messe que l'on vit la compagnie de pompiers réorganisée et plus forte qu'elle n'étoit auparavant, et tous en casques de cuivre, car, avant ce temps, il n'y en avoit que quelques-uns qui en portoient. Il n'y avoit eu jusqu'alors qu'un capitaine et un lieutenant, mais de ce jour on y joignit un sous-lieutenant.

On fit dans la Cathédrale d'Evreux, le lendemain 12, fête de Pâques et jours suivants, une espèce de salut jusqu'au dimanche de Quasimodo, pour Mgr le duc de Bordeaux.

Le 19 avril, jour du jeudi-saint, on fit la cérémonie de la bénédiction de la chapelle de la prison. Ce fut M. Vallée, chapelain de la prison, qui fut chargé de cette cérémonie, assisté de plusieurs abbés du séminaire.

Cette chapelle est construite de manière que les détenus, hommes et femmes, peuvent entendre la messe sans se voir.

Comme le roi avoit fixé le baptême du duc de Bordeaux au premier jour de may, on fit les dispositions nécessaires à cette cérémonie. Mgr l'évêque d'Evreux fit aussi savoir que le mardi il y auroit une messe solennelle célébrée dans l'église Cathédrale ; de même au prône M. le curé de la Cathédrale invita toutes les âmes dévotes à communier le jour du baptême, pour que Dieu fît la grâce à M. le duc de Bordeaux de bien user de son baptême.

Le lundi 30 avril, à la chute du jour, on annonça la cérémonie du baptême du duc de Bordeaux, par une salve d'artillerie et le son des cloches : la musique de la garde nationale joua à la retraite.

Le mardi premier jour de may, à six heures du matin, le son des cloches et une salve d'artillerie annoncèrent la fête ; la messe fut célébrée à onze heures, et toutes les autorités, les officiers militaires, chacun dans le rang assigné par le général, et la garde nationale y assistèrent. Tout le cortége de cette fête partit de la préfecture, quoique le préfet ne fut pas à Evreux : M. Gazan, un des conseillers, remplissoit en sa place les fonctions de préfet.

Après la messe on fit une distribution de pain aux individus qui avoient coutume d'en recevoir de l'hospice et auxquels on avoit remis des cartes ; mais ceux qui n'avoient pu en obtenir, voulant aussi, par force, avoir du pain, causèrent un tumulte qui fit cesser la distribution et la fit remettre à un autre moment.

Les boutiques ne furent pas fermées, le programme ne le marquant pas ; cependant ceux qui voulurent les fermer furent libres, et il y en eut une très-petite quantité.

Le soir, il y eut sur la place Royale un feu de joie, des pétards, des danses et une distribution de comestibles, des cervelas et des pains d'une livre et deux pièces de vin. Il y eut une telle confusion dans cette distribution, que des chapeaux et bonnets furent perdus ou volés. Une femme, étant tombée dans cette mêlée, eut la tête écrasée ainsi que tout le corps par ceux qui marchoient sur elle ; on croyoit même qu'elle étoit morte, et on la porta à l'hospice ; mais il fut constaté qu'elle n'étoit que blessée sans danger. Il y eut aussi illumination générale.

Dans les premiers jours du mois de may, le préfet de l'Eure, étant à Paris, obtint du roi des croix d'honneur pour plusieurs personnes du département qui s'étoient montrées dans les dernières élections, MM. de la Pasture, Lesage, président du tribunal de première instance, Hébert, procureur du roi, celui qui n'avoit pas voulu signer l'adresse que le tribunal envoya au roi il y a quelques années, et Goulliart, chirurgien de l'hospice d'Evreux.

Le mercredi 9 may, les gendarmes à cheval, au nombre de deux, amenèrent à pied à Evreux, venant de Gaillon, le soi-disant Bruno. Quelques instants avant qu'ils arrivassent, le bruit se répandit de son arrivée et qu'on le conduisoit à Saint-Michel, dans une prison d'Etat ; beaucoup de personnes se trouvèrent sur son passage sans le remarquer, ne virent rien et ne le connurent même pas.

Le jeudi, sur des permissions et même sans cela, beaucoup de personnes allèrent à la prison pour voir le soi-disant Bruno, mais sans que l'on sut au juste rien d'intéressant.

Le vendredi matin, le prétendu Bruno partit en charrette pour le mont Saint-Michel, escorté par deux gendarmes.

Le mardi 29 may, le nommé de Reynal, chirurgien à Evreux, se maria en troisièmes noces. Cet officier de santé avoit été chirurgien dans un hôpital, à l'armée du nord, sous la République ; administrateur du département de l'Eure, lors de l'élargissement des détenus à Paris, à la chute de Robespierre : il ne s'est pas enrichi par la révolution comme ses confrères.

Le samedi 2 juin, le préfet et le maire d'Evreux allèrent en cérémonie, escortés par la garde nationale et la musique, poser les clefs des arches du pont que l'on construisoit au bout de la rue Gasville, ce qui avoit été projeté du temps de M. Dumeilet, ancien maire d'Evreux. Le préfet et le maire firent mettre des inscriptions sur les clefs des arches, et des pièces de monnoie dans les pierres préparées à cet effet. Quelques instants après la cérémonie, on lâcha l'eau à cause de la mauvaise odeur exhalée par la rivière, qui étoit retenue depuis le 4 may.

On fit aussi en même temps élargir la rue de l'Horloge sur la rivière, et on fit faire un prolongement aux arches de ce pont. Dans l'arrêté de la mairie, qui ordonnoit de curer la rivière, on avoit mis que les lavoirs qui étoient en travers, seroient mis en long contre les murailles; mais cet article ne fut point exécuté, vu que beaucoup de personnes seroient privées de l'usage de la rivière, n'ayant pas d'emplacement suffisant à cet effet.

Le dimanche 3 juin, le préfet distribua chez lui, dans une espèce de cérémonie, les croix d'honneur aux personnes pour lesquelles il les avoit obtenues, à l'exception de celle du commandant de la garde nationale Lacraie, qui lui fut remise le dimanche suivant.

Le dimanche 10 juin, jour de la Pentecôte, on assembla la garde nationale, qui assista à la messe de midi comme aux jours de cérémonie, et à la sortie de l'église, on fit faire quelques manœuvres sur la place de la Cathédrale, malgré la pluie qui tomboit beaucoup, et M. le préfet donna la croix au commandant.

Cette année, la fête du Saint-Sacrement, suivant les statuts du concordat de Bonaparte, tomboit le 24 juin; comme ce jour étoit celui de la naissance de saint Jean-Baptiste, qui, quoiqu'abolie, est célébrée comme fête de dévotion, elle fut remise au lendemain lundi 25, et la fête du Saint-Sacrement fut célébrée. La procession partit de la Cathédrale et remonta les rues de la Harpe et Ferrée, et redescendit pour prendre la rue de l'Evêché, et comme monseigneur l'évêque étoit resté malade sans pouvoir sortir de ses appartements, il ordonna que l'on fit un reposoir dans la cour de son hôtel, et au moment où la procession entra, il sortit sur le balcon qui est sur la façade de cet hôtel, et donna de là sa bénédiction à tout le peuple ayant les larmes aux yeux; puis la procession reprit sa route pour aller tourner à la place où étoit l'ancien calvaire, et descendit par les rues Joséphine, aux Fèvres, la Grande-Rue et celle de la Grosse-Horloge, jusqu'à la Cathédrale.

Dans les derniers jours de juin, le préfet fit afficher au rabais la restauration de la flèche de la Cathédrale et la mit à prix par cette affiche, à 12,883 fr.

Des personnes pieuses proposèrent de faire faire un tableau représentant monseigneur l'évêque d'Evreux donnant la bénédiction au peuple, lors de la procession du Saint-Sacrement; on disoit qu'il coûteroit 12,000 fr., et qu'on le placeroit dans la Cathédrale. On ouvrit une souscription pour tous ceux qui voulurent y contribuer.

Dans les premiers jours de juillet, les journaux annoncèrent la mort de Bonaparte, et les jours suivants d'autres l'annonçoient diversement ; il y a beaucoup d'incrédules.

On changea le nom de la rue Eugène en son premier nom de rue du Château.

Dans ce siècle où il y a beaucoup d'incrédules sur les anciennes sciences mystérieuses des guérisseurs, on en voit cependant un exemple en la personne d'un secrétaire de la prison, pourvu de cet emploi par le gouvernement pour tenir les registres de la geôle. Cet homme se mêle de guérir les brûlures, les contusions, les douleurs, en soufflant dessus et faisant des signes de croix et disant des paroles. Beaucoup de monde y va pour guérir.

Le mardi 21 août, dans l'après-midi, on apprit que mesdames les duchesses d'Angoulême et de Berry devoient venir le lendemain pour voir le château de Navarre. On disposa à cet effet la garde nationale et tout ce qui étoit nécessaire à cette réception.

Le mercredi 22 août, dans la matinée, on mit sous les armes la garde nationale et les deux compagnies de la garde royale et la gendarmerie, qui se transportèrent sur la route de Paris, et, sur les dix heures et demie, on annonça l'arrivée des princesses par des salves d'artillerie et le son des cloches. Aussitôt arrivées à Evreux, on les conduisit à Navarre, où elles déjeunèrent, comme on le dit, sous le pouce, avec des mets apportés pour elles de Rosny; ensuite, elles parcoururent une partie des apanages du château, et le maître louvetier du département, avec les gardes généraux, partirent avec elles dans la forêt, et allèrent passer par la Madeleine, et revinrent à la préfecture au son des cloches et au bruit du canon. Elles descendirent de voiture et se transportèrent à pied à la Cathédrale, où elles furent reçues à la porte par M. Pinchon, secrétaire de l'évêché, et par M. Delacroix, trésorier, qui leur présentèrent l'eau bénite, et de là elles furent conduites sous le dais à un prie-Dieu qu'on leur avoit préparé dans le chœur, et on chanta le *Domine salvum fac regem*, et on leur donna la bénédiction du Saint-Ciboire ; puis elles retournèrent à la préfecture au milieu d'un très-grand nombre de personnes de tout état. Elles n'avoient presque pas d'escorte, et repartirent sur les deux heures pour aller dîner au château du Buisson-de-May, près Pacy, et coucher à Rosny. Elles laissèrent chacune 500 francs pour les pauvres, qui furent convertis en pain qu'on distribua à la préfecture. Les rues où elles passèrent étoient tendues en blanc.

On proclama aussi que le marché du samedi 25 tiendroit le vendredi 24, à cause de la fête de Saint-Louis.

Le vendredi 24, on annonça à la fin du jour la fête de Saint-Louis par le son des cloches et le bruit du canon.

Le samedi 25, jour de Saint-Louis, à six heures du matin, on annonça la fête par le son des cloches et des salves d'artillerie. A neuf heures, les chanoines de la Cathédrale chantèrent une grande messe en l'honneur de Saint-Louis. A midi, toute la garde nationale et la garde royale se rendirent à la préfecture, et tout le cortége qui y étoit assemblé se rendit à la Cathédrale, où on chanta une grande messe solennelle en musique, et un *Te Deum* en actions de grâces. Pendant toute cette cérémonie, le bruit du canon et le son des cloches se firent entendre; puis, rentrant à la préfecture dans le même ordre où ils étoient venus, il y eut distribution de pain à la mairie. On éleva un mât de cocagne sur la place Royale; le soir, il y eut feu de joie et une espèce de feu d'artifice, avec danses sur la même place, et des illuminations dans toute la ville.

La mairie fit avec le préfet changer la grille de fer du tribunal civil, qui fut reportée dans la rue du Dauphin. On fit un mur depuis l'encoignure jusqu'à l'église, et on abattit des bâtiments qui servoient de logement au portier, et de corps-de-garde à la garde nationale, en reportant ces établissements dans d'autres logements.

La longue maladie de Mgr l'évêque d'Evreux obligea d'envoyer à Beaumesnil, où se trouvoit chez ses parents Mgr l'evêque de Séez, quelques jeunes gens pour être ordonnés.

Le mardi 16 octobre, on fit le service funèbre pour le repos de l'âme de Marie-Antoinette, reine de France.

Le dimanche 21 octobre, le pain fut mis à 23 sous.

Comme l'état de Mgr l'évêque d'Evreux baissoit toujours, on prépara les étudiants par des retraites, comme de coutume, pour l'ordination, et on les envoya à Rouen, où ils furent ordonnés le 28 octobre par l'archevêque.

Le mercredi 31, à midi, et le soir, monseigneur étant mort. on sonna à la Cathédrale, à Saint-Taurin et à la chapelle Saint-Joseph.

Le jeudi, jour de la Toussaint, au point du jour, à midi, et le soir, même sonnerie. Son corps ne fut mis que ce jour, dans la matinée, dans un cercueil de plomb ; puis ensuite dans un cercueil de bois de chêne. On avoit formé une chapelle ardente dans une grande salle, à gauche, et élevé un autel, pour y célébrer des messes tant que le corps seroit déposé dans cette chapelle. Le cercueil fut ensuite placé dans la chapelle ardente, où il fut permis à tout le monde d'entrer pour prier, et on y célébra des messes depuis huit heures du matin jusqu'à 11.

Le vendredi, même cérémonie ; toute la matinée, des messes dans la chapelle ardente et le son des cloches, comme les jours précédents.

Le samedi, on fit encore les mêmes cérémonies, et on commença à tendre l'église Cathédrale en noir et à former un catafalque.

Le dimanche, on continua, et après les vêpres, le clergé de la Cathédrale alla processionnellement à la chapelle ardente, pour y chanter les vigiles.

Le lundi, même sonnerie; et sur les cinq heures après midi, on alla chanter les vêpres des morts à la chapelle. Il commença à arriver des prêtres de divers endroits, parce qu'on avoit fait imprimer 600 lettres pour être envoyées au clergé du diocèse, et 600 autres lettres à différentes personnes. On commanda toute la garde nationale et la gendarmerie pour le lendemain neuf heures du matin.

Le mardi, à la pointe du jour, même sonnerie, et sur les huit heures, on recommença pour annoncer l'heure de l'inhumation. Alors tous les corps constitués, à l'exception du préfet qui étoit à Paris, se rendirent à l'évêché avec la garde nationale et la confrérie de Notre-Dame-de-Liesse. Tout le clergé ayant un cierge d'une livre se rendit aussi processionnellement à l'évêché, et à neuf heures très-précises le cortége se mit en marche. Lorsqu'on fit la levée du corps, on tira plusieurs coups de canon. Le cortége prit sa route en remontant jusqu'à la cour d'assises, retournant de suite à droite descendre les rues Joséphine, aux Fèvres, la Grande-Rue et celle de l'Horloge, pour rentrer à la Cathédrale par la principale porte, près la préfecture. Le corps fut porté par des frères de la Charité, dont Mgr l'évêque étoit membre, et par des séminaristes, accompagnés par un assez grand nombre de pauvres ayant tous un cierge comme le clergé.

On s'attendoit qu'il viendroit quelqu'un de ses confrères à son inhumation; mais il n'en vint pas; ce fut M. de la Brunière, grand-vicaire et doyen de l'église Cathédrale qui fit toute la cérémonie.

L'inhumation se fit, à une heure précise, dans le caveau qui est dans la mère de Dieu. Pendant que l'on descendoit le corps, on tira encore un assez grand nombre de coups de canon. Il fut mis à côté de M. de Lezai-Marnésia, officier des armées du roi, qui mourut en 1773, chez son frère, alors évêque d'Evreux. Après l'inhumation, on distribua à l'évêché du pain aux pauvres ; ceux qui étoient moins indigents en reçurent 4 livres, et ceux qui l'étoient davantage, chacun 8 livres.

A l'instant de sa mort, les oraisons que l'on disoit pour lui à toutes les messes, et le salut du Saint-Ciboire que l'on faisoit à la Cathédrale tous les dimanches depuis le commencement de sa maladie, cessèrent.

Le chapitre nomma les vicaires capitulaires qui firent un mandement que l'on envoya à tous les prêtres du diocèse pour que, dans le mois de sa réception, on célébrât un service solennel pour le repos de l'âme de Mgr l'évêque d'Evreux.

Mgr l'évêque d'Evreux avoit été sous l'Empire, député au corps législatif, puis sénateur, baron et chevalier de l'Empire, membre de la Légion-d'Honneur, et après la rentrée de Louis XVIII, comte et pair de France ; il fut un des sept évêques que Bonaparte nomma pour décider si son mariage pouvoit être dissous avec Joséphine ; il fut aussi envoyé à Savonne auprès du Saint-Père. Le mandement des vicaires le peint au naturel, doux, affable, ne faisant jamais d'acception de personnes, charitable, etc., etc.

Depuis M. Le Normand, il n'étoit pas mort d'évêque à Evreux. Voici les noms de quelques-uns : Gilles Boutault, évêque d'Evreux, mort le 11 mars 1661, Henry de Maupas, évêque du Puy-en-Velay lui succéda et mourut évêque d'Evreux, le lundi 12 août 1680, d'un accident qui lui arriva en revenant le dimanche 11 août de Melleville, petit village près Evreux, où il étoit allé entendre prêcher un jeune prédicateur, pour donner de l'émulation aux jeunes ecclésiastiques par le grand zèle qu'il avoit pour la religion. Son carrosse versa dans la côte du Buisson par la force des chevaux qui prirent le mors aux dents, et lui brisèrent le corps. Suivant une ancienne tradition du pays, il lui avoit été prédit que son cœur seroit mangé par les chiens, et que les chirurgiens ayant fait l'ouverture de son corps en retirèrent le cœur qu'ils déposèrent sur une table, soit pour le transporter en quelqu'autre endroit ou pour toute autre raison, un chien se trouvant par hasard dans l'appartement, se jeta sur ce cœur qui étoit sur une table, l'emporta et le mangea, mais ceci peut bien être un conte.

Adheymar de Grignan fut nommé à l'évêché d'Evreux, vers 1680, mais n'en prit pas possession à cause des différends existants alors entre la cour de Rome et celle de France, et fut nommé à l'évêché de Carcassonne en 1682.

Jacques Pothier de Novion succéda à M. de Maupas, en 1682.

Jean Le Normand succéda à M. de Novion. Pierre-Jules César de Rochechouard succéda à M. Le Normand, le 21 mars 1734, et fut transféré à l'évêché de Bayeux. M. de Dilon lui succéda et fut transféré à l'archevêché d'Alby. M. de Choizeul succéda à M. de Dilon et fut transféré à l'archevêché de Narbonne. M. de Marnésia lui succéda et se démit de son évêché, ne pouvant pas remplir les fonctions épiscopales. M. de Narbonne lui succéda et mourut à Rome, en 1792; il avoit été évêque de Gap. Puis l'apostat Lami après Lindet. Enfin, M. Bourlier fut successeur légitime de M. de Narbonne, le 14 juillet 1802.

Le dimanche 2 décembre, le pain fut mis à 21 sous.

Le dimanche 9 décembre, on réinstalla M. des Authieux, nommé de nouveau maire de la ville d'Evreux ; il n'y eut qu'un détachement de la garde nationale et la musique.

Depuis un certain temps, il y avoit des Anglois qui étoient venus à Evreux y faire résidence, et même plusieurs d'entre eux y louèrent des maisons. Il arriva qu'une famille de ceux qui étoient en maisons particulières et en garni avoit une parente qui manifesta le désir de se faire catholique romaine ; il en fut parlé au curé et au vicaire de Saint-Taurin, qui la catéchisèrent et l'instruisirent en cachette de ses maîtres, et elle fut baptisée et eut pour parrain M. Lucas, marchand à Evreux, et Mlle Quéné, fille de confiance, ou même parente de M. Lambert, supérieur du séminaire d'Evreux, fut sa marraine. Elle fit sa première communion des mains de M. Lambert, à la messe de minuit de Saint-Taurin.

1822.

Le dimanche 6 janvier, les sapeurs-pompiers de la ville d'Evreux firent l'essai d'une nouvelle pompe à incendie, que la mairie fit venir de Paris.

Dans les derniers jours de février on fit partir le reste de la classe de 1820. M. le général la Tour d'Auvergne et le préfet ne voulurent pas de remplaçants, à moins qu'ils n'eussent un congé de leurs corps ou six mois de domicile, ce qui gêna beaucoup de personnes qui en avoient acheté, qu'ils nourrissoient depuis longtemps. Plusieurs personnes intéressées à cela se transportèrent à Paris auprès du ministre de la guerre, qui répondit en leur faveur ; le général et le préfet s'excusèrent, disant que c'étoient les maires qui avoient fait cela, et on admit les remplaçants.

Vers ce temps, les religieuses Ursulines, qui avoient acheté depuis plusieurs années la maison qu'occupoient les sœurs de la Providence sur la place Royale avant la révolution, achetèrent de nouveau l'ancien jardin de leur communauté, d'un nommé Broquet, pour la somme de 30,000 francs ; mais comme il falloit traverser la rue du Moulin-l'Abbesse pour y aller, ne pouvant le faire qu'au moyen d'un passage souterrain, comme il en existoit un venant de leur ancienne maison sous la rue qui traverse de la rue Vilaine sur la place Royale, elles demandèrent l'autorisation de supprimer la rue du Moulin-l'Abbesse. Alors, le maire, avec l'agrément du préfet, fit afficher une enquête sur cette demande ; mais les habitants du quartier, en très-grand nombre, firent une pétition contre cette entreprise, qui empêchoit toute communication avec la place Royale, faisant valoir aussi la grande ancienneté de cette rue.

Le jeudi 14 mars, les jeunes gens de la classe 1821 tirèrent au sort, ce qui en dérangea plusieurs qui se proposoient de se divertir à l'occasion de la mi-carême.

Les jours suivants, on passa en visite les jeunes gens de la classe de 1822.

Le mercredi 17 avril, le pain fut mis à 20 sous.

L'hiver de cette année n'ayant pas été très-rude, l'atelier de charité ne fut pas très-nombreux, et l'argent étant venu à manquer, il finit plus tôt que de coutume; il fut employé à divers travaux de remplissage.

Le lundi 26 may, on fit faire des patrouilles à la garde nationale à cheval, à cause des incendies qui se commettoient dans les départements voisins.

Le mardi 7 may, il arriva à Evreux plusieurs escadrons de chasseurs à cheval pour aller faire des patrouilles, à cause des incendies dans les départements voisins.

A la fin d'avril ou dans les premiers jours de may, la ville d'Evreux acheta, à Argence, une partie de terrain et bâtiments provenant de la succession de M. Fouché, pour y faire construire des abattoirs pour les bouchers et des fonderies pour les épiciers, sous la condition que cette acquisition seroit agréée du ministre.

Vers ce temps, un des pétitionnaires pour le maintien de la rue du Moulin-l'Abbesse n'attendit pas la réponse de la mairie, qui paraissoit pencher du côté des sœurs Ursulines, et, s'étant pourvu à d'autres autorités, il fut décidé que les choses resteroient dans l'état où elles étoient.

A cette même époque, il vint un des supérieurs des frères de la Doctrine Chrétienne visiter le local que Mgr l'évêque d'Evreux avoit laissé pour cette institution.

La continuation des incendies dans les départements voisins fit rendre au préfet un arrêté, en forme de proclamation, invitant à prendre des mesures pour la surveillance de tous les passants et étrangers. Il se plaignoit de la malveillance qui disoit que c'étoit le clergé et la noblesse qui commettoient ces excès, et lui vouloit les attribuer en quelque sorte au parti libéral; ce qui fit qu'un journal libéral, le *Courrier Français*, rapporta cet arrêté mot à mot et le réfuta assez vigoureusement.

Le dimanche 26 may, jour de la Pentecôte, le pain fut mis à 19 sous.

Le même jour, on lut au prône de la Cathédrale un mandement des vicaires-généraux du diocèse, prescrivant qu'à partir du lendemain, à toutes les messes, il fut ajouté une oraison, pendant huit jours, à cause du sacre du nouvel évêque d'Evreux, et que les jeudi, vendredi et samedi, il fut fait un salut; enfin que le dimanche de la Trinité, à onze heures, il y auroit, dans la Cathédrale, une grand'messe chantée pour attirer la bénédiction du Ciel sur le nouvel évêque, qui devoit être sacré ce même jour, avec invitation à tous les fidèles de joindre leurs prières à celles de l'église.

Le dimanche 2 juin, on célébra, à onze heures, une messe du Saint-Esprit, à la Cathédrale, pour la consécration du nouvel évêque d'Evreux.

Le mardi 11, un orage très-fort, accompagné de tempête et de grêle très-grosse et comme des morceaux de glace, fit beaucoup de mal, et principalement dans les environs d'Evreux; la rivière se gonfla et monta aussi haut que dans les grandes eaux de l'hiver et fut trouble pendant plusieurs jours.

Le chapitre capitulaire fit mettre en vermeil le soleil de la Cathédrale et y fit placer la pierre précieuse qui étoit à l'anneau que le défunt évêque d'Evreux avoit laissé à la Cathédrale, et qui est estimé 5,000 fr.

Le vendredi 14, les chanoines capitulaires de la Cathédrale reçurent une lettre du nouvel évêque d'Evreux, M. Charles-Louis Salmon du Châtelier, qui envoya tous ses pouvoirs au doyen de la Cathédrale pour qu'il prît possession de l'évêché d'Evreux en son nom; mais comme il n'y avoit pas encore de doyen depuis le départ de M. la Brunière, le chapitre s'assembla et nomma au scrutin M. Pinchon pour remplir cette fonction.

Dans l'après-midi, on entendit sonner à la Cathédrale et on crut d'abord que c'étoit l'arrivée du nouvel évêque; mais on fut trompé, car M. Pinchon prit possession de l'évêché en son nom, en présence de toutes les autorités qui assistèrent à cette cérémonie.

Vers ce temps, la mairie fit une adjudication, au rabais, pour la distribution des appartements de l'école des frères Saint-Yon. Comme cette maison étoit très-belle et bien décorée, cela ne convint pas à celui qui fut envoyé pour examiner cette école, et il dit qu'il ne leur falloit que les quatre murailles. Alors la mairie vendit les glaces, trumeaux, lambris, les jalousies des fenêtres et autres objets ; on fit même abattre des cheminées où il y avoit de très-beaux chambranles et un balcon qui étoit sur la rue avec un appui en fer. Avec le prix de ces débris, on fit refaire des enduits contre les murailles.

Dans ce même temps, on fit retirer les châssis vitrés des marchands, saillant en forme de montres ; on attribua cette mesure à M. de Bernetz, conseiller de préfecture, qui avoit eu des difficultés avec un serrurier-carrossier dans la rue de l'Evêché, ayant une montre de cette espèce, et qui disoit avoir été menacé par M. de Bernetz de la lui faire retirer comme étant sur la grande route.

Le dimanche 7 juillet, le pain fut mis à 21 sous.

Le jeudi 11 juillet, à 10 heures du soir, arriva à Evreux le nouvel évêque, Mgr du Châtelier.

Le samedi 13, à trois heures de l'après-midi, on installa Mgr l'évêque d'Evreux ; on annonça cette cérémonie par le son des cloches et le bruit du canon ; la garde nationale prit les armes, et les autorités constituées assistèrent à cette installation.

Il y arriva un accident fâcheux ; une femme tenant son enfant entre ses bras, étant montée sur une chaise pour lui faire voir la cérémonie, tomba à la renverse et se fractura la tête contre un pilier ; on lui procura de prompts secours, mais elle alla toujours de plus en plus mal, et mourut le vendredi suivant. Mgr l'évêque lui envoya pendant sa maladie 50 francs, à cause de son peu d'aisance, son mari étant garde à la barrière de la Madeleine.

Le dimanche 21 juillet, Mgr l'évêque officia pontificalement pour la première fois; ce même jour on faisoit à la Cathédrale la fête de Notre-Dame-du-Mont-Carmel.

Le mercredi 7 août, M. Dumeilet, ancien maire d'Evreux, donna aux pauvres 1,200 livres de pain, suivant la volonté exprimée dans le testament de son oncle, M. Ruault du Cormier, et il y en ajouta encore 300 autres livres, ce qui faisoit 1,500 livres de pain blanc. Quoique regardé mal par la noblesse, cela ne l'empêcha pas d'assister à l'enterrement de son oncle avec ses anciens amis, n'étant pas comme d'autres du même rang, qui mettent sur les invitations sans convoi.

Le vendredi 9, le maire de la ville d'Evreux fit proclamer et afficher un arrêté pris sur un autre arrêté du préfet, en date du mois de may dernier, invitant les propriétaires, locataires et les maîtres des moulins et usines à se trouver à l'Hôtel-de-Ville, le 20 du présent mois, pour nommer une ou plusieurs personnes probes et intelligentes pour la fermeture et l'ouverture des vannes et écluses des moulins et l'irrigation et la répartition des eaux de la rivière d'Iton, comme aussi pour leur assurer une rétribution pour leur salaire.

Le lundi 12, jour de l'ouverture de la foire Saint-Taurin, on fit payer un droit de place pour chaque pièce de bétail, ce qui sembla étrange, parce que jusqu'à ce jour on n'avoit rien payé.

Le jeudi 15 août, jour de la fête de l'Assomption, on fit à la Cathédrale la cérémonie comme à l'ordinatre, excepté que le nouvel évêque d'Evreux y officia, et que l'année précédente M. Bourlier étoit malade. Il y avoit longtemps que l'on n'avoit vu autant d'étrangers ce jour-là à Evreux ; ce qui contribua à cela, fut que la moisson étoit tout-à-fait terminée, même dès la fin de juillet dans certains endroits. Quoique la matinée de ce jour dût faire craindre de la pluie, il fit cependant beau toute la journée, excepté après les vépres que quelques coups de tonnerre se firent entendre, ce qui n'empêcha pas la procession de sortir.

Le vendredi 16 août, sur les huit heures ou huit heures et

demie du soir, il parut un météore vers le couchant, qui fit une grande impression sur beaucoup d'esprits, ayant paru comme un éclair et ensuite un globe de feu qui se divisa et s'agrandit en serpentant, laissant des rayons de lumière se dirigeant en haut. Aussitôt que cette lumière eut cessé, le ciel resta quelque temps lumineux ; quelques personnes attribuèrent ce météore à une éclipse totale de soleil invisible à Paris ; d'autres à diverses circonstances.

Le samedi 24 août, on annonça à la fin du jour, par le son des cloches et une salve d'artillerie, la fête de Saint-Louis.

Le dimanche 25, à six heures du matin, on annonça encore la fête par le son des cloches et le bruit du canon. A midi, Mgr l'évêque d'Evreux célébra une messe à laquelle assistèrent toutes les autorités, la garde nationale et la garde royale. A deux heures, on fit une singulière course dans le pré du Bel-Ebat. Des hommes s'enfermèrent dans des sacs jusqu'au col, ayant les bras à l'intérieur, et parcoururent ainsi un certain espace, de manière que s'ils venoient à tomber, il falloit les relever, ne pouvant aucunement s'aider. Les prix consistoient en un gobelet d'argent, une montre et des étoffes. Beaucoup de personnes trouvèrent ce divertissement assez étrange et disoient à haute voix qu'il y avoit de plus belles courses du temps de l'empereur. Le soir il y eut un feu de joie dans le pré du Bel-Ebat, des danses, enfin des illuminations incomplètes et peu de drapeaux aux fenêtres. On avoit aussi donné des cartes d'entrée pour un feu d'artifice qui devoit être tiré à dix heures du soir à la préfecture; et on avoit commandé à cette occasion un piquet de chasseurs de la garde nationale, qui partit de la mairie à neuf heures pour se rendre à la préfecture; mais s'étant aperçus en route que l'on avoit déjà commencé à tirer les artifices, le capitaine commanda le pas de charge; mais voyant qu'on leur faisoit en quelque sorte une injure, il commanda à sa compagnie de se retirer chacun chez soi, vu que l'heure avoit été donnée pour dix heures, et qu'on avoit tiré le feu d'artifice à neuf heures vingt minutes, et avec une telle précipitation, que tout seroit fini avant leur arrivée. Le préfet s'excusa sur le temps qui étoit incertain, vu qu'il craignoit la pluie; mais il pourroit bien y avoir eu quelqu'autre motif de mécontentement pour le préfet, parce qu'en revenant d'allumer le feu dans le pré du Bel-Ébat, aux cris de vive le roi, que le préfet, le général et le maire avoient fait entendre en rentrant, la compagnie de chasseurs et les spectateurs n'avoient pas répondu, ou presque pas. Il y eut bal chez le préfet.

Dans la nuit du 30 au 31 août, plusieurs personnes aperçurent une espèce de nuage en forme de croix qui avoit le pied vers le couchant, et la lune, venant à passer derrière, se trouva justement sur cette croix à la place du christ, ce qui fit faire des conjectures à beaucoup de personnes.

Vers ce temps, on commença à déplomber le clocher de la Cathédrale et à en retirer les pièces de bois qui étoient pourries, pour y en remettre de neuves à la place des mauvaises.

Vers ce temps, le ministre des finances envoya aux préfets des circulaires pour faire un nouveau recensement des portes et fenêtres, afin, suivant lui, d'alléger le sort des contribuables, vu qu'il étoit possible que beaucoup de propriétaires, ayant fait de nombreux changements à leurs maisons, eussent supprimé des fenêtres et croisées; mais cela n'étoit pas ainsi, car les commissaires envoyés par la mairie, assistés des commissaires de police, étoient plutôt des inquisiteurs par leur insolence et le peu de justice qu'ils mettoient dans leurs opérations, n'écoutant aucune observation et même comptant des trous fermés d'un carreau dit œil-de-bœuf, pour jeter un peu de lumière dans des endroits, et par ce moyen doublèrent presque cet impôt.

Dans la nuit du 14 au 15 septembre, le temps étant presque froid, il survint un orage qui fit beaucoup de mal dans divers endroits, et notamment à Rouen, où il brûla la grande flèche de la Cathédrale et une grande partie du comble de cette église métropolitaine.

Le lundi 16 septembre, la mairie fit afficher l'adjudication au rabais des abattoirs et fonderies à établir à Argence, pour la somme de 76,000 fr.

L'arrivée du nouvel évêque d'Evreux fit des changements dans sa Cathédrale. M. Leroy, curé, se démit de sa cure par son grand âge et fut nommé grand pénitencier à la place de M. Laprétey, décédé vers le mois d'août 1822, et fut remplacé par M. Féron, desservant de Normanville, quoique jeune homme ayant à peine 28 ans, et professeur de théologie au Séminaire. Mgr l'évêque prit pour son secrétaire M. Delanoë, premier vicaire de la Cathédrale.

Le mardi 16 octobre, on fit le service de la reine comme de coutume.

Le samedi 27 octobre, on installa le nouveau curé de la Cathédrale, M. Féron. Quelques jours avant on avoit installé les nouveaux chanoines.

La ville d'Evreux fit afficher l'adjudication de l'octroi pour trois années, à partir du 1er janvier 1823, et que l'on ne pourroit pas mettre au-dessous de 47,000 fr. Elle fit aussi une seconde affiche pour les abattoirs, montant à la somme de 76,010 fr.; mais dans cette seconde affiche les dix dernières années où l'on devoit payer 5,000 fr. par douzièmes, furent réduites à cinq années.

M. Beuzelin, principal du collége, fut déplacé et envoyé à Limoges dans un collége royal. Il y avoit eu un peu de mécontentement à la dernière distribution des prix; le frère de M. Beuzelin prononça un discours qui parut un peu suspect à Mgr l'évêque, ne le trouvant pas assez chrétien, et même menaça de le dénoncer au recteur de l'Université à Paris; mais sur les remontrances de M. Pinchon, que ce n'étoit pas un sermon, Mgr l'évêque s'appaisa un peu, cependant on a pensé que le déplacement de M. Beuzelin pouvoit bien venir de ce jour là.

Le maire de la ville d'Evreux fit afficher que ceux qui voudroient envoyer leurs enfants aux écoles chrétiennes, eussent à se faire inscrire à la mairie. Cette affiche fut suivie d'une seconde, avec promesse que ceux qui se feroient enregistrer les premiers seroient protégés par lui, et que les premières places seroient pour eux. On fit aussi placer sur la grande porte de cet établissement, une image de la Sainte-Vierge avec des prières analogues à cet établissement.

Le mercredi 30 octobre, on fit dans l'église Cathédrale le service anniversaire de **M.** Bourlier, évêque d'Evreux ; ce fut son successeur qui officia.

Le nouvel évêque d'Evreux assembla tous les chanoines, tant ceux dotés que les honoraires, pour leur annoncer qu'il avoit résolu que les veilles des grandes fêtes, qui avoient été supprimées par le concordat, on chanteroit matines à six heures dans l'été et à cinq dans l'hiver, et que l'on feroit l'office le jour de la fête comme par anticipation, jusqu'à ce que le pape en ordonnât l'obligation.

L'octroi qui avoit été affermé par le passé à 47,000 fr., fut adjugé de nouveau à un sieur Cucuel, pour la somme de 57,000 fr.

Le vendredi 29 novembre, il survint un orage avec grêle et tonnerre qui étonna beaucoup de monde dans cette saison.

Le maire d'Evreux fit afficher que les écoles chrétiennes ouvriroient incessamment et qu'on indiqueroit le jour de leur ouverture.

Le lundi 9 décembre, jour de la conception de la Sainte-Vierge, on afficha dans la Cathédrale une invitation aux âmes pieuses de s'unir d'intention aux prières que l'on feroit pendant neuf jours en forme de neuvaine, pour obtenir de Dieu, par l'entremise de la Sainte-Vierge, que les décisions prises au congrès de Vérone, fussent conformes à sa sainte volonté.

Le maire de la ville d'Evreux fit afficher que les frères des écoles chrétiennes étoient installés du 12 décembre, et que le 17 il y auroit une messe à la Cathédrale, à onze heures, et qu'il invitoit les habitants à envoyer leurs enfants une heure à l'avance, afin qu'ils se trouvassent à la messe, et ensuite conduits à l'ouverture des classes.

Le mardi 17 décembre, à onze heures du matin, on annonça par le son de toutes les cloches de la Cathédrale la messe du Saint-Esprit pour l'ouverture des écoles chrétiennes. Elle fut célébrée par Mgr l'évêque. M. le préfet, le maire et autres autorités y assistèrent ainsi qu'un détachement de la garde nationale. Après la messe, on annonça encore par le son des cloches le départ de la procession, de Mgr l'évêque et des autorités, et jusqu'à la maison des écoles ; il y eut des discours prononcés par diverses personnes.

On fit afficher le procès-verbal de l'installation des frères des écoles chrétiennes, avec les discours prononcés par Mgr l'évêque, le préfet et le maire de la ville d'Evreux. Lors de l'installation, on avoit placé trois fauteuils pour le maire et les deux adjoints; mais, comme M. Delangle, un des adjoints, étoit mort depuis le 8 décembre, on plaça un voile noir sur son fauteuil.

Le mercredi 25 décembre, jour de Noël, le nouvel évêque d'Evreux dit pendant la messe de minuit ses trois messes, et le jour de Noël il prêcha, ce qui attira beaucoup de monde ; mais la faiblesse de sa voix fit que l'on entendit peu ce qu'il disoit. Il y avoit longtemps que l'on n'avoit entendu prêcher les évêques d'Evreux, et même de mémoire d'homme, si ce n'est Lindet, évêque constitutionnel, et Lami, son successeur, qui fut nommé à Louviers, dans une hôtellerie.

Le préfet ou les dames de charité distribuèrent aux pauvres, la surveille de Noël, deux bourrées par pauvre, quoique les cartes qu'on leur avoit délivrées pour les prendre chez un marchand de bois, portassent des fagots.

La récolte de cette année fut assez abondante, quoique l'hiver eût été assez doux, sans gelée.

1823.

Le mercredi 1er janvier, le pain fut mis à 21 sous.

Ce même jour, les chanoines commencèrent à dire messe et vêpres tous les jours ordinaires.

Le dimanche 5 janvier, le pain fut mis à 20 sous.

On fit l'office de la veille de l'Epiphanie.

Le lundi 6, les chanoines firent l'office de l'Epiphanie dans l'église Cathédrale.

Les frères des écoles chrétiennes ouvrirent leurs classes ce même jour pour la première fois.

Le dimanche 12, on fit dans toutes les églises l'office de l'Epiphanie, de même que dans la Cathédrale.

Les chanoines de l'église Cathédrale firent fermer le derrière de leurs stalles par des volets, à cause de la rigueur de l'hiver, et ils supprimèrent la musique.

Le 13 et le 14, les jeunes gens de la classe de 1822 tirèrent au sort par numéro pour le recrutement de l'armée, pour remplacer ceux qui revenoient vers la fin de l'année avec leurs congés, ou pour mieux dire qui devoient être ramenés dans le chef-lieu de leur département par des sous-officiers ou sergents qui leur délivroient leurs congés.

Dans la soirée du 14, et la nuit suivante, il tomba une grande quantité de neige, ce qui occasionna des inquiétudes à beaucoup de personnes par les inondations. Les rues étant encombrées de très-gros et nombreux monceaux de neige, le maire les fit enlever par des tombereaux à bascule, par l'atelier de charité, et jeter à la rivière, qui étoit très-basse et la majeure partie des puits sans eau, ce que, de mémoire d'homme, on n'avoit jamais vu, et qui faisoit craindre dans la ville quelques incendies.

A la fin de janvier, le dégel venant à faire fondre les neiges, la mairie d'Evreux fit lever les vannes des moulins, et y fit mettre des cadenas pour que la rivière se pût vider afin d'éviter les inondations ; quoique tout l'hiver la rivière fût restée très-basse, de même que les puits qui étoient presque partout à sec, cela donna espoir que la fonte des neiges ne causeroit pas de grands dommages.

Le dimanche toute la journée et la nuit suivante, la rivière s'emplit, et le lundi matin elle commença à monter, de sorte que l'après-midi elle étoit très-forte et commença à couler par les ruisseaux de la rue Saint-Taurin. Alors les jardiniers qui avoient depuis quelques années fait construire des maisons et formé des jardins vers les Quatre-Chemins, se mirent à travailler au-dessus du Moulin-Vieux pour renforcer une espèce de digue contre la rivière. Ils y travaillèrent tout le jour du lundi et la nuit suivante, jusqu'au mardi 28 à quatre heures de l'après-midi, que quelques-uns d'entre eux soupçonnant quelque danger, se retirèrent pour se rendre chez eux, et quelques-uns retirèrent une partie de leurs meubles ; mais sur les cinq heures à cinq heures et demie, la digue se rompit avec tant de violence, que des personnes qui s'aperçurent de ce désastre dirent que c'étoit comme une cavalerie qui défiloit au grand galop dans la plaine, par la force des flots que l'eau faisoit sauter en l'air, ce qui fit que dans quelques instants l'eau monta jusqu'à ces maisons et jardins, et jusqu'aux pommiers qui sont sous les murs de ces jardins. Dans la plaine, l'eau monta jusqu'à la naissance des branches, ce qui fit juger à quelques personnes qu'il devoit y avoir cinq à six et sept pieds d'eau dans les endroits un peu bas ; elle renversa la plus grande partie des murs et fit sortir de leurs maisons ceux qui y étoient, et on emmena leur bétail chez des voisins qui étoient hors du danger.

L'eau ne monta pas si haut dans la rue de l'Evêché et de Saint-Taurin, ni dans celle aux Fèvres, à cause du chemin montant du pont du Bois-Jollet aux Quatre-Chemins qui étoit plus haut qu'en 1784; elle ne se répandit pas dans les jardins de Panette et ne sortoit pas par les allées des maisons comme en 1784. Mais si la digue du Moulin-Vieux ne se fût pas rompue, elle commençoit à forcer dans la rue de Saint-Taurin, et descendoit dans la grande porte du marché Saint-Taurin avec une violence extraordinaire. Toute la rue aux Bouchers fut ravagée, l'eau étant plus haute dans ce quartier qu'en 1784; la moitié des murs fut renversée et l'eau monta jusque dans le bas des armoires qui étoient dans une maison. L'eau, de l'autre côté du pont de la Bove remonta dans la rue Neuve-Saint-Sauveur, passa par-dessus le pont aux Anes, à une grande hauteur et en déposa une partie. Elle pénétra par les derrières des maisons de la rue Saint-Léger et se répandit sur une grande partie de la place Royale, et ravagea aussi les murs des jardins de ce quartier jusqu'auprès de la côte du Rabais.

Il seroit possible que la grosse forge de la Bonneville, par ses étangs, car elle n'a pas toujours existé, comme aussi les grands bassins de Navarre qui n'existent que depuis que ce château fut bâti par un comte d'Evreux, de la maison de Bouillon, vers la fin de 1600 ou au commencement de 1700 par Godefroy Maurice, onzième comte d'Evreux, mort le 25 juillet 1721, aient occasionné ces malheurs, parce que dans les maisons basses qui étoient auparavant, l'eau ne montoit pas avant leur construction.

M. le maire de la ville d'Evreux, prit un arrêté pour qu'il fut ouvert un registre à la marie, pour ouvrir une souscription volontaire en faveur des personnes ravagées par les eaux, et le fit afficher.

Dans le même temps, on fit mettre les fous de l'hospice d'Evreux dans leurs nouvelles loges construites dans le dépôt de mendicité, quoique l'hospice ne fût pas encore en état d'y aller de sitôt, à cause des travaux à faire pour cet établissement.

Le vendredi 7 février, le préfet de l'Eure fit afficher une invitation de la part du ministère de la guerre aux anciens soldats et sous-officiers, sergents et caporaux, qui voudroient prendre du service. Ils seront maintenus dans leur grade en attendant une loi sur les vétérans.

Le dimanche 16 février, le pain fut mis à 21 sous.

Le vendredi 22, le préfet fit mettre dans ses *Ephémérides*, un ordre aux maires, d'envoyer le nombre des jeunes gens des années 1817, 18, 19, 20, 21, et même 22, qui avoient été réformés dans les visites, sans désignation de mariés ou non-mariés, ce qui causa beaucoup d'inquiétude dans les familles, surtout à cause de la guerre que la France vouloit faire à l'Espagne. Tout le monde désapprouvoit cette démarche, disant que c'étoit un motif pour la noblesse, de ramener l'étranger en France, pour les rétablir dans leurs anciens droits et priviléges.

Le dimanche 24, le pain fut mis à 22 sous.

Le maire de la ville d'Evreux fit afficher de nouveau pour les abatoirs et fonderies, que les entrepreneurs jouiroient de 30 ans de franchise, sans payer aucune chose à la mairie qu'un cautionnement de 10,000 fr., et que la mairie pensoit qu'ils toucheroient bien 10,000 fr. par an; le prix du travail étoit estimé à 76,000 fr.

Dans les derniers jours de février, le préfet fit afficher de nouveau un ordre du ministre de la guerre, pour rayer de la liste des jeunes gens demandés pour être employés comme ouvriers infirmiers ou conducteurs de mulets à bât, ceux qui étoient mariés ou veufs avec enfants, ou soutiens de leur mère et ayant des enfants.

Le dimanche 2 mars, le pain fut mis à 23 sous.

Dans le commencement de mars, on fit partir pour différents corps les conscrits de 1822.

Vers ce même temps, la mairie d'Evreux envoya son concierge par toutes les maisons des habitants d'Evreux avec une bourse, pour recevoir ce que chacun voudroit donner pour les ravages de l'inondation; auparavant, la souscription ne s'étoit pas montée assez haut.

La mairie avoit envoyé dans tous les biens ravagés des commissaires, un charpentier, un maçon et un jardinier, pour constater les pertes. Il y eut des personnes qui trouvèrent mal que la mairie envoyât ainsi son concierge, tandis que ce devoit être quelqu'un du conseil municipal.

Le mercredi 26 mars, on fit l'adjudication des abattoirs et fonderies. Ceux qui les prirent furent M. Lemesle, banquier à Evreux, et M. Chérami, ci-devant commissaire-priseur, et maintenant agent d'affaires; ils eurent deux ans pour les construire.

Le dimanche 30 mars, jour de Pâques, Mgr l'évêque d'Evreux assista à la procession, dite procession de quatre heures quoique depuis son rétablissement on ne la fit qu'à cinq heures ; il y avoit longtemps que l'on n'avoit vu d'évêque assister à cette procession. Le reste du jour il officia pontificalement.

Vers ce même temps, la mairie d'Evreux distribua des indemnités à quelques individus pour les dommages causés par l'inondation ; mais il y en eut beaucoup qui ne reçurent rien.

Des personnes que l'on nomme dans le monde dévotes, se communiquèrent entre elles des espèces de billets pour faire une quarantaine et une communion, afin d'attirer les bénédictions du ciel sur les armes de France en Espagne.

Vers la fin d'avril, la mairie commença à tourmenter les particuliers qui avoient des biens aux deux bouts du Jardin-l'Evêque, afin, disoit-on, de continuer la promenade. On acheta par main tierce les maisons de la veuve Guerêche et de M. Amiot, épicier dans la rue Ferrée, pour la sortie du boulevard Chambaudouin. Ces acquisitions coûtèrent pour la veuve Guerêche, 4,000 fr. et pour M. Amiot, 24,000 fr.

Le dimanche 4 may, le pain, de 24 sous où il étoit, fut mis à 26 sous.

Le dimanche 11 may, le pain fut mis à 29 sous.

Le dimanche 18 may, jour de la Pentecôte, le pain fut mis à 27 sous.

Le jeudi 22, on proclama et on afficha la conscription de 1823, et on donna aux jeunes gens jusqu'au 31 du même mois pour se faire inscrire.

Le jeudi 29 may, on fit dans la Cathédrale et dans toutes les églises du diocèse, l'office en grand, comme fête de dévotion, de la Fête-Dieu, mais la procession se fit le dimanche 1er juin. Comme c'étoit fête de dévotion, les boutiques furent ouvertes et chacun travailla suivant son idée.

Le vendredi 30 may, on proclama l'entrée de M. le duc

d'Angoulême dans Madrid, à la tête de l'armée françoise, quoique beaucoup de monde n'ajoutât pas foi à cette nouvelle.

Le dimanche 1er juin, on fit la procession de la Fête-Dieu, mais l'office ne fut sonné que comme simple dimanche. Seulement à la procession on sonna la grosse cloche. La grande messe fut célébrée comme le jour de la fête, et vêpres et complies comme le dimanche dans l'octave, avec sermon entre ces deux offices.

Le même jour, le pain fut mis à 26 sous.

Ce fut aussi vers ces jours là que la mairie fit l'adjudication au rabais, pour la somme de 3,200 fr., de la construction d'un pont à l'extrémité de la rue au Sel, donnant sur les Fossés-Saint-Pierre, lequel devoit être construit pour le 15 septembre suivant.

Vers ce même temps, on envoya des lettres aux militaires congédiés de 1822, pour se rendre à Evreux, afin d'y être organisés en vétérans.

Le jeudi 5 juin, le conducteur des congédiés qui devoit en avoir 180 à conduire, n'en eut qu'un très-petit nombre. On leur disoit que c'étoit pour aller à Lille en Flandre pour être instructeurs; mais ces promesses n'éblouirent pas ces militaires qui étoient très-mécontents de ce qu'on les rappeloit.

Depuis quelques jours, il arrivoit des hommes de toutes sortes de régiments pour entrer dans le train; il y en avoit qui venoient de Valence en Dauphiné, et tous mal vêtus comme des prisonniers de guerre.

Comme les habitants et autres de la rue aux Fèvres, aux Maignants et Joséphine avoient fait un superbe reposoir en face de la Vierge du carrefour Saint-Thomas, ils laissèrent toute la charpente pour le dimanche suivant, afin que la procession de Saint-Taurin y vint reposer dans l'après-midi; mais, comme il étoit encore plus beau ce jour là, ils obtinrent de Mgr l'évêque que la procession retourneroit à gauche dans la Grande-Rue, et suivroit celle aux Fèvres jusqu'au reposoir, ce qui eut lieu le dimanche 8 juin. Beaucoup de personnes trouvèrent qu'il n'y avoit pas de plus beaux reposoirs à Paris.

Le dimanche 8 juin, le pain fut mis à 24 sous.

Il arrive tous les jours des hommes pour entrer dans les conducteurs du train ; ils sont très-mal vêtus, presque tous en capotes usées, et venant de tous les points de la France ; on présume que ce sont des jeunes gens qui étoient condamnés dans les bataillons de discipline, et détenus pour des fautes légères, que l'on mettoit dans ce corps.

Le chœur de l'église de Saint-Taurin fut pavé en marbre, et on fit blanchir les murailles du chœur.

Depuis quelque temps, il passoit à Evreux des individus vêtus les uns en bourgeois, et même avec des décorations étrangères, et d'autres en militaires prussiens, et que l'on disoit être des déserteurs prussiens, provenant d'un licenciement de 30,000 hommes que le roi de Prusse avoit fait. Ceci donna des craintes et des alarmes à beaucoup de personnes, et cela, d'après le discours d'un député qui dit à la tribune de la chambre qu'il y avoit une armée de 30,000 hommes prussiens qui devoit entrer en France pour faire proclamer une nouvelle charte plus favorable à la noblesse que celle donnée par Louis XVIII, et que quelques voix du côté droit voulurent éluder ; mais le résultat vérifié par des journaux, on reconnut que cette politique pourroit devenir funeste à la France et amener du désordre, vu que les soldats étrangers sont mal vus du public en France.

Le samedi 5 juillet, le département fit l'adjudication, moyennant 117,500 francs, des travaux pour l'agrandissement du petit séminaire, dans lequel logeoit l'évêque, pour y placer la préfecture.

Le jeudi 17 juillet, la mairie fit faire l'adjudication d'une voûte au Pont-Rouge, à la place d'un plancher en bois qui y étoit avant.

Depuis quelques temps, il étoit question d'élargir l'entrée

de la côte de Paris. Il vint des commissaires de Paris qui prirent de nouveaux alignements, ce qui causa beaucoup de chagrin aux propriétaires des maisons qui se trouvoient sur le bord de la route, de manière que le samedi 19 juillet on envoya des lettres à ceux dont les maisons étoient comprises dans cet alignement, pour nommer des commissaires experts le 24 du même mois, et estimer leurs maisons et biens.

Le samedi 26 juillet, on fit une nouvelle adjudication pour la reconstruction d'un bâtiment des Jacobins que l'on avoit voulu conserver, mais qui fut jugé trop mauvais ; l'adjudication fut faite moyennant 55,000 francs.

Le jeudi 31, le maire de la ville d'Evreux posa la clef de voûte du pont de la rue au Sel, proche le Marché-Neuf.

Le dimanche 10 août, le pain fut mis à 23 sous.

Mgr l'évêque d'Evreux écrivit à un certain nombre de prêtres du diocèse, pour qu'ils eussent à venir au séminaire, pour y entrer en retraite le mardi 19 août, après que les écoliers seroient partis en vacances.

Le vendredi 15 août, la fête de l'Assomption se fit comme de coutume. Ce même jour, la confrérie de Notre-Dame-de-Liesse étrenna une nouvelle bannière.

Le mardi 19, les prêtres, venus à Evreux pour la retraite, entrèrent au séminaire au nombre d'à peu près 80, et Mgr l'évêque y entra également et y coucha aussi sans sortir comme les autres. Le supérieur des missionnaires, M. Morel, chanoine et grand-vicaire de Bordeaux, prêcha cette retraite, à laquelle les diacres et sous-diacres ne purent assister.

Le lundi 25, on fit la fête de Saint-Louis comme de coutume ; il y eut mât de cocagne, illuminations, feu de joie, et danses le soir. On avoit construit une espèce d'estrade pour y placer des musiciens ; mais, des enfants étant montés dessus, elle s'écroula et en blessa plusieurs.

Le mardi 26 août, à 7 heures du matin, tous les retraitants

qui étoient au séminaire se rendirent à la Cathédrale au son de toutes les cloches, et il y eut grande messe solennelle par Mgr l'évêque, sermon par M. Morel, et après la préface, serment individuel de tous les prêtres, et communion générale par les mains de Mgr l'évêque, et ensuite *Te Deum*. Puis tous les prêtres se rendirent au séminaire, et se retirèrent chacun chez soi.

Le dimanche 7 septembre, on publia au prône de la messe de la Cathédrale un mandement pour faire des prières pour la nomination d'un nouveau pape, et un service pour le repos de l'âme de Pie VII, dernier pontife.

Le même jour, après vêpres, on chanta le *Veni, Creator*, avec un psaume, et ensuite on donna la bénédiction du Saint-Ciboire. On dit aussi plusieurs oraisons, et aux messes de même.

Le mercredi 10 septembre, on fit un service solennel dans la Cathédrale pour le repos de l'âme de Pie VII; il fut fait avec la plus grande simplicité possible et économique.

Le dimanche 14, le pain fut mis à 22 sous.

La récolte de cette année fut beaucoup meilleure que ne s'attendoient les laboureurs pendant tout le printemps et l'été; il falloit 72 et même 80 gerbes pour faire un sac de bled en 1822, tandis qu'en cette année il n'en fallut pas plus de 36 pour la somme.

Le dimanche 21, le pain fut mis à 21 sous.

Au commencement de ce mois, les plombiers commencèrent à couvrir le clocher de la Cathédrale.

Le dimanche 28 septembre, on publia dans les églises un mandement de Mgr l'évêque, pour inviter les fidèles à donner, suivant leur volonté, pour l'établissement d'un petit séminaire.

Le samedi 4 octobre, on proclama une ordonnance du roi pour la levée des jeunes gens de la classe de 1823.

Le lundi 6 octobre, on proclama que les jeunes gens d'Evreux, nord et sud, tireroient les 27 et 28 du même mois, et qu'il en seroit pris 749 dans tout le département de l'Eure.

Ce même jour, il courut une nouvelle que les François étoient entrés dans Cadix, et cela par annonce télégraphique, mais elle ne se soutint pas et tomba de suite. Des personnes remarquèrent que c'étoit à cause de la publication de la loi de recrutement et de l'ordonnance du roi pour la levée qui étoit le 17 septembre, jour de la prise du fort Saint-Petri, en Espagne.

Le jeudi 9 octobre, on proclama une nouvelle télégraphique annonçant la liberté du roi d'Espagne; on tira 21 coups de canon, et, quoique l'affiche n'invitât pas à illuminer, le maire fit ajouter dans la proclamation verbale, au coin des rues, que les habitants étoient invités à illuminer leurs maisons. Il y eut bal à la préfecture jusqu'à onze heures du soir, illuminations à toutes les autorités; mais aux maisons particulières, les lampions étoient çà et là ; le monde ne montroit pas grand enthousiasme à cela.

Vers ce temps, la mairie fit un peu redresser la rivière sur les Fossés-Saint-Thomas, à la largeur du nouveau pont du Marché-Neuf; elle vendit à cet effet des peupliers qui étoient sur le bord de cette rivière.

Le dimanche 12 octobre, on chanta dans la Cathédrale, après la messe de midi, dite par Mgr l'évêque, un *Te Deum* en actions de grâce pour la liberté du roi d'Espagne. Deux compagnies de la garde nationale, la musique et les soldats du train casernés à Saint-Sauveur et toutes les autorités assistèrent à cette cérémonie. Pendant le *Te Deum*, qui fut chanté par Mgr l'évêque, au son de toutes les cloches, on tira plusieurs salves d'artillerie.

Le jeudi 15, on fit le service funèbre de la reine de France, comme de coutume ; les élèves de l'école centrale et les enfants des écoles chrétiennes y assistèrent.

Le dimanche 19, on lut au prône des messes paroissiales

un mandement de Mgr l'évêque d'Evreux pour faire chanter un *Te Deum* après vêpres, pour la liberté du roi d'Espagne, et le même jour, après vêpres, Mgr l'évêque l'entonna dans la Cathédrale, comme église paroissiale. C'est la première fois qu'il y eut deux *Te Deum* chantés dans la Cathédrale pour le même objet.

Le dimanche 26, on mit le pain à 20 sous.

Le même jour, on publia un mandement de Mgr l'évêque d'Evreux pour chanter un *Te Deum* pour la nomination du nouveau pape Léon XII, et après les vêpres, il fut chanté sans sonnerie de cloches.

On fit aussi paver cet automne, le bas de la côte de la Madeleine, à prendre depuis la Vieille-Madeleine jusqu'au collége ou école centrale.

Le samedi premier novembre, jour de la Toussaint, Mgr l'évêque d'Evreux alla installer des missionnaires à Bernay.

L'hospice d'Evreux mit, vers la mi-novembre, en vente, en huit lots, des maisons et jardins situés dans divers quartiers de la ville, pour subvenir aux dépenses de la construction de ce nouvel établissement.

Le samedi 20 décembre, l'intendant militaire fit vendre, sur le Marché-Neuf, un certain nombre de chevaux réformés du service des charrois ; il y en eut de vendus 20 francs et un peu au-dessus ; le commissaire chargé de cette vente faisoit remarquer la perte considérable qu'on faisoit sur ces chevaux, qui avoient coûté jusqu'à 400 francs et plus. On en fit aussi tuer un assez bon nombre qui étoient malades de divers maux incurables.

Le dimanche 28 décembre, on afficha et on proclama une espèce de programme de fête qui devoit avoir lieu le lendemain 29 pour la réception d'un bataillon de la garde royale qui devoit passer à Evreux en se rendant à Rouen ; le soir il y eut musique à la retraite. On fit à cet effet placer des tables et des bancs dans la halle pour y réunir les soldats à un banquet que la ville donnoit à ce bataillon, et un repas fut préparé à l'hôtel du Grand-Cerf pour les officiers.

Le lundi 29 décembre, sur les trois heures de relevée, la garde nationale partit avec la musique chercher le maire pour se transporter au bas de la côte de la Madeleine où on avoit élevé un arc-de-triomphe pour y recevoir le bataillon de la garde royale; on avoit aussi placé deux pièces de canon aux environs, et aussitôt qu'on vit arriver ce bataillon, on fit plusieurs décharges d'artillerie et le son des cloches annonça l'arrivée des pacificateurs de l'Espagne ; c'étoit le nom qu'on leur donnoit. Alors le maire s'avança et fit un discours au commandant, en lui présentant un laurier, puis tout le cortége et les autorités se mirent en marche et se rendirent sur la place de la Cathédrale, et se séparèrent, les militaires allant chacun à leur logement. On invita dans la garde nationale quatre hommes par compagnie pour faire partie du banquet à la halle; mais presque tous s'excusèrent sur leurs affaires particulières ; alors on tira au sort, excepté les grenadiers, qui choisirent les plus anciens de leur compagnie.

Les militaires entrèrent dans la halle par détachements et se placèrent aux tables dressées tout autour des murailles et des piliers du milieu ; on avoit eu le soin de faire boucher toutes les ouvertures des portes, et on y avoit placé des toiles pour qu'il y eut moins d'air, vu que depuis quelque temps il pleuvoit tous les jours avec des bourrasques de vent très-fort. On leur servit une soupe à la Rumfort et du mouton rôti, mais froid, du jambon et chacun une bouteille de vin ; pendant le repas, le maire et des dames de la ville de première distinction, firent deux ou trois fois le tour des tables, et burent à la santé des braves pacificateurs de l'Espagne. Le dîner ne fut pas très-long et se termina très-tranquillement, sans qu'on entendit dans la rue aucun cri de vive le roi. Il y eut des illuminations le soir à la fin du jour, et beaucoup de coups de canon ; mais le grand vent et la pluie empêchèrent le monde de circuler dans les rues et de crier vive le roi comme firent des enfants sur la place de la Cathédrale, lorsque la troupe y arriva ; il y eut un assez grand nombre de femmes qui furent au-devant sur la route de la Madeleine. Le soir un vent très-fort éteignit toutes les illuminations, et il avoit tonné toute la journée, ce qui fit dire à quelques plaisants que le ciel prenoit part à la fête, car il mêloit son canon à ceux de la ville d'Evreux ; d'autres dirent que sur l'arc-de-triomphe on avoit mis la ville d'Evreux à l'armée, parce que la ville d'Evreux étoit alarmée, enfin d'autres dirent que les dames qui avoient trinqué avec les militaires, étoient les dames de la halle. On remarqua aussi qu'aucun garde national ne répondit au commandant de la garde nationale, lorsque celui-ci cria vive le roi.

Le mardi 31 décembre, on taxa la viande à Evreux pour la première fois ; elle fut mise à 8 sous 6 deniers la livre, première qualité, et 7 sous 6 deniers la livre, deuxième qualité.

Il y eut aussi cette année grande division dans le barreau d'Evreux, à cause du grand bâtonnier qu'il y avoit à nommer.

On vit encore cette année augmenter le jardinage à Evreux, par la création de nouveaux jardins dans des terrains à Argence, provenant de la succession de M. Fouché, décédé ; ce qui avec les nouveaux jardins formés il y a quelques années aux Quatre-Chemins, au bas de la forêt et le long du chemin qui conduit à Navarre, et dont les grandes eaux de cette année ravagèrent les murs, contribua à augmenter cette culture à Evreux.

1824.

Le dimanche 4 janvier, le pain fut mis à 19 sous.

Ce même jour les frères des écoles chrétiennes séparèrent les écoliers dont une partie alla aux offices de Saint-Taurin.

On afficha aussi les élections de 1824 sans proclamation. M. Chastellux de Rauzan, directeur des affaires politiques chez le ministre de l'extérieur, fut nommé pour présider le grand collége ; M. La Pasture pour le collége d'arrondissement d'Evreux ; M. Lizot pour Bernay ; M. Vatimesnil pour les

Andelys ; M. Crétien de Fumeçon, conseiller à la cour royale de Rouen, pour Pont-Audemer, et M. Le Pesant de Bois-Guillebert, le père, membre du conseil d'arrondissement de Louviers, pour vice-président de la section de Louviers votant avec l'arrondissement de Pont-Andemer.

Le mardi 6 janvier, on fit la fête de l'Epiphanie ou des rois dans presque toutes les églises, par ordre de Mgr l'évêque d'Evreux.

Le dimanche 11, on fit encore la fête des rois dans toutes les églises comme de coutume.

Vers ce temps, le conseil municipal d'Evreux, prit un arrêté concernant l'école mutuelle que le maire se proposoit de supprimer.

Le jeudi 15 janvier, on vendit les biens de l'hospice indiqués par les affiches, mais en sept lots seulement, parce que la maison de la Grande-Rue formant deux boutiques, fut réunie en un seul ; on y joignit aussi un petit terrain de l'ancien hôpital qui attenoit sur la place du Marché-Neuf, et le tout fut vendu 16,080 fr. Une autre maison rue Joséphine, fut vendue 9,000 fr. ; le cimetière Dieu, 7,000 fr. ; et une maison au bout de la rue Saint-Léger, sur la route de Rouen, 3,040 fr.

Le vendredi 16, on afficha la première liste des électeurs, mais on se servit d'une ancienne, car plusieurs électeurs qui s'y trouvoient portés étoient morts.

Le mercredi 21, on fit le service de Louis XVI comme de coutume. Tous les enfants de l'école chrétienne y furent conduits par les frères. On remarqua qu'il y avoit peu de monde et presque point de noblesse ; Mgr l'évêque n'officia pas, étant à Paris.

Dans le nombre des militaires qui avoient obtenu des congés au commencement de janvier et qui s'en retournoient chez eux, on remarquoit beaucoup de bas officiers, tels que sergents-majors, sergents-fourriers, caporaux et autres anciens serviteurs.

Les listes électorales aussitôt affichées étoient déchirées la nuit par quelques partisans des ministres ou des espions dont on connaissoit un assez grand nombre, même dans les campagnes.

Le préfet fit une circulaire qu'il envoya aux fonctionnaires publics, afin qu'ils votassent dans le sens des ministres.

Le procureur du roi en fit aussi une qu'il envoya à ceux qui étoient de sa dépendance, pour nommer des candidats dans le sens des ministres et même leur ordonner d'influencer. On en envoya aussi à ceux qui ne pouvoient pas nommer, afin qu'ils fissent leurs efforts pour persuader aux électeurs de nommer dans les vues du ministère et même il leur commanda de se rendre chez lui afin de lui faire un rapport de ce qu'ils auroient pu faire pour influencer les citoyens. Le journal *Le Constitutionnel* réfuta cette circulaire.

La taxation de la viande fut cause d'un procès en police contre Lefort, boucher à Evreux. M. Girardin, ancien lieutenant-général civil, envoya son domestique chez divers bouchers qui lui refusèrent de la viande au prix de la taxe, alors il renvoya chez Lefort qui ne voulut pas lui en donner au prix qu'il la vendoit, parce qu'il la vouloit toute de première qualité. Le domestique ayant rapporté cela à son maître celui-ci alla aussitôt dénoncer Lefort au commissaire de police qui le traduisit devant le juge de paix; mais, après deux audiences, Lefort fut renvoyé et déchargé de la plainte portée contre lui, sans dépens.

Il y eut à la fin de janvier et au commencement de février des destitutions à cause des élections. La première, à Evreux, fut un commis du receveur-général. On attribua cette destitution au receveur-général comme l'ayant surpris par de belles paroles, disant qu'il étoit embarrassé pour nommer, et que celui-ci répondit franchement qu'il donneroit sa voix pour M. Dumeilet, à quoi le receveur lui dit qu'il risquoit de perdre sa place. Ce commis lui répondit que cela lui étoit égal, mais qu'il ne vouloit pas trahir sa conscience. En effet, quelques jours après il fut cassé de son emploi; il y avoit 30 ans qu'il travailloit dans divers bureaux.

Le samedi 7 février, à l'arrivée de la malle-poste de Paris, M. Clément, directeur de la poste aux lettres, reçut aussi sa destitution qu'on attribua également aux élections.

Le mardi 10 février, le préfet donna un grand bal auquel il invita tous les grands sans distinction ; mais il ne s'y trouva que les ultra ; les constitutionnels n'y allèrent pas.

Le mercredi 25 février, on annonça, par le son de la grosse cloche de la Cathédrale, à sept heures et demie du matin, la messe du Saint-Esprit et l'ouverture du collège pour la nomination d'un député. Mgr l'évêque dit la messe, après laquelle les électeurs se transportèrent à la cour d'assises pour l'ouverture du collège présidé par M. La Pasture : les secrétaire et scrutateurs furent MM. Hébert, procureur du roi à Evreux ; Gazan, conseiller de préfecture, et La Craye, commandant de la garde nationale d'Evreux.

On plaça à la porte du collège une sentinelle des grenadiers de la garde nationale et une de la garde royale ; les gendarmes à pied s'y trouvoient également, et ceux à cheval avoient leurs chevaux tout bridés et harnachés. Alors on procéda à la formation d'un nouveau bureau ; plusieurs électeurs constitutionnels furent mis sur les rangs, mais le bureau provisoire fut maintenu, et on aperçut assez d'intrigue ; car, depuis quelque temps, le préfet voyageoit de tous côtés pour avoir des électeurs dans le parti ministériel ; il avoit, dit-on, été reconnu voyageant avec un passeport de commis-voyageur ou marchand, pour pouvoir reconnoître l'esprit des électeurs du département ; on vit même le domestique du maire de la ville d'Evreux aller aussi intriguer.

Il est bon de remarquer que le président déclara à haute voix, à l'ouverture de la séance, que ceux qui voudroient voter à bulletin ouvert avoient la liberté de le faire ; sur quoi M. Ozanne, ancien recteur de l'école centrale de l'Eure, lui fit remarquer que c'étoit contre la loi ; mais, après de longs développements, ne se trouvant pas soutenu par les électeurs, la proposition du président resta comme il avoit dit.

Ce même jour, on doubla la garde à la fin du jour.

Le jeudi 26, on procéda à la nomination du député.

Ce fut à cette séance que le président du collége fut élu député, ayant pour concurrent M. Dumeilet. La liste définitive des électeurs étoit de 442 et le nombre des votants de 336, parce que beaucoup s'étoient retirés en voyant la fraude qui avoit été faite lors de la nomination des membres du bureau, et d'autres n'ayant pas reçu les papiers et cartes d'électeurs à temps, par malice du préfet.

Le préfet envoya des gendarmes avec un cabriolet, dans différentes communes, pour amener des personnes connues pour faire ce qu'il voudroit, et même on amena un maire de campagne, âgé de 27 ans, pour voter. A mesure que les bulletins sortoient de l'urne, on les déchiroit, ce qui étoit contraire à l'usage de les garder jusqu'à la fin de l'élection, en cas qu'on fut obligé d'y avoir recours s'il y avoit quelque contestation sur la validité de l'élection.

Ainsi fut nommé M. La Pasture.

On rapporte un fait qui eut lieu à l'occasion de M. Ozanne, électeur, dont j'ai parlé plus haut, qui avoit été prêtre et qui avoit abdiqué la prêtrise au temps de la Terreur. Lorsqu'il soutint, à l'ouverture de la séance, que l'on ne devoit pas voter à bulletin ouvert, une voix lui dit qu'il feroit mieux d'aller dire sa messe ; alors M. Ozanne lui répartit : « Volontiers, si vous savez me la répondre, » et ne lui répondit plus rien.

Le préfet donna le soir chez lui une espèce de bal, en signe de la joie que lui causoit le résultat de ses intrigues, et même quelques autres personnes dansèrent chez elles, sans que cela fit beaucoup de sensation dans le public.

Vers ce temps, on apprit, par les journaux, la mort de Eugène de Beauharnais, décédé à Munich, en Bavière, le 21 février, ce qui pourra apporter quelques changements au domaine de Navarre, où tout tombe en ruines et où les intendants ravagent les bois des plaisirs et démolissent des objets, pour en vendre les matériaux assez souvent dit-on, à leur profit.

On fit revenir au Séminaire des étudiants qui s'étoient retirés chez leurs parents, vers la fin de 1823, pour se guérir d'une dissenterie que l'on attribua au cidre nouveau qu'on leur donna à boire, parce que le vieux cidre avoit manqué; d'autres attribuèrent cette maladie à d'autres circonstances.

Le dimanche 29, le pain, qui étoit depuis quelque temps à 19 sous, fut mis à 20 sous.

Le même jour, on publia au prône de la grande messe un mandement de Mgr l'évêque d'Évreux, qu'il avoit fait à Paris pendant le temps qu'il y étoit, et dans lequel il remercioit les personnes qui avoient donné pour le Séminaire, les priant de renouveler leurs dons ; car, comme le saint temps de Carême est un temps de pénitence, on ne peut mieux racheter ses péchés que par des jeûnes et des aumônes, etc.

Les collèges d'arrondissement nommèrent chacun leur président. Celui d'Évreux nomma M. La Pasture ; celui de Bernay M. Lizot; celui de Pont-Audemer M. Crétien de Fumeçon, et celui des Andelys M. Vatimesnil.

Le samedi 6 mars, on ouvrit le grand collège de département pour l'élection de trois députés. Mgr l'évêque d'Évreux célébra à sept heures et demie la messe du Saint-Esprit, et ensuite les électeurs se rendirent à la cour d'assises, et la séance fut ouverte sous la présidence de M. le duc de Rauzan. Le bureau fut maintenu, et MM. Gazan, ex-député, Roncherolles, aussi ex-député, et Blangi, furent tous trois proclamés députés. Beaucoup d'électeurs constitutionnels ne s'y rendirent pas, et même il y en eut qui, étant en route pour venir, ayant appris les intrigues, retournèrent sur leurs pas, de manière que le collège, qui étoit de 494 électeurs portés sur la liste, se trouva réduit à 254 votants. Cette élection ne fut terminée que le lendemain dimanche, sans que l'on se fut aperçu s'il y avoit eu des élections ou non.

On s'aperçut bien que l'affaire étoit faite d'avance, puisque plus de huit jours avant l'élection le préfet avoit fait disposer un grand bal, qui eut lieu le lundi 8, en signe de joie d'avoir réussi dans ses manœuvres. Le nombre des voix qui élurent les députés se trouva de 250. MM. Bignon et Dupont n'eurent que chacun deux voix.

A la foire de Bernay, du 7 avril, dite Fleurie, le préfet de l'Eure ne donna point de prime pour les chevaux de race normande.

A la spéculation sur les fonds, on a remarqué que les fonds publics sont montés à 105 francs, ce qui fait que le commerce est presque nul.

Mgr l'évêque d'Evreux prêcha le 1er dimanche de Carême, le dimanche d'*Oculi* et le dimanche des Rameaux.

Le dimanche 18 avril, jour de Pâques, Mgr l'évêque d'Evreux officia pontificalement; mais n'alla pas à la procession dite de quatre heures.

Le dimanche 29 avril, on inhuma l'épouse du maire de la ville d'Evreux, M. des Authieux; les frères des écoles chrétiennes y conduisirent leurs élèves.

Dans les derniers jours d'avril, on commença à retirer l'aiguille de fer qui étoit sur la grosse horloge, parce qu'elle avoit été forcée dans des tempêtes, et menaçoit de tomber dans la rue.

Mgr l'évêque d'Evreux ayant acheté de Cheval, maçon à Evreux, l'ancien presbytère de Saint-Aquilin pour en faire un petit séminaire, commença à y placer une quarantaine d'élèves.

Le mardi 4 may, on fit faire un service solennel dans la Cathédrale pour Mme des Authieux, épouse du maire; tous les grands y assistèrent, de même que les frères de l'école chrétienne avec leurs élèves.

Le dimanche 9 may, le pain fut mis à 19 sous.

Depuis quelque temps, le maire de la ville d'Evreux disoit qu'il donneroit sa démission de la place de maire; mais il fut obligé de le faire par écrit.

Depuis quelque temps, les entrepreneurs de l'hospice de Saint-Louis faisoient démolir les anciens bâtiments, **pour** placer la chapelle de ce nouvel établissement, lorsque, tout à coup, ils reçurent ordre d'accélérer le travail, parce que la duchesse d'Angoulême en devoit venir poser la première pierre. En conséquence, ils prirent autant d'ouvriers qu'ils en purent trouver pour précipiter la démolition ; ils passèrent même deux nuits de suite et travaillèrent aussi tout le dimanche 9 may ; on employa encore les forts de la halle et des ouvriers d'autres professions pour charrier et enlever les matériaux, parce que la duchesse devoit arriver à Evreux le mercredi 12 may, à quatre heures de relevée, et ne coucheroit pas à Evreux.

Le mardi 11 may, on proclama que la duchesse d'Angoulême devoit arriver le lendemain 12, et que l'on prioit les habitants des rues qu'elle devoit parcourir, de tapisser la façade de leurs maisons et même d'y mettre des guirlandes et des drapeaux blancs ; il fut fait défense aux voitures de circuler dans ces mêmes rues au moment de son passage. La mairie fit aussi placer un drapeau sur la tour de l'Horloge.

Le mercredi 12, on fit prendre les armes à la garde nationale, à la garde royale et à la gendarmerie et on leur fit faire la haie dans l'intérieur de Saint-Louis. Les frères de l'école chrétienne y conduisirent aussi leurs élèves, ayant chacun un ruban blanc au bras gauche, et quatre drapeaux fleurdelisés. Sur les quatre heures, les canonniers, que l'on avoit placés hors la ville sur le passage de la princesse, annoncèrent son arrivée par plusieurs salves d'artillerie, et aussitôt on sonna les cloches. Elle descendit par la rue Ferrée, suivit la rue de la Harpe, traversa le Parvis Notre-Dame, et se rendit de suite à Saint-Louis, où on avoit préparé un pavillon pour la recevoir. Après la pose de la pierre, elle remonta en voiture, à cause du mauvais temps, et descendit à la porte de la Cathédrale, du côté de l'Horloge ; elle refusa le dais qu'on lui présenta, disant que ce n'étoit pas pour elle, mais pour Dieu qu'il étoit fait. De là elle se rendit à la préfecture pour dîner, et repartit sur les sept heures, laissant 500 fr. pour les ouvriers et 1,000 fr. pour les pauvres.

Ce même jour, on installa le nouveau maire et deux adjoints. M. Delangle, ancien adjoint passa à la place de maire, et comme M. Horeau avoit donné sa démission, on les remplaça tous deux par **M. Baudard**, notaire et **M. Avril**, avocat.

L'argent de la duchesse d'Angoulême fut distribué par l'hospice aux pauvres, auxquels on donnoit ordinairement 5 livres de pain et une livre de viande.

Le dimanche 23 may, le pain fut mis à 20 sous.

Le jeudi 17 juin, on fit la Fête-Dieu, par anticipation, dans la Cathédrale, avec un très-grand appareil ; cependant tous les ateliers et boutiques étoient ouverts.

Le dimanche 20, on fit la procession générale du Saint-Sacrement et tout l'office du jour, excepté que le salut fut pris dans l'office du dimanche dans l'octave. On remarqua que le clergé de la Cathédrale étoit en surplis et sans chappes.

L'église de Saint-Taurin fit la procession comme de coutume, excepté que, de la place du Marché-Neuf, elle s'en retourna par le nouveau pont sur les Fossés, pour se rendre à Saint-Taurin; ce fut un piquet de la garde royale qui escorta le dais.

Le même jour, le pain fut mis à 19 sous.

Le dimanche 27 juin, on fit l'octave du Saint-Sacrement, mais très-simplement; la procession de la Cathédrale descendit par la rue de la Petite-Cité, le bas de la rue de l'Horloge, le Grand-Carrefour, et se rendit par la place Royale jusqu'au bas de la rue Saint-Léger et au-dessus du pont Perrin, où il y avoit un reposoir et elle revint sur ses pas à un autre reposoir qui étoit dans la rue Saint-Léger, sur la place Royale, et de là vint reposer à l'église de Saint-Joseph, puis remonta la rue du Charriot et passant sur le pont Rouge, se rendit à la Cathédrale. On n'y envoya qu'un fort piquet de garde nationale. La garde royale n'y alla pas. On remarqua que l'on n'avoit pas vu si peu de reposoirs depuis longtemps ; car il n'y avoit que les deux de la rue Saint-Léger et l'église de Saint-Joseph.

L'église de Saint-Taurin fit sa procession dans l'après-midi, comme de coutume, excepté qu'elle descendit la rue Joséphine, aux Fêvres et la Grande-Rue jusqu'au Marché-Neuf, qu'elle traversa, passa sur le nouveau pont des fossés et se dirigea par les rues du Pahaha, aux Juifs et la rue Saint-Sauveur et rentra à Saint-Taurin. Il y avoit un piquet de garde royale; la garde nationale n'y alla pas. Les frères de l'école chrétienne y conduisirent leurs écoliers; (c'est la première fois qu'on les ait menés en procession.) On remarqua qu'il y avoit un assez bon nombre de reposoirs.

Ce même jour le pain fut mis à 20 sous.

Le dimanche 4 juillet il fut mis à 22 sous.

Vers ce temps, on fit l'adjudication du Petit-Séminaire pour 59,000 fr.

Le dimanche 11, le pain fut mis à 24 sous.

Le dimanche 18, il fut mis à 21 sous.

Le dimanche 8 août, il fut mis à 22 sous.

Vers le commencement de juillet, le Séminaire fit porter des meubles au Mesnil-Doucerain, pour meubler plusieurs appartements, dans une partie de maison de campagne que M. Lambert, ancien supérieur du Séminaire, lui avoit donnée. Cet ameublement étoit pour y recevoir plusieurs missionnaires.

Le jeudi 12, on proclama un arrêté du préfet et du maire pour la vaccination des écoliers de l'école chrétienne.

Le dimanche 15, le pain fut mis à 21 sous.

Le dimanche 22, il fut mis à 22 sous.

Le mardi 24, on annouça à la fin du jour, par le son des cloches et le bruit du canon et le soir à la retraite par la musique de la garde nationale, la fête de saint Louis. On distribua aux gardes royaux quelque argent avec lequel ils achetèrent des vivres et du vin pour faire un repas dans la cour de la caserne à Saint-Sauveur.

Le mercredi 25, Mgr l'évêque d'Evreux célébra une messe à laquelle assistèrent toutes les autorités civiles et militaires. Après la messe, les gardes royaux se transportèrent dans le pré du Bel-Ebat, où ils exécutèrent différentes manœuvres et jeux en présence de la garde nationale, puis se retirèrent à la caserne où ils firent un banquet. Le soir, il y eut illumination générale, feu de joie sur la place Royale, mât de cocagne et danses ; à la Préfecture, feu d'artifice et bal, etc.

Le vendredi 27, Mgr l'évêque d'Evreux entra en retraite dans le Séminaire avec environ 100 prêtres. Ils y restèrent jusqu'au vendredi 3 septembre, qu'ils en sortirent pour venir en procession à la Cathédrale, où Mgr l'évêque dit la messe et fit communier tous les prêtres. Il y eut un sermon.

Le samedi 11 septembre, on proclama une sentence du tribunal civil d'Evreux, sur l'autorisation du ministre, pour la démolition de la maison de la veuve Borel et de ses fils, filles et gendre, pour l'achèvement de la Préfecture.

Le préfet avoit fait, en 1823, au mois de juin, lors de la tenue du conseil général, la proposition d'une nouvelle rue pour remplacer celle de l'Emplumé, en partie bouchée par les nouveaux bâtiments de la Préfecture et la ruelle Saint-Denis ; en conséquence, il fit faire une enquête de *commodo et incommodo* d'une nouvelle rue, devant prendre à l'angle gauche de la maison de M. Ancelle, en prenant trois maisons en biais ayant ensemble 40 pieds, et d'en réserver 25 pour la rue ; mais le ministre rejeta cet *incommodo* au commencement de décembre 1823, vu que c'étoit au maire d'Evreux à faire cette enquête. Le maire fut blâmé d'avoir laissé bâtir dans la rue de l'Emplumé, et sa démission qu'il fit fut en partie attribuée à cela.

Au mois de mars, le maire renouvela l'enquête de *commodo* et *incommodo*, et tous les réclamants de la première renouvelèrent leurs oppositions. Le ministre approuva la vente de la maison Borel, Lépine et Desvaux, et rejetta la nouvelle rue.

Le mardi 14 septembre, à la messe de 6 heures, on exposa le Saint-Sacrement dans la Cathédrale, pour commencer des prières des Quarante-Heures pour le roi. A midi, on dit une messe basse, à laquelle la garde royale assista, et le soir on fit le salut. On remarqua qu'il y avoit peu de monde; l'après-midi on proclama que tous les spectacles, bals et divertissements publics étoient fermés.

Le mercredi 15, il n'y eut point de messe à midi; le soir il y eut salut.

Le jeudi, il y eut encore messe à midi, mais le soir il n'y eut point de salut, parce que la nouvelle de la mort du roi arriva; ce même soir, à 9 heures, on sonna toutes les cloches de la Cathédrale pendant une heure.

Le vendredi 17, on annonça, le matin, par le son des cloches de la Cathédrale, le service pour le roi. A dix heures, toutes les autorités, de même que la garde nationale et la garde royale assistèrent au service. Les frères de charité s'y rendirent aussi, et les frères des écoles chrétiennes y conduisirent leurs élèves. On fit fermer les boutiques pendant le service, et on défendit de travailler sur la voie publique. Après le service, les uns ouvrirent leurs boutiques, les autres la laissèrent en partie fermée le reste de la journée. On remarqua qu'aux saluts, aux messes de midi des Quarante-Heures et au service, il ne s'y trouva presque personne, excepté ceux qui y étoient obligés par leurs charges ou places.

Ce même jour, il arriva à Evreux deux bataillons du 48e régiment de ligne, qui devoient y avoir séjour; ce fut là qu'ils apprirent la mort du roi et qu'ils mirent un crêpe à leur drapeau, comme la garde nationale et royale. On ne tira aucun coup de canon, ni la veille ni le jour du service.

La noblesse prit le deuil, ainsi que tous les fonctionnaires publics et autres personnes, ce qui faisoit dire à d'aucunes que cela faisoit tort à la cause.

Vers ce même temps, on plaça de grands bancs de pierre sur la route de Caen, entre les ormes qui forment l'avenue.

Vers ce même temps, le tribunal de première instance d'Evreux envoya une adresse à Charles X, sur son avénement au trône.

Ce fut aussi vers ce temps-là que le duc d'Orléans fit reprendre une des statues en bronze qui étoient dans l'allée des Soupirs, celle d'Apollon-le-Chanteur, qui étoit vers la promenade du Chambaudouin.

Dans les premiers jours du mois d'octobre, la mairie d'Evreux fit aussi une adresse au roi Charles X.

Le samedi 16 octobre, on fit le service de la reine Marie-Antoinette comme de coutume.

Le mardi 19, on fit une espèce de dédicace d'une chapelle dans le ci-devant presbytère Saint-Aquilin, pour le service du petit Séminaire.

Ce même jour, on retira tous les échafaudages de dessus le clocher de la Grosse-Horloge, et on remit les réparations à un autre temps.

La récolte en grains de cette année fut bonne, quoique dans le commencement du printemps les laboureurs trouvassent que les grains ne faisoient pas assez bien à leur idée, vu que l'hiver n'avoit pas été très-rude. Il y eut aussi assez de pommes et de poires, quoique les arbres eussent été abimés par les chenilles, tant ceux à fruit que ceux des bois, et même les haies dont on fut obligé de couper quelques-unes par le pied.

Le jeudi 21 octobre, on fit mourir une fille Chauvin qui avoit assassiné son père, proche de Verneuil; elle eut le poing droit coupé avant d'être décapitée. C'est la première fois qu'une telle exécution eut lieu à Evreux.

Le dimanche 14 novembre, le pain fut mis à 20 sous.

Le dimanche 21 novembre, le pain fut mis à 21 sous.

Vers la mi-novembre, Mgr l'évêque d'Evreux prit possession de son palais épiscopal. La famille du préfet se retira à Paris, et le préfet logea chez M. des Authieux, ancien maire, et tous les bureaux furent transportés à la nouvelle préfecture.

On travailla aussi au changement de la rue l'Emplumé, en changeant sa direction qui étoit presque droite depuis la rue Joséphine jusqu'à la rue de l'Evêché ; on lui fit faire un coude au-dessus des écuries de l'auberge du Milan, en traversant le jardin de l'hospice, et faisant un autre coude correspondant à la rue projetée, à travers trois maisons de la rue aux Fèvres et rejetée par arrêt du conseil d'Etat du 7 juin; cette rue passoit ensuite à travers un jardin appartenant à la veuve Bance pour se rendre à l'encoignure de l'ancien presbytère Saint-Denis, en traversant le cimetière du même nom.

Par ordonnance royale du 5 décembre, Mgr l'évêque d'Evreux fut nommé pair de France.

On afficha aussi un arrêté de la mairie d'Evreux, en date du 12 novembre, homologué par le préfet le 20, pour empêcher que les bestiaux n'entrassent dans la ville allant à Paris, mais suivissent le chemin allant à Panette pour se rendre à la route de Paris, et ceux qui logeoient à l'auberge du Bœuf, partiroient, autant que faire se pourroit, de grand matin, et suivroient les rues aux Maignants, aux Fèvres, Chartraine et Ferrée, pour rejoindre la route de Paris.

Le mercredi 8 décembre, on plaça dans la Cathédrale le tableau représentant Mgr l'évêque d'Evreux (Jean-Baptiste Bourlier), donnant la bénédiction, de son appartement, le jour de la Fête-Dieu, quelque temps avant de mourir.

On commença aussi à remplacer les cordes des réverbères par des chaines de fer.

Le dimanche 19 décembre, trois gardes royaux firent après l'office de Saint-Taurin, une espèce d'amende honorable, en baisant la terre, leurs vestes retournées, devant le Saint-Sacrement, pour avoir insulté le vicaire de Saint-Taurin à une inhumation.

Le jeudi 25 décembre, on fit l'adjudication de la perception des droits de place à la halle, pour neuf années, à raison de 8,050 francs par an, et le raccommodage du plancher de la halle; sur l'affiche, la mise à prix par la mairie n'étoit que de 6,500 fr.

On lut aux prônes des grandes messes précédentes, un mandement de Mgr l'évêque d'Evreux, pour qu'il fût fait des quêtes le jour de Noël, pour travailler au Petit-Séminaire, et même on taxa chaque paroisse à une somme.

La récolte de cette année fut assez bonne, malgré le dire des gens de la campagnes qui prétendoient au printemps qu'elle ne vaudroit rien, parce que l'hiver n'avoit pas été rude et qu'il y avoit une grande quantité de chenilles.

Dans les derniers jours de décembre, on proclama que les jeunes gens de la classe de 1824 eussent à se faire inscrire jusqu'au 4 janvier 1825. Le nombre demandé étoit de 60,000 au lieu de 40,000 des années précédentes.

1825.

Le jeudi 6 janvier, on fit la fête des rois à l'église sans grande sonnerie; toutes les boutiques et ateliers furent ouverts et il y eut peu de monde à l'office.

Le vendredi 21 janvier, on fit le service de Louis XVI comme de coutume, en tirant le canon de quart-d'heure en quart d'heure; la garde royale et un piquet de la garde nationale y assistèrent.

Le même jour, Mgr l'évêque d'Evreux officia à Saint-Denis en France, au service du roi.

Le vendredi 11 février, on proclama que tous les habitants qui avoient des réclamations à faire sur le redressement de la route de Paris à Cherbourg, et sur la route de Rouen à Orléans, eussent à les faire sous huit jours au département ou chez l'ingénieur en chef.

Le jeudi 10 et vendredi 11, les jeunes gens tirèrent au sort pour fournir le contingent demandé.

Le samedi 12, on dit une messe basse à onze heures, sonnée à la seconde grosse cloche de la Cathédrale, pour le repos de l'âme du duc de Berry ; toutes les autorités y assistèrent.

Le mardi 26 avril, on fit l'adjudication de la réparation du clocher de la Grosse-Horloge, pour le prix et somme de 7,600 fr. ; on avoit déjà fait une affiche quelque temps avant où la dépense étoit évaluée à 7,684 fr. ; mais la soumission fut faite à 7,600 fr., tant pour les bois que pour les plombs.

Le dimanche 22 may, jour de la Pentecôte, on lut à la grand'messe un mandement de Mgr l'évêque d'Evreux, prescrivant des prières le jour de la Trinité pour le sacre du roi.
Le samedi 28, on annonça par le son des cloches, le bruit du canon à la fin du jour et la musique de la garde nationale à la retraite, la fête du lendemain.

Le dimanche 29, jour de la Trinité, on annonça le matin par le son des cloches et le canon la fête du sacre du roi. Avant la grand'messe on chanta le *Veni, Creator*, et après la messe on chanta le psaume *Exaudiat* avec les oraisons ordonnées dans le mandement de Mgr l'évêque d'Evreux, et après vêpres on fit un salut du Saint-Sacrement et on chanta le *Te Deum* auquel assistèrent toutes les autorités, avec les deux compagnies de la garde royale et la garde nationale ; ensuite on alluma un feu de joie sur la place Royale, et il y eut illuminations aux établissements publics et aux maisons particulières (on remarqua que celles-ci n'étoient pas très-brillantes) ; puis des danses sur la place Royale et un mât de cocagne.

Le jeudi 2 juin, dans la Cathédrale, on fit l'office de la Fête-Dieu en grand, excepté que l'office ne fut pas sonné comme l'année dernière à toutes les cloches, mais seulement comme dans les simples dimanches.

Le dimanche 5 juin, on fit l'office de la Fête-Dieu, et il fut annoncé par la sonnerie de toutes les cloches aux premières vêpres et on fit la fête du jour, excepté les matines qui furent dites le mercredi précédent; le clergé étoit en chapes à la procession, mais elle ne sortit pas de l'église à cause du mauvais temps.

Après la messe, on chanta le psaume *Exaudiat* et un *Te Deum* pour le roi, et comme toutes les autorités étoient à la procession on ne fut pas obligé de les convoquer. Ces prières furent faites sur une lettre du roi datée de Rheims et adressée à tous les évêques. Sur cette lettre Mgr l'évêque d'Evreux fit un mandement.

Le dimanche 12 juin, on fit l'Octave de la Fête-Dieu; on remarqua que le vendredi et le samedi précédents on ne fit point de salut.

Cette fête fut célébrée à la Cathédrale à peu près comme le jour de l'Octave. Au salut on chanta un répons, puis l'hymne *Pange lingua* et le cantique *Magnificat*, au lieu que ce jour on chantoit l'hymne *Sacris*. Dans d'autres églises on fit l'office comme au jour de l'Octave.

Vers ce temps, on transféra l'audience des juges de paix, de l'endroit qu'elle occupoit près la mairie dans des salles qui étoient restées vacantes, dans le local des écoles chrétiennes.

Comme Mgr l'évêque d'Evreux siégeoit à la chambre des pairs, il ne put pas faire l'ordination à la Trinité, comme de coutume. Il l'a retarda au jour de la saint Jean-Baptiste.

Le jeudi 23 juin, les premières vêpres de la Cathédrale furent sonnées à quatre cloches, à cause de l'ordination qui devoit avoir lieu le lendemain.

Le vendredi 24, on sonna à quatre cloches la grande messe

de l'ordination, qui servit aussi de grande messe à la Cathédrale. Il y eut grand nombre de personnes à cette cérémonie, vu que ce jour-là les gens de la campagne viennent se louer et que d'autres fêtent ce jour par dévotion.

Vers ce temps, les plombiers recommencèrent à travailler au grand clocher de la Cathédrale, car les charpentiers avoient fini leur travail dès l'année dernière.

Le dimanche 3 juillet, on tint pour la première fois une assemblée communale au buisson Hocquepin, près Evreux. Le maire avait créé cette assemblée par un arrêt homologué par le préfet de l'Eure, portant qu'elle se tiendroit le premier dimanche après le 28 juin de chaque année. Il y eut beaucoup de monde; on y fit une course, un tir à l'oie et des danses.

Le mercredi 13 juillet, il parut autour du soleil, sur les dix heures du matin, un grand cercle très-enflammé du côté du midi, et un autre demi-cercle plus blanc, formant l'arc-en-ciel du côté du couchant; les deux bouts de l'arc étoient appuyés sur le grand cercle du soleil, ce qui fit faire des conjectures à beaucoup de gens.

Le lundi 18 juillet, on transféra les malades de l'ancien hôpital dans le nouveau et on mit en vente, le mardi 19, toutes sortes de meubles inutiles.

Le mardi 19, la chaleur fut très-grande, le thermomètre monta à plus de 28 degrés.

Le vendredi 22, la Société des sciences et arts se réunit au lieu de ses séances, et fit l'inauguration du buste du roi Charles X.

Ce même jour, on enterra le premier corps mort au nouvel hôpital : ce fut la femme d'un nommé Laroze, qui étoit cordier de son état.

Le mardi 23 août, les prêtres désignés par Mgr l'évêque entrèrent en retraite au séminaire.

Vers ce temps, on afficha une espèce d'invitation à l'humanité pour venir au secours des habitants de la ville de Salins, dans le département du Jura, réduits à la misère au nombre de 4 à 5,000, par l'incendie de ladite ville. Des souscriptions furent ouvertes chez tous les notaires de l'arrondissement d'Evreux.

Depuis quelque temps il était mention de retirer le corps de M. le duc de Bouillon, qui avoit été enterré dans le cimetière de Saint-Denis, et qui se trouvoit dans les promenades du préfet. En conséquence, dans les derniers jours du mois d'août, on fit plusieurs fouilles pour retrouver son corps, mais on ne le trouva pas aux endroits indiqués. Enfin, sur d'autres indices, on trouva un gros cercueil, et, sur l'attestation du menuisier qui l'avoit fait et désignoit les bois et les clous dont il étoit composé, et par d'autres preuves, on dressa un procès-verbal qui fut signé par les personnes présentes, et ensuite on retira les ossements de ce cercueil et on les mit dans une corbeille jusqu'à ce qu'on eût fait faire un petit cercueil en plomb et un en bois pour les mettre. On désigna le jeudi 5 septembre pour les transporter dans une espèce de caveau que l'on avoit fait faire dans la chapelle du nouvel hospice qu'on construisoit.

Le mercredi 31 août, on sonna à la Cathédrale une espèce de trépas, et le lendemain à 10 heures du matin la cérémonie fut faite avec un appareil assez ordinaire. La garde royale et la garde nationale avec toutes les autorités y assistèrent ; on leva le corps à la porte du jardin du préfet, ce qui surprit beaucoup de personnes, car on croyoit qu'on l'avoit déposé dans une des salles de la préfecture. A la levée du corps une décharge de mousqueterie annonça la marche et à l'arrivée à la Cathédrale on eut salut. Après le service tout le cortège se mit en marche et descendant la rue de l'Horloge tourna sur le carrefour et se rendit au nouvel hospice où le cercueil fut déposé. On fit un catafalque dans le chœur de l'église Cathédrale, et ce fut le curé de la Cathédrale qui fit cette cérémonie. On remarqua que Mgr l'évêque, quoiqu'il fut à Evreux, ne parut pas à cette cérémonie. Dans l'après-midi on donna aux pauvres la valeur de quatre sommes de bled en pain. Toutes les personnes du convoi et tous les anciens domestiques avoient chacun un gros cierge.

Le dimanche 11 septembre, on lut au prône un mandement de Mgr l'évêque d'Evreux, sur une lettre du roi, pour faire célébrer dans toutes les églises de son diocèse un service pour le repos de l'âme de Louis XVIII, le vendredi 16 septembre.

Le jeudi 15 septembre, les comédiens qui étoient à Evreux, donnèrent une représentation pour les incendiés de Salins.

Le vendredi 16 septembre, on fit un service dans toutes les églises du diocèse pour le roi Louis XVIII ; toutes les autorités, la garde nationale et la garde royale assistèrent à celui qui fut fait à la Cathédrale.

Vers la fin de septembre ou au commencement d'octobre, on afficha l'ouverture d'une souscription libre et volontaire en faveur des Grecs, chez MM. Péclet, Baudard, notaires, et Dulong, avocat.

Dans les premiers jours d'octobre, on enleva les trois statues en bronze qui étoient sous l'allée des Soupirs, pour les porter dans le jardin des plantes, parce que la duchesse de Berry devoit venir le 12 octobre, pour faire une partie de chasse le lendemain dans la forêt ; on fit aussi faire une loge en planches à la table de Marbre, décorée à cet effet, pour y recevoir les chasseurs et tout le cortége.

Il existe ici une lacune qui paraît être le résultat d'une maladie de l'auteur.

1826.

Le dimanche de la Passion, 12 mars, on fit l'ouverture du Jubilé. On invita toutes les autorités à s'y trouver, et la garde nationale avec la musique de ce corps. On commença la cérémonie sur les deux heures de l'après-midi par le son de toutes les cloches de la Cathédrale ; la procession générale se fit entre vêpres et complies et Mgr l'évêque d'Evreux y officia. De retour à la Cathédrale, on chanta complies et il y eût sermon et salut du Saint-Sacrement ; les frères de charité et la confrérie de Notre-Dame-de-Liesse y assistèrent. L'ordre des processions pour la Cathédrale fut fixé au mardi et jeudi, excepté le jeudi saint dont la procession fut remise au mardi de Pâques ; il y eut sermon tous les jours jusqu'au dimanche de Quasimodo.

Les stations de la Cathédrale étoient Saint-Taurin, la chapelle de la Providence près Saint-Taurin et la chapelle Saint-Joseph, et rentrant à la Cathédrale en remontant la rue Saint-Louis, passant au Pont-Rouge et toujours en sortant et rentrant, au son de la grosse cloche de la Cathédrale. Mgr l'évêque assista à ces processions.

Les stations de la paroisse de Saint-Taurin se firent tous les dimanches, afin qu'il s'y trouvât beaucoup de monde, et le lundi de Quasimodo, jour auquel la fête de l'Annonciation de la Sainte-Vierge, qui tomboit le samedi saint, avoit été remise. Les stations étoient la chapelle de la Providence, St-Joseph et la Cathédrale.

Vers ce temps, plus de deux cents notables habitants d'Evreux firent et adressèrent une pétition à la chambre des députés contre le droit d'aînesse.

Dans le même temps, la ville fit élargir la sente Maillot, dans la rue Gasville.

On afficha aussi une adjudication pour le 16 may, autorisée le 31 mars précédent par le ministre des affaires ecclésiastiques, pour la démolition et la reconstruction d'un grand bâtiment du grand séminaire, joignant l'église Saint-Taurin, et estimée à 43,000 fr.

Le dimanche 30 avril, le pain fut mis à 20 sous.

Le dimanche 23 avril, Saint-Taurin fit sa dernière procession du Jubilé.

Dans les premiers jours de may, on afficha une adjudication pour le 6 juin, autorisée par le ministre des affaires ecclésiastiques, pour la réparation des vitraux peints de l'église Cathédrale. La maçonnerie à faire aux croisées de la même église fut adjugée à part.

Le mardi 9 may, on plaça la croix de fer avec la boule en cuivre doré de la flèche de la Cathédrale. Cette croix n'est pas aussi belle que l'ancienne étoit avant la révolution, étant moins haute et n'ayant pas, comme l'ancienne, des garnitures entre les bras et montant jusqu'au haut, et des barreaux de fer qui formoient une espèce d'échelle entre les montants de la croix sur les quatre faces. On plaça aussi un paratonnerre sur cette nouvelle croix.

Le jeudi 18 may, mourut à Evreux un des frères de la doctrine chrétienne. C'est le premier de cette société qui soit mort à Evreux, depuis leur établissement.

Dans le dîner des notaires à Evreux, on fit une quête pour les Grecs.

Le jeudi 25 may, on fit la Fête-Dieu à la Cathédrale; les matines ne furent point sonnées, mais tout le reste de l'office de ce jour le fut avec toutes les cloches.

Le dimanche 28 may, on fit la fête du Saint-Sacrement en public: la procession générale eut lieu sans chappes; toutes les autorités y assistèrent, ainsi que la garde nationale et la garde royale, mais sans musique; on prétendit que c'étoit Mgr l'évêque qui avoit défendu qu'il y en eût. Il y eut peu de reposoirs, à cause de l'inconstance du temps. Tout l'office du jour fut sonné à trois cloches seulement.

Le samedi 10 juin, on afficha l'octroi de la ville d'Evreux à affermer pour deux ans et cinq mois, à partir du 1er août 1826, jusqu'au 31 décembre 1828, et que la première mise à prix seroit de 58,000 fr. pour toute la durée du bail.

A la fin de juin, les plombiers finirent de couvrir entièrement le clocher de la Cathédrale.

L'adjudication de l'octroi de la ville d'Evreux se fit dans les premiers jours de juillet ; elle monta à 68,000 fr.

Le samedi 5 août, le tonnerre tomba sur la prison d'Evreux et entra dans une chambre où il y avoit deux femmes, en blessa une et ne fit rien à l'autre ; il n'endommagea point le bâtiment.

Le jeudi 16, la foudre tomba à Saint-Michel, sur l'ancienne chapelle qui servoit de grange, mit le feu à de la luzerne qui étoit dedans, sur un plancher fait avec des gaules ; mais les prompts secours firent qu'il n'y eut point de mal. Les orages fréquents et terribles de cette année ravagèrent les environs d'Evreux.

Il n'y eut point de retraite des prêtres au séminaire, à cause de la construction d'un grand bâtiment qui tomboit en ruine et dont l'adjudication avoit été faite vers le mois d'avril de cette année.

Vers ce temps-là, le roi rendit une ordonnance qui approuvoit l'établissement des Ursulines de la ville d'Evreux.

Le samedi 16 septembre, au soir, on annonça la fermeture du Jubilé par le son de la grosse cloche de la Cathédrale.

Le dimanche 17 septembre, on sonna les vêpres de la Cathédrale à toutes les cloches pour la clôture du Jubilé ; il y eut sermon par le doyen de la Cathédrale, salut et *Te Deum*. On pensoit qu'il y auroit eu procession générale, mais il n'y en eut point.

Le dimanche 24 septembre, Saint-Taurin fit aussi la clôture du Jubilé, ainsi que les autres paroisses du diocèse. On remarqua à Saint-Taurin qu'il y eut peu de monde pour cette clôture.

Le lundi 25 septembre, il arriva dans l'église St-Taurin une aventure assez singulière : le bedeau allant ouvrir l'église le matin pour sonner l'*Angelus*, trouva sur les fonts de baptême une petite fille enveloppée de quelques mauvais linges et re-

depuis quatre ou cinq ans, il ne pouvoit plus remplir ses fonctions avec toute sa grande activité, ce qui le fit nommer aux fonctions de juge de paix, qu'il exerça pendant plusieurs années: mais ayant eu plusieurs attaques de paralysie, il se démit de sa place et vécut de son patrimoine, toujours aimé. Dans les derniers jours de novembre, il eut une faible attaque qui le fit mourir. Alors, ceux qui étoient chargés de la cérémonie funèbre allèrent trouver le curé de la Cathédrale, qui répondit qu'on lui avoit défendu de l'enterrer ni de sonner; alors on retourna une seconde fois à la Cathédrale pour voir Mgr l'évêque, qui répondit que cela ne se pouvoit pas. Enfin, une troisième fois on retourna trouver Mgr l'évêque, mais il étoit occupé avec plusieurs personnes. Alors le curé de la Cathédrale dit qu'il prenoit sur lui de l'enterrer, mais sans sans sonnerie. Mais comme tous ces pourparlers avoient pris du temps, le corps sentant mauvais fut porté immédiatement au cimetière, suivi d'un convoi de 60 personnes de ses parents et de beaucoup d'amis. Quand l'enterrement fut fini, le curé dit à ceux qui étoient au convoi qu'il alloit dire les Vêpres des Morts, et que s'ils vouloient y assister, ils pouvoient se rendre à l'église, ce que chacun accepta, non sans quelques murmures de ce qu'on avoit fait l'enterrement ainsi sans grande cérémonie. Il parut ensuite des écrits contre l'évêque et son secrétaire particulier.

La récolte en grains fut assez abondante cette année, quoique dans les premiers jours du printemps on craignit qu'elle ne fût mauvaise, à cause des temps fâcheux qui pouvoient nuire aux semailles.

La récolte des pommes fut des plus abondantes et plus que l'on n'espéroit, parce que dans les mois de juillet et d'août les grands vents en firent tomber beaucoup. On fit beaucoup de pressoirs à bras à cause des droits de remuage de 45 sous par pièce de 120 pots. Les pommes étoient rendues à 1 fr. le boisseau, parce que l'on payoit 7 sous d'entrée à l'octroi.

Vers la fin de novembre, on destitua de ses fonctions de juge de paix, M. Robillard, qui remplissoit cette fonction depuis nombre d'années; et comme quelques personnes lui conseilloient de donner sa démission, il refusa disant qu'il préféroit être destitué.

Dans les derniers jours de décembre, on fit partir les conscrits de 1825.

1827.

Le vendredi 5 janvier, mourut au Buisson-Hocpin, près Evreux, M. Ozanne, ancien professeur de mathématiques, puis proviseur du collège d'Evreux, ci-devant prêtre et marié ; il avoit ordonné, avant de mourir, que l'on transportât son corps à Bérangeville, dans son parc.

Le samedi 20 janvier, on fit le service du roi comme de coutume ; on avoit mis le marché le vendredi.

Ce même jour, le pain fut mis à 21 sous.

Vers ce temps, beaucoup d'Anglois qui étoient à Evreux, quittèrent pour s'en retourner.

Vers ce temps-là, on afficha un *commodo* pour l'utilité et le désavantage de l'aliénation des terrains de l'ancien hospice longeant la rue du Milan.

On afficha aussi une adjudication au rabais pour le mois de février, pour la reconstructon d'un des piliers de l'église Saint-Taurin, estimée à 1,700 fr.

Cet hiver se passa sans grandes soirées ni bals chez les grands, à cause de la défiance des uns et des autres, et du grand nombre d'espions dans toutes les classes de la société, et aussi par le froid rigoureux qui commença vers le 7 ou le 8 de janvier jusqu'au 26 février, ce qui fit tort à diverses branches de commerce.

Le samedi 28 février, on proclama la levée des jeunes gens de la classe de 1826.

Ce même jour, le pain fut mis à 1 fr.

Le carnaval de cette année ne fut pas très-animé, car on ne vit presque pas de masques. On ne sait à quoi attribuer ce manque de divertissement.

Une société de marchands et fabricants de la ville d'Evreux fit une pétition pour obtenir la création d'un tribunal de commerce ; tous les marchands et commerçants furent invités à signer cette pétition qui étoit déposée à la mairie.

Le 20 mars, 200 signatures y furent apposées.

Vers la mi-mars, il se forma une société maternelle de dames, composée de la femme du préfet, présidente, de la femme du maire, vice-présidente, et d'autres dames pour secourir des femmes indigentes, dans leurs couches. Il y eut une souscription ouverte à cet effet. On ne pouvoit donner que 40 sous au moins.

Le mardi 17 avril, la mairie d'Evreux vendit, pour être enlevés, les bâtiments qui se trouvoient sur les terrains d'Argence, achetés pour les fonderies, estimés à quatre mille et quelques cents francs.

Le mercredi 18 avril, il arriva le matin, par la poste, des lettres particulières de Paris, annonçant que le roi avoit, dans la séance de la cour des pairs, retiré la loi sur la presse, et qu'aussitôt tous les imprimeurs s'étoient mis en fête, et que des cafés avoient illuminé la façade de leurs maisons.

Le dimanche 6 may, jour auquel la garde nationale va à la messe avec la musique, il n'y eut aucune cérémonie, quoique la veille la retraite eût été battue par les tambours de la garde nationale, et que les hommes eussent été commandés. On attribua le contre-ordre au licenciement de la garde nationale de Paris.

Le dimanche 13 may, on commanda la garde nationale pour la messe, mais il ne s'y trouva que très-peu de monde, disant que puisque la garde nationale de Paris étoit supprimée, toutes les autres devoient l'être aussi.

Vers ce temps, on afficha une adjudication pour l'élargissement du Pont-Notre-Dame.

Vers le commencement de juin, la mairie d'Evreux fit afficher une adjudication, pour le dimanche 8 juillet, du terrain de l'ancien hospice d'Evreux, qui lui étoit abandonné, dit-on, par ordonnance royale.

On afficha et proclama une invitation du préfet aux artistes du département pour l'exposition des objets nouveaux de l'industrie du département, dans une salle, au Jardin-des-Plantes, le 19 juin.

Le lundi 11 juin, le nommé Jamet, jardinier à Evreux, rue de Panette, gagna en cassation un procès contre le nommé Dubais, ancien fabricant de draps à Evreux, pour une ruelle qui conduit derrière les murs Saint-Jean dans la rue de Panette, et que ledit Dubais avoit rétrécie, à son gré, malgré les sentences des tribunaux civils, parce que ledit Dubais avoit obtenu d'un conseiller de préfecture un arrêté en l'absence du préfet, de rétrécir cette petite rue, de manière que Jamet ne pouvoit plus transporter chez lui aucuns fumiers en voiture. Ledit Jamet se pourvut alors au conseil d'Etat, qui éleva le conflit et ordonna que le procès fut recommencé de nouveau, et ceci étant fait, le tribunal civil d'Evreux condamna Jamet, qui aussitôt en appela en cassation, et la sentence des juges d'Evreux fut cassée, et Dubais fut condamné à tous les frais et dépens, ordonnant qu'en outre le jugement fut affiché à côté de celui du tribunal d'Evreux, et que le terrain fut remis en l'état où il étoit en 1809.

Ce jugement fut aussi mis dans les journaux pour signaler l'abus des administrations.

Le jeudi 14 juin, on fit à la Cathédrale l'office du Saint-Sacrement, et on observa que la grande messe ne fut pas sonnée; les vêpres le furent à une petite cloche, mais aussitôt on en sonna deux autres comme aux fêtes de Sainte Croix, et le soir le salut fut sonné à la seconde cloche. Saint-Taurin et Saint-Joseph firent aussi l'office.

Le vendredi 15, on fit, dans une salle de la mairie d'Evreux, l'adjudication des casernes, pour 3 ou 6 ans, à compter du 1er janvier 1827.

Le même jour, MM. Dupont, député à la chambre, Laffitte, aussi député, Manuel, ancien député, et Béranger, célèbre chansonnier de Paris, se trouvant tous ensemble à l'hôtel de France, à Evreux, il y eut des musiciens qui allèrent le soir leur donner une sérénade ; des cris de : *Vive le côté gauche ! Vivent les défenseurs de nos libertés !* se firent entendre.

Le jeudi 14 juin, on fit dans la Cathédrale et autres églises, par anticipation, la Fête-Dieu comme l'année dernière. On remarqua cependant que l'office de ce jour fut sonné par deux petites cloches, et qu'au salut on sonna une des deux grosses.

Le dimanche 17 juin, on fit la Fête-Dieu comme l'année précédente. Les frères de la doctrine chrétienne y conduisirent leurs élèves, qui y chantoient des cantiques, ce qui parut nouveau. Il n'y eut que trois reposoirs, le premier dans la rue des Cordeliers, le second à la Vierge de la rue aux Fèvres, et le troisième sous la grande porte de l'ancien maire, M. des Authieux.

Le dimanche 24 juin, la procession parcourut les rues Saint-Denis, Chartraine, la rue Grande, le grand Carrefour, les rues du Dauphin, du Charriot et du Pont-Rouge, et ne reposa qu'à la chapelle Saint-Joseph, et au reposoir à la porte du pressoir de l'hospice. Les frères firent porter à leurs élèves une bannière sur laquelle étoit l'image de saint Nicolas.

Le dimanche 8 juillet, on vendit, à la mairie d'Evreux, le restant des terrains de l'ancien hospice pour la somme de 32 mille et quelques cents francs.

Ce même jour, le pain fut mis à 25 sous.

Vers ce temps, il se fit une vente singulière en la commune

de Guichainville. Deux frères faisant faire une vente d'effets après la mort de leur père, M. Bottier, et ne s'accordant pas beaucoup entre eux, firent vendre deux chiens bassets de chasse, et chacun voulant les avoir, ils les poussèrent jusqu'à mille et quelques francs, ce qui, avec les frais, les remit à 1,100 fr., au grand étonnement du commissaire-priseur, qui n'avoit jamais fait une pareille vente, et qui lui rapporta beaucoup de profit.

Au commencement de juillet, on mit une nouvelle affiche pour l'adjudication des travaux du grand séminaire, vu que les entrepreneurs ne voulurent pas placer les fondations dans un terrain peu solide. On consulta le ministre des affaires ecclésiastiques, qui fut longtemps à répondre et fit changer les projets. La nouvelle adjudication, estimée 170,547 francs, fut fixée au 11 août 1827.

Vers ce même temps, le ministre de l'intérieur rejeta l'adjudication des casernes, parce qu'elle étoit montée trop haut, et on en afficha une nouvelle pour le 6 août.

Le lundi 16 juillet, jour de saint Eterne, évêque d'Evreux, Mgr l'évêque bénit la chapelle du nouvel hôpital sous l'invocation du Saint-Esprit.

Le mercredi 18 juillet, on fit pour la première fois l'office dans la chapelle du nouvel hôpital, parce que ce jour étoit la fête de saint Vincent de Paule, fête des hospitaliers. L'office fut fait par un chanoine d'Evreux.

Le lundi 6 août, jour indiqué pour l'adjudication de la caserne, il ne s'y trouva point d'amateurs, et elle resta nulle.

Le samedi 11 août, on fit l'adjudication des bâtiments du séminaire pour la somme de 53,000 fr., et quelques centaines de francs pour faux frais, ce qui remit ces travaux à 23,000 fr. au-dessous de l'estimation.

Ce même jour, on transporta processionnellement la châsse de saint Taurin de la Cathédrale, pour la fête de ce saint qu'on célébroit le lendemain à l'église Saint-Taurin, parce que la fabrique avoit envoyé à Paris la grande châsse en vermeil qui est dans cette église, pour la faire raccommoder, et comme elle n'étoit pas revenue, on se servit de celle de la Cathédrale.

Le mercredi 15 août, Mgr l'évêque officiant pontificalement dans son église Cathédrale, on plaça un nouveau siège épiscopal dans le sanctuaire de cette église, composé d'une espèce de dais avec de grands rideaux rouges et d'un beau fauteuil, ce que l'on n'avoit pas encore vu à Evreux, car lorsque l'évêque officioit pontificalement, il s'asseyoit sur une banquette avec les diacres et sous-diacres qui le servoient dans ses fonctions épiscopales.

Le mercredi 22 août, après le salut de l'octave de Saint-Taurin, on rapporta processionnellement à la Cathédrale la châsse de Saint-Taurin, qui avoit été prêtée à l'église de ce saint évêque. Il y eut un petit scandale, parce qu'étant arrivés à la Cathédrale la porte s'en trouva fermée, quoique les sonneurs fussent à sonner la seconde grosse cloche comme lorsqu'on l'avoit portée à Saint-Taurin. On fut obligé d'aller chercher la clef de la porte de la Cathédrale, et il ne se trouva aucun chanoine pour recevoir la châsse, au grand étonnement de tout le monde.

La foire de Saint-Taurin de cette année fut très-mauvaise; cependant, le maire dit aux marchands que l'année prochaine il renchériroit les places, ce qui leur fit faire une quête entre eux pour un bal, disant que c'étoit pour la dernière fois qu'ils venoient à la foire Saint-Taurin.

Le samedi 25 août, on fit dans la nouvelle chapelle de l'hôpital la fête de saint Louis en grande pompe; Mgr l'évêque accorda indulgence plénière.

Le dimanche 26, un prêtre, assermenté et marié, devenu veuf, et ayant deux filles, reprit son état dans un diocèse lointain; mais, après quelques disgrâces, il revint à Evreux, où il enseignoit les enfants dans différentes maisons. Ce jour même, après avoir déjeûné chez son gendre, il s'esquiva et alla se noyer dans la rivière près le Moulin-Vieux. On remarquoit en lui depuis quelques temps un dérangement d'esprit.

Le dimanche 9 septembre, la nommée Lyon, veuve d'un apothicaire, fut enterrée comme son mari sans sonnerie; et, quoique demeurant dans la grande rue Saint-Denis, elle voulut être mise en présence dans la ruelle du Grand-Pré, dite ruelle Saint-Denis. Elle ordonna une grande distribution de pain aux pauvres.

Dans ce même temps, le préfet de l'Eure fut forcé de changer le conduit d'eau qui se rend de son bassin dans la petite rivière qui passe au pont Saint-Thomas, parce que M. Corneille-Dehaumont ne voulut plus qu'elle passât chez lui. Alors, le préfet s'arrangea avec M. Richard-Papon pour le faire passer dans son jardin.

Le dimanche 14 octobre, le pain fut renchéri de 3 sous, ce qui fit dire beaucoup de raisons contre le maire, parce que cela mettoit le pain à 28 sous.

Le préfet de l'Eure fit afficher, le 20 octobre, tandis qu'elles eussent dû le 20 septembre, les listes pour la formation du jury, d'après le nouveau système; il élimina 325 électeurs de moins qu'en 1824, ce que l'on attribua à quelque fraude.

Le dimanche 4 novembre, on fit la fête du roi : il y eut une messe solennelle, à midi, à laquelle toutes les autorités assistèrent; le soir, mât de cocagne; sur la place Royale, danses et illuminations, comme aux années précédentes.

Le jeudi 8, on afficha l'ordonnance du roi, prononçant la dissolution de la chambre des députés et la convocation d'une nouvelle.

Le samedi 10 novembre, un grand nombre d'électeurs se réunirent à Evreux pour se concerter sur les nouvelles élections, vu les grandes fraudes qui se commettoient dans les listes des électeurs; car tout le monde se demandoit pourquoi on faisoit de nouvelles élections, puisqu'on avoit nommé les députés pour 7 ans, et vu le renchérissement des grains, on faisoit beaucoup de conjectures sinistres sur les suites de cette mesure du gouvernement.

Ce même jour, on afficha une nouvelle adjudication de la nouvelle caserne, pour le vendredi 30 novembre.

Le dimanche 11, on mit le pain, de 27 sous qu'il étoit, à 30 sous, ce qui, avec la baisse des travaux, faisoit gémir tout le monde sur un avenir qui promettoit bien du mal.

Ce même jour, le préfet de l'Eure fit afficher un avis aux électeurs, pour les prévenir qu'on leur délivreroit leurs cartes d'électeurs dans le chef-lieu du département pour Evreux, et dans les chef-lieux de sous-préfecture pour chacun des arrondissements. Cet avis fut improuvé par plusieurs, vu que la loi vouloit que les cartes fussent délivrées à domicile.

Le samedi 17 novembre, on commença les élections. Le collége de l'arrondissement d'Evreux ouvrit sa séance à la cour d'assises ; l'heure de cette ouverture fut fixée à huit heures précises du matin ; on annonça par le son de la seconde cloche de la Cathédrale à six heures et demie la messe du Saint-Esprit. M. Charles Gazan, député, étant président, étoit dans son fauteuil à huit heures sonnant ; alors les opérations commencèrent pour la formation du bureau ; les scrutateurs furent MM. Duval de la Poultière, L'hopital, ancien directeur des droits réunis, Corbillié, Coubray et M. Dumeilet, secrétaire. Ainsi le bureau provisoire fut renversé ; les électeurs constitutionnels s'étoient fait passer entre eux des instructions et des listes, pendant que plusieurs électeurs surveilloient les opérations du bureau provisoire, ne quittant pas la séance d'une minute, soit l'un ou l'autre, de manière que, M. Dumeilet fut élu député à une très-grande majorité, le dimanche dans l'après-midi. Aussitôt tout le monde qui étoit devant la cour d'assises pour apprendre le résultat de l'élection, sachant que c'étoit M. Dumeilet qui étoit élu député, firent retentir l'air des cris de joie de *vive Dumeilet, défenseur de nos droits, de nos libertés*, etc. Il y eut même une femme de la foule qui, lorsqu'il sortit de la salle, se jeta sur lui en l'embrassant de joie, car il étoit estimé de tout le monde à Evreux, excepté de certains grands, qu'on nomme ultras. Le soir, des amateurs de musique allèrent sur les neuf heures lui donner une symphonie ; mais dans sa cour dont on ferma la porte pour éviter les agitations qui auroient pu troubler cet acte d'amour de ses amis. Il est à remarquer qu'après que l'on eut sonné la messe du Saint-Esprit, on ne sonna plus pendant l'élection, pour appeler les électeurs ni pour le dépouillement du scrutin ; tout se fit à bas bruit et avec beaucoup d'ordre. Il y eut cependant un ancien noble qui ne payoit pas le cens, qui voulut s'introduire dans le colége avec une carte ; mais sur l'observation d'un électeur, le président lui demanda sa carte et lui dit de se retirer, et comme il refusoit de sortir, il ordonna de le mettre de force à la porte. Le préfet avoit préparé un bal pour la fin de l'élection de l'arrondissement d'Evreux ; mais comme malgré ses machinations, elle ne fut pas faite dans le sens qui vouloit, ce bal n'eut pas lieu.

Ce même jour, le pain fut mis à 28 sous.

Quelques jours après, on apprit le résultat des élections des autres arrondissements ; Andelys, Bignon ; Pont-Audemer, Dupont ; Bernay, Dupont ; mais il opta pour Bernay. On apprit encore qu'il avoit été nommé dans le premier arrondissement de Paris ; mais il remercia cet arrondissement, parce qu'il avoit opté pour Bernay.

Le samedi 24 novembre, le grand collége du département de l'Eure fut ouvert après la messe du Saint-Esprit, qui fut sonnée à la seconde cloche de la Cathédrale et dite à sept heures. M. Lecoulteux de Canteleu, pair de France, ouvrit la séance à huit heures ; le bureau provisoire fut conservé. Ensuite on sonna la cloche pour assembler les électeurs pour nommer les députés, mais la nomination ne fut achevée que le lendemain 24, dans la journée. A l'ouverture du scrutin, on sonna de nouveau la cloche, et les députés, élus à trois ou quatre voix de majorité, furent MM. Charles Gazan, député sortant ; Roncherolles, aussi député sortant ; et Lavarende, de Bernay ; il n'y avoit personne à la porte de la cour d'assises pour voir le résultat de l'élection, et aucune démonstration de joie n'eut lieu comme à la nomination de M. Dumeilet, car on étoit prévenu d'avance des machinations du préfet qui, depuis quinze jours, donnoit de grands dîners à la préfecture, auxquels il invitoit des électeurs comme pour les influencer, ce qui causa une dépense de bien 50,000 fr.

Ces élections firent que les assises, qui devoient s'ouvrir le 19 novembre, furent fixées au 3 décembre.

Le vendredi 30 novembre, on fit l'adjudication de la caserne ; l'entrepreneur mit huit centimes au-dessous des estimations par franc.

Dans ce même temps, il vint à Evreux des figuristes en plâtre qui faisoient des bustes de Charles X. Les autorités en placèrent dans le lieu de leurs séances et le préfet en avoit commandé un certain nombre que ces figuristes portoient chez les maires des communes et qu'ils faisoient payer cent sous.

Dans ce même temps, les sœurs de la Providence, établies à Saint-Taurin, achetèrent, des enfants de feu Guillaume Lemelle, orfévre à Evreux, le moulin de Saint-Taurin attenant à leur établissement, que Guillaume Lemelle avoit acheté comme domaine national.

Le préfet de l'Eure, après la vente des terrains de l'ancien hospice, fut obligé de changer la direction du conduit d'eau passant dans le jardin de M. Corneille-Dehaumont, vu que celui-ci refusa au préfet le passage de l'eau chez lui. Alors le préfet fut obligé de changer la direction de l'eau de son bassin et l'amena dans le jardin d'un sieur Richard-Papon ; mais celui-ci, pour éviter le bouleversement de son jardin en cas que ce conduit s'éboulât ou se crevât, voulut que la voûte fut construite en briques, de manière à laisser passer un homme baissé et d'établir le conduit d'eau dans le bord et au milieu de cette voûte, afin de la réparer en cas de besoin, ce qui occasionna une grande dépense au préfet.

Vers le 15 décembre, parut une ordonnance royale pour l'établissement d'une chambre de commerce à Evreux.

On continua les travaux de la Cathédrale. On répara le portail qui fait face à la rue de l'Horloge, en replaçant des garde-foux en pierre au haut des deux escaliers qui sont sur les deux côtés et la couverture en pierre desdits escaliers qui étoit en ruine de temps immémorial.

Le vendredi 21 décembre, vers les trois heures d'après midi, il vint un orage avec de grands coups de tonnerre, sans cependant qu'il fît aucun mal et même sans faire changer beaucoup la température, qui étoit depuis quelque temps assez agréable pour cette saison.

Le samedi 22, Mgr l'évêque d'Evreux fit faire l'ordination par un de ses amis, évêque et chanoine de Saint-Denis en France, peut-être à cause de la foiblesse de sa vue ou à cause de la maladie d'une sœur qu'il avoit avec lui.

Le dimanche 23, mourut la sœur de Mgr l'évêque d'Evreux.

Le mardi 25, jour de Noël, Mgr l'évêque d'Evreux fit faire l'office par l'évêque chanoine de Saint-Denis, qui officia pontificalement à tout l'office de ce jour.

Cette année, on forma encore de nouveaux jardins derrière les murs Saint-Louis, dans des terrains que les jardiniers achetoient à cet effet, ce qui agrandit encore la ville de ce côté; comme aussi on continua de bâtir des maisons le long de la grande route de Rouen, entre Evreux et Gravigny.

1828.

Le lundi 21 janvier, on fit le service anniversaire de Louis XVI, comme à l'ordinaire.

Le vendredi 25, la mairie d'Evreux vendit, par adjudication, 134 peupliers faisant la moitié de ceux qui sont sur le bord de la rivière le long de l'allée des Soupirs ; l'affiche les portoit à 800 fr., et ce furent les entrepreneurs des travaux du Grand-Séminaire qui les achetèrent pour faire de la volige pour couvrir en ardoises le nouveau bâtiment; car, au dire du maçon, il doit y avoir de nouveaux accessoires qui augmenteront beaucoup la dépense portée dans la première adjudication.

Vers la fin du mois de janvier, on afficha une adjudication au rabais, pour le 26 février suivant, pour l'entreprise de la route d'Evreux à Breteuil, estimée à la somme de 66,000 et quelques cents francs.

Au commencement de février, la mairie d'Evreux mit encore en vente quelques bâtiments à Argence, situés sur le terrain où l'on a le dessein d'établir des fonderies, et estimés à 1,700 fr.

Le mardi 12 février, au matin, on enterra, sans cérémonie, un homme qui étoit mort le soir du dimanche précédent, dans un bal, sous l'habit de masque.

Le vendredi 22, les marchands et fabricants qui avoient demandé un tribunal de commerce, s'assemblèrent au nombre de 36 et élurent au scrutin les juges de ce tribunal. Ils élurent pour président M. Buzot, ancien avocat, puis fabricant de coutils ; les juges furent : MM. Armand Thirouin, ancien fabricant de coutils, puis banquier ; Vierray, fabricant de coutils ; Hyppolite Delhomme, fabricant de coutils, et Corneille-Dehaumont, agent d'affaires.

Depuis la chute de M. de Clermont-Tonnerre du ministre de la guerre, la caserne de Saint Sauveur fut rejetée et on rétablit des débris que l'on avoit faits à l'ancienne.

Le 5 mars, le colonel des soldats du train, résidant à Vernon, reçut à onze heures du soir l'ordre de faire partir 40 hommes pour aller à Toulon, où ils devoient être embarqués. Il arriva à Evreux le jeudi matin et fit partir de suite les 40 hommes demandés pour l'armée de la Morée, dit-on.

Dans les premiers jours de mars, on afficha une instruction publique et gratuite, payée par Mgr le dauphin, pour l'instruction des arts et métiers et faire des apprentis. On y enseigna l'arithmétique, la géographie et la mécanique. Cette école devoit ouvrir le 15 avril, à sept heures et demie du soir, dans une des salles de la Mairie.

Dans ce même temps, on afficha une adjudication au rabais, de deux vannes de décharge à faire au-dessous du pont Perrin.

Des ouvriers maçons, creusant les fondations d'un mur dans les terrains de l'ancien hospice d'Evreux, longeant les murs des jardins qui se trouvent derrière les maisons de la rue aux Fêvres et principalement derrière celles qui sont en face de la rue aux Maignans, trouvèrent une grande quantité d'ossements de morts; les gens anciens avoient toujours dit qu'il y avoit eu autrefois une espèce de communauté de filles, dite de la Chaise-Dieu, dans les maisons qui sont en face de la rue aux Maignans, sans jamais parler de quel ordre elles étoient, et que M. de Bouillon transporta à un endroit de ses domaines dit la Chaise-Dieu.

Le deuxième dimanche de carême, le nommé D...., âgé de 69 ans, se pendit.

Le vendredi 28 mars, les dames de charité transportèrent à la chapelle de l'hôpital la fête de la Compassion de la sainte Vierge; il y eut grande messe le matin et l'après-midi complies et sermon à six heures par M. Bernard, prédicateur du carême, puis salut, ce qui fit que les personnes qui s'attendoient à aller au salut à la Cathédrale comme de coutume, furent trompées, car on ne fit que la prière du soir qui a lieu tous les jours dans le carême, ce qui en faisoit murmurer beaucoup, car depuis le rétablissement de la religion on avoit coutume de faire ce jour-là grand salut et même le *Stabat* en musique.

Le département de l'Eure n'ayant pas complété le nombre de ses députés, par l'option de M. Bignon pour Bernay, le collége de Pont-Audemer fut convoqué pour le 26 avril et nomma M. Voyer-d'Argenson pour député; il réunit 312 voix sur 372 votants.

Dans le courant d'avril, on fit partir le reste des jeunes gens de la classe de 1827.

Le samedi 17 may, on proclama une ordonnance du roi pour la levée des réserves des années 1825 et 1826. Ces jeunes gens devoient être prêts à se mettre en route le 15 juin suivant.

Le vendredi 30 may, Mgr l'évêque d'Evreux arriva de Paris avec Mgr l'archevêque d'Avignon, pour conférer les ordres sacrés, le lendemain 31, veille de Trinité.

Le samedi 31, Mgr Morel de Mons, archevêque d'Avignon, conféra les ordres dans la Cathédrale, vu la foiblesse de la vue de Mgr l'évêque d'Evreux.

Le dimanche 1er juin, Mgr l'archevêque officia pontificalement à tout l'office du jour et donna la bénédiction du très-saint sacrement après le salut.

Le mardi 3, les deux prélats repartirent pour Paris, se rendant à la chambre des pairs.

Dans les premiers jours de juin, on commença à placer la grande grille de fer pour servir d'entrée à l'hospice d'Evreux, et à construire les deux pavillons près la porte.

La fondation de M. le duc de Bouillon, en faveur des pauvres de Saint-Germain de Navarre, fut retirée à l'hospice et rendue à sa première destination.

Le maire de la ville d'Evreux prit un arrêté, le 10 juin, ayant pour titre : *Tableau des chemins vicinaux et sentiers publics*, en exécution d'une loi du 9 ventôse an XIII (février 1805), et l'arrêté du préfet du 8 thermidor an XIII (juillet 1805), pour que les particuliers qui pourroient avoir des observations à faire sur leur largeur ou leur direction eussent à les faire par écrit, sous quinzaine, parce que, passé ce délai, ils ne seroient plus admis à faire de réclamations.

Le dimanche 15 juin, on fit l'octave de la Fête-Dieu, et la procession, revenant du reposoir du pont Perrin, au haut de la rue Saint-Léger, remonta la rue Trianon, et reposa dans la chapelle de l'hospice, pour la première fois depuis son érection.

Le jeudi 19, madame la Dauphine passa par Evreux, revenant d'une tournée qu'elle fit par Gisors, les Andelys, Louviers et Elbeuf. Elle arriva de cette dernière ville à Evreux sur les onze heures du matin, et descendit à la préfecture où il y avait un très-beau déjeuner qui l'attendoit, mais elle prit très-peu de chose et remonta dans sa voiture et alla visiter la chapelle de l'hôpital et une partie des salles, surtout celle des militaires, puis repartit vers midi au son des cloches et au bruit du canon comme elle avoit été reçue à son arrivée par la route de Caen.

Dans les premiers jours d'août, on passa en visite les jeunes gens de la classe de 1828 ; il y eut des cantons où tous les numéros ne suffirent pas parce qu'il se trouvoit beaucoup d'hommes infirmes ou trop petits. On attribua cela aux dernières campagnes de Bonaparte qui, ayant nécessité une très-grande quantité d'hommes dont beaucoup ne sont pas revenus, firent qu'il y eut beaucoup de mariages de moins, et ne produisirent pas beaucoup d'hommes pour l'armée. En outre on prenoit cette année 60,000 hommes, tandis que dans les années précédentes on n'en prenoit que 40,000.

Le samedi 10 août, on porta processionnellement à Saint-Taurin la châsse de la Cathédrale contenant des reliques de ce saint, vu que la châsse de l'église Saint-Taurin étoit encore à Paris pour être restaurée.

Le mardi 13 août, un des ouvriers maçons qui travailloient à raccommoder le salon du château de Navarre périt par la faute des hommes qui étoient dans le comble pour le monter et descendre à l'aide d'une chèvre dans une grande corbeille de quatre pieds de hauteur. Le levier qui servoit à tenir le moulinet de la chèvre étant venu à leur échapper, le cordage se déroula avec une telle vitesse qu'il leur fut impossible de l'arrêter, et qu'il alla se briser dans une corbeille qui d'ailleurs étoit ferrée très-solidement sur une table de marbre qui fut cassée, et lui, mourut de l'accident.

La récolte des grains se fit assez difficilement à cause des pluies qui retardèrent un peu la moisson ; la récolte ne fut pas aussi abondante que l'année dernière.

Dans le courant de septembre 1828, Mgr l'Evêque avoit

quelques temps après son installation amené à Evreux, un M. Mathieu qu'il fit chanoine, grand-vicaire de l'arrondissement de Louviers, et supérieur du grand séminaire. Quelques temps après, il amena un sieur Piot qu'il fit aussi chanoine, et en 1825 il amena un sieur Marquis d'Héricourt qu'il fit aussi chanoine; puis tout-à-coup M. Mathieu fut fait chanoine de Paris, M. Piot s'en alla aussitôt et M. d'Héricourt fut, dit-on, appelé du chapitre d'Evreux à un autre endroit. Le recteur du collége, M. Seugé que Mgr l'Evêque avait mis à la place de M. Beuzelin, fut nommé à la cure de Gisors, étant chanoine honoraire de la Cathédrale. Différentes personnes attribuèrent ces changements aux ordonnances royales du mois de juin sur les petits séminaires et écoles d'enseignement primaire et la déclaration à faire par ceux qui vouloient ne convenir qu'ils n'étoient d'aucune congrégation religieuse non approuvée en France.

Mgr l'Evêque d'Evreux envoya à tous les étudiants des petits séminaires d'Evreux, d'Ecouis, de Pont-Audemer et de Bourth, des lettres imprimées pour qu'ils restassent chez eux jusqu'à nouvel ordre, en les engageant à entrer chez quelques prêtres de leur endroit pour continuer leurs études en attendant que le nombre des petits séminaires fut réglé, espérant aussi sur ce que les évêques avoient écrit en secret au pape au sujet des ordonnances du roi concernant les petits séminaires et l'instruction primaire. Dans ces entrefaites, Mgr l'Evêque d'Evreux partit pour Paris, et ce fut pendant son séjour dans la capitale que le pape fit réponse qu'il s'en rapportoit à la sagesse et à la religion du roi de France, ce qui étonna beaucoup tous les évêques qui lui avoient écrit.

On fit, cette année, la fête du roi comme de coutume.

M. Seugé, recteur du collége d'Evreux, fut remplacé par M. Delhomme, professeur de rhétorique au même collége.

Les élèves du petit séminaire d'Evreux rentrèrent le 25 novembre.

Le dimanche 30 novembre, Mgr l'évêque d'Evreux prêcha le premier sermon de l'Avent, chose rare à Evreux, car tous les anciens évêques ne prêchoient pas en personne.

Dans le commencement de décembre, la société des arts et agriculture du département de l'Eure, perdit un de ses membres les plus savants en la personne de M. François Rever, décédé en la commune de Conteville, arrondissement de Pont-Audemer, où il avoit été curé avant la révolution, il avoit été en concurrence avec Lindet, lors de l'élection d'un évêque constitutionnel. Depuis ce temps il resta sans faire de fonctions ecclésiastiques, ne s'occupant que de recherches d'antiquités romaines.

Dans le courant de décembre, on afficha l'octroi de la ville d'Evreux, pour quatre années, à commencer du 1er janvier 1829, sans en indiquer le montant comme aux années précédentes.

Le lundi 15 décembre, Mgr l'évêque d'Evreux fit faire l'ordination à Evreux, par un évêque son confrère.

Vers ce temps, le maire de la ville d'Evreux fit afficher de nouveau l'octroi pour trois années au lieu de quatre. La somme portée était de 62,500 francs, susceptible de hausse ; cette adjudication eut lieu le 29 décembre, moyennant 62,600 francs. Les boues furent diminuées de 600 francs.

On continua encore cette année les travaux en pierre de la Cathédrale ; on fit les pyramides et les galeries du portail du côté de la rue de l'Horloge et aussi les appuis des galeries le long de la nef à partir de la grosse tour jusqu'à celle du clocher de plomb. On les fit toutes de même uniformément, quoiqu'il y en eut encore de restées en place, mais qui paraissoient endommagées de vétusté.

1829.

Le lundi 5 janvier, la gelée prit et continua jusqu'au 25 du même mois avec beaucoup de rigueur ; il tomba vers la fin une certaine quantité de neige, ce qui fit grossir un peu la rivière, mais il paroît qu'il y en avoit davantage plus haut, vers l'Aigle, et alors la rivière grossit, ce qui fit prendre des précautions ; on fit lever les vannes, et on y mit des cadenas, mais les eaux s'écoulèrent sans faire de grands dégâts.

Malgré la rigueur de la saison, le pain fut mis à 35 sous. Quoique les laboureurs se plaignissent que la récolte eût été mauvaise, les voitures apportant le bled à la halle étoient à la queue dans toutes les rues qui y aboutissent, jusqu'à 1 et 2 heures de l'après-midi.

Dans ce même temps, la préfète fit seule, dans des maisons particulières, une quête pour venir au soulagement des pauvres, et on distribua du pain et du bois à cause de la rigueur du froid.

Pendant cet hiver, il y eut beaucoup de bals bourgeois et d'amusements chez les grands et chez M. le préfet. Les jours de carnaval ne furent pas brillants ; cependant, le dernier dimanche gras et le mardi suivant furent plus animés ; encore c'étoit des officiers et bas-officiers de la garnison.

Le dimanche 8 mars, on lut aux prônes des messes paroissiales un mandement de Mgr l'évêque d'Evreux, sur une lettre du roi adressée aux évêques de son royaume pour les inviter à faire célébrer un service solennel pour le repos de l'âme du souverain pontife Léon XII, décédé à Rome, le 10 février dernier. Le même mandement fixa au lendemain 9 mars un service solennel. On remarqua que cette lettre du roi n'étoit point selon l'usage ; mais il paroîtroit assez que le roi ne voyoit pas un très-grand empressement de la part des évêques à acquitter ce devoir envers le chef de l'Eglise, qui pourtant étoit estimé pour sa douceur et sa tolérance.

Le dimanche 8, on célébra un salut du Saint-Sacrement pour demander à Dieu d'accorder un nouveau pontife digne de gouverner son Eglise. A cet effet, après vêpres, on exposa le Saint-Sacrement et on chanta un des hymnes qu'on chante aux reposoirs du Saint-Sacrement, *Ecce panis Angelorum*, avec des répons et un psaume analogue au salut ; puis on chanta le *Veni, Creator* et on donna la bénédiction. A la fin du jour, les cloches annoncèrent le service du lendemain.

Le lundi 9, à la pointe du jour, on annonça par le son des cloches le service pour le repos de l'âme de Léon XII. On avoit fait placer dans le chœur de la Cathédrale le catafalque qui sert aux services de Louis XVI. A dix heures, ce service fut célébré.

Le 23 mars, la mairie fit une nouvelle adjudication de la halle pour trois ans et neuf mois, ayant reçu la résiliation du bail qu'elle en avoit fait à Duhamel et Martin, qui se sont presque ruinés à un tel marché. Cette nouvelle adjudication fut faite au nommé Chevalier, demeurant à Saint-Germain-de-Navarre, et la recette de l'entrée des grains dans la halle à Delamarre, commissaire de police, et son frère, pour la somme de 2,700 francs de moins par chaque année; et comme le commissaire de police ne pouvoit pas être en chef dans ce marché, ni son frère comme trop proche parent, ils firent adjuger ce marché au sieur Chevalier.

Le jeudi 26, jour de la mi-carême, il y eut une calvacade de masques, presque les mêmes que ceux des jours gras, en costumes turcs, ayant un étendart vert, avec deux queues de cheval, représentant l'étendart de Mahomet, avec force musique dans des chars à bancs; le soir, il y eut grand bal masqué.

Le dimanche 29, le pain fut mis à 39 sous.

Dans les premiers jours d'avril, le roi confirma par ordonnance le tribunal de commerce.

Vers le commencement de cette année, la ville d'Evreux changea un peu ses armoiries, car au lieu des fleurs qui étoient sur les bouts de la couronne, on y mit quatre tours remparées et crénelées.

On fit la fête du roi Saint-Charles, de cette année 1829, comme la précédente, sans cérémonie; cependant il y eut un mât de cocagne, danses et illuminations, mais foibles.

Mgr l'évêque d'Evreux fit faire à toutes les paroisses de son évêché des missels neufs en remplacement de ceux que l'un de ses prédécesseurs, M. de Rochechouart, avoit fait imprimer en 1735, et d'autres livres d'église, et qui avoient été conservés en balots depuis ce temps-là ; il y fit quelques additions à cause des réunions de quelques paroisses des évêchés de Rouen, Lisieux, etc.

On continua cette année les travaux de la Cathédrale ; on posa les appuis du haut du pourtour du portail, en face de la rue du Chapitre, et du pourtour du chœur, mais moins hauts que les anciens que l'on retira dans quelques endroits où ils étoient encore restés, pour les mettre tous de même dessin.

1830.

L'hiver de cette année 1829 à 1830 fut long ; il commença dès les premiers jours de décembre ; il y eut vers le mois de janvier 1830 quelques jours de relâche. On fit ouvrir les vannes pendant 48 heures, mais le froid recommença de nouveau jusqu'à peu près la mi-février, on fit encore ouvrir les vannes, mais le dégel venant lentement, il n'y eut pas de grandes eaux.

Pendant cet hiver, on donna aux pauvres du bois et du pain, on les occupa aussi pendant quelques semaines à déglacer les rues. L'épouse du préfet engagea les dames du grand monde à donner quelque travail de leurs mains, comme broderies et autres objets pour soulager les pauvres, ce qui fit que toutes ces dames et leurs demoiselles donnèrent chacune quelques meubles ou autres objets à leur gré, et il y en eut même qui donnèrent des tableaux de prix. Alors Mme la préfète, ayant tous ces objets, forma des loteries à 40 sous le billet, et invita toutes les personnes aisées à en prendre, comme aussi tous les employés dans les administrations, dont beaucoup en prirent à cause de leurs emplois. Avec cet argent, Mme la préfète donna du bois et du pain.

Il y eut aussi vers ce temps un différend entre le maire d'Evreux et l'intendant du château de Navarre pour une somme de 10,000 francs que l'un des petits-fils de l'impératrice Joséphine avoit envoyée à Evreux pour les habitants de Saint-Germain-de-Navarre, et que le maire de la ville d'Evreux avoit mise entre les mains dudit intendant, pour être distribuée auxdits habitants de Saint-Germain.

Dans les derniers jours de mars, on plaça dans la Cathédrale 14 tableaux dans des cadres dorés, représentant 14 stations de la passion de N. S. J.-C. et le lundi 5 avril, qui étoit le lundi saint, on fit sur les trois heures de l'après-midi, une cérémonie à l'occasion de ces tableaux.

Le lundi 19 avril, on arrêta la rivière au-dessus du Moulin-Vieux pour la curer et réparer les ponts.

Le vendredi 30 avril, mourut M. Jacques-Nicolas Le Roy, premier curé de la Cathédrale, lors de la formation des paroisses ; il étoit chanoine grand pénitencier et avoit été remplacé dans sa cure par M. Féron.

Le samedi 1er jour de may, arriva de Paris M. Dumeilet, député de l'Eure. Tous ses amis et grand nombre d'habitants d'Evreux, qui savoient son arrivée ce même jour, sur les neuf heures et demie du soir, se transportèrent chez lui de même que la musique de la garde nationale, mais il n'arriva qu'à onze heures et fut reçu avec joie, et aux fanfares de la musique ; il y eut aussi un feu d'artifice de tiré et le tout se passa dans le plus grand ordre possible.

Mgr l'évêque d'Evreux avança l'ordination de la Trinité, il fit venir Mgr l'évêque de.... qui fit cette cérémonie dans la Cathédrale le dimanche cinquième après Pâques, veille des Rogations.

Le mercredi 5 may, on afficha la vente de la forêt d'Evreux, en quinze lots, pour le 5 juillet suivant, chez M. Péclet, notaire à Evreux ; cependant on pouvoit réunir plusieurs lots en un seul. La contenance de cette forêt est de 7,785 arpents 65 perches forestières de 22 pieds à la perche.

Toute la succession de la maison Bouillon se trouve ainsi morcelée. Il y a déjà quelque temps que l'intendant du château de Navarre accompagné de plusieurs personnes savantes se transportèrent au chartrier qui est attenant au château dans la ville d'Evreux et après avoir examiné tous les papiers et brûlé tous ceux qu'ils jugèrent inutiles, fit emballer tous les autres dans six grandes caisses, et les mit en route pour la ville de Munich en Bavière, où réside le propriétaire du château de Navarre.

Le mardi 18 may, on afficha une ordonnance du roi, en date du 16 du même mois, portant la dissolution de la chambre des députés et en même temps convocation des colléges électoraux ; ceux des départements qui n'ont qu'un arrondissement pour le 23 juin, et les autres colléges électoraux pour le 3 juillet ; l'ouverture de la session de la chambre des pairs et de celle des députés, fut fixée au 3 août. On afficha aussi les listes électorales et que les réclamations pouvoient être faites depuis le 22 jusqu'au 29 may à minuit ; passé ce délai elles ne seront plus admises.

On usa dans cette élection de 1830 d'une nouvelle supercherie ; car, lorsqu'on afficha l'ordonnance royale de dissolution de la chambre des députés, il y avoit déjà plus de quinze jours que les imprimeurs travailloient sans relâche et très-secrètement à imprimer les listes et les autres objets concernant les élections de l'Eure.

Vers le 20 may, on proclama, de la part de la mairie, qu'il devoit passer par Evreux plusieurs corps de troupes que l'on présumoit être de la cavalerie, et que ceux qui auroient des réclamations à faire, les présentassent dans un bref délai.

Le jeudi 27 may, arrivèrent les deux premiers bataillons du 4e régiment de la garde royale venant de Courbevoie et allant à Caen, sans séjour, étant même partis de Courbevoie pour arriver à Mantes le même jour.

Le vendredi, arriva le troisième bataillon du même régiment.

Ce passage si prompt fit faire bien des dictons ; les uns disoient, que c'étoit pour arrêter les incendies qui se commettoient dans la Basse-Normandie, d'autres, que c'étoit pour faire payer les impositions qu'on refusoit de payer et d'autres chacun leur idée, et que ce pouvoit bien être à cause des élections ; mais ce qui étoit plus certain, c'est que tous les esprits étoient agités et dans l'inquiétude, et que cela présageoit quelque grande catastrophe.

Le dimanche 30 may, jour de la Pentecôte, on lut au prône de la grand'messe de la Cathédrale, un mandement de Mgr l'évêque d'Evreux, sur un ordre du gouvernement, pour faire des prières pour la prospérité de nos armes dans la guerre d'Alger et pour la paix. Il y eut des personnes que cela rattacha aux élections, et on avoit remarqué que depuis quelques temps on faisoit des prières secrètes.

Ce même jour, un grand nombre d'électeurs du département de l'Eure, se réunirent chez M. Corneille-Duhaumont, agent d'affaires et président du tribunal de commerce, pour s'entendre entre eux pour les candidats à élire dans le grand collége principalement, et ensuite dans les colléges d'arrondissement.

Le mardi 15 juin, on afficha une proclamation du roi adressée à tous les électeurs, pour les engager à voter dans ses royales intentions.

La vente de la forêt d'Evreux, qui devoit avoir lieu le 5 juillet, fut remise au 8 du même mois, à cause de la tenue du grand collége.

Vers ce même temps, M. Dupont (de l'Eure), ancien député, fit assigner le préfet de l'Eure devant la cour royale de Rouen, à cause du retard qu'il avoit apporté à la publication des listes de vérification.

La Fête-Dieu qui tomboit cette année au 10 juin, fut célébrée dans la Cathédrale avec toute la pompe possible, mais on sonna seulement trois petites cloches ; les saluts furent continués pendant l'Octave, on les sonna à la seconde cloche.

Le dimanche 13 juin, on célébra la fête du Saint-Sacrement avec la procession et toutes les cloches ; mais le clergé étoit en surplis, excepté ceux qui devoient faire l'office du chœur qui étoient en chapes.

Le jeudi 17 juin, mourut sur la paroisse Saint-Taurin, un protestant, confiseur très-habile dans son état ; les personnes invitées à son inhumation se rendirent à l'église Saint-Taurin où on dit les vêpres des morts, puis s'en revinrent avec le clergé de Saint-Taurin pour la levée du corps qui eut lieu à 8 heures 1/2 du soir ; tout le clergé ayant des cierges, ils partirent de la maison du mort au cimetière, en chantant comme lorsqu'on porte en terre les morts de la paroisse ; il n'y eut pas de sonnerie. Tout le monde fut étonné que le clergé de Saint-Taurin se trouvât à cet inhumation, pensant qu'il n'y auroit que les frères de charité. Le convoi se composoit d'une trentaine de personnes environ.

Le samedi 19 juin, on afficha une ordonnance du roi datée de Saint-Cloud le 16 du même mois, pour la remise des élections de plusieurs départements, pour lesquels il y avoit de nombreuses réclamations pendantes devant des cours royales. Les élections du département de l'Eure furent fixées au 12 juillet, et celles du grand collége au 19 du même mois.

Le dimanche 20 juin, on lut aux prônes de la Cathédrale et de Saint-Taurin l'ordonnance du roi qui remettoit les élections aux 12 et 19 juillet.

Les assises du troisième trimestre de 1830, qui étoient fixées au 5 juillet, furent retardées par ordonnance royale, sur les remontrances de la cour royale de Rouen, au 23 juillet.

On afficha aussi un avis sur la vente de la forêt d'Evreux, parce que la malveillance répandoit le bruit qu'elle n'auroit pas lieu. M. Péclet, notaire à Evreux, affirma, dans cet avis, que la vente auroit lieu au jour et à l'heure indiqués, et que s'il y avoit quelques lots qui ne fussent pas vendus, le chargé de pouvoirs qui étoit à Paris pourroit traiter de gré à gré avec les personnes qui désireroient les acquérir.

Le jeudi 8 juillet, on fit l'adjudication de la forêt d'Evreux.

M. Péclet, notaire à Evreux, rue de l'Horloge, ayant un très-grand et beau jardin, fit faire en planches une espèce de grande salle recouverte de toiles peintes et cirées de manière que la pluie ne tombât pas, car depuis quelque temps il pleuvoit tous les jours avec un temps assez froid, qui faisoit que les fenaisons se faisoient avec grande difficulté.

Le samedi 10, le préfet de l'Eure fit afficher une nouvelle télégraphique qu'il avoit reçue de Paris dans la nuit par le conducteur d'une diligence arrivant de Paris, et qui annonçoit la reddition d'Alger.

Le dimanche 11, le préfet fit afficher une autre nouvelle télégraphique plus détaillée avec une ordonnance du roi prescrivant qu'il fût chanté un *Te Deum*.

Le lundi 12, le *Te Deum* fut chanté à midi, en présence des corps constitués et d'un détachement de la garde nationale, de la garde royale et des soldats du train sous les armes; le soir il y eut illumination peu brillante et des danses sur la place Royale.

Le dimanche 11 juillet, beaucoup d'électeurs arrivèrent à Evreux pour l'ouverture du collége, le lendemain 12.

Le lundi 12 juillet, à huit heures du matin, les électeurs s'assemblèrent à la cour d'assises pour l'ouverture de la séance. Il n'y eut pas de messe du Saint-Esprit ni son de la cloche pour annoncer l'ouverture du scrutin. On procéda à la formation du bureau définitif qui renverra le bureau provisoire présidé par M. Fossard. Les nouveaux membres furent MM Dumeilet, secrétaire; l'Hopital, Corbilié, Duval de la Poultière et Corneille-Delhaumont, scrutateurs. Au premier tour de scrutin, M. Dumeilet fut proclamé député, ayant obtenu 263 voix. Les députés des autres arrondissements furent : pour Bernay, Dupont (de l'Eure); Pont-Audemer, Legendre, et Andelys, Bignon.

Le dimanche 18, les électeurs du grand collége commencèrent à arriver pour la nomination des trois députés qu'ils devoient élire.

Le lundi 19, à 8 heures du matin, on sonna la grosse cloche de la Cathédrale pour la messe du Saint-Esprit, et après la messe on sonna encore la même cloche pour l'ouverture du collége, sous la présidence de M. de Dreux-Brézé, nommé par le roi pour présider le grand collége du département de l'Eure. Le bureau provisoire fut renversé à une grande majorité.

Le mardi 20, les électeurs s'assemblèrent pour procéder à la nomination des députés, qui furent : MM. Villemain, professeur d'éloquence à Paris ; Gattier, de Bernay, et Thomas, de Marseille. Au premier tour de scrutin, M. Thomas se trouva en concurrence avec M. Lecoulteux de Canteleu, ayant réuni chacun un même nombre de voix ; ce qui fit ouvrir un scrutin de ballottage le lendemain, dans lequel M. Thomas l'emporta de 18 voix sur M. Lecoulteux.

Comme il y avoit nombre de personnes à la porte du collége pour voir la fin des élections, on remarqua sur les figures une satisfaction bien prononcée, comme quand M. Dumeilet fut nommé. On avoit fait placarder à la porte une espèce de proclamation écrite à la main, pour qu'il n'y eut aucun groupe, attroupement ou rassemblement sous peine de poursuites devant la cour d'assises, mais cela n'empêcha pas le monde de s'y rassembler.

Le président du collége d'arrondissement avoit emprunté la maison de M. Hébert, ancien procureur du roi et maintenant conseiller à la cour royale de Rouen, située rue du Vaupillon ou Bout-du-Monde, pour y donner plusieurs dîners aux électeurs, mais ils ne s'y rendirent pas, excepté quelques-uns des plus ultras.

Le lundi 26 juillet, de très grand matin, on apprit à Evreux que la charte étoit cassée et qu'on s'attendoit à quelques mouvements à Paris le lendemain.

Le mardi 27, arriva de Caen à Evreux, pour y séjourner, un bataillon du 4e régiment de la garde royale allant à Paris.

Le mercredi 28, il arriva encore un bataillon de la garde royale avec l'état-major.

Le jeudi 29, le premier bataillon se mit en route à 2 heures du matin pour Paris, et aussitôt après il arriva un ordre au bataillon de l'état-major de partir pour Pacy, ce qu'il fit à 8 heures du matin ; ils étoient tous très-fatigués de l'extrême chaleur qu'il faisoit.

Ce même jour, arriva le 3ᵉ bataillon de la garde, aussi très-fatigué, et ayant ordre de repartir le lendemain pour Mantes.

Ce même jour, les députés nouvellement élus reçurent l'ordre de partir sur-le-champ pour Paris. Alors MM. Dumeilet, Gattier et Dupont, qui étoient à Evreux, se mirent en route à 11 heures du soir, l'ordre portant de se trouver à Paris le lendemain à 9 heures du matin ; mais en route ils ne purent se procurer les chevaux de poste nécessaires et n'arrivèrent à Paris qu'à 11 heures du soir.

Le même jour, les deux compagnies de la garde qui étoient à Evreux partirent à 10 heures du soir pour Rouen.

Le jeudi 29, jour où on faisoit les dispositions pour la distribution des prix du petit séminaire, le lendemain 30, Mgr l'Évêque donna des ordres dans l'après midi pour qu'on délivrât les prix dans les classes sans cérémonie, et les écoliers se retirèrent le lendemain matin.

Le dimanche 1ᵉʳ août, on dit une messe basse dès 2 heures du matin pour que les écoliers se retirassent chez leurs parents.

Ce même jour, il courut un bruit que l'on vouloit désarmer la garde nationale, mais que dans une séance du conseil municipal la proposition avoit été rejetée et que les membres s'étoient retirés. Alors il se forma une commission municipale de citoyens honnêtes de la ville, composée de MM. le colonel Beugnat : Dulong, avocat, Péclet, notaire ; Corneille-Dehaumont, agent d'affaires ; Bagot, avocat ; Delhomme et Duwarnet qui se mirent aussitôt en possession de la mairie, et y firent arborer le drapeau tricolore ; dans l'après-midi il fut placé sur la tour de l'Horloge et au balcon de la comédie. On commença à former la garde nationale mobile; beaucoup de jeunes gens s'enrôlèrent devant la nouvelle commission municipale et on leur délivra des armes; et le même jour ils commencèrent à monter la garde.

On afficha aussi une proclamation de la commission municipale pour l'ouverture d'une souscription volontaire en faveur des victimes de Paris. Dans les derniers jours de juillet, on invita tout le monde à venir au secours des veuves et des orphelins. Cette souscription fut ouverte chez M. Péclet, notaire, et indépendamment de cela, on envoya par toutes les maisons une personne avec une espèce de tableau pour recueillir les dons, quelques minimes qu'ils pussent être, et le souscripteurs les inscrivoient eux-mêmes sur le tableau.

Dans les premiers jours d'août, il arriva un régiment de grenadiers à cheval de la garde royale qui étoit à Caen, quoique leur route fut par un autre endroit; ne sachant pas trop que faire, ils arrivèrent près Évreux; mais un des membres de la commission municipale, avec un des deux commissaires de police alla au-devant d'eux, et sur la remontrance qu'ils firent au colonel qu'il ne pouvoit pas loger en ville, ce dernier demanda qu'au moins ils passassent dans un des côtés de la ville pour se rendre sur la route de Paris. Ils passèrent par les rues Saint-Taurin, de la Préfecture, de la Harpe et la rue Ferrée, et allèrent bivouaquer dans des pièces de luzerne sur la gauche de la route de Paris. Ces militaires n'avoient pour armes que leurs sabres et étoient très-fatigués. Cependant on leur envoya des rations pour les hommes et les chevaux ; mais comme pour abreuver leurs chevaux ils étoient obligés de venir à l'abreuvoir de la Planche, les officiers étoient à la tête de chaque compagnie pour empêcher quelque trouble. Ils repartirent le lendemain pour Mantes.

Le samedi 7, on transporta la châsse de Saint-Taurin de la Cathédrale à l'église de Saint-Taurin, pour la fête de ce saint, qu'on célébroit cette année le dimanche 8 août, à cause de la fête de l'Assomption, qui étoit le dimanche 15 août. Cette châsse fut transportée sans sonner les cloches de la Cathédrale à son départ, et sans cérémonie ; cependant il n'y avoit aucun trouble dans la ville.

Les dimanches 1er et 8 août, on ne chanta pas dans la Cathédrale, après la grande messe, le *Domine salvum fac regem.*

Le mardi 10, un détachement de la garde nationale fut commandé avec la musique pour aller au-devant du nouveau préfet, M. Antoine Passy, employé à la cour des comptes à Paris; mais après l'avoir attendu assez tard dans la soirée, ils rentrèrent en ville, ne le voyant pas venir. En effet, il arriva vers les 10 heures du soir.

Le mercredi 11, on proclama Mgr le duc d'Orléans lieutenant-général du royaume, roi des Français, sous le nom de Philippe Ier, roi des Français. Pendant la proclamation, on tira grand nombre de coups de canon et à midi on sonna toutes les cloches de la Cathédrale ; après la proclamation, la commission municipale étoit escortée par un détachement de la garde nationale avec la musique ; les acclamations de vive le roi ! se faisoient entendre.

Le soir, on alluma un feu de joie sur la place Saint-Léger, et il y eut illumination générale par toute la ville. On remarqua qu'il y avoit longtemps qu'on n'avoit vu une aussi belle illumination, excepté quelques personnes qui s'en abstinrent, mais il n'y eut pas la moindre insulte faite à ceux qui n'avoient pas de lumières à leurs maisons. Il y eut aussi des danses sur la place Saint-Léger, avec une affluence de monde, qu'il y avoit longtemps qu'on n'avoit vu tant de monde sur cette place.

Ce même jour, Mgr l'évêque, qui étoit absent depuis l'après-midi du 1er août, se trouva à Evreux, et alla faire une visite au nouveau préfet.

Dans le courant d'août, la commission municipale d'Evreux nomma une députation pour aller à Paris complimenter le roi Philippe Ier. Elle étoit composée de MM. Bagot, avocat; Péclet, notaire; Duwarnet père, juge, et Dulong, avocat. Il se joignit à eux différentes personnes du département. Ils furent présentés au roi. M. Bagot porta la parole, et après qu'il eut achevé, le roi remercia le département de l'Eure de lui avoir envoyé des membres tels que ceux qu'il voyoit, et prenant par deux fois la main de M. Dupont (de l'Eure), qu'il avoit fait son garde-des-sceaux, ministre de la justice, de ce qu'on lui avoit envoyé un homme aussi digne de remplir cette place. Tous les députés du département firent partie de cette députation.

Le dimanche 15 août, jour de l'Assomption, on fit la procession comme de coutume, après vêpres, mais elle ne sortit pas dehors, à cause du mauvais temps. Mgr l'évêque n'officia pas ce jour-là, quoiqu'il fût à Evreux

Dans les jours suivants, les commissaires qui avoient accompagné Charles X jusqu'à Cherbourg, passèrent à Evreux, se rendant à Paris.

Le mardi 24, les gendarmes d'élite et quatre voitures attelées chacune de huit chevaux, et beaucoup de chevaux de main, faisant partie des équipages de Charles X, arrivèrent à Evreux, se rendant à Paris.

Le restant de cette semaine fut employé à la nomination des officiers de la garde nationale suivant un nouveau mode d'élection.

Le dimanche 29, on assembla la garde nationale pour la réception des officiers.

FIN.

www.ingramcontent.com/pod-product-compliance
Lightning Source LLC
Chambersburg PA
CBHW050431170426
43201CB00008B/622